D1713105

東アジア諸言語の研究 I

巨大言語群 —— シナ・チベット語族の展望

西 田 龍 雄

京都大学学術出版会

東アジア諸言語の研究 I

巨大言語群 —— シナ・チベット語族の展望

東アジア諸言語の研究 I
巨大言語群──シナ・チベット語族の展望

目　次

アジアの言語地図

1. アジアの諸言語

　アジアの地域には、実に数多くの言語が分布している。その数を正確に数えることは難しいが、世界の言語の総数が大体 3500 から 4000 あると見て、その中の 1000 を超える数の言語がこの地域に分布していると考えてよいであろう。

　それらの言語は、現実に多種多様な形態をとっている。しかし、一方で、多様な形態の中で、大まかな類似を示すところから、大部分の言語をいくつかのグループにまとめることができる。

　地球上で現在話される言語、あるいは過去に話され一定の記録をもつ言語は、どの言葉も原則として、二つの大きい観点から分類できるのである。言語間の親縁性を根拠とする系統的分類と、言語構造に見られる同一現象をもとにした類型的な分類である。

　はじめにあげた系統的分類は、数個の言語が同じ一つの祖形から来源したと想定して、相互に親属関係をもっていることを根拠にするわけであるが、それをどのように証明するのかが問題になる。理想として、言語間の対応形式に、いわゆる音韻法則が成立するとか、その音韻法則によって、共通の祖形から伝承していることが証明される同源語を相互に多量に含んでいるとか、またもっと根本的に文法構造の類似が、同一祖語から来源していることを十分説明できるほど、細かい点に及んで顕著であるとかを根拠にして、同系性を確認することが要求される。ところが実際には、そのような手続きを経ることができずに、大雑把な根拠から、あるいは大まかな直観から、若干の言語を一つの言語群を形成するものとして一括している場合が少なくないのである。

　一まとめにした言語グループを××語族、証明があまり進んでいない場合には便宜的に××諸語と呼んでいる。しかし、その使い方は、いま述べたような事情

を反映して必ずしも厳密ではない。

　世界の大部分の言語は、ともかく現在二十数語族（諸語）に一応分類されている。アジアの地域に分布する言語も、その二十数語族の中に含まれ、大部分は系統上の所属が定まっている。

　まず、アジアの言語が所属する語族名と大まかな分布地域を列挙するが、理解に便利なように、各語族（諸語）ごとに、よく知られている代表的な言語名を二、三あげておく。

（1）アルタイ語族。モンゴル語群、チュルク語群、ツングース語群を代表として、北および西アジア地域に分布する。

（2）シナ・チベット語族（漢蔵語族）。漢語（中国語）、チベット語、ビルマ語、[1]タイ語を代表として、アジアの東部と中央部、それに南部の広大な地域にわたって分布する。

（3）モン・クメール語族。クメール語（カンボジア語）とビルマのモン語を代表として、東南アジア大陸部の広い地域に分布する。

（4）マライ・ポリネシア語族。インドネシア語、ジャワ語、フィリピンのタガログ語と台湾の原住民の言語ツォウ語などを代表として、東南アジア島嶼部に分布する。

（5）パレオアジア（古アジア）諸語。ギリヤーク語のほか、エスキモー語（イヌイット語）、アリュート語を代表とするエスキモー・アリュート諸語とカムチャック語、チュクチ語を代表とするチュクチ諸語からなり、極北地域に分布する。イェニセイ河付近で話されるイェニセイ諸語も含まれる。

（6）インド・ヨーロッパ（印欧）語族。インドに分布するインド・アーリア系諸言語のほか、中央アジアのタージック語、北部インドのアッサム語、ネパール語が代表である。

（7）ドラヴィダ諸語。タミル語、マラヤーラム語、テルグ語を代表とし、インド南部地域に分布する。

この中（3）にインドのムンダ語と東南アジアの東の地域で話されるベトナム語、ムオン語を含めるほか、さらにニコバル諸語（インド）とアスリ諸語（マレー半島）を加えてオーストロアジア（南亜）語族と呼び、包括的な言語群とする考え方もある。（4）は、より広範囲に島嶼部言語を包括し、オーストロネシア（南島）語族と呼び、西部語派（ヘスペロネシア）と東部語派（オセアニア）に大別される。

アルタイ語族	SOV 型
シナ・チベット語族	
漢語群・タイ語群	SVO 型
チベット・ビルマ語派	SOV 型
モン・クメール語族	SVO 型
マライ・ポリネシア語族	SVO 型

図1 アジアの言語分布略図

そして（3）と（4）を総括した大語族オーストリック語族の存在を認める人もいる。[2] また一方で、よく知られているように、日本語や朝鮮語やアイヌ語をはじめとして、タイ国北部のピートンルアン（黄色の葉の精霊 phii tɔɔŋ lɨaŋ）と呼ばれる部族の言語など、なお所属がはっきりしない言語もある。[3]

　中国南部からタイ、ビルマにかけて広い分布範囲をもつカレン語やミャオ語、ヤオ語の系統もまだ明瞭になっているとは言い難い。いまはそれらをそれぞれシ

ナ・チベット語族に所属する一言語支とする見方が主流を占めている。

　いまあげた七つの言語族の中、はじめの四つの語族が、所属言語の数から言っても、話手の人口から見ても、分布地域の広さを取り上げても、さらに、アジアの民族の歴史を背景としても、アジアの言語の中心的な言語グループであることは間違いはない。

　本書は、その四大言語族を中心に取り上げ、述べていきたい。

2. アジアの言語の類型

　言語の類型的な分類は、それが有力な基準になるかどうかを問わなければ、言語構造のどの面についても考えることができる。たとえば、もっとも重要な基準の一つとして、文構造における主語 (S)、目的語 (O)、述語動詞 (V) の位置を取り上げると、上記のアジア地域の重要語族に属する代表言語は、SOV 型と SVO 型に大別される。(1) アルタイ語族は SOV 型、(2) シナ・チベット語族のシナ・タイ語派は SVO 型、チベット・ビルマ語派は SOV 型、[4] (3) モン・クメール語族は SVO 型、(4) マライ・ポリネシア語族のインドネシア語派は SVO 型、のように主要な文構造のタイプを指摘することができる。

(1) モンゴル語　SOV 型

bi	nom	unšina
(主)	(目)	(動)

私 (は) － 書物 (を) － 読む

(2) 北方漢語　SVO 型

wǒ	niàn	shū	我念書
(主)	(動)	(目)	

私 (は) － 読む － 書物 (を)

チベット語　SOV 型

ngää	thep	lōoki–yö
(主)	(目)	(動)

私は － 書物 (を) － 読んでいる

(3) カンボジア語　SVO 型

kñom	məəl	siəwphɨw
(主)	(動)	(目)

私 (は) － 読む － 書物 (を)

(4) マライ語　SVO 型

Saya	měmbacha	buku
(主)	(動)	(目)

私 (は) － 読む － 書物 (を)

(括弧に入れた格助詞は、実際に音形式の上では表現されていないことを示す)

　また別の大きい基準として、声調言語 (tone language) か無声調言語 (toneless language) か (2) の大部分の言語と (3) の少数の言語は声調言語であるが、そのほかは無声

調言語）、いわゆる母音調和現象をもつ言語か、もたない言語か（（1）は母音調和で特徴づけられ、他はその現象があらわれない言語群、ただし（2）の一部で（1）とは別の型の調和現象がある。後述、第2巻）を指標に等象線を引くことができるし、名詞句構造に類別詞（classifier）が加入するか否かも、重要な等象線となるであろう（（2）（3）（4）には類別詞があるが、（1）には全くない）。

このような類型的な見方は、必要に応じてそれぞれの言語事実の記述と関連して具体的にあげていくことにする。

3. アジアに分布する言語族と地域特徴

さて、いま述べたアジアにおける語族の分布を、大まかな地域特徴と関連づけて概観しておきたい。

針葉樹林帯と狩猟生活によって特徴づけられる北アジアのシベリア地域には、パレオアジア諸語とアルタイ語族のツングース語群が分布する。そして広大なタイガが北氷洋に面するさらに北の地域には、エスキモー・アリュート諸語がある。北方の森林アジアと南の農耕アジアの間に介在する砂漠地帯は、イスラム化した乾燥遊牧地域であり、そこには東にモンゴル語群、西にチュルク語群をもつアルタイ語族と印欧語族に所属するイラン語派の若干の言語が分布する。

大陸の中央部は、東には中国文化を背景とし、稲作に裏づけられた農耕世界が拡がる。その地域にはシナ・チベット語族が主流をなして分布し、この語族の一部は、南の照葉樹林帯に、さらに南アジアのヒンドゥ化した農耕世界に及んでいる。

南方アジアの広い熱帯雨林地帯には、もともと西にムンダ族、その南にドラヴィダ族がおり、東にはモン・クメール族とインドネシア語の話手が居住していた。後者はのちに島嶼部の広大な地域に分布地を拡大した。大陸部東南アジア地域では、モン・クメール語族とインドネシア語族は混在して、その境界は明瞭ではないが、モン・クメール族の言語は、たぶんいまのインドのアッサム地域やビルマとバングラデシュにまたがるチン丘陵地あたりまで分布していたものと思われる。

民族の興亡をめぐって、そして大きい勢力に押されて新たな土地を求めた民族の移動が、この地域の言語分布を、過去に数度もはげしく変化させたであろうこ

とは、想像するに難くない。かつての特定の時代の分布を記録した文献、たとえば漢代に中国の学者楊雄（53 B.C.～A.D. 18）という人は、当時の周辺言語の語形とその通用範囲を記録した『方言』（もと15巻、いま13巻）と題する資料を書き残していて、そこから前漢時代の言語分布をさぐることが可能であるが（後述、12頁以下）、これは極めてまれな場合である。自民族の記録さえも残さなかった言語集団は、いつの日か出現しそして消滅していっても、その言葉の形態を探索するすべがいまは全くないのである。たとえ断片的な記録が残っていたにしても、その集団がどのように移動し、言葉の分布をどのように変えていったかは、多くの場合、推測の域を出ない。

　またたとえば、鮮卑族のように、その存在が歴史上果たした役割は大きいけれども、鮮卑語については基本的な事柄さえまるっきりわからないし、戦国時代から漢代にかけて、いまの貴州省にいた夜郎族の言葉も、その確かな消息はさっぱりつかめない。このような例は、東アジア地域で、決して少なくはないのである。

序章　註

1)　現在では、国名としてミャンマーが使われているが、ここでは言語学上の用語として、言語名をビルマ語で統一したい。したがって、第3章で取り上げるビルマ・ロロ語（彝緬語）も同じ主旨から使っている。また首都ヤンゴウンも旧来の名称ラングーンを用いた。

2)　語族と下位分類について、ここではごく大雑把に概略を示したにすぎない。詳しくは三省堂『言語学大辞典』（世界言語編）1巻～4巻（1988～93）を参照されたい。

3)　ビートンルアンの言語に関しては、その後つぎのことが判明している。Phi Tong Luang (Mrabri) と呼ばれる部族と Yumbri と呼ばれる部族が同一のものなのか、両者はともにモン・クメール語族に属する言語を話すのかの問題は、それらの部族が極めて調査困難な状況にあるため、取り残されている。しかし、1963年に Kraisri は、Yumbri と Mrabri は同一の部族であると信じたいし、その言語はモン・クメール語と親属関係にあり、その語族に属させるべきだと結論した。W. Smalley も Mrabri は言語学的には Khmuʔ 語に近く、Yumbri は Ten 語に近いと言い、Mrabri と Yumbri が相互に通達できるだろうとするのは疑わしいと述べている。

　　1987年になって J. Rischel と S. Egerod は自身が調査した資料をもとに、ラオスに少数いる Yumbri/jumbriʔ は Mrabri の一支族であって、それらは正しくは Mlabri と呼ぶべきであることを明らかにし、多数の信頼できる語彙を提供した

が、その言語の系統については結論を出していない。

 cf. W. Smalley 'Notes on Kraisri's and Bernatcik's Word Lists' (*Journal of the Siam Society*, 51. 2, 1963), J. Rischel & S. Egerod 'Yumbri (Phi Tong Luang) and Mlabri', 'A Mlabri-English Vocabulary' (*Acta Orientalia*, XLVIII, 1987).

4) たぶんこの語族に所属するであろうと考えられるカレン語は、ビルマからタイ国にかけて分布する大きい言語集団であり、ビルマ語と同源の単語を多数含むが、文構造は SVO 型をとっている。また雲南省大理を中心に分布する白族の話す白語もこの語族に所属する可能性が大きいが、やはり SVO 型である。ただ白語の古い資料には SOV 型の痕跡を残している。

第 1 章

漢語の形成

第 1 節

漢代の言語調査とその記録

1. 楊雄の『方言』

　東アジアでもっとも永い歴史をもち、古くから文字を発達させ、驚くべき量の文献を書き残してきた漢人は、アジアのあらゆる出来事の記録掛でもあった。周辺民族の言葉に関しても例外ではなく、実に多くの記録をいまに伝えている。古代の漢人は、中原周辺のいろいろの言葉を聞いて、漢字でそれらを表記していた。

　原則として表意文字である漢字でも、その精粗を別にすれば、対象がどのような言葉であったにせよ、表音的に書き表わせる能力を具えた共通文字として使うことができた。

　周秦の時代には、毎年秋の収穫が終わって農閑期になると、統治者は使臣を地方に派遣する行事があった。その使者は、輶軒車（ゆうけんしゃ）とよばれる車に乗って、各地の農村に行き、詩歌、童謡と各地方の違った言語や変わった方言を漢字で採録した。この記録が郷（きょう）から邑（ゆう）に、邑から諸侯の許に送られ、最後に天子の面前に集められた。天子は、それらの記録を通じて、民情風俗を理解したといわれる。この貴重な資料が年々集積されていったが、秦朝の滅亡とともに散佚した。惜しいことである。

　漢代になって、前の時代の文献典籍を、主に儒家経典を整理し、解釈するという形で再編するが、そのほかに、いわば辞書の性格をもった『爾雅』（紀元前2世紀）が作られた。紀元前1世紀の末頃になると、楊雄が前時代の記録に自らの調査を重ねて編纂した『輶軒使者絶代語釋別国方言』（以下『方言』）という書物を著わした。それが晋の郭璞（276〜324年）の註本の形でいまに伝わっている。

　言葉の研究史からみると、この『方言』は、正に一つの画期的な業績であっ

た。

『方言』は、いわば簡単な言語調査の報告書であって、いまの言語学者が使うIPA（国際音標文字）の代わりに、楊雄は自分の発音をもとに、漢字を使って、各種の言葉を表音したのである。

『方言』に記録された語彙は、当時の広大な地域の漢語方言にとどまらず、本来非漢民族であった、楚、呉、越、齊などの言葉も含み、集録された語彙の量は、さほど多くはないものの、黄河の流域と長江の流域はもとより、遼東、朝鮮にも及び、ほぼその頃の漢字文化圏、あるいはまもなくその文化圏に包括される地域が対象になっている。

楊雄は蜀の成都の人であり、幼少の頃、どもるくせがあったので、人と話をすることを好まず、もっぱら読書に耽ったと伝えられる。90 センチほどの長さの、油を塗った絹に、7 センチぐらいの筆をもって、各地方から集まる官吏や、京城守護の兵士などに尋ねて、違った地域、違った職業、違った階層の人々の言葉を記録したのである。いまでいえば、一つの社会言語学的調査であった。

楊雄は、各々の単語形式につぎの 5 種類の性格を与えた。

(1)「凡語」「通語」—— ほとんど全国に通用する共通の形式。

(2)「某々之間通語」—— 某地域と某地域の間で通用する形式。

(3)「某地語」—— 特定の地域に限って話される形式。

(4)「古今語」—— 残存する古語あるいは古代方言の形。

(5)「転語」—— 時代と地域の違いによって、初頭子音か母音に差異が出てきた単語。

たとえば最初にあげられた単語「知る」については、つぎのように記されている。[1]

　　　黨、曉、哲、知也。楚謂之黨或曰曉、齊宋之間謂之哲。——「知る」には、黨 tɑŋ、曉 xio、哲 tiat（これらの再構音は仮のもので声調は示していない）がある。tɑŋ と xio は南の楚の国の言葉で、東部から中央部にわたる齊と宋の地域では「知る」を tiat と言っている。

この tɑŋ は、現代語の「懂」の漢代の形式で (?)、xio は、たとえば蘇州方言 ɕiæ⁴¹ tɤʔ⁴、温州方言 ɕia⁴⁵ ti˙、南昌方言 ɕieu²¹³ tet⁵「曉得」など広く分布する現代方言形と同源であろう。北方漢語の「知道」は、まだそこには記録されていな

い。

　つづく単語「かしこい」には、もっと詳しく地方形式があげられている。

　　　虔、儇、慧也、秦謂之謾、晉謂之𢢤、宋楚之間謂之倢、楚或謂之譀、自関
　　而東、趙魏之間謂之黠、或謂之鬼。――「かしこい」には、虔 ghǐan、儇
　　xǐwan がある。秦では muan～mian といい、晉では mai という。宋と楚の
　　間では、dzhǐap で楚では tho ともいう。関（函谷関）より東、趙と魏の間で
　　は、ghăt あるいは kǐwəi という。

2. 紀元前 1 世紀の言語分布

　少し古い研究ではあるが、林語堂に「前漢方音区域考」という論文があって
（『語言学論叢』開明書店、上海、民国 22（1933）年、所収）、主に『方言』を資料に、
前漢時代の言語分布を考察している。

　林語堂は、まず『方言』の中に出てくる地名の組み合せとその頻度に注目し
た。たとえば、「陳楚では……」という組み合せがしばしば出てくることは、楊
雄が陳楚を一つの方言区域と見做していたと考えうるわけで、実際に五十数回も
出てくるのであるから、当時、陳楚ははっきりとした一方言区画をなしていたの
であろう。一方、鄭楚という組み合せはなく、いつも鄭周と書いている。これは
陳と鄭は距離としては遠くないのに、陳語は楚語に近く、また、鄭語は周語に近
かったためである。齊趙という組み合せは 1 回しか出てこない。これは齊国と趙
国は隣り合わせであったけれども、言葉の上では共通点が少なく、齊と趙の間に
言語境界線があったために違いない。

　これはすぐれた見方である。そして林語堂は、前漢時代の方言区域を図 1-1 の
ようにまとめている。

　林語堂によると、前漢の東アジア中央部の言語は、14 区画にわかれて分布し
ていたことになる。少し煩雑にはなるが、その 14 区画をあげてみたい。

　『方言』の中で、秦の語形は全体で 106 回出る。その中の 89 回は東隣りの晉と
一緒にあげられる。そこで、（1）秦と晉は一つの言語区画をなしていたと見做せ
る。同じように、（2）梁と西楚（江漢）を一区画とする。楊雄は蜀の人であった
ためか、『方言』の中で、蜀語としてあげる形は極端に少ないが、西南の蜀と梁

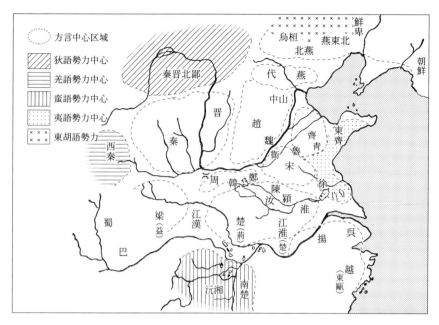

図1−1 林語堂が設定した前漢時代の方言区域

林語堂『語言学論叢』(開明書店、上海、1933)より。

（益）が他とは離れた一区画を形成していたことは間違いがない。また、（3）趙と
魏の西北部は一区画をなしていた。趙語は別の区画である東の宋衛語とほとんど
つながりがなく、そのかわりに魏語とは密接な関係をもっていた。上述『方言』
のあとの例のように「自関而東、趙魏之間」とか「自河而北、趙魏之間」の表現
がよく使われていることは、言語境界線が魏の国の中にあって、黄河の流れが二
つの言語区域の境界を作っていたと考えられる。（4）宋衛と魏の一部からなる区
画、（5）鄭韓間の区画、（6）齊と魯からなる区画、（7）趙の北方にある燕代が作
る一区画、（8）北燕から朝鮮に至る区域、（9）東齊、海岱、淮泗の区画、（10）
汝、穎、陳楚（江淮）を含む区画、（11）南楚の区画、（12）呉、揚、越からなる
区画、（13）羌語が話される西秦の区域、（14）狄語が話される秦晋北鄙の、14
の区域に大別している。

　東齊と海岱は、古くから東夷の地とされ、中央とは違った言語区域と意識され
た事実は、楊雄のこの言語区画と一致し、また『爾雅』の郭註に「東齊呼息為
呬」（東齊では息を呬という）とあるのと、許慎の『説文解字』に「東夷謂息為呬」

（東夷は息を呬という）とある記述が合致するから、東齊語と東夷語は実は同じ言語を指していることがわかる。

　また漢のはじめに大乱があって、燕齊趙にいた数万の人が朝鮮に避難したと記録されており、それは、北燕の朝鮮語が一つの区域をなしていたことを裏づける。

　林語堂の研究は重要で興味深いものではあったが、一つの出発点を示したにすぎないため、その研究をもっと発展させる必要がある。楊雄の『方言』は実際に当時の口語を伝えている点で大きい価値をもっており、またそのためにいろいろの問題を提起するのである。中央部の諸国で話された言葉が、現代漢語方言の形成に、その後どのようにはたらいたのだろうか。その中の若干は現代漢語方言の直接の祖先であったのだろうか。このように第一に現代方言とのつながりを問題にできる。

　さきにあげた林語堂の書いた「前漢方言区域図」は、漢語方言の分布とともに、東齊青徐の夷語、西秦の羌語、秦北の狄語、南蛮の蛮語、北燕の東胡語といった周辺の代表的な非漢語の分布も含まれていて大へん参考になる。

　秦北の狄語や北燕の東胡語はアルタイ系の言語であり、西秦の羌語はチベット系の言語であったことは確かであろうけれども、南蛮の蛮語はモン・クメール系や、ミャオ・ヤオ系言語、あるいはタイ系の言語を包括するものではなかったかと漠然と推測できるだけで、それを細かく論証するのは難しい。東齊青徐の夷語がどの系統の言葉であったかも速断はできない。いずれも材料が足りないのである。

　したがって、第二に周辺民族語といまの少数民族言語とのつながりの問題がある。

　いずれにしてもいま述べてきた楊雄の『方言』は、前漢時代、紀元前1世紀の言語分布のあらましをともかく推測させた。するとそれを基盤にして、それより以前の状態を推定できないだろうか。つまり第三に前漢以前の東アジア地域の言語はどのようになっていたのかを問題にすることができるのである。[2]

3. 殷（商）の言語と周の言語

　東アジア地域でもっとも古い言語記録は、いまのところ甲骨文字で刻まれた卜

辞である。

　紀元前十数世紀に、商民族はすでに甲骨文と、それにつづく金文という偉大な創作を終えていた。甲骨文は殷王朝の公式の記録に使われ、もっぱら亀甲獣骨に刻まれた形で残り、金文は銅器の銘文として伝えられた。

　死滅した言葉の研究は、文字による記録がないと全く手がつけられない。殷人の文化は、より遡って龍山文化や仰韶文化にたどりつくことが発掘によってわかってきても、その時代の人間がどのような言葉を使っていたかは、まとまった文字資料がない限り、推測する手掛りさえもないのである。甲骨文資料の発見は、その意味ですばらしい結果をもたらした。当時の話し言葉による通達が、一体どのような形態をとっていたかは、いまでは知るよしもないが、甲骨文や金文によって記録された形態とはかけ離れていたであろうことは、容易に想像することが

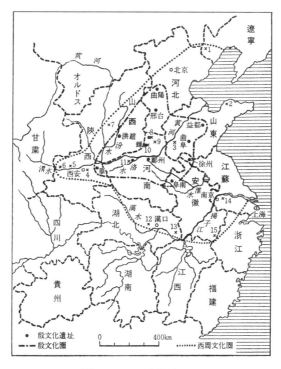

図1-2　殷周文化遺址図

貝塚茂樹『中国の歴史』上（岩波書店、1964）より。

できる。言い換えると、商民族の書き言葉が、一定の整った文章語として、紀元前十数世紀に、すでにできあがっていたと見做しうるのである。[3]

　中原の広域国家殷王朝は、やがて西方陝西地方を占拠していた新興の異民族周によって打倒される。紀元前 11 世紀におこったいわゆる殷周革命である。殷文化圏に通用した金文を、周王朝はその言語の表記に採用した。しかし、周人は殷の貞人（巫）のみが使ったとされる甲骨文を書かなかったと考えて差し支えがなかろう。全く受け継がなかったとは発掘が進まない限り断言はできないが、いまのところ甲骨文は小屯以外の地から発見されていない（81頁［補註］参照）。殷文化圏が予想以上に広い領域をもっていたことは、最近の殷代遺址の発掘によって明らかになり、東西 1000 キロメートル、南北 1200 キロメートルをこえる広さをもったものと推定されているようである。そのような広い領域には多種多様の民族が混在していたに違いないが、それらの民族に共通の文字として伝播したのが金文であり、共通の言葉として流通したのが殷人の言語であったと考えられる。金文がいわゆる表意文字であったことがそのような伝播を可能にし、そこに漢字のもっとも初期の発展が見られるのである。

　殷の言語と周の言語が同系統のものであったか否かは、いわゆる漢語（中国語）の形成を考える上で重要な問題である。

　殷人（商族）が、どの系統の言葉を話したかは実際には明らかではない。しかし、少なくとも、周民族とは文化面で異なり、言葉の上でもかなりの距りをもっていたことは確かであろう。シナ・チベット（漢蔵）語族の比較言語学研究を進めているポール・ベネディクトは『漢蔵語概要』（ケンブリッジ、1972）の結論として、つぎのように言っている。

　　　漢語と蔵緬語（チベット・ビルマ語）が系統的に関連するというわれわれの信念は、結局は、それらが多少の基本語根を共有している事実と、それらの語根に音韻上の一般化を設定しうる事実におかねばならない。ここで主張してよいのは、漢蔵語的要素は、漢語の上層部を構成しているにすぎないことと、その基層部は別の起源であったことである。
　　　歴史的にいうと、周民族は商族が話していた非漢蔵語と融合してしまったか、もしくはたぶんそれに入り込んだ漢蔵語の担い手であったと見做せる。

　ベネディクトは、具体的な論拠を示してはいないが、この意見を仮に、著者の

見方からもう少し普遍して考えてみると、つぎのような想定も可能になる。商族の言語は、X系統であるが、その主力部族はSVO型の文構造をとっていて、甲骨文や金文は、すでにのちの中国古典に見られる漢語のような基本構造を具えていた。これに対して、周族の言語は、本来チベット・ビルマ語的な文構造をもっていて、SOV型であったが、殷文化圏の一員として金文を採用し、のちに殷王朝を倒し、殷語を共通語とする殷文化圏を受け継ぐに及んで、周民族の言葉自体にもSOV型からSVO型へと移行する大きい変貌がもたらされた。つまり周民族は殷語の主要な文構造を採用したのである。

[東アジア主要言語の語順の変遷]

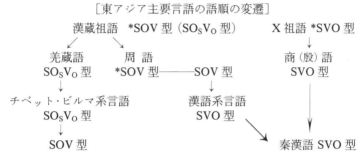

（sVOは、動詞語幹が前方および後方の位置にそれぞれ主語代名詞および目的語代名詞を接辞としてもったことを示している。いわゆる代名詞化言語である）

　しかし、これはあくまで明確に証明し難い一つの仮説である。[4] 語順の類型の一部のみに問題を限定すると、著者は漢蔵語の祖形はSOV型であったと想定しているが、蔵緬語系のSOV型と漢語系のSVO型の差異にこだわり、仮に漢語の祖先がSOV型からSVO型に変貌したとすると、後代における周辺言語からの影響などではなくて、ずっと早期に決定的な要因が強力な周辺民族から与えられていたものと考えたい。紀元前十数世紀、殷文化圏における殷共通語および文字と書き言葉の普及が、周人の言葉に変貌をもたらしたことは十分にありうる。高い文化圏に入った征服者が言葉の上で、そこから大きい影響を受け取ることはまれな現象ではない。

　甲骨文に代表される殷の言語の非漢蔵語的な性格を示す例として、「多」の用法をあげてみたい。

　「多媚（たび）は、従雨（長雨）あらしむるか」とある「多媚」は、雨を降らせるもの「媚」に「多」がついた形と考えられている。そして、この「多」は、「多父」

「多母」「多妣」（しゅうとめ）、「多子」「多犬」「多馬」「多馬羌」（馬を扱う羌族？）などの「多」とともに、のちの漢語の「諸」にあたり、複数あるいは集団として呼ぶときに使われる言葉と解釈されている。ところがこれには別の解釈も可能である。この「多」は、たとえば 湘西ミャオ語で ta⁵⁵–mei²¹ 馬、ta⁵⁵–quɣ⁵³ 犬などの ta⁵⁵– にあたるような名詞につけられる接頭辞を書き表わしたのではないだろうか。このような接頭辞をもつのはミャオ語に限らず、広西の壮語にもある。ta³³–po³³ 父、ta³³–me³³ 母、ta³³–taai³⁵ 祖母。

　ここで甲骨文の 夘（多）を、ミャオ語の動物を意味する名詞に接頭される ta– や壮語の親族名詞につく ta– にあたるような接頭辞として解釈する仕方は、殷の言語で文字「多」を tâ と読んだこと、そして、それはもともと「多い」の意味を表わす字形「多」tâ を借りて書き表わされていることを前提にしている。したがって、この「多い」tâ も殷の言葉で、非漢蔵語形であると考えれば、そこに矛盾は起こらない（チベット文語 mang–po、ビルマ文語 mya²、共通タイ語 maak いずれも「多い」は、同一語根の単語で、おそらく漢語の 厖 mùng がそれらに対応するのであろう。川黔滇ミャオ語には ntou⁵「多い」がある）。

　周の言語が殷文化圏の一員として、古くから殷語の語彙をかなり多量に借用していたことはありうる。

　文字表記にあたって、このような仮借の関係が成り立ったか否かは、基本と派生がセットとして借用された語形でなかったことを条件にすると、殷の言語と周の言語が同一の基盤にたっていたかどうかを決定する一つの基準になる。たとえば、甲骨文の 旱 は、のちの楷書の「子」にあたる字形であることは確実であるにしても、それを殷の言語で tsïəg と読んでいた保証はない。ところが、もし甲骨文で 旱 が 甹 dzhǐag（子を生み育てる）の意符・音符として使われているのなら、殷の言語は、周の言語で 子 → 字 の派生を可能にしたのと同じ基盤にたっていたということができる。実際には、甲骨文ではあとの字形は出てこない。金文では、旱 と 甹 の関係は成り立ち、このセットは、ビルマ文語の sa²「子供」と ca「文字」の関係と並行している。

　同じような例をあげると、甲骨文では一人称代名詞は単数の「余」「朕」と複数の「我」に限定されて、「吾」は使われていないから、「五」が「吾」の音符になる関係は認められない。しかし、金文では、「五」は「吾」の音符になって、チベット文語形・ビルマ文語形とつぎのような関係と対応を示している。

金文		再構成音	チベット文語	ビルマ文語
𝕏	五	ngo	*lnga*［高型声調］	*nga*²［高型］
吾	吾	ngo	*nga*［低型声調］	*nga*［低型］

甲骨文に見られる仮借、形声文字の検討は今後の大きい課題であるが、少なくとも、これらの例に関して見る限り、周語は蔵緬語と同じ系統の言語であったと言いたくなる。[5)]

4. 羌と氐の言語

殷文化圏の周辺には多くの異民族がいた。西方の、現在の甘粛省・青海省あたりの地域に居住した羌と呼ばれる種族は、代表的な異民族の一つである。羌の名前は甲骨文にもしばしば登場して、捕獲してよいかどうかで問われる対象になっている。とらえられた羌人の大部分は犠牲(いけにえ)として殺されたらしく、殷墓に葬られた首のない死者の多くは羌人であったといわれる。殷人と羌人は長年にわたる仇敵であったが、羌人と周人は友好関係をもっていて、周が殷王朝を滅ぼすときにも、羌人は周を助けている。その友好関係の背景には、両族の言葉が近かったための親近感があったのではないだろうか。極端な見方をすると、周人は羌族の一族であったともいえるのである。

羌人の一部は早くから周の王室と姻戚関係をもち、姜姓を名のる諸国を作っていた。『説文解字』には、「羌とは西戎(せいじゅう)の羊を牧する人なり」と説明されている。姓としては羊の下に女をつけた字形が使われた。

いわゆる西戎の中の最有力民族が、この羌と氐(てい)であった。古い習慣を保持した大部分の羌族は西に向かってチベットに入ったと考える人がいる。蔵族とは羌族の中の一種族であると考えられるから、古代羌族をもって古代チベット・ビルマ系民族全体を代表するものとして扱うのが便利であるかも知れない。

羌族の末裔は現在約20万人いて、四川省の西北部で自治県をもち、半農半牧の生活をおくっている。

現代羌語はかなり複雑な構造の言語で、チベット語よりも四川省の嘉戎語(ギャロン)(rGyarong)と雲南省に分布する普米語(プミ)(Pumi)に近いと考えられている。嘉戎語は羌語的な層とチベット語的層を混在させている言語であって、動詞の方向指示

や時称を示す前接辞をはじめとして、動詞のあとに置く人称接辞など複雑な屈折体系をもっている。それらの枠組はたぶん共通祖形から伝承してきたものであろう。この言語群はチベット・ビルマ系言語の中で、もっとも古い形態を保持しているのではないかと疑える。

　普米語の存在はごく最近知られたもので、その全貌はまだ十分に記述されていないが、羌語にもっとも近い言語であることは確かである。中国では、四川省西北部のいわゆる川西民族走廊地域に分布する史興語 (Shihing)、納木依語 (Namuzi)、爾蘇語 (Ersu)、木雅語 (Minyak)、貴瓊語 (Guichong)、扎巴語 (hDrapa)、爾龔語 (Ergu) などとともに一つの言語群──西番語群にまとめる意見が強いが、著者は西番語群はあとにあげた言語のみに限定して、羌語と普米語は別に羌語群をたてておきたいと考えている。

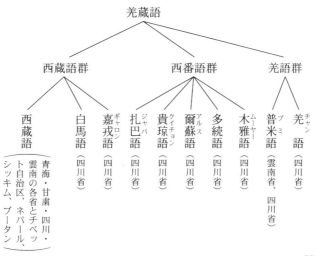

（13世紀まで河西回廊（シルクロード）を支配した西夏国の言語（死語）は、彝 緬 語群に所属するが、一方で羌語群・西番語群の諸言語と同源語を共有し、類似した形態構造をもっている）

　蔵族と総称する民族の中には、いろいろの部族が含まれている。現在、所属の決定が問題になっている部族もあって、たとえば四川省北部の平武県白馬河流域などに約1万人いる平武蔵人、いわゆる白馬人がその例である。この民族は1951年に、民族上層部の意見で、チベット族と仮に決められてしまった。ところが蔵族と接しているうちに、言語、服飾、風俗習慣、宗教信仰などすべて蔵族

と相違していることがわかってきた。1960 年代以来、白馬人は正式に革命委員会に族属に対する調査を要求した。そこで 1978〜79 年に二度にわたって平武、松潘などの白馬族の調査が行なわれ多くの資料が得られた。

　その調査に参加した中国社会科学院民族学研究所の孫宏開教授の意見では、白馬人は蔵族の大きい影響を受けたけれども、蔵族ではなく、言葉の面を総合してみると、音韻面でも文法面でも、白馬語は羌語や普米語に近く、チベット語との関係は、一つの言語融合の例としてとらえるべきであると言っている。松潘県などの白馬人は完全にチベット人と同化している。そして孫宏開教授はこの白馬人こそ、さきにあげた古代の民族氐族の末裔であろうと考えた。数年のち、信頼できる資料にもとづいた白馬語とチベット語の比較研究によって、白馬語はチベット語の方言ではなく、チベット語群に所属する一言語であって、歴史的にはチベット語よりも古い形態を保持する言語であることが明らかにされている。[6]　チベット語に融合されていった羌蔵語群の言語は数多くあったに違いない。[7]

[羌 語 と 普 米 語]

羌語	no^{55}	pho^{55}	ti^{33}	da^{31}	χgy^{33}	zo^{31}
	あなた（は）	樹	を	（過去）	倒	した
普米語	nɛ^{13}	skhiãu^{13}	də^{13}	ʂuə^{55}	si^{55}	
	あなた（は）	服（を）	（過去）	買った	（過去）（二、三人称）	
羌語	tsuə^{55}	ko^{33}	dʒʅ^{33}	ʅ^{33}		
	水	に	魚	あり		
普米語	tʃə^{55}	ɣu^{13}	dʒə^{55}	ʒø^{55}		
	水	に	魚	あり		

（羌語は桃坪方言（南部方言）、普米語は箐花方言（南部方言）の形である）

また、人称代名詞も同じように格変化を示している。

羌語	主格	属格		対格
一人称	ŋa^{55}	qa^{55}〜qo^{55}	私に	qa^{55}
二人称	no^{55}	ko^{55}	あなたに	kuə^{55}
普米語	主格	属格		対格
一人称	ɛ^{55}	ã^{55}		ɛ^{55} tɕi^{55}
二人称	nɛ^{13}	nã^{55}		nɛ^{13} tɕi^{55}

5. 漢語系・チベット語系・タイ語系言語の構図

　東アジアの中心部、中国大陸中央部の言語は、もっとも東の海岸沿いに居住していた東夷族を別にすると、東側の商族の言語をはじめ、それを伝承する世界と、西側の西戎羌族を代表とするチベット系言語の世界、この二つを主流に展開した。

　紀元前12世紀頃に西側の周語が東側の商語の世界と深い交流をもち、その文字金文を採用した結果、SVO型をはじめとする商語の基本構造に周語の多量の語彙を混淆した形で、一つの共通言語圏が東側地域に誕生していった。

　その共通語は共通文字金文と、それにつづく小篆の流通に支えられて、東側全土に普及していったものと推測する。西暦紀元前後になって、その共通語を土台に、いわゆる漢語と呼ばれる言語が成立した。漢文化は商周二つの文化伝統と、それを背景とする言葉を基盤に形成されていったと思われる。

　一方、西側の羌族が代表するチベット系諸民族は、北は甘粛省から南はネパールに、東は四川・雲南省から西は西蔵自治区の西端に至る広大な地域を覆う大言語集団として発展した。永く書写言語をもたなかったが、7世紀になって、その中の大民族チベット族が吐蕃（チベット）国を建設するとともに、インド系の表音文字を採用して書き言葉を誕生させた。それは9世紀頃までに一つの文章語として整備されていった。この書写語はあとで述べるように、綴字面に古い形態をよく保存していることで特徴づけられる。

　東側には紀元前数世紀から、商言語の分布地の南方に、たぶん商言語と直接の系譜上のつながりをもったと思われる言語グループがあった。その一つがタイ語系の言語群である。

　現代粤方言は、漢代以後、このタイ系言語を基層として、その上に漢語が覆い被さって形成されたものと若干の研究者によって考えられている。その基層は広西壮族自治区で話される現代壮語と極めて類似していたのであろう。

　東側と西側の二大言語群の中間地帯、甘粛省の東南部から四川・雲南各省にかけて、多種類の彝緬（ロロ・ビルマ）系の言語が、チベット語世界の延長として分布していた。

　この言語グループは所属する言語の数が多く、四川省、貴州省、雲南省から、ビルマ、タイ、ラオス、北ベトナムに至るまで広く分布地域を拡大した。ビルマ

族は 12 世紀初頭からモン文字を修正した表音文字を採用し、自己の言葉を記録しはじめ、彝族と納西族は創作年代は明瞭ではないが、かなり早い時期から独自の象形文字を創り出し、独自の文化を形造っていた。

　東アジア大陸中央部の殷周時代における、あらましの言語分布の構図を示すと以上のようになる。漢語と呼ばれる言語は、発展の過程でいろいろの要素を受け入れていった混合言語であるが、その主流には商語と周語があった。前者はたぶんタイ系言語と同系の層であり、後者はチベット・ビルマ系言語とつながる層であるという構図を著者は以前からもっている。これはもちろん一つの仮説ではあるが、まず漢語の発展の面から、その事情をもう少し詳しく述べてみたい。

第2節

漢 語 の 成 立

はじめに漢語の時代区分をあげてみよう。多くの研究者が時代区分の試案を提出しているが必ずしも一致しているわけではなく、とくに文法の歴史が十分に研究されていないため、ここにあげるのも暫定的な区分にすぎない。

1. 上 古 漢 語

漢語は殷周秦の間で重大な変貌をとげたが、第一の時期は大まかに、上古漢語と呼び、周・秦（紀元前11世紀～紀元前3世紀）と両漢（紀元前2世紀～紀元2世紀）の時代にまたがる。

周時代の漢字の読み方、つまり当時の発音とその背後にある音韻体系は、確実な根拠をもって再構成される、中古漢語の8世紀唐代音の体系をもとに、『詩経』の押韻の仕方と、諧声文字構成における基本字と派生字の関係から推定されているが、なお不詳なところが多く残されている。

秦が六国を併合して天下を統一（221 B.C.）したことは、漢語の発展にとっても重要な意味をもった。さきに述べたように共通語はその頃すでに誕生しており、『論語』ではそれを「雅言」と表現している。商周混合の書写言語がその「雅言」の基盤であったと推定できるが、各地方の言語もまたなお強力に存在しており、その中で孟子が指摘するように、齊と楚の言語がとくに際立って「雅言」とは異なった特徴をもっていたらしい。

『史記』や『論衡』は「雅言」すなわち共通語で書かれた代表的な作品である。粤、呉、湘の方言は、この上古時代に形成されたものと思われる。

2. 中 古 漢 語

　漢語の歴史で、上古漢語につぐ第二の時期は中古漢語と呼ばれ、隋・唐・宋3代（7世紀〜13世紀）の長い期間にあたる。上古漢語からこの中古漢語に至る過渡期の魏・晋・南北朝（3世紀〜6世紀）は、五胡、匈奴、羯、鮮卑、氐、羌が漢族をおびやかした時代であるが、漢語自体は、とくに重大な影響を受けなかった。しかし、その五胡の動乱は漢族の一部を南下させ、閩方言と客家方言を生み出す動機を与えたのである。閩方言は呉方言から、客家方言は贛方言からそれぞれ派生した第二次方言である。この二つの方言については後述する。これらの現代方言の基盤は南宋以前にできあがっていたらしい。

　中古漢語の音韻体系は『切韻』五巻（陸法言、601年編）をもとに知ることができる。実際には『切韻』のかわりに、『広韻』（宋、陳彭年等、修訂）が使われてきたが、そこには唐代の洛陽音をもとに、「古今を綜合し、南北を参照した」音韻体系が整理され記録されていて、特定の時代の特定の地域の言語音を代表しているとは言い難い。そのような性格の中古漢語音は、漢語の音韻史を遡り、あるいはそれ以後の変化をたどる堅実な基盤として扱われているのである。

　『広韻』の音韻組織の再構成は、いまではかなり正確にできるが、カールグレン以来、いろいろの試みが提出されている。実質的には、『広韻』の体系は、タイ系言語たとえば壮語とかなり近い体系をもっていたように思える。たとえば、次に示すように、末尾子音（鼻音と閉鎖音）-m、-p、-n、-t、-ŋ、-k と先行する母音の配合形式の数が、『広韻』の体系と現代壮語の体系を比べるとよく似ているのである。[8]

	–Vm	–Vp	–Vn	–Vt	–Vŋ	–Vk
中古漢語	9種	9種	14種	13種	12種	12種
現代壮語	9種	9種	11種	11種	10種	10種

（-V は母音の代表記号）

[例. –Vm 9種]

中古漢語

–âm（覃）	–am（咸）	–ĭəm（侵）	
		–ĭɐm（塩）	–iem（添）
–âm（談）	–am（銜）	–ɐm（厳）	
		–ĭwɐm（凡）	

（覃、談などは韻母の代表字）

8 彙　6 人

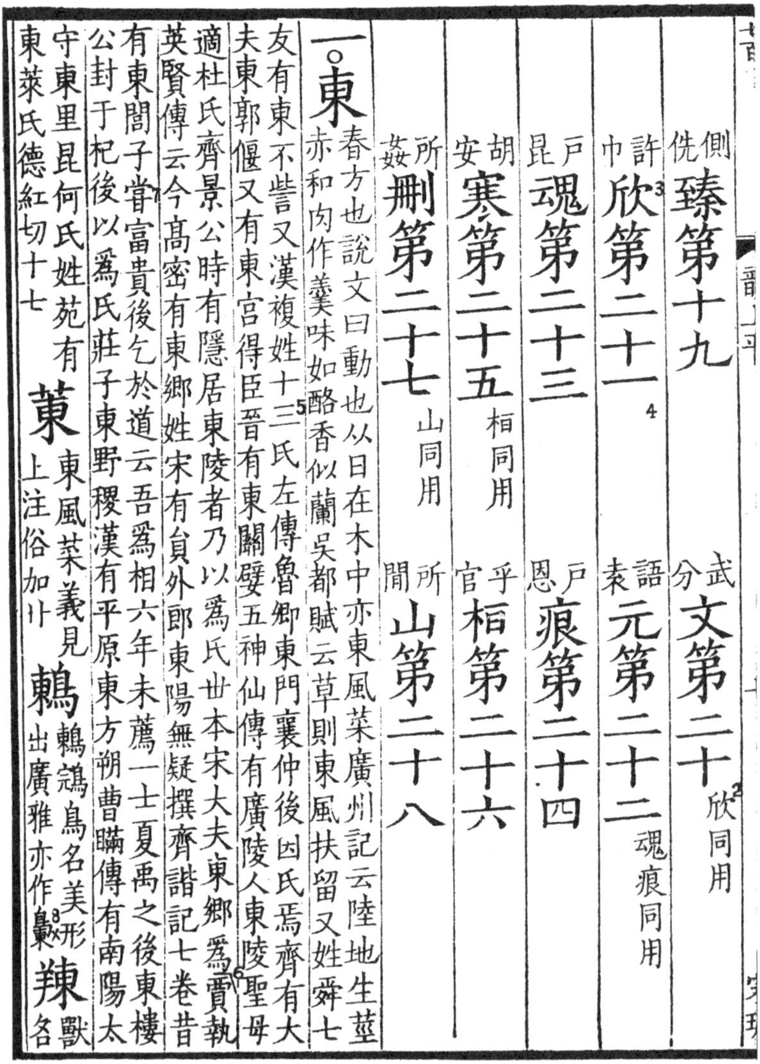
臻第十九 側詵　文第二十 武分 欣同用[2]
欣[3]第二十一[4] 許巾　元第二十二 語袁 魂痕同用
魂第二十三 戶昆　痕第二十四 戶恩
寒第二十五 胡安 桓同用　桓第二十六 乎官
刪第二十七 所姦 山同用　山第二十八 所閒

一東 春方也說文曰動也从日在木中亦東風菜廣州記云陸地生莖赤和肉作羹味如酪香似蘭吳都賦云草則東風扶留又姓舜七友有東不訾又漢複姓十三[5]氏左傳魯卿東門襄仲後因氏焉齊有大夫東郭偃又有東宮得臣晉有東關嬖五神仙傳有廣陵人東陵聖母適杜氏齊景公時有隱居東陵者乃以爲氏世本宋大夫東鄉爲[6]賈執英賢傳云今高密有東鄉姓宋有員外郎東陽無疑撰齊諧記七卷昔有東閭子嘗[7]富貴後乞於道云吾爲相六年未薦一士夏禹之後東樓公封于杞後以爲氏莊子東野稷漢有平原東方朔曹瞞傳有南陽太守東里昆何氏姓苑有東萊氏德紅切十七
菄 東風菜義見上注俗加艹
鶇 鶇鵍鳥名美形出廣雅亦作[8]鶇
䍶 獸名

図1－3　張氏重刊『宋本広韻』澤存堂蔵板

周祖謨『広韻校本』(商務印書館、北京、1951)。

現代壮語

-am	-om	-im	-um	-em
-aam	-oom	-iim	-uum	

たとえば、末尾音 -m に終わる形式は、次のように対照される。

[-Vm 形式の具体的対応を示す若干例]

	中古漢語	壮語（武鳴）		中古漢語	壮語（武鳴）
三	sâm（談平）	saam¹	染める	ńźĭem（塩上）	ȵum⁴
心	sĭəm（侵平）	sim¹	鎌(かま)	lĭem（塩上）	liim²
針	tśĭəm（侵平）	çim¹			

（平は平声、上は上声を意味し、
壮語形の右肩の数字は声調を示す）

この再構成音では、中古漢語の組織には、母音の長さの対立がなかったという前提にたっているが、もし長母音と短母音の対立関係をその組織に導入すると、両者の類似はいっそう顕著なものとなる。

ちなみに、カールグレンの再構成によると、いまあげた「三」「心」「針」「染める」「鎌」の中古漢語形式は、それを基盤に、つぎのように周代上古漢語形式に遡れるのである。壮語も同じような歴史をたどったのかも知れない。

	上古音		中古音		上古音		中古音
三	səm	>	sâm	染	ńiam	>	ńźĭem
心	sĭəm	>	sĭəm	鎌	glĭam	>	lĭem
針	tĭəm	>	tśĭəm				

いうまでもなく、漢語もタイ語も声調言語である。しかも弁別する声調型の数がかなり多いタイプに属する。声調言語の複雑な発展については追って詳しく述べてみたいが、いまは、中古漢語の音韻組織と関連して、広東語の -p、-t、-k に終わる、いわゆる入声音節がもつ声調型とタイ系言語の声調型、そしてそれらと長短両母音の分配関係についてふれてみたい。粤方言（広東語）の成立についてはすぐあとで述べる。

粤方言の声調に9声あることはよく知られている。しかし実際には、-p、-t、-k に終わる、いわゆる入声音と -#（母音終わり）、-m、-n、-ŋ の鼻音に終わる音節に同じ型があらわれるから、「九声六調の説」という考え方が通っている。つまり声調は九つあるが、その調子（声調の型）は六つにすぎないという考え方であ

る。入声はつぎの表のように三つの型に分かれるが、55 型と 22 型は短母音であるのに対して、33 型は長母音をとる音節に限ってあらわれる。この標準的な形態に対して、粤方言の台山方言では、入声音節は四つの声調型に分割されている。台山方言はいまでは母音の長短を弁別していないが、この事実から現在の声調型の分割が、古い母音の長短の弁別の痕跡を受け継いだその代償形式であることがわかる。つまり現在の 33 型と 22 型はもとの長母音の声調型なのである。

[粤方言の標準的声調型]

声調類 初頭音	平	上	去	入
陰 （無声音）	55～53	35	33	55 33
陽 （有声音）	21～11	13	22	22

	陰	陽	
	53型	35型	33型
	21型	13型	22型
	下降型	上昇型	平板型

[台山方言の入声音節]

陰入₁	55	忽 識	fat sɪk
陰入₂	33	法 洩	fat sit
陽入₁	32	仏 食	fat sɪk
陽入₂	22	乏	fat

　これとよく似た現象が壮語にもあって、雲南省に分布する広南方言は、入声の音節では、母音の長短は弁別されないが、四つの声調型をもっている。その声調型を壮語南部方言の代表である武鳴方言形と比較すると、四つある入声の声調型の中、二つはもともと長母音音節であり、残りの二つは短母音音節であることがわかる。これはいま述べた漢語の粤方言の場合とよく並行する現象で、声調の型がかつてあった母音の長短の対立を保存しているといえるのである。言葉の変化は一般に古い対立関係を消滅させても、つぎの時代にはその痕跡を何らかの形で代償して保存していくものである。

[壮語の広南方言と武鳴方言の比較]

広南	tap 55	肝	kɔp 55	青蛙	陰入（短母音）	
武鳴	tăp 55	肝	kŏp 55	青蛙		
広南	mak 11	果物	thap 11	かつぐ	陰入（長母音）	
武鳴	maak 35	果物	raap 35	かつぐ		

広南	mak 33	墨	sak 33	洗う	陽入（短母音）
武鳴	măk 33	墨	săk 33	洗う	
広南	mak 31	ナイフの類別詞	lak 31	根	陽入（長母音）
武鳴	faak 33	ナイフの類別詞	raak 33	根	

壮　　語	［陰入］短母音	長母音	［陽入］短母音	長母音
広　　南	55	11	33	31
武　　鳴	55	35	33	33
漢語粤方言				
台　　山	55	33	32	22
広　　州	55	33	22	22

3. 中古漢語 —— 仏教用語による漢語語彙の増大

　さて、中古漢語を大きく特徴づける性格の一つとして、漢代から魏晋南北朝を経て隋唐時代に至る間の仏教語による語彙の増大をあげなければならない。その頃、西域から漢語に入った単語、たとえば葡萄をはじめ胡麻、胡瓜、胡椒など胡がつく単語なども少なくないが、それに比べて、仏教用語の方がはるかに数が多いのである。

　仏教が中国に伝来したのは、漢の武帝の西域征服以降のことであるが、仏教が中国で盛んになり、漢人の日常生活に深く浸透するようになると、仏教で使われる用語も漢語の常用語彙の範囲内に入り込んでくる。仏典の翻訳で採用された訳語がそのままの形で、あるいはそれをずっと簡単化した形で、一般に使われるようになった。その中には、梵語（サンスクリット）を漢語音で単に音写した形の単語も多い。

　たとえば、梵語 buddha は、はじめ「浮屠」「浮図」「仏図」と音写され、やがて「仏陀」に定着するが、その中に、そのはじめの音節のみをとって簡単に「仏」になり、あたかも本来からあった漢語のように、その「仏」bhiət ＞ fuo が口語でもそのまま使われるようになった。「浮屠」bhǐəu dho、「浮図」bhǐəu dho よりもこの「仏陀」bhǐət dhâ の方が、もとの buddha にずっと近いけれども、いろいろの書き方が生れたのは、この梵語を聞いて漢字で音写する基盤にな

った漢語自体が相違していて、その違いが反映しているためと考えるべきであろう。

漢字は当時すでに、どの言葉でも一応は表記できる世界文字として成立していた。しかし、その漢字をどこの漢語をもとに使ったかがつねに問題なのである。

梵語 saṅgha（衆和合）は同じように「僧伽」səng ghīɑ と音写されるが、はじめの音節「僧」のみで、あたかも本来の漢語のように使われる。梵語 bodhisattva を写した「菩提薩埵」（大覚有情）bhuodhiei sâttuâ は、漢語の単語に「菩薩」をつけ加えた。

「般若」（智慧）、「偈」（頌）、「禅＝禅那」などは、いずれも梵語を音写して生れた単語である。しかし、「偈」と「禅」は、中古漢語の形だけではその関係を理解し難く、より遡った魏晋時代の漢語音を適用してはじめて納得できる。これはシャム語に見られる 梵 巴 語 の受け入れ方とよく似ている。

		魏 晋	隋 唐
般 若	prajñā	bhuannjĭak	bhuânńźĭak
偈	gāthā	ghjĭat	ghĭet
禅、禅那	dhyāna	djĭan (na)	źĭennâ

魏晋時代の漢語音は当時の詩の押韻から大体推定されている（Ting Pang-hsin, *Chinese Phonology of the Wei-Chin Period: Reconstruction of the Finals as Reflected in Poetry*. 丁邦新『魏晋音韻研究』中央研究院歴史語言研究所、台北、1975）。

日本人にも仏教用語であることが明らかな、上に述べたような単語のほかに、いまでは本来、仏教語であったなどとは全く気づかずに漢語の中で永い寿命を保ち、また日本語にも入っている単語がある。それには梵語を意味で置き換えた言葉が多い。たとえば「世界」がそうである。これは梵語 loka-dhātu を置き換えた形で、仏教では、「世」は時間、「界」は空間を意味した。したがって「世界」は本来「時間、空間」を包括した概念であった。もともとの漢語の「宇宙」に等しい。仏典の中で、たとえば「三世」といえば「過去、未来、現在」を指し、「三界」といえば「欲界、色界、無色界」を指したが、一般の口語の中で、「世界」という単語が使われるときには、時間的な意味を捨てて、空間を指す「界」の意味だけになったのである。現在われわれの使う「世界」は、さらに意味変化を起こしているといえるかも知れない。

「因果」も、梵語 hetu-phala を翻訳した形である。「因」は「よる、たよる」

の意味で、「果」は果実、果物である。仏典の翻訳者は、それらを借りて、原因と結果の訳語とした。以来「因果」は仏典から離れて、一般単語として使われている。

「現在」「荘厳」「円満」など仏教用語の漢語に及ぼした影響は実に大きかったのである。

4. 近世漢語

漢語の第三の時期は近世漢語で、宋・元・明・清4代が該当する（11世紀〜19世紀）。伝統的な詩文が衰退して、白話文著作が盛んになる時期である。白話文自体は唐代からすでに活発であったが、この時期は、政治の中心が中原に移った北宋以降の標準語として、河北方言を基礎とする白話文であるところに特徴がある。

この時代の漢語の音韻体系は二つの系統の韻書をもとに推定できる。その一つは中原雅音、つまり読書階級の読書音を体系づけた切韻系の韻書であり、いま一つは大衆の口語音を対象とする新しいタイプの韻書である。当時すでに読書音と口語音の二つの層があったのである。前者には『五音集韻』（韓道昭編、1212）、『古今韻会』（黄公紹、1292）と、熊忠がその繁雑さを嫌って作ったといわれる略本『古今韻会挙要』（1297）、『洪武正韻』（楽韶鳳・宋濂等編、1375）があり、後者は、『中原音韻』を代表とする。

『中原音韻』は元の周徳清が、当時の劇作家関漢卿、馬致遠などの戯曲作品の韻字を根拠に編集したものであり、1324年に初稿ができ、定稿は1333年に刊行されている。隋唐の中古音に比べてずっと簡単な体系が19韻の分類で示されるが、もともと曲子作成の実用面を重視した韻書であるから、本当に口語の体系を反映しているのかというと、それにはいろいろと問題は多い。近世漢語では、中古の有声音はすべて無声音化し、平声は陰平（本来無声音の平声）と陽平（本来有声音の平声）の2類に分けられるなどの事実は確かに『中原音韻』から決定できるけれども、たとえば -p、-t、-k に終わる3種の入声音が本当にあったのかどうかなどはよく検討すべき事柄で、研究者の間でも意見が一致しない。上述の切韻系の韻書『洪武正韻』では有声音もあり、声調は平上去入に分けられ、10類の入声韻に3種の入声音がはっきり弁別されている。『古今韻会挙要』はそれより

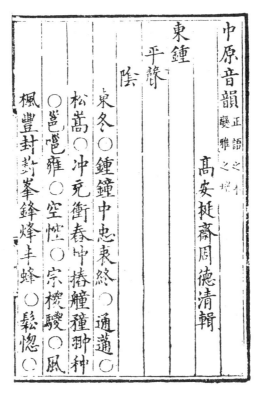

図1-4　周徳清輯『中原音韻』

○から○までの文字が同じ発音である。

時代は遡るけれども入声音はすでに1種類にまとめられている。

　北方漢語の歴史の中で、-p、-t、-k に終わる音節は14世紀中頃には消失したと考えてよいが、それがどのような過程で末尾閉鎖音を失い、他の声調に変化していったかを探るのは面白い研究対象である。たとえば、殺と黒は本来の入声から陰平調に移るが、密と福はそれぞれ別の声調をとる。

[漢語における入声音節の変遷]

	中古漢語	近世漢語	『等韻図経』	現代北京語
殺	ṣɑt	ṣat →	ṣa （去） →	ṣā （陰平）
黒	χək	xək →	xiɛ （去） →	xēi （陰平）
密	miĕt	mit →	mi （去） →	mì （去）
福	pǐuk	fuk →	fu （去） →	fú （陽平）

『中原音韻』の体系は現代北方官話の直接の祖形とは言い難いかも知れないけれども、一応近世北方漢語つまり古官話の標準体系を代表すると認められている。

明末から清初にかけて古官話はかなり変貌した。その音韻体系の変遷は『韻略易通』（蘭茂、1442 完成、1609 年以後、数本印刷されている）、『交泰韻』（呂坤、1603）、『韻略匯通』（畢拱宸、1642 完成）、『五方元音』（樊騰鳳、1654〜73）、『重訂司馬温公等韻図経』（徐孝、1603）、『西儒耳目資』（金尼閣、1626）などの資料から推定できる。[9]

しかしこれらの資料は、それぞれの年代で、それぞれの地方の言語特徴を記録しているのであるから、それらを連続した一つの発展段階を代表するものとして結びつけることは無理である。『西儒耳目資』は山西の方言を主体とし、『等韻図経』は順天音（北京音）を対象にしているから、両者を直接につなぐことは許されない。その中で『等韻図経』のみが現代北京語と直結する音韻体系を示している。この韻図（初頭子音と母音の分配関係を表にしたもの）は非常に貴重な資料である。

5. 漢語史研究の課題

漢語の歴史は古来多種類の古籍に収められている記録をつないで考察されてきた。しかし文献のみに頼って、しかもそれを直線的につなぎ合わせて、空白があれば推定で埋めながら、全体の発展を考えるという方法には自ずと限界がある。甲骨文の背景にある殷代言語から、詩経に反映された上古漢語の形態へ、そして秦漢時代、魏晋時代を経て中古漢語に及ぶ永い歴史、さらに宋以降の近世漢語にたどりつく歴史を、漠然と同じ一つの体系が漸次変化し伝承されてきたと考えて誤りがないのか、という反省が当然出てくる。残念ながら、それに対する解答はいまのところもっていない。漢語の歴史にはまだまだ未知の部分が多く残されている。

漢族の歴史は非漢族との接触交流の歴史でもあった。その事情は言葉の面においてもっとも敏感に、そして顕著に反映されているはずである。北方漢語に対するアルタイ系諸民族や羌蔵語との接触はその形成に大きい要因をなしているし、南方地域の諸方言は、先住の非漢族と北方から移住した強力な漢人勢力との争い

の結果、形成されたといえる。その形成過程で、漢族と同化し、消滅した非漢族が少なからず存在した。同化を免れた民族はいまなお少数民族として、独自の体制をもって生き残っている。民族言語の発展と消滅の歴史は、正に当該民族の興亡の歴史と通ずる。漢人による記録、ないしは非漢族自らが何らかの記録を残さない限り、規模の大小にかかわらず、その民族、部族の消長は明らかにならないし、その言葉の実体の解明も不可能に近い。

第 3 節

現 代 漢 語 の 世 界

　近世漢語につづいて、阿片戦争（1840〜42）以後、1919年の五四運動までの過渡期を含んでそのあとの漢語を現代漢語と呼んでいる。

　現代漢語は七つの大きい方言群と、北京語を基盤として発展推進された「普通話」（共通語）に分類できる。

　まず現代漢語諸方言について簡略に述べておこう。[10]

1. 現代漢語方言

　現代漢語方言はよく知られているように、七つのグループに分類される（図1-5参照）。

　（1）北方方言、（2）湘方言（湘南省の方言）、（3）贛方言（江西省の方言）、（4）呉方言（揚子江下流域の方言）、（5）客家方言（広東省および福建省一帯に分布する方言）、（6）粤方言（広東省と広西壮族自治区一帯に分布するいわゆる広東語）、（7）閩方言（いわゆる福建語、閩南方言と閩北方言に分けることもある）。[11]

　さきに述べたように、その形成過程から、この中で、北方方言、湘方言、贛方言、呉方言と粤方言は第一次方言とされ、閩方言と客家方言は、それぞれ呉方言と贛方言から派生した第二次方言と認められている。

　近年、七方言分類説から十方言区分説が提唱されている。急速に各地方言の調査研究が進展し、多くの状況が明らかになったためである。10方言とは上記の7方言に加えて、北方方言の中に晋語区を、呉方言の中に徽語区を、そして粤方言の中に平話区をそれぞれ認め、別個の方言区として取り出す立場である。

　晋語の話手は約4570万人、徽語は約312万人、平話の話手は約200万人を数えるから、相当大きい言語集団である。

(1)北方方言　(2)湘方言　(3)贛方言　(4)呉方言　(5)客家方言　(6)粤方言　(7)閩方言

図1-5　現代漢語方言区画概図

詹伯慧『現代漢語方言』(湖北人民出版社、1981)より。

　各方言は主として音韻体系上の特質によって区分され、それは地域的な分区と
は異なる。たとえば江西省の方言といえば、江西省に分布する贛方言、客家方
言、北方漢語 (官話)、呉方言と徽方言すべてが含まれ、その詳細な分布地区が問
題になるが、贛方言といえばその中の、後述するような特徴を具えた方言群のみ
を指すことになる。
　方言の下位単位は中国では片と称し、片の下位単位は小片といわれる。小片の
中の各地点は「点」と呼ばれている。片は「区」にまとめられる。たとえば余靄
芹の広東方言の下位分類に従うと、[12]　広東方言を2区 (四邑両陽区と三角州区) に
まとめ、前者は2片 (四邑片と両陽片)、後者は3片 (北三角州片、南三角州片、広府
片) に分かれる。その中で、北三角州片はさらに三邑肇慶小片と内陸小片に二分

される。この小片は、前者が中古漢語　p-、t- に有声の入破音［ɓ-、ɗ-］が対応することと、中古漢語の ts-、tsh- に［t-、th-］があたることで特徴づけられる。

　現段階では、すべての方言の下位分類法について研究者の意見が一致しているわけではない。

　揚子江以北の地は北方方言に限られるが、以南には (1) から (7) までの方言すべてが分布する。以下、7 方言を基準にその特徴のごく概略を述べてみたい。[13]

2.　北方漢語方言

　北方方言は現代漢語の中でもっとも広い通用範囲をもち、話手も一番多い。漢語が分布する全地域の 3/4、漢族人口の約 70 ％が北方方言を話している。具体的にいうと、揚子江以北の各省の漢族居住区域、揚子江以北、鎮江以西、九江以東の沿江地帯、それに四川、雲南、貴州の西南三省の漢族居住地域、湖北省の大部分が北方方言の主な分布地域である。東北から西南に至るまで、直線距離にして数千キロメートルに及ぶ範囲で話される言葉が、相互の通話に大きい障害を感じさせないのは、実に驚くべき事実である。

　さきに述べたように宋代以降、『紅楼夢』『西遊記』など多くの白話文学作品が話本から元曲に至るまで、すべて北方方言で書かれたこと、近世漢語が政治・経済・文化の中心であった北方地域を背景に発展し、長期間「官話」として全国に通用してきたこと、さらに解放以後は、北方方言を基盤とし、北京語音を標準音とする「普通話」が積極的に推進されたことが、このような結果をもたらしたのである。

　一括して北方方言とはいっても、厳密に方言内の地域的特徴を取り上げた場合、(1) 華北方言、(2) 西北方言（西北地域）、(3) 西南方言（西南地域）、(4) 江こう淮わい方言（揚子江と淮水流域）の四つの下位方言に細分される。

　中古漢語と比べて北方方言の大きい特徴はつぎの 3 点にある。

　i)　中古音の有声閉鎖音と破擦音はすべて無声音化して、旧平声韻は無声出気音に、旧上声韻と去声韻は無声無気音になった。

　ii)　子音韻尾の中、-m はすべて -n に変わり、-n は本来の -ŋ とよく弁別されるが、末尾閉鎖音 -p、-t、-k はすべて消失して、平上去、三つの声調に配合された（入派三声）。

iii) 旧平声が陰平と陽平に分裂し、入声は消失したから、新たな4声の対立が生れる。ただし、3声の方言も6声の方言もある。一般に声調の数は少ない。

華北方言の代表として、北京語の体系をあげる。

$$[北京語] \quad C_1 \, V \, C_2/T$$

C_1- = 22				$-V-$ = i u y ɣ o a ɚ(ər)					$-C_2$
p	ph	m	f	ia	ie	ye	ua	uo	$-n$
t	th	n	l	ai	uai	au	iau		$-ŋ$
k	kh	x	˙	ei	uei	ou	iou		$-\#$
ts	tsh	s		(−VC$_2$ の可能な連続形式は16種類ある)					
tʂ	tʂh	ʂ	ʐ	an	ian	uan	yan		
tɕ	tɕh	ɕ		ən		uən			
				aŋ	iaŋ	uaŋ			
				əŋ	iŋ	uəŋ			
				in			yn		
				uŋ			yŋ		

T＝4声　　陰平55　　陽平35　　上声214　　去声51

例字　　媽 ma 55　麻 ma 35　馬 ma 214　罵 ma 51

（C$_1$ は音節初頭子音、V は母音、C$_2$ は音節末尾子音、T は声調をそれぞれ指す）

3. 湘 方 言

　湘方言は湖南方言とも呼ばれている。1950年代の後半、湖南省当局は全省の方言を調査した。その結果、現在湖南省の漢語は湘方言区と北方方言の西南方言区、それに贛・客方言区の三つの地区に分かれることが判明した。方言学者の中には、湘方言を独立の方言として扱うことに躊躇し、湘方言と贛方言をまとめて、湘贛方言と呼んだり、あるいは分布地域のつながりと言葉の特徴が共通することから、湘方言を西南方言と客家方言と贛方言の三つに分割したりしている。

　しかし、古い有声音を保存するなどの特徴をもつところから、一つの方言群をなすと認めてよい根拠となっている。

　湘方言がこのように種々の方言が交差した環境にあるのは、まだよく研究され

ていない歴史的背景をもっているからである。はじめにあげた揚雄の『方言』では、「南楚江湘」とか「荊汝江湘」や「江湘九嶷」という組み合せがよく使われているけれども、ずばり「湘方言」と指定した言葉は一つもない。「南楚江湘」と呼ぶのは、いまの「湖北・湖南両省」を包括した地域を指していて、上古漢語の時代には、その地域が一つの方言群を形成していると見做されていたためであろう。その方言群がかなり特徴的な形をもっていた楚の言語とも近かったことを、その表現は物語っている。

　現在の湘方言は周囲の北方、客家、贛の諸方言から強い影響を受けて、一部の地域では新しい湘語が生れ出ているのである。新湘語は、長沙、益陽、株州などの北部の大都会の言葉であり、古い湘語は中部の湘郷、双峰方言などがそれである。双峰方言は古い湘語の特徴を保っている点でよく知られ、たとえば中古漢語の初頭有声音を、旧入声韻では大部分が無声出気音とするほかは、かなりよく保存するのに対して、一方、政治・経済・文化の中心地である長沙の言葉は、中古漢語の有声音をすでに無声音化するなど北方方言に近い形態に変わってしまっている。ただし北方方言のような声調による分裂はなく、一律に無声無気音に変えている。

　古湘語と新湘語の間の音声上のもっとも大きい差異は、この初頭の有声音を保存するか否かにある。

　湘方言には、そのほかつぎの特徴が認められる。

(1) 中古漢語の n-（泥母）と l-（来母）を合一する。長沙方言では南と蘭はともに ₃nan となり、i 母音あるいは i 介音の前で、たとえば尼と犂は前者を ₃n̠i に、後者を ₃ni で対応し弁別する。双峰方言では n- と l- は自由変形ではないが、条件の異なる韻母と相補的な関係にある。鼻音化あるいは末尾鼻音をもつ韻母の前では、n-（南蘭 nã²³、良 niaŋ²³）、開韻母には l- があらわれる（老脳 lə²¹）。したがって同一音素の変体と考えられる。

(2) 中古漢語の捲舌音 tʂ-、tʂh-、ʂ- には、長沙方言では開口韻の場合 ts-、tsh-、s- があたり、合口韻の場合は tɕ-、tɕh-、ɕ- となる。招（開）₃tsau、潮（開）₃tshau、少（開）sauᵓ：朱（合）₃tɕy、春（合）₃tɕhyən、書（合）₃ɕy。双峰方言では、tʂ-、tʂh-、ʂ- は ɭ 母音の前にのみあらわれ、tɕ-、tɕh-、ɕ- は i または i 介音の前に、ts-、tsh-、s- はそれ以外の母音と連続する。tʂɭ⁵⁵ 知、ʂɭ⁵⁵ 屍、tsɭ⁵⁵ 資、sã⁵⁵ 山、tɕi⁵⁵ 鶏、ɕiə⁵⁵ 焼。

(3) 中古漢語の章母 (tʃ-) 知母 (tʂ-) 見母 (k-) に対して、双峰方言は特別な対応を示している。

遮 (章) to⁵⁵　車 (昌) tho⁵⁵　猪 (知) ty⁵⁵　厨 (澄) dy²³
居 (見) ty⁵⁵　去 (渓) thy³⁵　巨 (群) dy³³

この湘語双峰方言の形式は漢蔵語全体から見て大へん重要である。

(4) 北方漢語の x- (合口) は、長沙方言でf-と合一するが（x- (暁) と ɣ- (匣) ＞f- (非敷奉)）、双峰方言では反対に、f- はすべて x- と ɣ- に合一する。

		長沙		双峰
灰	fei³³	(暁)	:	xue⁵⁵
狐	fu¹³	(匣)	:	ɣəu²³
飛	fei³³	(非)	:	xui⁵⁵
父	fu⁴¹	(奉)	:	ɣəu²¹

　　しかし長沙方言で紅 xoŋ¹³、火 xo²¹ のように、中古漢語の暁母と匣母に対応する x- があらわれる。実際は韻母との関係で、ときに f- ときに x- が出現するのである。xo に対する fo、また xoŋ に対立する foŋ は存在しない。それゆえ f- と x- を長沙方言で対立する音素として認めうるかどうかは問題として残る。この種の処理は漢語方言を対象とした音素体系の厳密な設定に関する今後の重要な課題となるであろう。

(5) 湘方言は中古漢語の末尾子音 -m を -n と合一するほか、-ŋ も一部を除いて -n に変化させた（-əŋ は -ən に、-iŋ は -in になる）。たとえば長沙方言で烘は xoŋ³³ であるが、跟 (痕韻 -ən) も耕 (耕韻 -əŋ) もともに kən³³ になる。そして末尾音 -n が弱化して、先行する母音を鼻母音化する現象を起こしている（-ãⁿ、-iãⁿ、-uãⁿ、-yãⁿ、-ỹⁿ）。双峰方言では、跟と耕は kiẽ⁵⁵ であり、長沙方言でも、端 tõ³³、官 kõ³³ のように、主母音を鼻音化する傾向を作り出した。双峰方言　端 tuẽ⁵⁵、官 kuẽ⁵⁵。

(6) とくに興味深いのは、双峰方言で末尾音 -n は高母音と中舌母音につき（-in、-uən、-yn）、低母音 a とのみ結合する -ŋ（-aŋ、-iaŋ）と実質上相補的な関係にある事実である。これに対して、長沙方言では -o 母音のあとで -oŋ と -õ（= -on）は対立する。冬 toŋ³³ : 短 tõ⁴¹、拱 koŋ⁴¹ : 観 kõ³³。したがって音素体系としては、双峰方言では CVC_2 の -C₂ の位置には一種類の鼻子音しかあ

らわれないことになる。

(7) 中古漢語の末尾閉鎖音 –p、–t、–k は、長沙方言ではすべて消失するが、入声の範疇は声調（低昇型 24）として残る。双峰方言では –p、–t、–k は完全に消失し、陽平調（多数）と陰去調（少数）に配分される。

(8) 長沙方言の声調は、平声と去声がそれぞれ陰陽二類に分裂するから 6 声システムを生み、双峰方言では、上声の有声初頭音をもつ音節は陽去調と合一して、5 声システムを誕生させた。

［長沙方言］　　C₁ V C₂/T

C_1- = 20					$-V-$ = i y u ɤ o a						$-C_2$
k	kh	ŋ	x	·	ia	ya	ua	ai	ei	au	ɤu	–n
p	ph	m	f		ie	ye	uɤ	uai	uei	iau	iɤu	–ŋ
t	th	n (l)			io		yai	yei				–#
ts	tsh	s	z		(–õ =–on、–iẽ =–ien、–yẽ =–yen、						
tɕ	tɕh	ȵ	ç		–ən =–ɤn、–uən =–uɤn)						

（–VC₂ の可能な連続形式は36種ある）

T = 6 声	陰平 33	陽平 13	上声 41	陰去 55	陽去 21	入声 24
例字	書 ɕy 33	殊 ɕy 13	許 ɕy 41	恕 ɕy 55	樹 ɕy 21	述 ɕy 24
（北京音）	shū	shū	xǔ	shù	shù	shù

［双峰方言］　　C₁ V C₂/T

C_1- = 29							$-V-$ = i y u o ə u a				$-C_2$
k	kh	g	ŋ	x	ɣ	·	iɛ	ie	iə	əu	–n
p	ph	b	m				uɛ	ue	io	ua	(–ŋ)
t	th	d	n	l			yɛ		iu	ui	–#
ts	tsh	dz	s				(–ã = –an など鼻音化母音は –Vn と考える)				
tʂ	tʂh	dʐ	ʂ			m̩	n̩				
tɕ	tɕh	dʑ	ȵ	ç			（–VC₂ の可能な連続形式は36種ある）				

T = 5 声	陰平 55	陽平 23	上声 21	陰去 35	陽去 33
例字	跛 pa 55	排 ba 23	擺 pa 21	拝 pa 35	敗 ba 33
（北京音）	bǒ	pái	bǎi	bài	bài

（双峰方言には、文語読みと白話読みがある。両者の間には、いくつかの規則が成り立っている。たとえば（文言 –iõ：白言 –in）、釘子＜くぎ＞tiõ⁵⁵ tsi²¹：tin⁵⁵ tsi²¹）

4. 贛　方　言

　贛方言は江西省の大部分の地域で話され、江西方言とも呼ばれている。この方言がどのような経過で形成されたのかは、十分な資料がないために、はっきりした結論を出すことは難しい。しかし、江西省は春秋時代には、呉、越、楚の三つの国が交叉する地点に位置したから、この土地で話された言葉は、昔は古代の呉語と楚語からなる言語圏に含まれていたのではないかと推測できる。少なくとも呉語や楚語と密接な関係をもっていたことは確かであろう。楊雄の『方言』では贛方言には全くふれられておらず、この地域は空白になっているのである。

　現代贛方言は江西省の政治・経済・文化の中心地である南昌の言葉をその代表とする。南昌語は中古漢語の有声音（閉鎖・破擦・摩擦）をすべて無声音に変えていて（閉鎖音・破擦音は出気音になる）、たとえば b- は ph- となって、もともとの ph- と合流する。北方方言や新湘語と類似した変化の方向を示している。

　南昌方言の初頭子音は 19 種で、北京語の 22 種より 3 種少ない。その差異を具体的に示すと、北京語の tʂ-、tʂh-、ʂ-、ʐ- と n- は南昌方言になく、かわりに ȵ- と ŋ- が多い。ごく大まかに比べると、北京語の tʂ-、tʂh-、ʂ- には、つづく母音介音の性格に応じて南昌方言の tɕ-、tɕh-、ɕ- と ts-、tsh-、s- が対応する。たとえば、渣、車、沙は南昌で tsa⁴²、tsha⁴²、sa⁴² であり、知、初、少は tsʅ⁴²、tshy⁴²、sɛu²¹³ と発音される。北京語の ʐ- には南昌の ȵ- と l- があたり、ときにゼロ音になる（日 ȵit⁵、然 lɛn⁵⁵、栄 ˙iuŋ⁵⁵）。北京語の n- は南昌方言では ȵ- に移り、一部で中古漢語 l-（来母）と混合する現象も起きている（女 ȵy²¹³、納 lat⁵）。したがって南昌方言の ȵ- には中古漢語の泥母と娘母があたるほか、上述のように日母（肉 ȵiuk⁵）とさらに疑母の一部も含まれる（魚 ȵie⁵⁵）。

　南昌方言に多い ŋ- は、中古漢語の疑母の伝承形であるとともに、影母に属する鴉 ŋa⁴²、鴨 ŋat⁵ などにも ŋ- が前出する特徴がある。

　中古漢語の -m 韻尾がすべて -n 韻と合流するのと同じく、-p 入声も -t 入声に変わり、-k と -t の形で古い入声音は保存される（七 tɕhit⁵、角 kok⁵、答 tat⁵、法 ɸuat⁵ (-ap > -at)）。

　声調は南昌方言では平声と去声が陰陽に分裂するから、6 声システムを形成する。入声韻も陰陽に分かれて 7 声になっている方言もある。

　贛方言特有の語彙も少なくないが、呉方言や湘方言と同源の形式が多く含まれ

ている。なかでも動物の雌雄を指示する接辞は同じ形式をもち、主形態素の後に
置かれることも湘方言の形と一致する。

　　贛方言（宜春）
　　　猪牯（おす豚）　　　猪婆（めす豚）　　　牛牯（雄牛）　　　牛婆（雌牛）
　　　　tɕy³⁵ ku³¹　　　　tɕy³⁵ pho³³　　　　n̠iu³³ ku³¹　　　　n̠iu³³ pho³³
　　湘方言（長沙）
　　　猪公（おす豚）　　　猪婆（めす豚）　　　牛公子（雄牛）　　　婆子（雌牛）
　　　　tɕy³³ kən³³　　　　tɕy³³ po¹³　　　　n̠iəu¹³ kən³³ tsʅ　　　n̠iəu¹³ po³³ tsʅ

　南昌方言の一、二人称代名詞は、我、你を伝承し、その複数形には二つの形式
がある。その一つは固有の形で来源はわからないが、もう一つの –mən（們）を
添接する形態は明らかに北方方言、普通話の影響を受けて生れたものである。

	単数	複数
一人称代名詞	ŋo²¹³	ŋo ko⁵⁵ li/ŋo mən⁵⁵
二人称代名詞	n̠²¹³	n̠ ko⁵⁵ li/n̠ mən
三人称代名詞	tɕiɛ⁴²	tɕiɛ ko⁵⁵ li/tɕiɛ mən

　三人称単数代名詞は南方方言ではいろいろの形が使われているが、その中で、
贛方言（南昌）の tɕiɛ⁴²（佢）は、粤方言（広州）の khøy³⁵（佢）、客家方言（梅県）の
ki¹¹（佢）と同源語であろう。

　現代贛方言が北方方言（とくに江淮方言）や客家方言の影響を受けているのは、
東晋の末年になって、中原の漢族が北方部族の侵略を受けたため、大挙南下して
江西省中部にとどまったこと、客家が北から南に遷徙した際に、二度も江西省が
その中心地点となったことなどの歴史的な背景から理解できる。

　　　　　　　　　　　　　［南昌方言］　　C₁ V C₂/T

C₁- = 19					-V- = i y u o ɛ ə a			-C₂
k	kh	ŋ	h	·	ia	ua	ai	əi	-n
p	ph	m	ɸ(f)		iɛ	uo	au	əu	-ŋ
t	th	(n)	l		io-	yo	ɛu	iu	-t
ts	tsh	s		n̠　n̠	｛io- は -ŋ、-k とのみに連続する｝	iɛu			-k
tɕ	tɕh	n̠	ɕ	｛n̠²¹³ あなた n̠²¹³ 五｝	uɛ	uai	ui	-#

　　　　　　　　　　　　　　（-VC₂ の可能な連続形式は 63 種ある）

T＝6声	陰平 42	陽平 24	上声213	陰去 55	陽去 21	入声 5
例字	巴 pa 42	爬 pha 24	把 pa 213	霸 pa 55	夏 ha 21	八 pat 5
（北京音）	bā	pá	bǎ	bà	xià	bā

5. 呉　方　言

　　現在の呉方言の分布地は古代文献に出てくる東夷南蛮の一部で、楊雄の『方言』の中では江東として示される地区でもある。江東は長江下流の南岸あるいは東呉（江左）を指して、東晋南渡後の主要根拠地であったといわれる。それが大体いまの呉語の分布地域にあたる。

　　周秦の間、東南の沿岸に呉越両国が相次いで興起したが、のちに呉王夫差が越王勾践に滅ぼされ、呉越は一つとなる。当時、齊と越の間の言葉の差異は大きかったと思われるが、呉と越は大体言葉がよく似ていたらしい。戦国時代には、呉越の地は楚国に併合され、呉越の言葉は今度は当時の楚語と融合して大きい方言を形成するようになった。それが現代呉語の祖形と見做せるのである。その呉語の祖形の根底にあった言語は、はたして商語につながるのか、それとも周語の系統なのか、あるいは別の一つの系統に属するのか、いまの段階では明らかではない。

　　楊雄の『方言』によると、「呉揚」「呉揚江淮」「呉楚衡淮」という表現があって、呉方言と江淮方言が二千年以前に密切な関係にあったことを暗示している。しかしそれらの歴史上の背景については、よく検討してみる必要がある。

　　現代呉語は大きく江浙方言と浙南方言に分けられる。北端は靖江と丹陽で北方漢語の江淮方言と会い、南端は浙南温州、金華、衢州の3区で閩北方言と接する。この区域内に閩南語（約100万人）、苗語系に属すると想定できる畲語[14]（ミャオ）（シェ）と蛮語の話手が住んでいる。

　　一般に蘇州方言を現代呉語の代表とするが、厳密には蘇州方言は江浙方言の代表というべきであって、浙江省の紹興、平陽の方言は古い形態を保っている浙南方言の代表として扱うべきである。これに対して、この地域の政治・経済・文化の中心である上海の言葉は、最近数十年来、単純化する方向に発展した近代呉語の代表と見做されている。

江浙方言と浙南方言はいずれも、内部に属する各方言は細部でかなり複雑な変化をたどってきたと推測できるが、中古漢語と対比してつぎの諸点が主要な変化特徴と思える。

(1) 中古漢語の有声音（並定群従など）を、実際には気流をともなった bɦ‒、dɦ‒、gɦ‒、dzɦ‒ などの形でよく保存する（無声音化する方言もある）。

(2) 蘇州方言では中古漢語の ts‒、tsh‒、s‒ と tʂ‒、tʂh‒、ʂ‒ を弁別するが、新しい世代では両者を合一する。その変化は、時間と空間を軸に考えることができる。

(3) 単母音が主流を占め、二重母音 ‒ai、‒ei、‒au、‒ou は単母音化する（ただし浙江南部ではその傾向はない）。

$$-ai \rightarrow -ɛ \qquad -ei \rightarrow -e、-i \qquad -au \rightarrow -ɔ \qquad -ou \rightarrow -ɤ$$

来 lɛ³¹ 　　雷 lei¹³ 飛 fi⁵³ 　　労 lɔ¹³ 　　楼 lɤ¹³

(4) 末尾の鼻子音 ‒m と ‒n は ‒ŋ に統合され、閉鎖音 ‒p、‒t、‒k はすべて声門閉鎖音 ‒ʔ で保持される。上海方言では金（‒m）、斤（‒n）、京（‒ŋ）は同じく tɕiŋ になり、答（‒p）は taʔ、八（‒t）は paʔ、白（‒k）は bɒʔ となる。

　　蘇州方言では ‒n と ‒ŋ は韻母との配合関係は相補的であり（‒n は ‒i、‒u、‒y、‒ə のあと、‒ŋ は ‒a、‒ɒ、‒o のあとに限られる）、北方漢語の ‒an、‒ian、‒uan、‒yan にあたる形は ‒n を失った開音節に変わっている。蘭 lɛ、尖 tsɿ、関 kuɛ、巻 tɕiø など。しかし漁港として知られる江蘇省啓東県の呂四の方言は ‒m をもち、特別な変化を示している。

　　半 pᵘm³⁴、判 phᵘm³⁴、端 tᵘm⁴⁴、南 nᵘm¹³、川 tɕhʸm⁴⁴、酸 ɕʸm⁴⁴。

　　中古漢語の ‒m が ‒n にまで拡大する例である。

(5) 呉語の声調は、中古漢語の平、上、去、入の各類がそれぞれ陰調と陽調に分裂して、全体で8声システムを形成する。蘇州方言では上声は陰上調のみで、陽上調は陽去調と合一するから、7声体系になり、上海方言ではずっと単純化して5声体系を造り上げている。

［蘇州方言］　　C₁ V C₂/T

C_1- = 27							$-V-$ = i ɿ ʮ y u æ ɑ ɒ E ø O Y		$-C_2$
k	kh	g	ŋ	h	ɦ	·	(a- は -ŋ、-ʔ とのみ連続する)		-n
p	ph	b	m	f	v		i	iɪ iæ iɒ iø io	-ŋ
t	th	d	n	l				əu uɒ ia- iY	-ʔ
ts	tsh	s	z					øy uE ua- uø-	-#
tɕ	tɕh	dʑ	ȵ	ɕ				iøy uø ya- yø-	

l̩　m̩　n̩　ŋ̍　　(ia- ua- ya- uø- yø- は -ʔ と
兒　嘸　你　五　　のみ連続する)

合 ɤʔ = /øʔ/　　話 uɤʔ = /uøʔ/　　越 yɤʔ = /yøʔ/

T = 7 声	陰平 44	陽平 24	上声 52	
例字	詩書 sɿ 44	時如 zʮ 24	水暑 sɿ 52	
（北京音）	shī、shū	shí、rú	shuǐ、shǔ	
	陰去 412	陽去 31	陰入 4	陽入 2
例字	試恕 sɿ 412	示樹 zʮ 31	式識 sɤʔ 4	食蝕 zɤʔ 2
（北京音）	shì、shù	shì、shù	shì、zhì	shí、shí

呉語の声調は極めて弁別し難い。また連続変調現象も起こる。

蘇州語にも文語音と白話音の二つの発音がある。[15]

	白話音	文語音			白話音	文語音
日頭（太陽）	ȵiʔ22	zəʔ22		忘、望	mɒŋ31	vɒŋ31
肉	ȵioʔ22	zoʔ22		眼	ŋE31	ɪ31
大	dəu31	dɑ31				

　白話音の使用が次第に少なくなってきている。また両者の違いが意味の弁別に機能している場合がある。たとえば「大菜」の大を dəu31 と発音すると、「大きい碗に盛ったおかず」であるが、dɑ31 と文語音で言うと「洋食」を指す。また大学生の大を dəu31 と白話音で言うと「年をとった背の高い中小学生」であるのに対して、dɑ31 であれば「大学生」の意味になる。[16]

6. 客家方言

　客家方言は広東省の東北部、福建省の西部と北部それに江西省の南部に集中し

て分布する。そのほか広西南部と湖南省・四川省にも客家方言の島があり、台湾でも客家方言は漢族間の主要な共通語の一つになっている。東南アジアの華僑にも客家方言を話す人は多い。したがって客家方言の中に種々の下位方言を認めねばならないが、その中で広東省東部の梅県の言葉が客家方言の代表と見做されている。

　客家の研究はこれまでにかなり進んでいて、客家人はもともと中原一帯にいた漢人であることが証明されている。1933 年に刊行された羅香林の『客家研究導論』は、客家人の故地を「汝水の東、潁水の西、淮水の北にあって、北は黄河に達する地域」と推定し、その地から、東晋以来乾隆嘉慶の時代に至るまで、5 回の時期にわかれて南遷したことを考証した。

　客家という呼称は土着の人が外来者に対して言ったもので、それが戦乱をさけて南下しだした中原の特定の漢族の一派に使われたのは、宋代からであるといわれる。

　大規模な移民は、南方諸省にもとからいた住民に対して、言葉の面でかなり大きい相違を意識し、次第に独自の方言圏を形成するようになった。それには土着言語との交渉を見逃すことができない。

　客家の移民が広東の東と北に入ってくるまでは、そこには畬族がいた。客家語と畬語がどのように影響し合ったのかわからないが、両族が雑居した時代があったのは確かである。客家方言はまた広東方言、閩方言とも頻繁に接触しており、相互に影響し合っている。

　客家語（梅県）には末尾音 –m が保存され（凡梵 fam[11]、男南 nam[11]）、–p、–t、–k に終わる入声音節もある（答 tap[21]、達 that[4]、白 phak[4]）。しかし、初頭に有声閉鎖音 b–、d–、g– や破擦音 dz– がなく、それらは無声出気音化している。破擦音は ts– 系列一つに限られ、子音は極めて単純な体系を示している。

　下位方言の大埔方言と興寧方言（広東省梅県）では ts– 系と tʂ– 系が弁別されるが、後者の方言では、–m、–p はそれぞれ –ŋ、–k になる変化を見せている。–im : –ip は –iuŋ : –iuk に、–am : –ap は –aŋ : –ak に、–iam : –iap は –iaŋ : –iak にそれぞれ変化した。

　客家語の語彙を北京語と比べた場合、同源語が意味の面でやや相違することがあるのは面白い。たとえば北京語で「殺」はどの対象にも使えるが、客家語では sat[21]「殺」は人間のみに限定される。そのほかの動物に対しては、tshʔ[11]「刣」

でなければならない。同じように、「飯」はいわゆる「めし」であるが、北方語では干飯（普通の米飯）も稀飯（おかゆ）も指しうるけれども、客家語のfan⁵²は干飯のみに限られる。また客家語の「走」tseu³¹は北京語の「跑」（はしる）、客家語の「行」haŋ¹¹は北京語の「走」（歩く、行く）であり、「屋」vuk²¹は「房子」（いえ）にあたり、「房」foŋ¹¹は「屋子」（部屋）にあたる。客家語の意味は日本語で使う漢字の意味と一致するのである。そのことは多くの場合、客家語が古い漢語の語彙を口語の中になお保持しているからである。「烏」vu⁴⁴は黒い、「面」mien⁵²は顔、「食」sət⁴は食べるの意味で、いずれも北京語の「黒」「瞼」「吃」よりも古い語彙である。

客家語の語彙は日本語に入った漢語の意味と関連して興味深いことが多い。

いまあげた大まかな客家語の特徴のほかに、音素体系と関連してつぎの諸点も列挙できる（梅県方言）。

(1) 北方漢語の軽唇音（唇歯音）f-の一部を重唇音（両唇閉鎖音）p-、ph-に発音する（斧（非）p-、符、肥（奉）ph-）。

(2) 中古漢語の微母（v-）と影母（˙-）が合口韻と結びつくとき、有声唇歯摩擦音 [v] があらわれる（未 晩（微）、委 畏 蛙（影）などいずれも v-に始まる）。

(3) 中古漢語の暁母（x-）匣母（ɣ-）が合口韻と連続するとき、北方漢語の x(u) に対して、梅県では fu となる（戸 fu⁵²、湖 胡 fu¹¹、毀 fui⁵² など）。

(4) 中古漢語の見母（k-）溪母（kh-）などには軟口蓋音 k-、kh-、x-が対応して、口蓋音化しない（建 kian³¹、錦 kim³¹、欺 khi¹¹ など）。

(5) 初頭に鼻音4種類 m-、n-、ŋ-、ȵ-が対立する。ŋ-は中古漢語疑母（ŋ-）から、ȵ-は疑母と泥母から来源している（迎 ȵiaŋ¹¹、原 ȵian¹¹）。そして、m-と ŋ-はそれ自体音節を形成しうる。

(6) 梅県方言には介音 -y-（撮口呼）に始まる韻母はなく、それらは介音 -i-（斉歯呼）に始まる韻母と合一する。

　　千　tshien⁴⁴　　遣　khian³¹（撮口呼）
　　全　tshien¹¹　　犬　khian³¹（斉歯呼）

(7) k-、kh-、x-とのみ連続する -ian、-iat と、そのほかの子音と連続する -ien [-iɛn]、-iet [-iɛt] は相補的である。

　　k- kh- x-　　-ian -iat　　肩 kian⁴⁴　結 kiat²¹

そのほかの子音　–ien　–iet　　　煎 tsien⁴⁴　節 tsiet²¹

(8)　–i–、–e–、–ə–母音と末尾音 –ŋ、–k は結合しないという制約があって、中古漢語の登 (–əŋ)、徳 (–ək)、庚 (–ɐŋ)、陌 (–ɐk)、耕 (–æŋ)、麥 (–æk)、清 (–iɛŋ)、昔 (–iɛk)、青 (–ieŋ)、錫 (–iek) の一部と少数の合口韻は、梅県で、末尾音を –n、–t に変える。

　　　登徳：朋 phen¹¹、増 tsen⁴⁴、恒 hen¹¹、得 tet²¹、北 pet²¹、国 kuet²¹
　　　庚陌：兵 pin⁴⁴、明 min¹¹、命 min⁵²、陌 met⁴、格 ket²¹
　　　耕麥：幸 hen⁵²、革 ket²¹、核 het⁴
　　　清昔：征 tsən⁴⁴、成 sən¹¹、正 tsən⁵²、益 it²¹、昔 sit²¹
　　　青錫：経 kin⁴⁴、霊 lin¹¹、頂 tin³¹、歷 lit⁴、擊 kit⁴

(9)　梅県方言の声調は、平声韻と入声韻は陰調と陽調に分裂し、6声システムを形成する。中古漢語の上声は無声無気音（全清）が上声、有声音（全濁）は去声に、鼻音（次濁）は、大部分が陰平調になる。去声韻は陰陽ともに去声調になるが例外もある。

[梅県方言]　　$C_1 V C_2/T$

C_1- = 17					$-V-$ = i e ə u o a							$-C_2$	
k	kh	ŋ(ȵ)	h	·	ia	iai	au	iu	io	oi	ie	–m	–p
p	ph	m	f	v	ua	uai	iau	eu	uo	ui	ue	–n	–t
t	th	n		l								–ŋ	–k
ts	tsh	s			ŋ³¹ 五	m̩¹¹ 唔（否定）							

T = 6声	陰平 44	陽平 11	上声 31	去声 52	陰入 21	陽入 4
例字	天 thien 44	田 thien 11	老 lau 31	共 khiuŋ 52	急 kip 21	食 sət 4
（北京音）	tiān	tián	lǎo	gòng	jí	shí

　客家語にも少数の字に白話音と文語音がある。白話音の方が古音を伝承している。

	白話音	文語音	
去	hi⁵²	khi⁵²	声母の相違
生	saŋ⁴⁴	sen⁴⁴	韻母の相違
坐	tsho⁴⁴	tsho⁵²	声調の相違
弟	thai⁴⁴	thi⁵²	韻母と声調の相違

7. 粤 方 言

　粤方言は一般には広東語と呼ばれている。現在広東省の中部、西南部のほか、広西の東南部にも分布して、華僑に粤語を話す人が多い。これらの分布から見て、広東方言というよりも、粤方言と呼ぶ方が好ましい。粤方言は広州語を代表とするが、(1) 広州語を含む粤海系（珠江三角州の大部分と西江に沿った地域で話される）方言、(2) 台山、新会、開平、恩平の4県を含む四邑系方言、(3) 雷州半島の高州、雷州一帯で話される高雷系方言、(4) 欽廉系（欽州、廉州で話される）方言、(5) 桂南系（広西の南寧、梧州、玉林、容県などで話される）方言、全部で五つの下位方言系に分けられる。土地の人が白話 paak³³ wa³⁵ と称する純粋の口語のほかに文章語が形成されている。普通の漢字には含まれない方言文字が多く創作されていて、粤方言で書かれた文学作品、民歌、小説、戯曲が流通している。

　粤方言の分布地は古来、百越雑居の地と呼ばれたところで、かなり早くから中原と接触していた。古くは周の恵王の時代、楚国の熊氏が楊越（百越の一つ）を攻め、楚の文化が百越に伝えられたといわれる。秦の始皇帝は王翦に百越を攻略させ (222 B.C.)、屠雎を派遣し、水軍で越人を攻めさせたが (229 B.C.)、3年後秦軍は糧秣がなくなり大敗した。始皇帝はそののち、任囂と趙佗を遣わして南越を攻撃、50万人 (?) の移民で五嶺を守らせ、任囂を南海尉に任じ、趙佗を龍川令にした。秦が滅亡して、趙佗は南越武王を称したが、漢の武帝の時代、越が敗れて百越は完全に中国の一部になった。以来土着民の大半が漢化し、粤方言の基盤ができあがってくる。

　西晋以来、北方に大乱があるごとに、漢人は南下して、江淮一帯から江浙閩贛の諸省に移り、一部の漢人は広東の地まで到達して、嶺南地域の開拓を助けた。これらの歴史上の背景は、土着言語と漢語の混淆が粤方言の形成をもたらしたと考える上で役立つであろう。

　粤方言の子音体系は単純で、有声の閉鎖音と破擦音・摩擦音はすでになく、すべて無声音となっている。音節末尾には -p、-t、-k と -m、-n、-ŋ を保存し、-a 母音だけに長母音と短母音の対立があるのが大きい特徴である。声調は全部で9声あって、平上去入それぞれが陰調と陽調に分裂し、その上、入声には長母音声調が加わる。軟口蓋音には k- などのほかに唇音化音 kʷ- などがあるが、広州方言には、破擦音に ts- 系と tʂ- 系 tʃ- 系の対立はなく、1系列に限られる。

これらの特徴はタイ語系言語の壮語の特徴と極めて類似しているのである。

　上にあげた五つの下位方言について各方言の際立った特徴のみ、つぎに記しておきたい。それらはときに古形式の伝承であり、ときに粤方言独自の発展であろう。その中には土着言語の制約を反映しているのではないかと考えられるものもある。たとえば中古漢語の微母を m- で発音するのは古形式の伝承であるし、末尾に -n、-t をもつのは、-i 母音に結合するという環境で生れた独自の発展であろう。それは中古漢語の心母に対する ɬ 側面摩擦音の対応とともに土着言語の特質を反映しているのかも知れない。

i)　中古漢語の日母 (ńz-) にあたる初頭音。(1) 粤海系と (3) 高雷系では j- があたる。人 jin、日 jit など。しかし中山方言では肉日若 j- と饒熱 ŋ- の分裂がある。(3) の高州方言では熱日肉 j- があたり、(2) の四邑系方言では ŋ- があたる。たとえば台山方言では熱而肉日 ŋ-、(4) 欽廉系と (5) 桂南系方言では n̠- になる。廉州方言　熱肉而 n̠-。

ii)　中古漢語の心母 (s-) にあたる初頭音。(1) では s- または ∫-、広州方言 心 sam⁵⁵、三 sa:m⁵⁵。(2)、(3)、(4) では ɬ- となる。台山方言　心 ɬim³³、三 ɬam³³。(5) では ɬ- または θ- があたる。南寧方言　心 ɬɛm⁵⁵、三 ɬam⁵⁵。また、三 fam、四 fi のように f- があたる方言もある (岑溪)。

iii)　中古漢語の端母 (t-) 透母 (th-) 定母 (d-) にあたる初頭音。大部分の方言で t-、th- があたるが、(2) の台山方言は特別で、端母と定母の去声入声に ʔ- が、透母と定母の平声上声に h- がそれぞれあたる。冬 ʔəɯŋ³³、刀 ʔou³³、地 ʔi³²、笛 ʔiak²²、同 həɯŋ²²、天 hɛn³³、泰 hai³²、淡 ham²¹。同じく (2) 四邑系の新会、江門などの方言では端母と定母の去声入声には t-、透母と定母の平声上声には h- という対応を示している。(5) の方言の一部で、端母を l- で読むところがあるらしい。富川、鐘山、賀県では、答、闘、灯、冬などを l- で読む。それらは、*tl-、*thl-、*dl- から来源している可能性が考えられる。

iv)　中古漢語の精母 (ts-) 清母 (tsh-) 従母 (dz-) にあたる初頭音。大部分が上述のように精系と知系 (t∫-) 照系 (tʂ-) が合流して、ts-、tsh- となるが、(2) の台山方言では精母と従母の去声入声には t- が、清母と従母の平声上声には th- がそれぞれあたる。また台山端芬方言で、字自が tɬ̩、詞辞が tɬh̩ となることも報告されている。(5) の方言でも t-、th-、d- があたる。坐才

（従）詳（邪）t–、此槍（清）旋（邪）th–、早積（精）d–。

v)　中古漢語で溪母 (kh-) が合口韻と連続する場合の初頭音。(1) の方言では
f– があたる。広州方言　枯 fu⁵⁵、寛 fu:n⁵⁵。

vi)　中古漢語の微母 (ŋ-) に広州方言で m- があたる。たとえば 味 mei²²、尾
mei¹³。cf. ビルマ文語 *a–hmwei²* < hmuy²「香り」、*a–mri²*「尻尾」。

vii)　中古漢語の非母 (f-) には一般に f- があたるが、(2) の中山方言では u あ
るいは u を主母音とする韻母と連続するとき h- になる。扶 hu⁵¹、奉 huŋ²²、
福 hʊk²³。

viii)　広州方言で弁別される y 母音と œ 母音は (2)、(3)、(4) の大部分の方言
にはない。y は (2) 台山方言と (3) 陽江方言で -i になり、(4) 合浦方言では
-u と合流する。また広州の -œy は、台山方言で -ui、陽江方言で -ei、合浦
方言で -u になるなど韻母の出入は多く、対応関係は複雑である。

ix)　中古漢語の咸攝 -m、-p の対応形。さきに述べたように粤方言は一般に
-m、-p を保存するが、一部でそれを -ŋ、-k に変える韻母がある。(1) 粤
海系の東莞方言では、覃 (-ɑm) 合 (-ɑp) 談 (-ɑm) 盍 (-ɑp)、咸 (-ɐm) 洽
(-ɐp) の諸韻には -aŋ、-ak があたるが、塩 (-iɐm) 葉 (-iɐp) 添 (-iɐm) 帖 (-
iɐp) の諸韻は -iɳ、-iȶ となる。廉厳甜 -iɳ、接業帖 -iȶ。これは漢語方言全
体から見てかなり特別な形式である。そして、凡 (-iwɐm)、乏 (-iwɐp) には
-ɛŋ、-ɛ があたる。凡范 -ɛŋ、法 -ɛ。したがって、東莞方言で末尾音 -m、
-p を保持するのは、侵 (-iəm)、緝 (-iəp) 韻のみとなる。林金心 -am、立十
吸 -ap。東莞方言の末尾音 -ɳ、-ȶ は中古漢語の -n、-t にも対応する。つま
り広州方言で弁別される -in と -im が東莞方言で -iɳ に統合され、同様に
広州方言の -it と -ip が、東莞で -iȶ に統合されたことになる。烟片展典 -iɳ
（広州 -in）、滅熱竭歇 -iȶ（広州 -it）。それのみではなく、-ɳ、-ȶ は -ø 母音と
も連続し、-øɳ は広州方言の -yn に、-øȶ は広州の -yt にそれぞれ対応す
る。船遠存尊 -øɳ（広州 -yn）、劣決血 -øȶ（広州 -yt）。中古漢語の魂没、元
月、仙薛、先屑の開口韻に -iɳ、-iȶ が、合口韻に -øɳ、-øȶ がそれぞれあた
ることになる。-ɳ、-ȶ はむしろ -n、-t を強力に保持しようとした結果、生
起したものであろう。

　この特殊な現象は、あとで述べるタイ系言語の独山方言の特徴と通じてい
て、あるいは唐代西北方言またはそれ以前の古代音の痕跡を残しているのか

も知れない（第2章、註121）参照）。

x）　大部分の方言で自立音節 ŋ がある。（2）の高州一帯にはないが、陽江方言
　　　では呉五は uŋ となる。

粤方言の基本語彙には単音節語が多くて、北京語で−子などをつけて構成され
る単語に対しても、粤方言は単音節単語があたることが多い。

北京語	粤方言		北京語	粤方言	
椅子	椅	ji³⁵	眉毛	眉	mei²¹
鞋子	鞋	ha:i²¹	味道	味	mei²²
箱子	箱	sœŋ⁵⁵	尾巴	尾	mei¹³

さきにあげた客家語と同じように、粤方言も古い単語をいまなおよく保持し、
それらの意味が、日本で使われる漢語と一致するのは面白い。

行	haŋ²¹	行く	飲	jam³⁵	のむ	食	sik²	食べる
粥	tsuk⁵	かゆ	面	min²²	顔（つら）	話	wa²²	話す

また客家語のところであげたように、同源語の意味が北京語と違う場合があ
る。たとえば、

肥 fei²¹ ── 粤方言では人間と動物一般に肥えた状態をいうが、北京語には
　　　　　　　　人間には、胖を使って、肥は使わない。
水 sœy³⁵ ── 粤方言では、水と雨の両方の意味に使われる。「雨が降る」
　　　　　　　　は、（陽江）落水 lɔk⁴⁵⁴ sui²¹、（広州）落水 lɔk²² sœy³⁵、落雨
　　　　　　　　lɔk²² jy²³ ともに可能である。
屋 ŋuk⁵⁵ ── 家であり（北京語　房子）、房 fɔŋ³⁵ は部屋のこと（北京語　屋子）
　　　　　　　　である。

粤方言には、独特の単語が少なくなく、その来源はよく説明できないが、いず
れも方言文字で書き表わされる。やはり基層言語の形式を受け継いできたものと
思われる。

嘢	jɛ¹³	物	餸	suŋ³³	おかず	乜	mat⁵	何
靚	lɛŋ³³	美しい	咁	kam³³	このような	揾	wan³⁵	探す

さきにあげた動物の雌雄を示す接尾辞にあたる粤方言形と人称代名詞形をあげ
ておこう。

雄 kʊŋ^{55}　　　　　難公 kai^{55} kʊŋ^{55}　　　　狗公 kau^{35} kʊŋ^{55}

雌 na^{35}　　　　　　難毑 kai^{55} na^{35}　　　　　狗毑 kau^{35} na^{35}

人称代詞（広州方言）

一人称単数　　ŋɔ^{13} 我　　　　一人称複数　　ŋɔ^{13} tei^{22} 我哋

二人称単数　　nei^{13} 你　　　　二人称複数　　nei^{13} tei^{22} 你哋

三人称単数　　khœy^{13} 佢　　　三人称複数　　khœy^{13} tei^{22} 佢哋

　この tei^{22} 哋は、ビルマ文語 *twei* ＜ –tuy と同源語であろう。その所有格は –kɛ^{33} 嘅をつけて構成されるが、たとえば ŋɔ^{13} kɛ^{33}「私の」、nei^{13} kɛ^{33}「君の」、その –kɛ はチベット文語 –*hi*、–*gi* と同源形である可能性が大きい。

　粤方言の音節の初頭音、母音、音節末尾音、声調を広州方言を例として次にあげておく。

［広州方言］　　C_1 V C_2/T

C_1- = 20　　　　　　　　$-V-$ = i ɛ u œ y ɔ a aa　　　　　$-C_2$

k	kh	ŋ	h	·		ai	aai	ei	ɔi	ou
kʷ	khʷ	w				au	aau	œy	ui	iu
p	ph	m	f							
t	th	n	l							
ts	tsh	s	j	m̩	ŋ̍					

末尾音欄: $-m$ $-p$ / $-n$ $-t$ / $-ŋ$ $-k$ / $-\#$

T = 9 声　　　陰平 55〜53　　陽平 21〜11　　陰上 35　　　陽上 13

　　例字　　　詩 si 53　　　時 si 21　　　使 si 35　　　市 si 13

　　　　　　　陰去 33　　　陽去 22　　　陰入 5　　　陰入 33　　　陽入 2、22

　　例字　　　試 si 33　　　事 si 22　　　識 sɪk 5　　　洩 sit 33　　　食 sɪk 2

　　　　　　　　　　　　　　　　　　　　　　　　　　法 faat 33　　乏 faat 22

8.　閩　方　言

　閩方言は福佬語とも呼ばれ、普通は閩北方言と閩南方言に大別されている。閩とは福建の簡称で、閩北方言と閩南方言は、実際には通話が困難なほどかけ離れているが、歴史・地理上のつながりを考慮して、閩北・閩南を合わせて一大方言とし、さらにそれを下位分類する方法をとっている。最近の研究によって、閩北・閩南の二つだけではなく、少なくとも閩北・閩東・閩南の三つに分けるべきだ

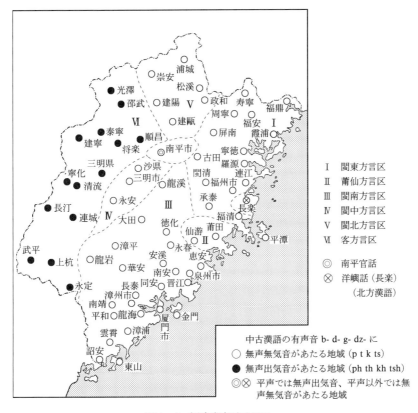

図1-6　福建省方言地図 I

1957年から59年まで福建省方言は調査され、市、県人民委員会が所在する66地点の方言が調査対象となった。閩方言の話手は、海外にいる華僑を含めると4000万人を超える。図は潘茂鼎等「福建漢語方言分区略説」『中国語文』（北京、1963/ 6期）による（図1-7 も同様）。ただし、方言区画線は厳密なものではない。

という意見もあり、また**莆田方言や仙游方言**のような独自の特徴をもった言葉を別のグループとする分類法もある。いずれにしても方言群の間の差異は、音韻と語彙ともにかなり著しく、その違いは客家方言と贛方言の差よりも大きいといわれる。

　閩方言も粤方言と同じく、土着言語と北方漢語が混淆して形成された漢語方言と見るべきで、さきに述べたように秦漢時代以降、何度も回を重ねて、乱を避け、あるいは南方の蛮を制圧するために南下した中原の漢人が、この方言を形成

する引き金になっていた。

　はじめに福建に来た漢族は上古時代の南方の漢語方言、楊雄のいう「南楚」「江淮」の方言を話したと推定できるが、数が少なかったから、閩方言の形成にどれくらい作用したかはわからない。漢代以前に福建に住んでいたのは閩越と呼ばれる少数民族であったが、始皇帝が大軍を江南に派遣して百越を征して以来、閩の地も秦の版図に入り、その兵士の多くが潮州に根を下ろしたため、新しい漢語方言が秦兵の後裔の間で形成された。潮州語がそれである。海南島にいる閩語の話手もその来源を秦漢の間に遡ることができる。

　西晋の末年に永嘉の乱があって、そのときにも大規模な移動が行なわれ、漢族は集中して閩北の建甌、閩東の福州、閩南の泉州に移り住んだ。この大規模な移動が福建に中原漢語の大きい勢力をもたらしたのである。その漢語は隋唐時代に、中古漢語になる以前の特徴をもっていて、いわゆる15音系統（子音が15種しかない）の閩語を造り出す基礎となったのである。

　15音系統の言語とは、唇歯音 f をもたないこと、また中古音の t（端母）と ʈ（知母）を弁別しないという特徴を示している。後者の特徴は、たとえば、知と低、恥と体の発音は、中古漢語では、

　　　知　ʈię（平）　　　恥　ʈhię（上）
　　　低　tiei（平）　　　体　thiei（上）

のように推定され、両者は弁別される。現代北方漢語でも、

　　　知　tʂʅ（陰平）　　恥　tʂhʅ（上）
　　　低　ti（陰平）　　　体　thi（上）

のように ʈ- の方は捲舌音（まき舌音）になっているものの、両者の弁別は保持されている。ところがこれに対応する閩方言形は、

　　　知　ti⁵⁵　　　　　恥　thi⁴¹
　　　低　te⁵⁵　　　　　体　the⁴¹

であるように、どちらにも t- または th- があらわれて、両者は弁別されない。

　この形態は中古漢語をより遡った上古漢語形に近いことになる。

　　　　　上古音　中古音　　　　　上古音　中古音
　　　知　ti̯ĕg　＞　ʈię　　　恥　thi̯ĕg　＞　ʈhię
　　　低　tiər　＞　tiei　　　体　thliər　＞　thiei

上古漢語の t− と th− が、中原ではある条件の下に分裂し、中古音の t− と t̠−、th− と t̠h− にそれぞれ変化したのに対して、そのように分裂する以前の状態を閩方言が保っていることになる。

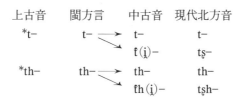

上古音	閩方言	中古音	現代北方音
*t−	t−	t−	t−
		t̠(i)−	tʂ−
*th−	th−	th−	th−
		t̠h(i)−	tʂh−

　閩方言が t− 系と t̠−(tʃ−) 系、そして p− と f− を弁別しないのは、単に古い漢語を伝承したためではなく、土着言語（閩越語）が、やはり t− と t̠−、p− と f− の弁別を受け入れない性格をもっていたことに原因があったのではないかと考えてみる必要がある（258頁参照）。

　唐から宋・金・元にかけて多くの漢人が南下して閩方言地区に入った。その中で官話の方言島が二つできている。その一つは南平市区の言葉で「土官話」と呼ばれる（図1-6参照）。これは15世紀中葉に北方から駐留した軍隊の末孫が話す官話である。いま一つは、18世紀初めに山海関から駐留した、やはり軍人の子孫が話す「洋嶼話」で、土地では「旗下話」（旗本言葉）と呼んでいるらしい。この二つの方言は周辺の閩語の影響を受けているけれども、官話の基本的特徴をいまなお保存している。

　閩南方言は厦門方言を代表とするが、いまあげた古形式を保持する諸特徴のほかに、つぎのような目立った現象がある。

（1）鼻音化韻母とつづく m−、n−、ŋ− と、非鼻音化韻母とのみ連続する b−、l−、g− は相補的な関係にある。いずれも中古漢語の明母 (m−) 泥娘来母 (n−、n−、l−) と疑母 (ŋ−) にあたる。馬 mã51、密 bit5、泥 nĩ24、来 lai24、牙 ga24、雅 ŋã51。

（2）厦門方言（市区）では、dz− と l− の対立は dz− が l− に合一して、dz− はなくなる。また中古漢語の日母 (ńʑ−) にも l− が対応する。而兒 li24、汝乳 lu51。

　その上、読書音（文話）と口語音（白話）がはっきりと分かれていることを指摘しなければならない。同じ文字に字音（文語音）と話音（口語音）の二つの発音があって、それぞれ別の音韻体系を形成している。言葉の二重構造である。しかし

両者の間にはちゃんとした規則が成り立つ。

	文語音 ɔ	口語音 au	北方言 ou
頭	thɔ²⁴	thau²⁴	tóu［thou］
漏	lɔ³³	dau³³	lòu［lou］
后	hɔ³³	˙au³³	hòu［xou］

口語音では、読書音の末尾鼻音 -m、-n、-ŋ の多くが鼻音化した母音になり、同じように末尾の閉鎖音 -p、-t、-k は大部分が声門閉鎖音 -ʔ になる。

	文語音	口語音	北方言
半	puan¹¹	pũã¹¹	bàn［pan］
見	kian¹¹	kĩ¹¹	jiàn［tɕien］
命	bɪŋ¹¹	bĩã¹¹	mìng［ming］

また口語音では、音節を担う鼻音があらわれてくる。

	文語音	口語音	北方言
黄	hɔŋ²⁴	ʔŋ²⁴	huáng［hwang］
光	kɔŋ⁵⁵	kŋ⁵⁵	guāng［kwang］

ŋ＝[ʔŋ]（ときに、わたり音 ə をともなう）

代表的な方言について、末尾音 -m、-n、-ŋ と -p、-t、-k の中古漢語との対応関係を考察するとつぎのようになる。

厦門方言は上述のように、鼻音も閉鎖音も中古漢語の形をよく保存する。

潮州方言では末尾音 -m、-p と -ŋ、-k は保存されるが、-n はすべて -ŋ と合流し、-t は消失する（山臻摂では -k に変わるほか -ʔ もある）。

澄海、汕頭方言では -m と -ŋ があり、-n は -ŋ に変わる。-t と -p は消失する。

浙南方言では -n、-ŋ は保存されるが、-m はない。-p、-t、-k も -ʔ になる（実際には -ʔ（陰調）と -ʼ 弱い閉鎖（陽調）に分かれる）。

海南島文昌方言では、-m、-n、-ŋ と -p、-t、-k はいずれも保存されるが、東南岸の万寧では -m、-p はなく、-n、-ŋ と -t、-k と -ʔ の対立に変わる。

	厦 門	浙 南	潮 州	文 昌[17]
林	lim²⁴	lin²⁴	lim⁵⁵	liom¹¹
鞭	pian⁵⁵	pian⁵⁵	pien³³	ɓien²²
平	pɪŋ²⁴	pieŋ²⁴	pheŋ⁵⁵	pheŋ¹¹

答	tap^{32}	ta?$^{\underline{54}}$	tap$^{\underline{31}}$	ɗa^{52}
識	sɪk^{32}	sie?$^{\underline{54}}$	pak$^{\underline{31}}$	ɓak^4
血	hiat^{32}	xie?$^{\underline{54}}$	hue?$^{\underline{31}}$	ɦue^{52}
俗	siɔk^5	siɔ'^{24}	sok^4	tok^4

　末尾鼻音の変化は先行する母音と一まとめにして考える必要があるが、その母音と末尾子音がどのような変化方向をたどるかは、漢語だけではなくアジア大陸中央部および南部の諸言語すべてについて、それぞれの言語方言を特徴づける指標の一つとなっている。

　閩方言の声調類の形成はかなりはっきりとしている。厦門方言では、平去入声はそれぞれ陰調と陽調に分裂するが、上声は一類を保つため、全部で7声、潮州方言は上声も陰陽調に分裂し8声になる。海南島方言は上声は陰調のみ一類をなし陽調は陽去と合流する。ただし入声は陰入陽入ともそれぞれ二類に分かれるため、全部で9声システムを造る。海南島の上声韻は短く、声門閉鎖をともなう。

　剪 tsien?^{21}、咸 kam?^{21}、これはほかの漢語方言には認められない珍しい現象である。閩北福州方言も厦門方言と同様に7声である。声調の弁別型はかなり複雑である。

　また閩方言には、すぐあとで若干の例をあげるが、一般に声調の連声による変調現象が著しい。

　厦門方言には興味のある接尾辞が少なくない。ここでは例を二つあげておこう。まず動詞と目的語の連続について行為者名詞を構成する −e がある。たとえば、

khuã^{11} mŋ^{24} e 　　門番（北京語　看門的）
khui^{55} tshia^{55} e 　　運転手（北京語　開車的）

のように −e は、北方方言の −的に対応する。また動詞・形容詞から名詞を構成する接辞 thau^{24} がある（11→51 は変調を示す）。

'am$^{11→51}$ thau^{24} 　　暗頭（暗さ）　　　　　tĩ$^{55→33}$ thau^{24} 　　甜頭（甘さ）
tsia?$^{55→11}$ thau^{24} 　　食頭（食物）

　これらの接辞は閩方言の形成にはたらいた土着言語の痕跡であると解釈したい。

　閩南方言では、動物の雌雄を表わす接辞はつぎのようになる。

kue$^{55→33}$ kak^{21}　鶏角（おんどり）　　gu$^{13→33}$ ka̱ŋ^{55}　牛公（おす牛）

kue$^{55→33}$ bu^{51}　鶏母（めんどり）　　gu$^{13→33}$ bu^{51}　牛母（めす牛）

閩南方言を代表する厦門方言の音素体系をつぎにまとめておく。

［厦門方言］　C₁ V C₂/T

C₁– ＝ 14〜(17)　　　　　–V– ＝ a　o　ɔ　e　i　u　　　　–C₂

k　kh　g(ŋ)　h　ʔ　　　　　　　ai　ia　io　iau　ue　　　–m　–p

p　ph　b(m)　　　　　　　　　au　ua　　　uai　ui　　　–n　–t

t　th　d(n)　l　鼻音化音　ã　　　ɔ̃　ẽ　ĩ　　　　　　–ŋ　–k

ts　tsh　s（括弧内は異音である)[18]　　　　ãĩ　ĩã　　　ĩãũ　　　　–ʔ[19]

　　　　　　　　　　　　ãũ　ũã　ĩũ　ũãĩ　ũĩ　　m̩　ŋ̩[20]

T ＝ 7 声

　　　　陰平 55　　陽平 24　　上声 51　　陰去 11　　陽去 33　　陰入 32　　陽入 5

例字　心 sim 55　時 si 24　眼 gan 51　見 kĩ 11　岸 hũã 33　迄 khit 32　兀 gut 5

発音の面では、閩南方言と閩北方言は共通した性格をかなりよくもっていて、閩方言が分化しない時期の特徴を保持しているものと考えられる。閩北方言は福州方言を代表とするが、読書音と白話音の二つの層は、福州方言でも複雑である。たとえば、

白話音　　　　　　　文語音

puei^{44}　　　飛　　xi^{44}

pouŋ^{213}　　　放　　xuaŋ^{213}

puɔŋ^{242}　　　飯　　xuaŋ^{242}

のように両者の間に相当の距りがある。声調が環境に応じて変わる現象も複雑である。

　閩方言にはかなりの数の特別な単語がある。たとえば「物」を意味する北方方言形「東西」dōngxi に対して、福州では lɔʔ^{23} (nɔʔ)「乇」、厦門では mĩʔ^5 kĩã^{33}「物件」、莆田では mueʔ lɔʔ「物乇」の形をもっている。この lɔʔ は、チベット文語形 ca–lag「物」、kha–lag「ご飯」のあとの形態素を連想させる。

　また北方方言の「脚」（足くびから下の部分）にあたる形式の分布を見ると（図1–7）、西部の客家方言地域と南平語が「脚」であるのを除いて、福建全体が kha^{44}「骹」であることがわかる。この形式はタイ語の khaa H1 と結びつけたくなるのである。閩方言の単語の特殊な形式の来源は、まだよく研究されていないのが現

北方方言の「脚」に
○ 散 kha⁴⁴ があたる地域
● 脚 kiɔk〜kiõʔ があたる地域

図1-7　福建省方言地図Ⅱ

状であるが、その研究からいろいろと興味のある結果が出てきそうである。

9. 漢語方言の言語形態

　以上現代漢語方言について、そのあらましを述べた。これは正直な意味で概観したにすぎず、各方言はそれぞれ細かい特徴をなお多くもっている。それについては随時補っていきたい。

　呉方言と閩方言は、いずれも漢代の揚雄が『方言』の中で示唆した特定方言の何らかの形の伝承形態であると考えてよい。呉方言も閩方言もその祖形は、当時すでに非漢語を基盤にして、その上に違った性格の漢語が覆い被さって独自の言

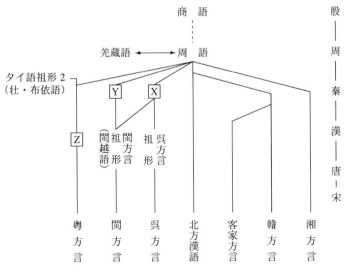

［漢語7方言成立の概念図（案）］

（湘方言の基層には楚語の存在を想定できる）

語形態を形成していたのである。そして両者の上に、同一文化圏の共通語がある
程度通用していたと思われる。ところが、粤方言地域は本来殷周文化圏の圏外に
位置し（図1-5参照）、別の文化基盤をもつ非漢語が話されており、秦以降あるい
はそれよりはるかに遡った時代から漢人が漸次南下し、ときには大量の人口が一
時に移動した。その人たちが話していた漢語が、現代の各南方方言がもつ白話で
ある。

　さきに述べたように、南方方言には白読と文読という二重構造がある。白読の
土台となった漢語は当時、現代北方漢語に比べて、はるかに古い形態を保持して
いたに違いない。それがさまざまの非漢民族部族と接触し、交流して独自に形成
した音韻体系が白読として伝承されているのである。したがって白読は日常会話
で使われる発音であって、口語の音韻体系をもとに成立するものである。さらに
各方言特有の語彙と文法は一セットとしてとらえられるべき性格のものであると
理解したい。そのセットを対象に記述言語学的な研究が要求される。

　そして、著者は南方方言の白読・語彙・文法の形成には、基層となった土着言
語の影響と制約を十分に勘案すべきであろうと考えている。

仮に、粤方言の基層を Z、閩方言の基層を Y、呉方言の基層を X とすると（左図参照）、Z はたぶん壮語・布依語の祖形（第 2 章でタイ語祖形 2 として示す）に似た形態をもっていたのではないかと推測できるが、Y と X については、多少その性格を示唆できるにしても、納得できる判断はいまの段階では何も下せない（254 頁参照）。

　閩方言が呉方言から南下して派生した二次方言であるとして、呉方言の形態を保持しながら独自の方向に進展したのは、そこに別の基層 Y が作動したからであると考えたい。[21]

　各方言が形成されて以後、中原から繰り返し起こった漢族の南下、それにともなう読書階級の移動は漢語方言間に接触をもたらし、儒教をはじめとする文教伝習の必要から呉語、閩語、粤語の口語音の上に覆い被さる読書音の出現をうながした。いわば読書音は北方の標準的発音を普及させるもので、土地の口語音に制約されながらできた、南方地域の独自の漢字の読み方なのである。言い換えると、体系づけられた、なまりのある共通音である。そして漢字音の体系がいくつも重なる形態は、日本語の中で、漢音・呉音・唐音（宋音）と重なっているのに似ており、長安の読音が新標準音となって全国に流れた状況は、日本の漢音やベトナムの漢字音と同じである。カールグレンがかつて『切韻』の体系の復元を考えたとき、大きい効力を発揮したのがこの文読である。文読の研究自体は、とくに切韻系韻書の細かい枠組を基準に、各方言における変形の実体を知る上で十分価値あるものである。白読と文読を含めて、その研究を「方言研究」と呼んでいる。一つの方言内で、白読と文読の間に勢力争いが当然起こっている。一般に文読の方が勝っていく方向にある。換言すると、一方で強く進められている普通話の普及という動きが、土着の発音を排除し、標準化していく方向に強い推力を与えているのである。

　このような重層する形態は、たとえば北方から移動した集団が、閩方言地区の真ん中で、閩方言に同化することなく、官話を伝承し、北方方言の島を形成しているのと比べると極めて対照的である。

　つぎに閩方言と粤方言の発展を考えてみると、閩方言は上古漢語に近い形で、t- と口蓋音化した t̥- を弁別しないで今日に至っている。ところが、粤方言はそうではない。粤方言が形成されて以後に、北方方言と同じように、あるいはその影響のもとで、t- と tʃ- は弁別されている。資（北京音 ts- < ts-）、知（北京音

tʂ- < t̠-)、尖 (北京音 tɕ- < tsi-) は 3 字ともに広州方言では tʃ- で読む。

　また閩方言では、上古音・中古音を通じて現在に至るまで p-、ph-、b- の対立を保存し、f-、v- への分裂を示さないのに対して、粤方言は中古音以後、北方方言がたどった道と同じように p-、ph-、b- の一部は、ある条件のもとに、f- に変わっている。つまり、粤方言は上古漢語の影響を受けて、土着言語 Z と融合して一つの漢語方言を形成したが、その過程で基層語 Z (たぶん壮語や布依語と同じくタイ系言語) の体系の枠組に漢語をはめ込んでいったといえる。そのような変化をいまに至るまで見せない閩方言の方は、t̠- や f- にあたる単位をもたなかった基層語 Y から形成されたことを強く示唆しているのであろう。

　閩方言がほかの方言に比べて差異が大きいのは、南方諸方言の中でもっとも早期に中原の漢語から分離したためである。その上、閩方言はかなり長期にわたって、外界と隔絶された地理環境にあったことも、古形態の保持の要因となった。

　今日閩方言として、あるいは粤方言として統括されている方言群の中には、種々の形態がある。その形態の共時的な特徴をもとにして他方言との境界を定め、各方言は下位分類されている。もし漢語の発展を系統樹的にとらえようとすると、7 (あるいは 5) 方言の各々について、それぞれの祖形をまず設定するという手続きが必要となってくる。下位方言に共通する性格と固有特有の性格を歴史的な発展特徴に置き換えて、推測できる発展段階の一階程にそれらを位置づけなければならない。そして全体の発展を説明できる祖形の設定が必要となる。この試みはこれまでにもあったが、まだ十分納得される成果はあらわれていない。それほどその仕事は面倒で、簡単にはいかないのである。

10. 漢語の音韻変化の類型

　上古漢語から中古漢語に至る間に音韻面にあらわれた大きい変化は、総括していうと、初頭子音 (声母) の単純化による再編 (たとえば複子音はすべてなくなった) と母音と末尾子音結合 (韻母) の組み替え再編にあった。中古漢語から近世漢語に至る間の目立った変化は、(1) 多くの方言で有声子音 (全濁音) が無声音化したこと、(2) その現象と相補って、平上去入の声調類が陰調と陽調の二つに分かれ、また多くの方言で入声音が消失して、独自の声調体系が組織されたこと、(3) p-、ph-、b-、m- の一部が、一定の条件で f- と w- に変わったこと、(4)

k−、kh− の一部が分裂して tɕ−、tɕh− が生れたこと、を代表的な現象として取り上げることができる。

　それらの変化を類型的に考察してみよう。

a. 初頭有声子音の無声音化

　第一にあげた有声子音の変化については四つの型が考えられ、該当する方言名をつけるとつぎのようになる（d− を代表としてあげるが g−、b−、dz− にも同じ変化が起こる）。

	中古音	現代音		例. '弾'（はじく）	
Ⅰ型	d−	⟶ d−	呉方言・湘方言	dɛ24 (蘇州)	dã23 (双峰)
Ⅱ型	d−	⟶ t−	閩方言・湘方言	tũã24 (厦門)	tan13 (長沙)
Ⅲ型	d−	⟶ th−	贛方言・客家方言	than24 (南昌)	than12 (梅県)
Ⅳ型	d−	⟶ th−（平声） ⟶ t−（平声以外）	北方方言・粵方言	'弾' than35 (北京)　than21 (広州) '但' tan51 (北京)　taan22 (広州)	

（各方言とも少数の異対応がある）[22]

　漢語全体から見ると、東の地域の中央部に分布する呉方言と、西に贛方言をへだてた老湘方言に古い有声子音が保存され、それ以外の地域では、無声無気音もしくは無声出気音に変わっている。そして北方方言と南方の粵方言（文読）では、中古漢語の平声調をとるときには出気音に、平声以外、上声去声入声の場合は無気音になるという変化を示している。この現象はどのような要因で起こっているのかわからないが、漢語と同じように有声子音を無声音化するタイ系言語には、一つの言語体系の中にこのような分裂は見られない。

　また上記のように呉方言で中古漢語の全濁音を保存するのはもっとも大きい特徴であるが、その下位方言には（旧松江府）、中古漢語の p−、t− に声門閉鎖音をともなった ʔb−、ʔd− が対応することが報告されている。飽 ʔbɔ13、堆 ʔde53。粵方言桂南系にも同様な現象がある。これは全体が無声音化へ進む大きい流れの中で、一つの逆行する方向であって、あるいは基層言語の性格が露顕しているのかも知れない。

　一方、厦門方言（閩南語）では、古い有声閉鎖音が無声音になり、それにかわって、古い鼻音の一部が有声閉鎖音に変わるという現象が起こっている。両唇音 b−、m− を例として示す。

	中古漢語	現代閩南（厦門）方言			
	b–	p–	肥	bjwẹi	→ pui²⁴
	m–	b–	埋	mai	→ bai²⁴

　日本の漢音で、埋をバイ、馬をバと読むのは、唐代の長安方言でも同じ現象があって、埋を mbai、馬を mba と発音していたのを伝えているのである。

b．声調の発展と変化

　二番目にあげた漢語の声調の発展と現代語の声調体系の成立を考える場合、中古漢語の声調、つまり『切韻』や『広韻』のような、当時の中国の学者が、ある基準をたてて整理した韻書に登録された平上去入（具体的な声調の型を離れて、対立する範疇の種類）をもとに扱うのがもっとも確実であり、また簡便でもある。

　平上去入は声調の弁別範疇であって、日本語でいえば、たとえば一拍名詞のアクセントに設ける三つの類とよく似たものと考えておいてよい。そして、一類の蚊、血、戸などが京阪地方ではカと高く発音するのに対して、東京地方ではカと低く発音する。二類の名、日、葉などは、京阪地方ではナ ̄－のように次を下げるが、東京地方ではナと低い。三類の木、手、火などは、京阪地方ではキ－のようにあとを高く、東京地方ではキ ̄のように高く、つぎを下げて発音するといったように、弁別範疇と実際のアクセントの型の間にあらわれる規則的な対応関係から、各地のアクセントの性質を知ることができるのと同じような仕方で、漢語の声調が早くから調査されてきている。[23)]

　漢語の場合は、中古漢語の平上去入と現代方言の声調の型の対応関係だけではなく、現代語で新しい声調体系が成立するにあたって、中古音の初頭子音が有声音（陽）であったかそれとも無声音（陰）であったかの違い、また有声音でも (1) 閉鎖音・破擦音 b–、d–、g–、dz–、dẓ–、dź– か、それとも (2) 鼻音 m–、n–、ŋ–、または流音 l– か、(3) 摩擦音 z–、ź–、γ– か、などの相違が分裂の要因をつくっていることが判明している。

　広州方言の声調体系についてはさきにあげたので、つぎに北京、梅県（客家）、厦門（閩南）、南昌（贛）、蘇州（呉）、長沙（湘）各方言の型をあげておきたい。

	平声		上声		去声		入声		
	陰	陽	陰	陽	陰	陽	陰	陽	
北京	55	35	214		51		55 35 214 51	51 35	4声
梅県	44	11	31		42		21	4	6声
(例)	天 (th-)	平 (b-) 名 (m-)	短 (t-)	老 (l-) 巨 (g-)	快 (kh-)	半 (p-) 大 (d-)	八 (p-)	目 (m-) 白 (b-)	
厦門	55	24	51	33	11	33	32	5	7声
南昌	42	24 55	213	21	213 55	21	5		6声
蘇州	44	24	52	31	412	31	4	23	7声
長沙	33	13	41	21	55	21	24		6声
(例)	秋 (ts-)	群 (g-) 牛 (ŋ-)	体 (t-)	鳥 (n-) 抱 (b-)	唱 (ts-)	笑 (x-) 共 (g-)	徳 (th-)	日 (ńz-) 達 (d-)	

（袁家驊等著『漢語方言概要』(第二版) p. 314 による）

　日本語に借用された漢語のアクセントも、漢語本来の型を日本語風に変えて伝承しており、上掲の枠組で考えることもできるのである。たとえば数詞はつぎのようなアクセントをもっており、対応関係にかなりの規則性が見られる。

東京	イチ⌐	ロク⌐	ヒャク⌐	サン￣	ゴ⌐	ク⌐	ニ⌐	ジ⌐
京阪	イ￣チ	ロ⌐ク	ヒャ⌐ク	サン￣	ゴ	ク	ニ	シ
	一	六	百	三	五	九	二	四
中古漢語	jiĕt	liuk	pɐk	sâm	nguo	kiĕu	ńźi	si
	(陰入)	(陽入)	(陰入)	(陰平)	(陽上)	(陰上)	(陽去)	(陰去)

（￣は高型、⌐は次を下げて発音する。無表記は低型）

　これだけの例についていえば、入声と平声と上声と去声がそれぞれ違った対応形を示していることになる。
　東アジアの中央部で、多くの言語が声調という現象を発生したが、この発生自体に一定の共通した条件と原則が考えられる。この問題は目下声調発生 (Tonogenesis) 論として議論されている。それについてはあとでふれたい。[24)]

c. 両唇閉鎖音の分裂
　第三にあげた両唇音 p-、ph-、b- から唇歯音 f-、v- の分化についても述べておきたい。これも普遍的に見られる現象で、漢語では閩方言を除いて、ほかの方言はすべてここの変化を経験した。

中古漢語以降に唇歯音化が起こったが、『切韻』以前あるいは『切韻』の時代に、反切上字にときに混乱を示してはいるが、pʷj–と pj–にあたる対立がすでに起こっていて、その pʷj–が、中舌または奥舌母音と結合するときに唇歯音が起こったと想定されている（たとえば、風 pjung → pʷjung → fʷəng → fəng）。

　実際に唇歯音になった時期をもう少し限定すると、いわゆる声母（初頭子音）を代表する 36 字母が唐末宋初に作られたが、その中には唇歯音の系列、非（f–）、敷（fh–）、奉（v–）、微（ŋv–）があることと、1037 年に編纂された韻書『集韻』には、反切上字で f–、fh–、v–が弁別されているところから、北方漢語では 12 世紀より以前に唇歯音化が起こっていたと推定できる。

　この変化を図式的に示すと、

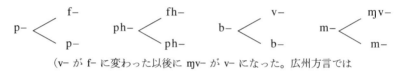

（v–が f–に変わった以後に ŋv–が v–になった。広州方言では
m–はそのまま保存され、文は man、微は mei と発音される）

のような音韻分裂になり、歴史的には北方漢語における大まかな変遷をつぎのように簡略に図示できる。

［北方漢語における唇歯音発生の過程］

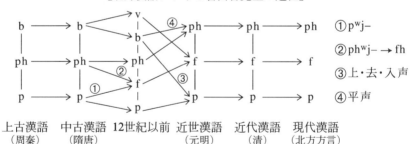

上古漢語　　中古漢語　12世紀以前　近世漢語　　近代漢語　　現代漢語
（周秦）　　（隋唐）　　　　　　　（元明）　　（清）　　（北方方言）

　西の羌蔵系言語の世界では、借用語を除いては、唇歯音をもつ言葉は少ない。チベット語にもビルマ語にも f–や v–はない。漢語の閩方言では、非を p–に読んだり h–に読んだりする。大体文語音は h–で、口語音が p–である（たとえば富は文語で huⁱⁱ、口語で puⁱⁱ という）。

　ところがタイ系言語では f–（と v–）があって、その発生がちょうど漢語の場合と類似しているのである。これは古い商語が内蔵していた音韻変化の一つの方向

であったかも知れない。

シャム語やラオス語では、少し条件が違っているけれども、祖形の *phr- は ph- に、*ph- ＋ 高母音は ph- を保存するが、*ph- ＋ 低母音は f- に、そして *bh- ＋ 低母音は v- になり、さらに f- に変化したものと推定できる。この事情を雲南のタイ（傣）語、百夷語（後述、105頁）の記録（『百夷館譯語』）がよく伝えている。たとえば、

	百夷文字	漢字表音	発音		百夷文字	漢字表音	発音
天	pha	法	［fa］	髪	phrom	噴	［phom］
雨	phon	忿	［fön］	岩	phraa	怕	［pha］
夢	phan	反	［fan］	椒	-phrit	-辟	［-phiʔ］
人	phu	僕	［phu］	蜂	phrüng	朋	［phöng］

の明確な例があり、ph- から f- への変化には phʷ- の段階を経たのではないかと推定できるが、タイ系言語の唇歯音の発生にはまだまだよく解明できていない条件が残っているように思われる。

d．軟口蓋音の口蓋音化

最後に中古漢語の k-、kh-、x- の一部と ts-、tsh-、s- の一部が、-i-、-y- 母音につづくという条件で分裂して、歯茎硬口蓋の破擦音 tɕ-、tɕh- と摩擦音 ɕ- を作り出す現象をあげたい。たとえば、北方方言で、基（中古音）kǐə → tɕi、圏（中古音）khǐʷɛn → tɕhyan、将（中古音）tsǐaŋ → tɕiaŋ、俊（中古音）tsǐuən → tɕyn。

呉方言、湘方言、贛方言は同じ変化を経験したが（湘方言では、k- は tɕ- になるが ts- は tɕ- にならない）、閩方言、粤方言、客家方言は、もとの k-、kh-、ts-、tsh- を保存する。これは漢語方言を大きく二分する現象でもある。一応上にあげた形に対応する南昌（贛）、長沙（湘）、梅県（客家）、厦門（閩南）の各方言の形を対照してあげておきたい。

	南　昌	長　沙	梅　県	厦　門
基	₌tɕi	₌tɕi	₌ki	₌ki
圏	₌tɕhyɔn	₌tɕhyē	₌khian	₌khuan
将	₌tɕiɔŋ	₌tsian	₌tsiɔŋ	₌tsǐəŋ
俊	tɕynᵓ	tsənᵓ	tsunᵓ	tsunᵓ

ただし早い時期に中古音の -ĭ-、-i- を失った北方方言はこのような形にならないで、本来の k-、s- を保存している。弓（中古音）kĭung → kung、桂（中古音）kiwei → kuei、宿（中古音）sĭuk → su（梅県では、弓 ˛kiung、宿 siuk₌、厦門では、弓 ˛kiɔŋ、宿 siɔk₌ のように中古音の形式を保存する）。

e．そのほかの特別な現象

　このように漢語方言は広大な地域に分布するだけに、各地の方言に種々の現象が見られ、このほか n- と l- を混同する地域や、もっと一般的に起こる中古漢語の末尾鼻音 -m、-n、-ng と閉鎖音 -p、-t、-k が合一していく現象がある。後者の合一現象はどのような方向で進んでいったのか観察することは重要である。

　またもっと根本的な問題として、最近発表された広西壮族自治区の北方、龍勝各族自治県北区大平塘村の伶族（200 余人）の話す言葉のように、覆い被さった漢語の基底となる言語として非漢語を想定できる場合もある。この言葉は漢語の方言と決められているが、実際には tl̩-、dl- のような初頭音があって（tl̩l³³「子供」、dl²²「十」、sl̩⁵⁵「思う」）、特別な形態を示している。これは近くに住む苗族の言語の影響と考えるよりも、基層として苗語があり、その音組織が根強く漢語の形式に反映しているのではないかと疑える。さきにあげた台山端芬の粤方言形、tɬʻl 字自、tɬʻl 詞辞も同じような背景をもっているかも知れない。

　このように、漢語の方言の研究にはまだまだ多くの問題が残されているのである。

f．文法面の特徴

　さて、つぎに文法の面に見られる顕著な特徴を若干あげておきたい。漢語方言はほぼ統一的な統語法をもっている。語順の基本構造は各方言で大体一致していて、文構造は主語 (S) ―動詞 (V) ―目的語 (O) の型をとる。この基本型は、大まかにいって甲骨文以来の文型を伝承している。しかし、粤方言、閩方言、客家方言、呉方言に細かい点で、しかし重要な点で、北方方言とは違った形態が見られる。若干の例をあげてみよう（主な例はさきにあげた詹伯慧『現代漢語方言』による）。

（1）副詞の位置

　副詞は北方方言（普通話）では動詞の前に置かれるが、粤、閩、客家、呉の各方

言では一般に動詞のあとにあらわれる。

[数量をあらわす副詞]（〜 は動詞、￣ は副詞を示す）

南方方言　動詞＋副詞　　　　北方方言　副詞＋動詞

(粵) 広州方言　飲多両杯嘑　　　　　　　多喝両杯吧！

　　　　　　　　　　　　　　　「もう二、三杯のみなさいよ」

(閩) 潮州方言　食加半碗飯　　　　　　　多吃半碗飯

　　　　　　　　　　　　　　　　「もう半膳多く食べる」

(客家) 梅県方言　着多一件衫　　　　　　多穿一件衣服

　　　　　　　　　　　　　　　　　「もう一枚多く着る」

[時間をあらわす副詞]

(粵) 広州方言　我行先、你等陳間来　　　我先走、你等一会来

　　　　　　　「僕は先に行く、君は少ししてから来たまえ」

(閩) 厦門方言　汝行在先〜汝先行　　　　你先走吧！

　　　　　　　　　　　　　　　　「君は先に行ってくれ」

(客家) 温岭方言　你走開先　　　　　　　你先走吧！

　　　　　　　　　　　　　　　　「君は先に行ってくれ」

　　　（ちなみにタイ系言語では、一般に副詞は動詞のあとに出てくる。
　　　たとえばシャム語では、「私は先に行く」は phǒm paj kɔɔn となる）

(2) 類別詞を含む名詞句

北方方言（普通話）では、類別詞はいつも数詞か指示代名詞とともに使われる。たとえば、

　　一本書（一冊の本）　数詞 ― 類別詞 ― 名詞
　　這本書（この本）　　指示代名詞 ― 類別詞 ― 名詞

のように並べて名詞句を構成する。ところが閩方言、粵方言、呉方言では、数詞や指示代名詞なしに、類別詞と名詞のみで同じはたらきの名詞句を構成できる（〜 は類別詞、￣ は名詞を示す）。

(粵) 広州方言　支筆系迦个嘅？　　　　這支筆是誰的？

　　　　　　　　　　　　　　　「この筆は誰のですか」

（閩）潮州方言　　隻鳥歇在樹頂　　　　　　一隻鳥兒歇在樹上

「一羽の鳥が樹にとまっています」

　この現象は、顕在的な類別詞をもつタイ系言語の壮語や布依語とよく似た形態を示していて、たいへん興味深い（154頁以下参照）。

（3）間接目的語の位置

　普通話では、直接目的語（直目）と間接目的語（間目）をもつ文は、動詞—間目—直目の順に並べるが、南方方言の粤、閩、客家、呉などの言葉では、それとは反対に、動詞—直目—間目の配列をとる。

（粤）広州方言　　畀一本書佢　　　　　　　給他一本書
　　　　　　　　　佢＝三人称代名詞　　　「彼に本を一冊あげる」

（客家）梅県方言　分一支筆𠊎　　　　　　給我一支筆
　　　　　　　　　𠊎＝一人称代名詞　　　「私に筆を一本ください」

　タイ系言語たとえばシャム語では、phǒm hâj khǎw naŋsy̌y lêm nỳn「私は彼に本を一冊あげます」のように、動詞（hâj）—間目（khǎw）—直目（naŋsy̌y lêm nỳn）のように並べうる。直接目的語を先に出して、phǒm hâj naŋsy̌y lêm nỳn kɛ̀ɛ khǎwと表現することも可能であるが、後者の場合、間接目的語の前に、前置詞kɛ̀ɛ「…に対して」が要求される。

（4）受動表現

　つぎに南方方言に見られる受動表現も面白い。普通話では、被を使って、たとえば、「他被狗咬了」（あの人は犬にかまれた）と表現するが、「他給狗咬了」とは決して言わない。ところが、広州方言では、「佢畀狗咬亲［tshan⁵⁵］」と言うのである。この畀peiは、さきにあげた「彼に本を一冊あげます」の「あげる」と同じ形なのである（ビルマ文語 pei-、チベット文語 sbyin-pa「与える」と同源語）。同様に、厦門方言の互 hɔ⁺や梅県方言の分 ᵉpun「あたえる」も畀と同じはたらきをもっている。

厦門方言　　伊互我一本新冊　「あの人は私に新しい書物を一冊くれた」
　　　　　　伊互人拍一下　　「あの人は人に一撃くわされた」

　つまり南方地域の方言には被害をあらわす普通話の「被」にあたる形はなく、利益をもたらす形をもって同じように使っているのである。動作者と被動者の関

係自体は変わらないため、この表現は成り立つことになる。

　漢語方言の研究は今後ますます進展すると思われるが、それは、タイ系言語の研究とは切り離し難い関係にあることを強調しておきたい。

　つぎに章を改めて、漢語とともに、東アジア中央部の東の地域を占め、広い範囲に分布した大民族、タイ系諸民族の発展とその言葉の性格と系統について述べてみることにする。

第1章　註

1)　周祖謨校、呉暁鈴編『方言校箋及通検』（科学出版社、北京、1956）をはじめ、『方言』の研究書は数多く刊行されている。
2)　『方言』は、多くの研究者が取り上げている。1991年に刊行された丁啓陣『秦漢方言』（東方出版社、北京）は詳細に分析していて有用である。また、『方言』に記録された語彙は、すべてが西漢時代の方言形式ではなくて、それより以前の方言語彙が含まれているかも知れないし、のちに付加された個所もあると述べているのは、正鵠を得ている。
3)　甲骨文よりずっと遡って、西の半坡遺跡や東の大汶口遺跡などから出土した陶器の破片にある、いくつかの符号を漢字の原初形態と見做す考え方もある。それらを総称して陶文と呼ぶが、半坡陶文は25字ほどで数が少なく、何を意味しているのかもわからない。もちろん当時の言葉とのつながりも明らかではない。西田龍雄「文字学と東アジアの世界」学術情報センター編『文化としての学術情報』三田出版、東京、1992、参照。
　　一方、山東とその周辺地域に居住した東夷人が使った陶文にも10種ほどの字形が発見されている。これは半坡の陶文のような線形ではなく、象形字形をもっているが、実際にはその意味を判読できない。第一にそれを文字と認めうるか否かが問題であるが、のちの漢字甲骨文字の誕生と関係することは確かである（逢振鎬『東夷文化史』中国社会科学出版社、北京、1995、参照）。
　　そして半坡仰韶文化（4770〜4290 B.C.）の陶文（線形）と大汶口文化（3605〜3555 B.C.）の陶文（象形）が合流して、漢字の誕生をもたらしたという漢字起源二元説が出てくるのである。西田龍雄「言葉と文字」西田龍雄編『言語学を学ぶ人のために』世界思想社、京都、1986、p. 227 参照。
4)　T. Nishida, 'Some Problems of Morpheme Stock in Sino-Tibetan: a Preliminary Observation'. 『東アジア・東南アジア諸言語の系譜・拡散・類型 —— 第一回日米教育文化共同セミナー論文集』日本学術振興会、東京、1976、pp. 30〜38 参照。
　　著者がそこで提出した主張に対して、Cornell 大学の Bodman 名誉教授はつぎの意見を述べておられる。

「西田は一つの仮説を提唱した (1976)。TB言語の話手は、自己の言語に商語を押しつけ商族の文字体系を譲り受けた。彼はこの文字体系は別の（あるいは未知の）言葉のために創られたものであると考えている。彼は、典型的な TB言語のSOV 語順は、商族の文字体系の強い影響のもとで、SVO に変わったのかも知れないと指摘した。しかし、もし西田の考えが正しいとしても、下層の話し言葉が文字体系よりも、より大きい影響を受けることはなかっただろう」。

　　著者はつぎのように考えている。周族は、書写言語はもちろん、話し言葉も商語の大きい影響のもとに SVO 語順に移行した。その転換の大きい契機は文字の採用だけではなく、むしろ、周語が本来もっていた主動詞の前と後ろに、それぞれ主語照応と目的語照応をともないうる SO $_{S}$V という動詞句構造にあり、加えて商語も周語も主語を明示しない性格であったところに、この動詞句構造を独立させる方向に進みやすい契機があったものと考えたい。後代、白語において起こった SOV から SVO への移動とは異なった過程をたどったものと思える。

　　上掲引用個所のすぐあとで、Bodman 教授が、「古代漢語文献で動詞が否定表現をとる場合、目的語が代名詞であれば、動詞と目的語の位置が入れ替わって SOVとなるのは、保持してきた古い特性でありうる」と述べられているのは、正にその通りであると、著者も考えている。

　　Nicholas C. Bodman, 'Proto-Chinese and Sino-Tibetan: Data Towards Establishing the Nature of Relationship', Frans van Coetsem and Linda R.Waugh eds., *Contributions to Historical Linguistics*, Leiden, 1980.

　　西田龍雄「漢蔵語族管見」『民博通信』国立民族学博物館、大阪、1993、参照。
5)　上掲註 4) T. Nishida, 1976.
6)　西田龍雄、孫宏開『白馬譯語の研究』松香堂、京都、1990、参照。その後、1994 年に張済川氏から、1995 年に黄布凡教授から、白馬語はチベット語の一方言であるという意見が提出された。

　　張済川「白馬話与蔵語（上）（下）」『民族語文』中国社会科学出版社、北京、1994/ 2 期、3 期。

　　黄布凡「白馬話支属問題研究」『中国蔵学』中国蔵学雑志社、北京、1995/ 2 期（總第 30 期）。

　　この意見は確かに傾聴すべきであるが、著者は、目下のところ白馬語は基本的に CV# 型を根底にした言語であって、狭義のチベット語方言ではなく、チベット語支の中核に近い位置をもつ言語であると考えている。
7)　以下、羌語形は孫宏開編著『羌語簡志』（民族出版社、北京、1981）に、また普米語形は陸紹尊編著『普米語簡志』（民族出版社、北京、1982）によっている。
8)　壮語形などは主に、王均等編著『壮侗語族語言簡志』（民族出版社、北京、1994）によっている。以下、中古漢語・上古漢語の形式は、カールグレンの再構形を修正した暫定的な形をあげている。そのほかの研究者、たとえば郭錫良の再構形をもってきても、形式間の基本的な相互関係は大きく変わらない。

　　なお現代方言の声調は、つぎの二つの方法で示した。
　　a．具体的な調値を示す。高さを 5 段階に分け、2 桁または 3 桁の数字で示す。
　　　　例.　　55 高平型、11 低平型、51 高降型

b．対立する声調範疇を示す．とくに漢語方言については、ときにこの方法を
用いる。

例． ${}_{c}$pa＝陰平　${}_{c}$pa＝陽平　^{c}pa＝陰上　^{c}pa＝陽上
pa^{c}＝陰去　pa${}_{c}$＝陽去　pa${}_{3}$＝陰入　pa${}_{3}$＝陽入
pa${}_{32}$＝陰入2類　pa${}_{32}$＝陽入2類

また、北方方言（普通話）は原則として拼音字母で表記した。

9)　陸志韋『近代漢語音韻論集』商務印書館、北京、1988、参照。
近世漢語の音韻体系の資料と研究については、耿振生『明清等韻学通論』（語文
出版社、北京、1992）が詳細に述べていて便利である。

10)　1950年代から60年の初めにわたって、全国方言の一斉調査（普査）が行なわ
れ、その調査研究の成果が続々刊行された。80年代になって方言調査はさらに大
きく進展した。各地の方言に関する新しい情報は伝統ある『中国語文』のほかに
新たに創刊された『方言』に掲載された。近年の目標は各地の詳しい方言分区の
研究に置かれ、方言分区図の作成と方言志の編集が進められている。その成果は、
10方言区と8種の官話方言による『中国語言地図集』となってまとめられた。ま
た近年には、比較方言文法研究も進められつつある。以下、各方言の特徴の記述
は大体つぎの資料によっている。
袁家驊等著『漢語方言概要』（第二版）文字改革出版社、北京、1986。
詹伯慧『現代漢語方言』湖北人民出版社、1981（樋口靖訳『現代漢語方言』光
生館、東京、1983）。
北京大学中国語言文学系語言学教研室編『漢語方音字滙』文字改革出版社、北
京、1962。
復旦大学中国語言文学研究所呉語研究室編『呉語論叢』上海教育出版社、上海、
1988。
藤堂明保『言語』（中国文化叢書 I）大修館書店、東京、1967。
なお、周振鶴、游汝傑『方言与中国文化』（上海人民出版社、1986）は、方言形
成と移民、自然環境、地理、栽培植物などの観点から論じたユニークな注目すべ
き研究であり、また游汝傑の『漢語方言学導論』（上海教育出版社、1992）はすぐ
れた概説書であり、示唆に富んでいる。

11)　ちなみに、7方言の話手人口は、つぎのようになっている。李栄「中国的語言
和方言」『方言』中国社会科学院語言研究所、北京、1989/3期による。

北方方言　66224万人　　　　呉方言　　　　6975万人
贛方言　　3127万人　　　　　湘方言　　　　3085万人
閩方言　　5507万人　　　　　粵方言　　　　4021万人
客家方言　3500万人　　　　　未分区の非官話　206万人

12)　（余靄芹）Oi-kan Yue, 'Studies in Yüe dialects I', *Phonology of Cantonese*,
Cambridge Univ. Press, 1972.

13)　代表的な論文のみをあげる。
顔逸明ほか「呉語的辺界和分区」『方言』1984/1。
　　　　　「呉語的辺界和分区（二）」『方言』1984/2。
李栄「官話方言的分区」『方言』1985/1。

鄭張尚芳「浦城方言南北区分」『方言』1985/1。

銭曽怡、高文達、張志静「山東方言的分区」『方言』1985/4。

周振鶴、游汝傑「湖南省方言区画及其歴史背景」『方言』1985/4。

劉村漢「広西蒙山語言図説」『方言』1985/4。

傅図通ほか「呉語的分区（稿）」『方言』1986/1。

鄭張尚芳「皖南方言的分区（稿）」『方言』1986/1。

顔森「江西方言的分区（稿）」『方言』1986/1。

孫維張ほか「吉林方言分区略説」『方言』1986/1。

侯精一、温端政、田希誠「山西方言的分区（稿）」『方言』1986/2。

張盛裕、張成材「陝甘寧青四省区漢語方言的分区（稿）」『方言』1986/2。

劉俐李、周磊「新疆漢語方言的分区」『方言』1986/3。

賀巍「東北官話的分区（稿）」『方言』1986/3。

劉光亜「貴州省漢語方言的分区」『方言』1986/3。

張振興「広東省雷州半島的方言分布」『方言』1986/3。

賀巍、銭曽怡、陳淑静「河北省北京市天津市方言的分区（稿）」『方言』1986/4。

侯精一「晋語的分区（稿）」『方言』1986/4。

黄雪貞「西南官話的分区（稿）」『方言』1986/4。

鮑厚星、顔森「湘南方言的分区」『方言』1986/3。

熊正輝「広東方言的分区」『方言』1987/3。

林壽「北京官話区的劃分」『方言』1987/3。

黄谷甘「海南省三亜市漢語方言的分布」『方言』1991/4。

詹伯慧主編『第二届　国際粤方言研討会論文集』暨南大学出版社、広州、1990。

（辻伸久）Nobuhisa Tsuji, *Comparative Phonology of Guangxi Yüe dialects*, Kazama Shobō, Tokyo, 1980.

張琨「漢語方音」『清華学報』新 9、12 号、台北、1971。

14)　畬族は hɔ²² ne⁵⁵ と自称し、福建・浙江・広東など数省八十数県にわたり、その山間部に居住する。1990 年の統計によると人口は 63 万人に達し、福建省がもっとも多い。その中、畬語を話すのは 1000 人余りである。畬語はミャォ・ヤォ語支のヤォ・ショー語群（瑶語群）に属し、蓮花方言と羅浮方言（博羅方言）の二つの方言に分けられる（いずれも広東省）。しかし方言差は少ない。布努瑶語に属する広西の㷷奈 [cɐŋ³³ nai³³] 語にもっとも近いとされる（馬学良主編『漢蔵語概論』下、北京大学出版社、北京、1991）。畬語は SVO 型言語で、1）複子音がない（ミェン語の複子音に単純子音があたる）。2）有声閉鎖・破擦音がない（古い有声音は無声出気音になる）。3）前出鼻音有声閉鎖・破擦音もない（無声無気音になる）。4）無声鼻音はない（ミェン語の無声鼻音に有声鼻音があたる）。5）末尾子音は -n、-ŋ、-t、-k（または -ʔ）のみで、-m、-p はない。6）声調は 6 声、ほかに陰陽 2 種の入声がある。客家人と雑居するために客家語を話し、その借用語も多い。

毛宗武・蒙朝吉編著『畬語簡志』（民族出版社、北京、1986）は広東省恵東県の畬語（蓮花方言）を記述している。なお陳其光によると、基礎語彙 470 語の中、苗語と畬語の同源語は 282 語（60%）、布努語（ブナォ語）と畬語の同源語は 264

語（56.32％）、ミェン（勉）語と畬語の同源語は 268 語（57.02％）を占める。ちなみに苗語と布努語の同源語は 370 語で 78.93％を占めるという（『中国語文概要』中央民族学院出版社、北京、1990）。

15) 呉語の白読音は日本の呉音にあたり、文読音は漢音にあたることが多い。

	白読音	呉音	文読音	漢音
日	n̠iʔ	niti	zəʔ²	zitu
人	n̠in²⁴	nin	zən²⁴	zin
肉	n̠ioʔ²	niku	zoʔ²	ziku

16) 呉語の人称代名詞として、游汝傑はつぎの形式をあげている（「呉語里的人称代詞」『呉語和閩語的比較研究』上海教育出版社、上海、1995）。

	一人称	二人称	三人称
単数	ŋo³¹	n̠i³¹	gy³¹²
複数	ŋo³¹ la³¹²	n̠i⁴⁴ la³¹²	gy³¹¹ la³¹

複数形を特徴づける –la³¹² は地方によって –le（開花）、–liɛ（温州）、–nɛ などの形であらわれるという。これに対して蘇州 –toʔ、常熟 –toʔ、大倉 –taʔ、金山 –daʔ、昆山 –dəʔ などの –taʔ、–daʔ の形式がある。また嘉慶では、一人称 n̩-n̠i、二人称 noŋ-taʔ、三人称 i-la のように人称の違いによる分裂形式もある。游氏は、l– と t– は同源形であると見做している。

TB 言語から見ると、–daʔ、–taʔ は、チベット文語 –dag（ビルマ文語 –tou³ <–tɯ³）に対照される。チベット文語 –dag は同じ複数形の –rnams よりも文雅形式である。–la はチベット文語の –rnams か、あるいはシャム文語の –hlai と関係するのかも知れない。西田龍雄書評（Mantaro J. Hashimoto, *The Hakka Dialect: A Linguistic Study of its Phonology, Syntax and Lexicon*, Cambridge Univ. press, 1973）『東南アジア研究』11 巻 3 号、京都大学東南アジア研究センター、1973、pp. 433～438 を参照。

17) 海南島文昌方言では、明母と微母から来源する b–（未 bue¹¹、无 bo¹¹）、娘母にあたる d–（汝 duʔ²¹）に対して、それらと対立する入破音 ɓ– と ɗ– がある。これは全く特別な形態である。そして他方、無声出気音 th– と kh– はなく、ph– のみがあって [pᶜ] と [pfᶜ] の間のわずかに摩擦をともなって発音されるという。文昌方言の g– は、同様に中古漢語の疑母に対応する。我們 guaʔ²¹nan（我人）、牛 gu¹¹。

18) 厦門方言の g–、b–、d– と ŋ–、m–、n– は相補関係にあって、後者は鼻音を末尾音とする音節にあらわれる異音と見做されている。

19) 閩南厦門方言の末尾子音 –ŋ、–n、–m と –k、–t、–p、–ʔ は –ŋ：–k の二者対立を経て、閩北福州方言の –ŋ：–ʔ の対立になった。福州の一部の人は弱い –ᴷ をもって発音するという。葉 ieᴷ⁴、越 uɔᴷ⁴。

20) 閩方言の担音節鼻音 m̩ と ŋ̩ は、呉方言や粤方言に比べて機能は大きい。m̩ は h– とのみ共起する。媒芽 [hm²⁴]。ŋ̩ は b–、d–[l–]、g–、ŋ– のほかの子音と直接連続し、ゼロ声母のときは声門閉鎖音を先行させる。ʔŋ²⁴ 黄。そして無声無気音 p–、t–、ts–、k– などと連続するとき、弱いわたり母音 [ə] を介入させるという。

方 pˀŋ⁵⁵、膩 tsˀŋ²⁴、光 kˀŋ⁵⁵。

21)　游汝傑は、「南北朝以降、北方方言を単一の方言区とする概念が明確になり、南宋の時代には漢語方言の大まかな地理的枠組の基礎は形成され、のちには大きい変化はなかった。すなわち北方に北方方言、江浙に呉語、江西に贛語、福建に閩語、湖南に湘語、広東に粵語、広西に平話の前身があり、客家語は主に関西、贛南と粵北に散らばっていた」と考える。そして、「呉語、湘語、粵語、贛語、平話の直接の源は、古代北方漢語に相違なく、直接古漢語から分化したものだ。呉語から閩語と徽語が分化し、贛語から客家語が分かれた」と考える。各方言の相互関係と原始漢語の関係を樹形図で示しうるとして、つぎの図をあげている（上掲註10)『漢語方言学導論』)。

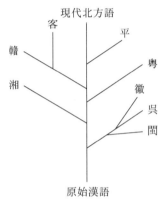

［大方言の形成と原始漢語との関係（游汝傑)]

22)　詳しくは述べられないが、たとえば客家方言では無声無気音が対応し、閩方言では無声出気音が対応する例がある。

　鄭張尚芳によると、贛、閩、粵方言に属する少数の下位方言で、中古漢語の全濁声母が保存されている。贛方言の北部数個所で全濁音がある。武寧　白 ba²²（並）、桃 dau¹¹（定）、狂 guaŋ¹¹（群）。閩方言の蒼南蛮話では、一部で有声音を残している。肥 bai²（並）、虫 doŋ²（澄）、汗 ga⁶（匣）。そして、粵方言の連山では、全濁平声調は、bɦ–、dɦ–、仄声調は pɦ–、tɦ– となり、去声では p–、t– になる。一方中古の幫母端母は ʔb–、ʔd– をとるから特異な形態を示している。また入声の末尾音も –k、–t ではなく –g、–d であり、十は zod⁸～zob⁸ のように –d、–b の両読現象も認められるという。

　連山の南の陽山粵語には、陽調を濁音あるいは清音濁流に発音する現象がある。甜 den²（平）、盤 bon²（平）、弟 tɦai⁴（上）、共 kɦoŋ⁶（去）、大 tɦai⁶（去）。陽山では、幫と端は p– と t– なので、その対立関係は連山よりはっきりしている。董 ʔduŋ³³（端）≠通 thuŋ⁵³（透）≠同 tuŋ³²（定平）洞 tuŋ³²（定去）の関係を"三級分法"と呼んでいる（鄭張尚芳「贛、閩、粵語里古全浊声母今読浊音的方言」『呉語和閩語的比較研究』上海教育出版社、上海、1995)。

23）『明解日本語アクセント辞典』金田一春彦監修、三省堂、東京、1973 版による。

24）　声調発生論には多数の論文が発表されているが、西田龍雄「声調の発生と言語の変化」『月刊言語』8 巻 11 号（大修館書店、東京、1979）、「東アジアにおける声調言語の発展」月刊言語創刊 15 周年記念総合特集『日本語の古層』16 巻 7 号、（大修館書店、東京、1987）、および郭錦桴『漢語声調語調闡要与探索』（北京語言学院出版社、北京、1993）を参照されたい。

J. A. Matisoff, Jiburish Revisited: Tonal splits and heterogenesis in Burma-Naxi-Lolo Checked Syllables, *Acta Orientalia*, Copenhagen, 1992.

Dai Ginqxia, An Observation on the Genesis and Development of Tibeto-Burman Tones, 『国立民族学博物館研究報告』17 巻 4 号、国立民族学博物館、大阪、1992。

［補註］　本書を書いたあと、商代の甲骨文を受け継いだ西周の甲骨文も出土していることを知った。1954 年に山西省洪趙県ではじめて発見されて以来、現在までに 4 個所で出土している。当初は甚だ少数の残片にすぎなかったが、1977 年 8 月になって陝西省扶風、岐山両県にある周原の遺址で卜甲 1 万六千七百余片に及ぶ大量の周代甲骨が出土した。亀の腹甲を使ったものである。その後 1979 年にも同一遺址から卜骨二百数片などが出てきたが、多くは砕けていて、長い文で三十余字、短いものは 10 字程度しかない。周の文王の時代から昭王・穆王の時代に及び、占卜に関係しないものも含まれるという。

　（何九盈、胡双宝、張猛主編『中国漢字文化大観』北京大学出版社、北京、1995、および王宇信『西周甲骨探論』中国社会科学出版社、北京、1984、による）

タイ語系の言語とその系統

第1節

タ イ 語 系 統 論

　東南アジア地域では、その歴史の複雑さを反映して、違った種類の言葉が数多く、しかも入り乱れて話されている。親縁関係の有無からそれらの言葉を系統づけると、数個のグループにまとまるが、とくに山岳地帯では村落ごとに言葉が違っていて、互いに通じないところも多い。

　東南アジアに定着した民族が話す言葉のほとんどは、漢語と同じように動詞や名詞に、人称とか時制とかを表現するための、いわゆる活用曲用といった屈折形式をもたないために、それらの言語を比較してそれぞれの系統をさぐる場合、語彙の形式と語構成の手順に重点を置いて、仕事を進めざるをえない。

　タイ語系とビルマ語系の言語群は、第一に語順がSVO型とSOV型で対立するほかに、一見してそれとわかるほど、それぞれ特有の語彙形式をもっている。それに比べると程度は落ちるが、モン・クメール系言語でも、同じ系統の言語は語彙の多くの部分に同源形式を保っている。そして、この三つの言語群は、たとえばつぎにあげる代表的な単語に見られるように、語彙の形式で、はっきりと弁別できるのである。

[東南アジア諸言語の単語形式]

	タイ語	ビルマ語	クメール語	マライ語
身体	tua	kou	kluən	badan
口	pàag	khadwin:	moə̌t	mulut
手	myy	le?	day	tangan
足	khǎa	chei–dau?	cəəŋ	kaki

　仮に、このような特徴的な固有の語彙形式をもつ言語群が、いくつか同じ地域に分布することを前提にすると、いま系統のわからない言語Aがあって、それ

がX系統に属する言語Bと共通した語彙を一部にもつとともに、他の一部でY系統の言語Cと同源と考えうる語彙を同じ程度にもつ場合、その言語Aを「混合語」(a mixed language) と呼びたくなる。オーストリアの民族学者W. シュミット (Schmidt) も、フランスの言語学者H. マスペロ (Maspéro) もこの混合語という用語を使った。[1] シュミットはチャム語を、マスペロはベトナム語を、一つの混合言語であると考えていた。それにもかかわらず、それらの言語をどれかの系統に分類する必要が出た場合には、シュミットはチャム語をモン・クメール語族（オーストロネシア語との混合語として）に、マスペロはベトナム語をタイ語群（モン・クメール語と未知の言語との混合語として）に帰属させている。

　理屈からいくと、言語の系統というからには、混合とはいっても、もとをたどればどちらか一つが基盤であったと考えるべきであるから、実際には混合した起源をもつ言語は存在しないといえる。現実には多くの言語は何らかの割合で、他の言語の語彙を混入していることが多く、とくに東南アジアの言語のように、相互の接触がはげしかったと推測できる場合、言語間の影響は予想以上に大きかったに違いがないと思われるから、混合語は多数ありうる。またマスペロは、ベトナム語に声調があることを重要視したけれども、声調体系が言語の発展過程で成立していくことが証明された現在では、声調体系の有無自体が、当該言語を起源的に特徴づけるもっとも重要な要因とはならない。重要なのは、同じような環境で、同じような条件の下に、声調体系が成立したということの証明である。

　もし言語Aの語彙が、言語Bと言語Cに、同じ程度に同源語をもつと考えられるのなら、言語A、B、Cがともに共通の祖形をもつ同じ一つの語族のメンバーである可能性もあり、また、基礎的な語彙を含む部分がもとの祖形から伝承したものであって、そのほかの部分が別の何らかの言語から借用した形である可能性も十分に考えられるのである。[2]

　チャム語は、いまではオーストロネシア語族に属し、ベトナム語はオーストロアジア語族（モン・クメール語を包含する言語族）に所属させられている。

　ベトナム・カンボジア地域に住む山地民の言語分布は極めて複雑であり、近年またとくに移動がはげしくなっていると推測できるが、主流を占めるのは、やはりオーストロアジア（南亜）語系の諸言語である。この言語群の研究は、最近は著しく進展していて、たとえば『モン・クメール語研究』という論集が1994年までにXXIII巻が刊行されている。また『オーストロアジア語研究』I、II巻は

1976年にハワイ大学で開かれたシンポジウムの記録であって、重要な論文が収められている。

　アメリカの言語学者ダイアン教授は、オーストロネシア語の *q が h に変わるのは、西方のインドネシア語支（ジャワとスマトラ）に特有の現象であると述べた。[3]

　この基準から見ると、チャム語も h- で対応するから、そのグループに属することがわかる。

　この祖形の *q は、ビルマの南のマグイ島にいる漁民サルン族の言語では、k として保存されている。ずっと以前に、著者もマグイ島の漁村で、このサルン語を数時間調査したことがある。まとまったものではないが、少し資料をもっている。海辺で、サルンの人が網をつくろいながら、私の質問に答えてくれた記憶がまだはっきりと残っている。そのときは気がつかなかったが、こうして同系言語と比較してみると、このサルン語が非常に保守的な形式をもった言語であることがわかる。一方、フィリピンのスル族の言語は、つぎの語彙比較表から見ると、*q の痕跡をまったく残していない言語であることもわかる。

[オーストロネシア語 *q の対応]

	サルン語	マライ語	チャム語	ス ル 語
肝臓	katai	hati	hatai	atai
黒い	ketam	hitam	hitam	itam
血	dalak	darah	darah	rara

　スル語には、18 世紀に中国人が記録した面白い言語資料がある。『蘇祿譯語』という名がついていて、スル語と漢語が対訳になった単語集である。そこではスル語はアラビア文字で表記され、その発音が漢字で示されている。上記の単語は、つぎの形をもっている。[4]

	漢字表音	再 構 形	現代スル語
肝臓	阿獣	atai	atai
黒い	（青、伊篤姆	itum）	itam
血	拉拉	rara	rara

　「黒い」にあたる単語は集録されていないが、他の二つの単語は、この資料から、18 世紀にすでに現代スル語形と同じく祖形 *q の反映形を失った形になって

いたことが判明する。

1. タイ語とインドネシア語同系論

タイ語がインドネシア語（オーストロネシア語族の下位語群）と系統上密接な関係
をもっているのではないかという考えは、古くはドイツのA. コンラディ（Con-
rady）や、1940年代ではデンマークのK. ヴルフ（Wulff）によって提唱された。[5]
ヴルフの書物『マライ・ポリネシア語とインドシナ語の関係について』（1942刊）

図2-1 ベネディクトの「タイ語・カダイ語・インドネシア語」

Benedict, p., 'Thai, Kadai, and Indonesian: A new alignment in Southeastern Asia', *American Anthropologist*（1942）より。

は、没後遺稿として出版されたものであるが、そこでは漢語をも含めた大きい言語群が構想されている。

たまたまその書物が刊行された同じ年に、もともと精神科の医師であるアメリカのベネディクト（Paul Benedict）が「タイ語・カダイ語・インドネシア語——東南アジアにおける新しい系譜関係」という一文を発表して、タイ語とインドネシア語の間に、はっきりとした系譜関係が成り立つと強く主張した。[6]

このような説が出てくる消極的な原因は、タイ語と漢語の間の親縁関係が、十分証明されていない事情にあったと思われる。

ベネディクトは、タイ語を、従来その親縁関係が信じられていた漢語やシナ・チベット語族から切り離して、所属が決定されていないトンキン地方のラクワ語（Laqua）とラティ語（Lati）、南中国のケラオ語（Kelao）、それにタイ語系に属する海南島のリー語（黎 Li）をまとめて、新たにカダイ語と呼び、それを介して原タイ語と原インドネシア語を結びつけ、全体が一つの言語複合体をなすと主張するのである。ベネディクトは、この見方から東南アジアの言語系統図を書き改めようとした。[7]　この意見は言い換えると、東南アジアに一つの大言語族があって、その中に原タイ語群と原インドネシア語群があり、その両方を連結するのが、ラクワ、ラティ、ケラオ、リーの諸言語からなるカダイ語群であるということになる。

カダイ語群と呼ばれる言語は、タイ語的な構造を示しながら、一方でタイ語と対応しない語彙を含んでいる点で一括されている。

ベネディクトがこの論文を発表した 1942 年には、まだ貴州省に分布するタイ系言語、マーク・スイ語（Mak-Sui）はわかっていなかったが、南中国にいるチュワン族（Chuang）の言語（現在の広西壮族自治区に分布）や、ディオイ語（Dioi）（貴州省で話される、のちの布依語）の存在はわかっていた。しかし、ベネディクトは、それらの言語について具体的な形をまったくあげていない。

この論文は巧みに書かれていて、読めばタイ語とインドネシア語がいかにも親戚であるかのような印象を強く受けて、類似点が事実のごく一部にすぎないことを忘れさせてしまうのである。

確かにベネディクトの研究は、第一に、黎語に対する研究、南黎語と北黎語の比較、黎語とタイ語の比較など、限定された範囲内ではあるが、タイ語系言語の比較研究に大きい寄与をなしている。そして第二に、タイ語とインドネシア語の

類似点も、一部を明らかにした点で一つの寄与であった。中国南部地域にインドネシア的文化遺産があることは、発掘によって証明されつつある。しかし第三に、今度は難点として、黎語はともかくとして、宣教師が調査した少数の語彙のほかはほとんど知られないラティ語やラクワ語、ケラオ語といった言語を一まとめにするのは適当ではなく、これにカダイ語群という名称を与えるのも、早計であるように思える。事実、ラティ、ラクワ、ケラオ語の系統は、その時点では、ほとんど何も証明されていなかった。したがって、タイ・カダイ・インドネシア語と統括するベネディクトの仮説は、まだまだ説得力が足りないといえた。[8]

2. ラティ語、ラクワ語、ケラオ語

　ベネディクトの説は、タイ語と漢語は系統的には無関係であり、両者が類似するのは、特定の分野の語彙をタイ語が漢語から借用したためであるという見方にたっている。したがって、この説を斥けるには、少なくとも、新しく提唱されたカダイ語群はまったく架空の言語群であって、実際にはその存在は認めにくいこと、また、タイ語と漢語は、本当は同系統の言語であり、タイ語とインドネシア語の類似の方が、同一の祖形からの伝承形とは考え難いことの二点を証明しなければならない。

　ここでいうカダイ語群に属する四つの言語は、いずれも単音節で、声調言語であり、タイ語やインドネシア語と同じように SVO 型言語で、目的語が述語動詞のあとに置かれる。また修飾語（A）が被修飾語（N）のあとにくる典型的な NA 型言語であるらしい。

　しかし、ラティ語、ラクワ語、ケラオ語の基本的な言語事実、音韻体系や母音の数などについても、現在の段階でもはっきりとした事情が依然として判明していない。今世紀のはじめに、宣教師が発表した資料以後に、まとまった言語調査はなされていない。その中で、ケラオ語は中国では仡佬語と書かれ、貴州省、雲南省、広西壮族自治区に分布する仡佬族 2 万 4800 余人（1974 年調査）の中、その話手は 6000 余人に限られ、数カ村のみで話されるが、方言差は大きいと報告されている。[9]

　仡佬族は早くから貴州省にいた土着の民族で、古くは僚と称し、西漢時代の夜郎族の主要部族の一つであったと考えられている。

仡佬語は漢蔵語族の一つであると認められているものの、納得できる所属はまだ決定されていない。

古い資料によると、ラティ語とケラオ語には、たぶん接頭辞と考えられる m-、a-（ラティ語）や bu-（ケラオ語）をもつ形式が多く、むしろチベット・ビルマ系言語の形態に似ている印象を与える。たとえば、つぎの諸例は起源的に全くかかわりがないと否定できない。[10]

[ラティ語とビルマ文語語彙対照]

	ラティ語	ビルマ文語		ラティ語	ビルマ文語
天	m-bo	mou^2＜$mɯ^2$	水	i	rei＜riy
地	m-ti	$mrei$＜mriy	雞	ka	$krak$
牛	m-ni	$nwaa^2$	身体	kó	kou＜kɯ
猫	m-go	$krɔng$	鼻	ňá	$hnaa$
象	m-so	$chang$	黒い	ňă	nak
髪	a-sa	$cham$			

このラティ語形そのものが不正確な形ではあるが、あるいはこの言語の基層をなす形式がビルマ語系の言語であるかも知れない。[11]

またラクワ語の数詞は、特別に面白い構成法をとっているように思える。

[ラクワ語数詞の構成]

五	七	八	九
mö	mö tău（5＋2）	mö dü（5＋3）	mö ðiă（5＋4）

（ラティ語、ラクワ語は原資料の表記にしたがうが、正確な発音はわからない）

これが正しい形を伝えているとすると、この数詞の構成法はインドネシア語やタイ語とはつながらずに、クメール語に見られる五進法構成に似てくるのである。

元代初年に作られた『眞臘風土記』という書物が残っている。[12] これはその著者周達観が現在のカンボジア地域を歩き、自身で経験した事情、当時の市の状況とか王室、風土、人情などを記録したもので、全体が総叙と 40 節に分けられている。その中には言語の項目もあって、

　　国中語言自成、音声雖近、而占城暹人、皆不通話説 ——「国には独自の言語があって、発音は似ているが、占婆人や暹羅人とは話が通じない」

と言い、そのあとに、まず数詞が記録されている。

　　一爲梅、二爲別、三爲卑、四爲般、五爲孛藍、六爲孛藍梅、七爲孛藍別、
八爲孛藍卑、九爲孛藍般、十爲荅 ——「一は梅、二は別、三は卑、四は般、
五は孛藍、六は孛藍梅、七は孛藍別、八は孛藍卑、九は孛藍般、十は荅」

　六、七、八、九は、それぞれ五と一、五と二、五と三、五と四と表現されてい
る。この形を現代クメール語と対照させると、つぎのようになる。[13]

一	二	三	四	五	六	七	八	九	十
梅	別	卑	般	孛藍	孛藍梅	孛藍別	孛藍卑	孛藍般	荅
muəy	pii	bəy	buən	pram	pram-muəy	pram-pii	pram-bəy	pram-buən	dap
					(5+1)	(5+2)	(5+3)	(5+4)	

（なお現代クメール語の30以上の数詞はタイ語からの借用形を使う）

　ラクワ語のこの数詞の語形式自体はクメール語とは対応しないけれども、構成
法は類似するところから、ラクワ語はオーストロアジア系の言語ではないかと疑
うこともできた。しかしケラオ語やラティ語は、この構成法をとっていないし、
現在のラクワ（普標）語形からも、この構成法は想定しにくい。[14]

3.　リー（黎）語

　カダイ語としてベネディクトが一括する四種の言語は、相互の対応関係が一向
にはっきりしないのである。数詞に多少似かよった印象を与えるところがあるに
しても、それが同源であるとはとても証明できない。たとえば、さきにあげたラ
ティ語にあたる黎語の形を見てもそのことは明らかになる。

	［黎語　通什方言形］				［声調型］	
天	fa³	水	nam³		1 声	33 型
地	pho¹	雞	khai¹		3 声	55 型
牛	tui³（水牛）	身体	huun¹		5 声	51 型
猫	miiu⁵	鼻	khat⁷		6 声	14 型
象	—	黒い	dam³		7 声	55̂ 型
髪	dan⁵ go⁶					

もし、少なくとも黎語と同じ程度に、そのほかの三つの言語にも豊富な資料が整っていたならば、それらを一まとめにしてカダイ語群と呼ぶような意見はおそらく出てこなかったように思う。[15]

　黎語の現在の状況については、あとでもっと詳しく述べたいが、まずベネディクトの研究にふれておきたい。さきに述べたように、ベネディクトの黎語の研究、初頭音の比較は範囲が限られており、体系的なものとは思えないが、原初タイ語の考察に、一定の寄与をしている。サビーナ（Savina）が記録した「ダイ語（黎語）－フランス語辞典」（『極東学院紀要』31巻、所収）にもとづいて、ベネディクトはつぎの対応関係をあげた。[16]

	アーホム語	シャム語	トー語	黎　語
	r- ：	h- ：	th- ：	s-
石	rin	hǐn	thin	sien
虱	rau	hǎu	thau	sǎu
裂く	rak	hǎk	—	sǎk
運ぶ	rap	hap	thap	sap

　この関係を書き改めると、（1）のようになり各言語の系統樹的な特徴がわかる。

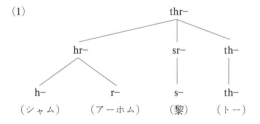

（1）

　また、次の対応例をあげている。

	シャム語	シャン語	カムティー語	南黎語	北黎語
土地	dǐn	lin	nin	dǎn、den	fan
骨	kǎduk	luk	nuk	drü'	füök
生の	dǐp	lip	nip	diep	fiep

　この関係を書き改めると、（2）のようになる。

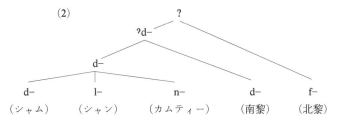

(2)

```
                                    ʔ
                              ʔd–
                    d–
       d–        l–        n–          d–        f–
     (シャム)   (シャン)  (カムティー)   (南黎)    (北黎)
```

　サビーナの記録した南黎語の実体はあまりはっきりしないけれども、その南黎語の d– が北黎語の f– に対応する事実は重要である。「土地」「骨」「生の」は、同源語であると考えてよいが、南黎語がシャム語などのグループと近い性格を示すのに対して、北黎語はそれらとはかけ離れた初頭音をもっている。

　この現象のみをもとにして考えてみると、南黎語は主流のタイ語と近い言語であり、北黎語の方は、早い時期に祖形から分離した言語ではないかと推測できる。黎語のタイ語群中の位置およびその扱いについては、本書175頁以降で述べる。いずれにしても、ベネディクトはカダイ語群を混合形として、基層にインドネシア語層があり、タイ語と似た部分は、その上に混入したものと見做している。

4. タイ語とインドネシア語

　ベネディクトは、タイ語と漢語が類似する単語をもつのは、数詞とくに三から十と百、それに身体部分の単語、動物の名前と文化語彙などに限定されていて、それらは両者の親縁関係を保証するものではないという。そして、タイ語は、インドネシア語と本当に基本的な対応関係を示していると主張して、30の単語の例をあげる。

　その中、若干の例を紹介する（現代シャム語形と現代黎語（通什方言）形は著者が補ったが、原インドネシア語（IN）形はそのまま引用した）。

	タイ語/現代シャム語	黎　語/通什方言	ラクワ語	原インドネシア語
日	wǎn/wan	ven/van[4]	vuon	*wariʻ
月	ʙlüǎn/dyan	ńan/n̦aan[1]	nen	*bulan
星	ɒau/daaw	? /raau[1]	?	*ha(ŋ)gʼaw（太陽）
水	nǎm/náam	nom〜nam/nam[3]	hŏng	*danum

鳥	nǒk/nóg	? /tat⁷	nuk	*manuk
火	vai/faj	pei～fei/fei¹	pǎi	*'apuy

もちろんこのような対照のみで、それぞれの形式が同源語であるとはとうてい認定できないが、ベネディクトは、それらをインドネシア語層に属する単語と考える。とくにいまあげた「月」や「星」にあらわれるタイ語の **B–** と **D–** は、インドネシア基層を代表する形であって、それと対立する b– と d– は、漢語の影響のもとに成立した音韻であるという（**B–** と **D–** については、あとで説明する）。

タイ語とインドネシア語の間には、両言語を性格づける基本的な言語類型上の相違がある。とくに音韻構造の面で、つぎの三つの際立った対立が認められる。

(1) 複音節語を基盤とするタイプ（IN）と単音節語を基盤とするタイプ（Thai）

(2) 無声調言語（IN）と声調言語（Thai）

(3) 音節初頭に無気音と出気音を弁別しないタイプ（IN）と弁別するタイプ（Thai）

この第三点は、フランスの言語学者オードリクールのように、タイ語の原初形態は、無気音と出気音を弁別しなかったが、後代にその弁別が生れたと想定することも可能である。もし、それが証明されるならば、この相違点は、タイ語群の内部で解消されることになる。しかし、実際には、その証明は難しいように、著者は考えている。

［出気音に対する二つの見方］

```
i)        t      古形          ii)   t  :  th  古形
        ╱   ╲                        ╲   ╱
     t   :   th  分裂                  t      統合
```

ベネディクトは、タイ語は本来複音節タイプであったが、のちに単音節タイプに移行したと想定する。もっとも典型的な例に「目」と「死ぬ」がある。[17]

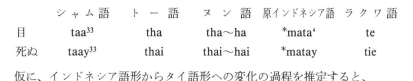

	シャム語	トー語	ヌン語	原インドネシア語	ラクワ語
目	taa³³	tha	tha～ha	*mata'	te
死ぬ	taay³³	thai	thai～hai	*matay	tie

仮に、インドネシア語形からタイ語形への変化の過程を推定すると、

	原インドネシア語					ラクワ語
目	*mata'	>	*m–ta	>	taa（シャム語）	>	te
		>	(*m–)tha	>	tha～ha（トー・ヌン語）		
死ぬ	*matay	>	*m–tay	>	taay（シャム語）	>	tie
		>	(*m–)thay–>thai～hai（トー・ヌン語）				

のようになって、その移行は接頭要素が縮約消失したことにあり、それにともなって接頭辞につづく無気音が、特定の言語では、二次的な出気音を生み出したと説明することも可能である。

　ここであげたヌン語やトー語と同じく、壮語の一方言である武鳴土語では、現代語形では「目」はra、「死ぬ」はraiであるが、武鳴土語を表記した字喃（変形漢字）系文字で書き表わされた資料を見ると「目」は眵、「死ぬ」は宛となっていて、その文字の表音要素として、出気音の他thaと台thaiがそれぞれ使われている。したがって、武鳴土語でも「目」と「死ぬ」は古くは歯茎閉鎖無声出気音をもったthaおよびthaiであって、その形からraおよびraiに変化したことが判明する。しかし、この事実から、th-自体がr-に変わった可能性と同じくらいに、その祖形が*thra、*thraiであった可能性も十分に考えられ、また、あとで述べるように新しいタイ系言語の発見によって、従来推定していたta「目」、tai「死ぬ」よりもずっと古い形を設定できる可能性が出てきたこととも関連してくるのである（144頁および174頁参照）。

　単語の基本形式が複音節から単音節に変わったのか、それとも逆に単音節から複音節になったのか、これにはいろいろの要因がはたらいたものと推定でき、どちらの方向を通ったのか容易に定め難い。また声調言語か無声調言語かの性格の相違が、単音節か複音節かの単語の基本形式の様式上の違いと密接に関連しているのである。

　ベネディクトの説明ではそれらの諸点はほとんど解決されてはいない。

　タイ語群、インドネシア語群、カダイ語群の三つに分散した中心地を、ベネディクトは南中国に置いた。原初インドネシア民族は、南中国の沿岸から、おそらく海南島を経て、北は台湾に、東はフィリピン、南はベトナム、ボルネオ、ジャワ、スマトラとマレー半島に移住した、と高い蓋然性をもって結論できるという。そして南ベトナムのチャム語や、マレー半島のマライ言語圏は、アジア大陸部への飛び石であると見做すべきで、インドネシア民族が島嶼部へと移住する出

発点ではなかったという。

　しかし、東南アジア地域は、複雑な歴史を反映して多種類の民族が分布し、その移動は頻繁で相互の接触混淆もはげしかったと推測できるから、オーストロネシア諸語、オーストロアジア諸語、タイ諸語の関係は、まだまだ簡単には解決できそうにない。

　近年、海南島で回族が話す回輝語が調査され、その系統問題が検討されるなかで、東南アジアの言語系統論は新たな展開を見せている。[18] 複音節から単音節へ、無声調から有声調へといった言語構造の大きい転換がはたして起こりうるのか。この問題は、言語の歴史と類型転換という重要な課題とかかわって、大きい研究対象となりつつある（211頁以降、付記参照）。

第2節

タイ系言語の歴史と分布

1. インドシナ半島の諸民族

インドシナ半島の主要な民族の歴史とその言語について、つぎに概観してみたい。[19]

インド文化の影響が最初にインドシナ半島に及んだのがいつのことかはわからないが、西暦1世紀頃、半島の中央部と南部の地域に、インド文化を十分吸収したオーストロネシア（南島）語族に属する言語の話手とオーストロアジア（南亜）語族の言語の話手がいたことは確かである。歴史にもっとも早く登場したのは、東の地区にいたオーストロネシア語族のチャム族であった。チャム族は西暦2世紀の終わり頃、メコンデルタの東側を領有する林邑国を建て、占婆と呼ばれていた。そこでは今日のチャム語の古い形態をもった言語が話されていたものと考えられる。オーストロネシア語族の言語の話手は島嶼部に広く分布していて、西はアフリカの東にあるマダガスカル島から、東は南太平洋のポリネシア諸島に及んでいる。それらの言語と系統的につながる主要言語がインドシナ半島の一端で話されていたのである。[20] そして、同系統の言語を話した民族が当時、チャム族の周辺に居住していたであろうことは十分推測できる。今日、ベトナムとカンボジアに分布するジャライ語（15万人）、ラデ語（8万人）、チュル語（1万5000人）、ライ語（1万人）はいずれもチャム語と同じ西部インドネシア諸語チャム語系として分類される言語で、それらの話手は、いずれも林邑国の構成員であったのであろう。

西暦1世紀頃からインドシナ半島でサンスクリット碑文が数多く作られたが、インド系文字を借用して考案されたチャム文字で書かれた、4世紀のチャム語の碑文も現存している。おそらくインドシナ半島居住民族の中で、もっとも早い時

代に、自分の言語を自分の文字で記録したのは、チャム族であったろう。

　一方、最後まで大陸部を離れなかったオーストロアジア族は、クメール族とモン族が主体で、半島の西側にいたが、3世紀に扶南国ができ、7世紀には扶南の属国の一つであった眞臘が扶南にかわって眞臘国を建設した。扶南がはたして何民族の国であったかを決める確証に欠けるが、眞臘はクメール族の国家であり、その国語はさきに数詞に関して例示したように、クメール語であったことは確実である。

　当時のクメール語は、いまのカンボジア語よりもはるかに広い範囲、メコン河のデルタ地帯、コラート高原とメナム河の一角にわたる地域で話されていたと推定できる。眞臘国も多くの碑文を残しているが、最古の碑文には、611年の年代がついている。

　クメール族の西にはモン族がいて、唐代になると、メナム河流域と下ビルマで、モン王国を建てた。その国語はモン語であって、その言語も現在なお生きつづけている。その頃のモン語は、現代モン語の分布地よりずっと広い地域、イラワディ河のデルタ地帯のほかメナム河流域の大部分で話されていた。そして西のモン語と東のクメール語の間に、両言語を結ぶ数多くのオーストロアジア語族のモン・クメール語派に属する言語が現在なお飛び石的に分布していて、インドシナ半島で話されているのである。

　モン王国の北辺には、イラワディ河とシッタン河の流域を領有した驃国があった。ピュー族はチベット・ビルマ系の民族で、かなり早い時期に南下して独立王国を建てた。ピュー語は現代ビルマ語が話される地域とほぼ同じ地域に分布したが、10世紀から11世紀にかけて北から侵入したビルマ族の攻撃によって、ピュー王国もモン王国とともに滅亡し、ピュー語は全く話手を失う結果になる。インド系文字を改変したピュー文字によるピュー語の記録は、11世紀のミャゼディ碑文をはじめ数点残っているが、極めて読みにくいこともあって、まだ全部は解読されていない。[21]

　チャム族の北には、もともと中国南部に分布した南越族がいて、南進をつづけ南部諸民族と混血するとともに、低地ではベトナム族に、山岳地ではムオン族になり、それぞれベトナム語とムオン語を話すようになった。

　高度に中国化した越南は、968年に中国の支配権を脱して、独立国大瞿越（大越国）を建てた。

10世紀以降のインドシナ半島は、西部ではイラワディ河流域を南下したビルマ族によって、中央部ではメナム河を南進したシャム族とメコン河流域を南下したラオス族によって、東部では海岸地域を南進したベトナム族によって主要地域が占有されていた。それぞれの民族語が国語として採用されるにしたがって、もともと中央部と南部に分布していたモン語とクメール語、それにチャム語はその通用範囲を著しく縮小したと考えられる。

　13世紀になって、タイ系諸民族が南下して独立国家を建設し終えるに及んで、大きな民族移動もやみ、インドシナ半島の諸民族は、ほぼ現在の位置に定着する。

　ここでは、そのような全体像を背景として、タイ系言語の歴史と分布、そして相互の関係をさぐるのが主眼であるため、タイ系民族の動きに焦点をあてて、その経緯のあらましを述べてみたい。

2. タイ系民族の移動と定着

　13世紀に起こったモンゴル人の雲南大理国征服やチャンパ国制圧のための遠征は、インドシナ地域に大きい混乱を引き起こし、それまでの政治体制を一変させた。東のクメール族（眞臘）と西のビルマ族パガン王朝はその混乱によって国力をすっかり消耗したため、かわって中国南部諸地域から随時南進していたタイ系民族に主導権が移り、新興国家を誕生させる結果になった。シャム族がクメール族支配から離れて、メナム河流域に強力な国家スコータイ王国を建てたのは、1220年であった。スコータイ王朝三代の王ラーマカムヘング王は、1283年にクメール文字をもとにタイ文字（スコータイ文字と呼ばれる）を創作した。1292年に、有名なラーマカムヘング王碑文を作り、そのスコータイ文字を使って自国の言語シャム語をはじめて記録した。

　この碑文の言語についてはあとで述べるが、「吾が父の名は、シュリ・インドラディトヤ」に始まり、「川には魚がおり、田には稲が実る」というよく知られる一節に代表される文章で、スコータイ時代のすばらしさを謳っている。この碑文のあと、多量の碑文がスコータイ時代に作られているため、当時のスコータイ語はかなり詳しく知ることができる。13世紀のタイ語には、のちのタイ語形と相違するところや、正確な意味がなおわからない単語も含まれている。

スコータイ王朝は、1世紀あまり繁栄したのち、その南方のメナム河下流域とマレー半島の主要部分を領有したタイ族の新興勢力であったアユタヤによって、1350年に併合され、スコータイ王朝はその属国となって、そこにアユタヤ王国が生れるのである。1337年になると国王は世子を中国に派遣して朝貢したから、明の太祖は「暹羅国王」の印を与えた。「暹」とはもともとは、占婆や眞臘の資料に出てくるタイ語の一般名称「シャーム」を音写した中国名で、そこではスコータイ王国を指した。「羅」とはアユタヤの名称、羅斛のはじめの文字にあたり、その両方を合わせて国号を暹羅斛と称したが、以降それを簡略にして暹羅といった。この国名は、1939年6月に泰国に改めるまで、ずっと使われている。

アユタヤ王国の言語もいろいろの碑文に記録され残っているが、中国で編纂された暹羅語と漢語の対訳単語集と文例集『暹羅館譯語』がもっとも有用な資料である。それには現在二種類の内容の違ったテキストがある。ともに暹羅館が創設

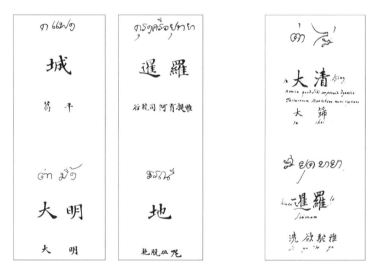

図2-2 『礼部会同四譯館本』と『四譯館本』

(左)『礼部会同四譯館暹羅譯語』(今西春秋旧蔵本)。「大明」taa¹ ming²「ta miŋ」大明 ── '大'も'明'も漢語の音写。「暹羅」kruŋšriiayudhyaa「kruŋsiiayuthiya」谷龍司阿育提雅 ── 現代シャム語/kruŋ sïï ʔajúdthajaa/(吉祥なる無敵城)にあたる。

(右)四譯館『暹羅館譯語』(パリ国民図書館本。漢語の発音とフランス語訳が書き込まれている)。「大清」taa¹ sai¹「taa¹ šai」大籫 ── '大'は漢語の音写、'清'は意訳している。現代シャム語 saï/sǎj/(清い、澄んだ)にあたる。「暹羅」sii yuḍḍyaa「siiyuʔthɔya」洗欲駝雅 ── 現代シャム語/sïï ʔajúdthajaa/にあたる。

された萬暦7年 (1579) 以後に編纂されたものに違いないが、その一つは明代の作であり、他の一つは清朝のものであることが実証できる。『礼部会同四譯館暹羅譯語』(今西本) と『礼部譯字書』(ケンブリッジ本) と書かれているテキストの方が古く、これらは明代16世紀末に作られた単語集を会同館で書写したものらしい。[22]　一方いわゆる乙種本として、パリ国民図書館本やアジア協会本として知られる他の譯語とセットとなって入っている『暹羅館譯語』は、清朝の四譯館で編纂された単語集である (総称して『四譯館本』と呼ぶ)。上記二つの『四譯館本』の内容はほぼ一致しているが、ただアジア協会本には地理門に「大明」という項目があるのに対して、パリ国民図書館本ではそれにあたるところが「大清」となっている。[23]　この改訂は注目すべきであろう。

　日本の東洋文庫に所蔵される東洋文庫本華夷譯語の中の『暹羅館譯語』は、「大明」の方に属する。

　この『礼部会同四譯館本』と『四譯館本』の二つの単語集に記録された暹羅語は、ともにアユタヤ王国の言語を伝えていると比定したいが、どうしたわけか双方の間でかなり相違しているのである。

　まず第一に、若干の文字の字形が違っている。たとえばsとlにあたる字形が違う上に、『四譯館本暹羅譯語』では「大明本」も「大清本」もともにrの文字を一切使わずに、すべてlで表記する。また『礼部会同四譯館本』と『四譯館本』で綴字が一致しない上に、現代シャム語の標準的な綴字とも相違している単語が少なくない。たとえば、

	『礼部会同四譯館本』	『四譯館本』	現代シャム語
米	qhau² saar	khau² saan	khaaw² saar
	「khau saan」	「khau saan」	/khâaw² săan/
龍	mang kɔɔr	mang kɔɔn	mang kor
	「maŋ kaan」	「mang kaan」	/maŋ kɔɔn/

（「　」の中は、著者が表音漢字から復元した当時の発音を示している）

に代表されるように、『礼部会同四譯館暹羅譯語』では、音節末尾にrがよく使われている。現代シャム語で末尾を-nで綴る単語、スコータイ碑文でも-nで表記されている単語にも、漢字の表音では-nであるけれども、タイ文字の綴字面では-rが使われている。

	『礼部会同四譯館暹羅譯語』		スコータイ碑文	現代シャム語
車	kiər	檢「kiən」	kwiən	kwian/kwian/
園	sɔɔr	酸「suən」	swan	swan/sǔan/
橋	ta'baar	搭板「tabaan」	sabaan	sa'baan/saphaan/

（檢、酸、搭板はそれぞれの表音漢字を示す）

　現代シャム語では入声音節（-p、-t、-k に終わる音節）の声調は、自動的に決定されるのでとくに符号をつけない（122～125 頁参照）。ところが『礼部会同四譯館暹羅譯語』では、入声音節にも声調符号が与えられていて大へん面白い。そこからアユタヤ時代 16 世紀のシャム語の声調体系をさぐることが可能になる。この『暹羅譯語』については、あとでまたふれることにする（127 頁以降参照）。

　さて、1296 年になると、アユタヤ王国の北にランナータイ王国（百万稲田のタイ国）が建てられた。この王国は、はじめチェンライを本拠地としたが、のちにその南に新しい都チェンマイ（新城）を作り、そこを首都として発展させた。中国ではこの王国を八百媳婦国と呼んでいる。『明史』列伝によると、その長に 800 人の妻があり、各々 1 寨を領有したところから、この名前をつけたという。

　1311 年に創始者が没し、その継承権をめぐって争いが起こって、チェンマイ・ランプーンの平野部とチェンライを中心とする高地部の二つに分裂するが、まもなくメコン河上流のチェンセンのセンプー王によって統一される。このチェンマイ王国は、その後ビルマの支配下に入るが、1900 年に暹羅に併合される。

　このランナータイ語は八百語と呼ばれ、16 世紀に中国で編纂された記録があって、八百語と漢語の対訳単語集と文例が一対になった『八百館譯語』として残っている。語彙の数が豊富で有用な資料である。[24] 八百語は、八百文字と呼んでいる独特の字形で書かれていて、その字形は、現在チェンマイ周辺でなお使われているチェンマイ文字とは違い、むしろ大明の『礼部会同四譯館暹羅譯語』の文字に近い印象を与える。現在のチェンマイ文字はいつ頃から使われたのか詳らかではないが、雲南省の西双版納傣族自治州で使われた古い傣文字に近似する同系統の文字である。しかし、言葉としては、現代チェンマイ語は八百語から直接に伝承したものと考えて差し支えがないように思える。両者を結びつけると、たとえば、[25]

図 2-3 『八百館譯語』

右は雑字（単語集）、左は来文（文例集）で、文字は左（図面の上）から右（下）へ横書きされている。

	（表音漢字）	八　百　語	現代チェンマイ方言
頭	路	hrəu² 「hruu」	/hǔa/
笑う	開路	grai hrəu 「khai hruu」	/khāi hǔa/
耳	路	hruu 「hruu」	/hǔu/

の対応を示すが、これを16世紀の hr- から現代語の h- に至る変化としてとらえることができる。また、

	（表音漢字）	八　百　語	現代チェンマイ方言
恐れる	顧六	kluə¹ 「kluə」	/kǔə/
塩	格勒	kliə 「klö」	/kǐə/
帽子	谷六	klup 「klup」	/kúp/（わら帽子）
真中	扛	klaaŋ 「kaaŋ」	/kǎaŋ/
近い	該	klai² 「kai」	/kāi/

の対応例にもとづいて、16世紀の八百語では、二重子音 kl- の -l- は、脱落するかあるいは無声音化する傾向にあったが、狭母音の前では保存されていたことが

表音漢字からわかる。その形を現代チェンマイ方言形と比べると、現代語では、その変化はさらに進んで、狭母音の前でも -l- はすべて消失するに至っているといえるのである。

　八百語の特徴については、あとでまたふれたい。

　アユタヤ王国が成立したのとほぼ同じ時期に、シャムの東北部、メコン河の流域にタイ系民族の新しい王国、ランチャーン王国（百万の象の国）が誕生した。1353 年のことである。これはラオス族の王国で、その後 1563 年にヴィエンチャンに遷都して、現在のラオスの祖先となった。ランチャーン王国のラオス語を記録した単語集『南掌譯語』もあって、ケンブリッジ大学図書館に所蔵されるウェード・コレクションに入っていたが、いまは残念ながら散佚してしまい行方がわからない。もしこの単語集が出てきたならば、16 世紀のヴィエンチャン周辺のラオス語の音韻体系を知ることが可能になり、同じ頃のアユタヤのタイ語（暹羅語）、チェンマイのランナータイ語（八百語）と比較でき、タイ語の歴史を考察する上で、極めて面白い結果をもたらすことになる。

3. シャン語、カムティー語、アーホム語の系統

　インドシナ半島のタイ系言語は、大きく三つのグループに大別できる。第一はいま述べたシャム語・ラオ語の系統であり、第二は、ビルマに分布するシャン語とその北方で話されるカムティー語と、アッサムの死語アーホム語の系統である。残る第三のグループは、ベトナムの東京高地に分布する白タイ語・黒タイ語の系統である。シャム語ではシャン族を thai dəəm「原タイ」あるいは thai jài「大きいタイ」と言い、白タイ族を thai nɔ́ɔj「小さいタイ」と呼んでいる。

　つぎにこの第二のグループの言語を取り上げてみよう。

　1287 年に、パガンに攻め入った元軍は、1044 年以来つづいたビルマ族の統一国家パガン王朝を潰滅させたが、それ以後、16 世紀の前半に、ビルマ族のトゥングー王朝によってビルマが再統一されるまでの二世紀半ほどは、各地を支配した群小の領主たちによって、ビルマは分割されていた。その時代の主な勢力は、アヴァを中心とする上ビルマのシャン族の集団と、ペグーを中心とする下ビルマのモン族の集団、それにトゥングーを中心とする東南部にいたビルマ族の集団であった。ビルマにおけるシャン族の初期の歴史は、はっきりとしないが、6 世紀

頃から雲南の西南部より漸次、ビルマに移動していたらしい。[26]

　パガン王朝の滅亡後、上ビルマはシャン族が実権を奪い、1312年にピンヤ（当時はパンヤと発音した）を都とし、1315年にはサガインに移って、北は現在のインドのマニプール州に及ぶ北ビルマの広い地域を支配した。1364年になると、アヴァに根拠を置いた、やはりシャン族の集団に実権が移り、上ビルマはアヴァ王朝が統治するようになる。北ビルマにいた諸種のシャン族は、一般大衆はシャン語で話をしたと推測できるが、文化的にはビルマ化され、ビルマ族の伝統にしたがい、ビルマ語で文章を書いていた。その頃の多くの碑文はビルマ語で刻まれている。

　やがて16世紀になって、アヴァ王朝は、内乱がきびしくなり、トゥングーで勢力をためたビルマ族の北上に屈して攻略されてしまう。

　現在シャン族は、カチン州とシャン州にいて、シャン語を話すが、詳しい方言調査がまだなされていないため、幾種類の方言があるのかさえも判明していない。16世紀のシャン語を記録した単語集と文例集からなる『百夷館譯語』がある。極めて有用な資料であるが、たぶん、雲南省の西南部から上ビルマにかけて

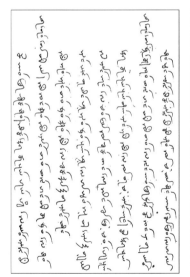

図2-4　『百夷館譯語』

右は雑字（単語集）、左は来文（文例集）で、文字は左（図面の上）から右（下）へ横書きされている。

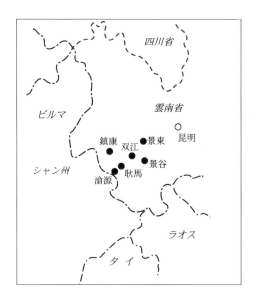

図2-5 雲南省西南部略図

通用する一つの共通シャン語を記録したのではないかと考えている。[27]

　ビルマのシャン語の延長は、現在雲南省の西南部にある徳宏傣族景頗族自治州と耿馬、双江、滄源、鎮康、景谷、景東などの諸県で話される傣語につながる。ありがたいことにそれらの徳宏傣語諸方言の17世紀の形態が記録されていて、諸種の訳語（単語集）の形で現存しているのである。[28] 永昌府属『耿馬譯語』『鎮康譯語』『猛卯譯語』『潞江譯語』『南甸譯語』『湾甸譯語』『芒市譯語』『猛連譯語』『干崖譯語』が知られている。いずれもシャン語の歴史をさぐる上で有益な資料である（114頁参照）。[29]

　カムティー族はもともと北ビルマのモガウンの地に小領国をもっていたシャン族で、18世紀の中頃に、ビルマのアロンバヤ王に潰滅されるが、その後イラワディ河を北上して、カムティーの地に定着した。カムティー語とシャン語は多くの同源語を共有していて、極めて近い。カムティー語の調査は遅れていて、最近までは1894年に刊行されたニーダムの『カムティー語文法簡志』のみであったが、[30] 近年、音韻論と語彙について簡単な言語学的報告が刊行されている。[31]

　カムティーよりさらに西にあるアッサムの地にまでタイ系民族は移住した。たぶん13世紀の初め頃から、漸次その地に渡ったものと思われる。アーホム族は、

数世紀後には、アッサム土着のボド系諸民族を征服して、アーホム王国を建設した。しかし、もともと仏教徒であったアーホム族は18世紀に、インドの強い影響を受けて、ヒンドゥ教に改宗して以来、急速に本来の文化と言語を失い、20世紀の初頭には、アーホム語の話手は少数になり、その後全く姿を消している。アーホム語はシャン語の古い形態を保存していて、その言語の消滅は大へん惜しい。アーホムの学者ボルアによって記録されたアーホム語語彙は重要な資料となっている。アーホム文字で書かれた文献も残っていて、ボルアが英訳をつけて刊行したが（1930）、その詳しい研究はまだ十分進展していない。[32]

	シャン語	カムティー語	アーホム語	傣語（徳宏芒市）	傣雅語 [33]
鶏	kai²	ˉkai	kai	kai⁵	kai⁵
遠い	kai¹	ˍkai	?	kai⁶	kai¹
古い	kau²	ˉkau	kāo	kau⁵	kau⁵
私	kau¹	ˍkau	kāo	kau⁶	kau¹
皮	naŋ¹	ˉnaŋ	nāng	laŋ¹	naŋ¹′
坐る	naŋ³	ˍnaŋ	nāng	laŋ⁶	naŋ³

相互の関係が非常に近いことがわかる。

4. 白タイ語・黒タイ語・赤タイ語

　ラオス族の居住地よりもさらに東に向かって、おそらく雲南省東南部から移動した一群のタイ族がいた。それが白タイ族、黒タイ族、赤タイ族と呼ばれる一群である。それらのタイ族は、衣服の色によって弁別するが、上述したようにシャム人が一括して「小タイ」と呼んでいることからわかるように、互いに親密な関係をもつ部族である。「小タイ族」は南下して、メコン河の東の流域と、ベトナムのトンキン高地北西部のソンコイ（紅河）とソンボー（黒河）の流域に定着した。その地帯には、現在の広西壮族自治州から南下した、また別のタイ系部族がいる。古くはトー（土）族、少し遅れて到着したヌン（儂）族がそれである。トー族もヌン族もいずれも壮語に属する方言を話していて、その言葉は、白タイ語、黒タイ語や中央部のシャム・ラオ系の言語、また西部のシャン系言語の話手にとっては、聞いても理解できないほど違っている。壮語に比べると、白タイ語と黒タイ語は、シャム・ラオ語の方にはるかに近いが（壮語とつながる重要な現象もある、

156頁参照）、白タイ語と黒タイ語の間にも、細かい点で規則的な差異が認められる（手許に赤タイ語の資料がないので、ここでは白タイと黒タイ語のみを対象にしておく）。[34]

　概観すると、白タイ語は、黒タイ語を簡単化した形式をもっている。たとえば黒タイ語にある二重母音 iə、ɨə、uə は白タイ語にはなく、それらは単母音化して、それぞれ黒タイ語の e、ə、o と合一して、白タイ語の e、ə、o にあたっている。

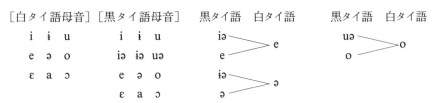

[白タイ語母音]　[黒タイ語母音]　　黒タイ語　白タイ語　　　黒タイ語　白タイ語

この変化は、西のシャン系言語にも同じようにあらわれていて、ちょうど黒タイ語における対立は、シャム語の対立と一致し、白タイ語に見られる合一は、シャン語（傣語）の統合と合致するのである。

	黒タイ語	白タイ語	シャム語	傣語（西双版納）
妻	miə⁴	me⁴	mia	me²
あひる	pet	pet²	pèd	pet⁷
聾の	nuəʔ	noʔ²	hǔunùag	hu¹-nok⁹
曇り	bot²	bot²	bòd	bot⁷

また、白タイ語では、末尾鼻音 -n、-m、-ng に終わる音節で狭母音と半狭母音が合一するという別の母音統合が起こっているが、これもシャン語に起こった変化と一致する現象である。

	黒タイ語	白タイ語	シャム語	傣語（西双版納）
足	tin¹	tin¹	tiin	tin¹
…である	pen¹	pin¹	pen	pin¹
塵	xun²	xun²	fùn	fun⁵
人間	kon⁴	kun⁴	khon	xun²

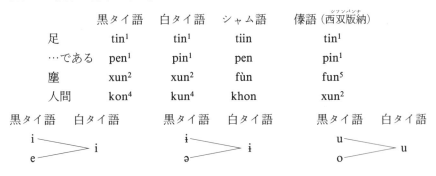

黒タイ語　白タイ語　　　黒タイ語　白タイ語　　　黒タイ語　白タイ語

タイ系言語が西と東で同じような変遷をたどっているのはおそらく偶然ではな
く、大へん面白い現象である。やはり同一系統の言語の変化には一定の方向があ
ると見てよいかも知れない。

5. 傣　語

　タイ系言語の性格を考える上で、基本になるいくつかの重要な現象がある。
-au と -ai の対立を保存するか否か、初頭音 ph- と f- の対立をもつか否かなど
は、もしその現象の等象線を画くとすれば、有力な区画決定線になる。黒タイ語
と白タイ語はともに、-au と -ai の対立を保存する。その点は、雲南省西南部の
徳宏の傣語と一致する。一方、ph- と f- の対立は白タイ語にはあるが、黒タイ
語では消失している。その言語では ph- は f- と合一してなくなる。kh- は x-
と、そして ch- は s- とそれぞれ統合されて、閉鎖出気音は th- のみが残って、
あとは全部摩擦音になっているのである。これも雲南省の一部の傣語がたどった

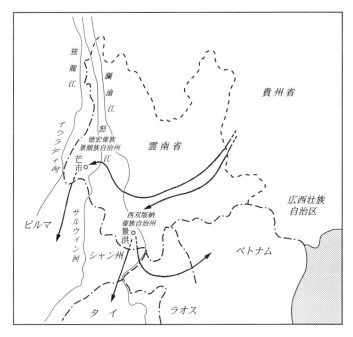

図2-6　傣族の移動推定図

変化と同じであるといえる。[35]

	黒タイ語	白タイ語	シャム語	徳宏傣語	西双版納傣語
野菜	fak^2	phak^2	phàg	phak^7	phak^7
天	faa^6	faa^6	fáa	fa^4	fa^4
新しい	maɯ	məɯ	mài	maɯ^5	maɯ^5
鶏	kai	kai	kài	kai^5	kai^5

　さきにビルマのシャン語の延長として、雲南西部の徳宏の傣語をあげたが、い
ま黒タイ語と白タイ語、そしてチェンマイ方言と直接につながる言語として、雲
南省南部に分布するシソンパンナ（西双版納）の傣語（タイ・ロ方言）をあげること
ができる。シソンパンナ（sip song ban na）とは12集落田の意味で、かつての封建
領主が支配した諸勐（くに）を継承した12の地区を指している。この地域には、

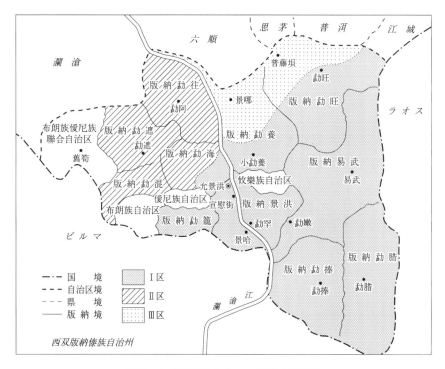

図2-7　西双版納タイ・ロ方言分布概略図

傅懋勣、刀世勳、童瑋、刀忠強「雲南省西双版納允景洪傣語的音位系統」『語言研究』1（科学
出版社、北京、1956）による。

元代以降土司制度が設けられ、中央政権が任命した軍里宣慰司（しゃりせんいし）を頂点に、その下にいくつかの勐（くに）があって、各々の勐には領主召勐（チャオ）がいた。それぞれの勐の国訛りが現在に受け継がれているのである。それらの言語は中国でよく調査されていて、その重要な特徴をもとに区分すると、三つの方言地区に分割できる。

　各地区の特徴はわかりやすく、例を見れば簡単に理解できるからつぎにあげておこう（図 2-7 参照）。

　景洪を代表とする I の地区では、b- と v-、d- と l-、ph- と f-、kw- と xw- はそれぞれ対立しており、kh- と x- は自由に交替する。

	I 区	（一部地区）	II 区	（一部地区）	III 区	（一部地区）
村	baan³	maan³	vaan³	baan	baan	vaan
罵る	da⁵	la⁵	la⁵		da⁵	la⁵
刀	pha⁴		pha⁴〜fa⁴	pha⁴	pha⁴	
天	fa⁴		pha⁴〜fa⁴	fa⁴	fa⁴	
入る／飯	xau³		xau³		xau³／khau³	
水牛	xwaai²		kaai²		xwaai²	
鹿	kwang¹		kaang¹		kwaang¹	

　勐遮（モンチョ）を中心とする II 区では、b- と v- は v- に、d- と l- は l- にそれぞれ統合され、ph- と f-、kh- と x- はそれぞれどちらでもよい自由変形になった。k- と kw-、x- と xw- の対立も見られない。

　景哪（チンナ）を中心とする III 区では、II 区と同じように b- と v- は v- に、d- と l- は l- に統合されるが、kh- と x-、ph- と f- の対立は保存されている。同じ III 区でも北方の景撣（チンタン）あたりでは I 区と同じように b- と d- は有声閉鎖音を保存している。

　例としてあげた単語対照表の中で、一部地区として示したように、限られた地域では別の形が出てくるが、総体的に見ると、II 区と III 区で、b- と d- がそれぞれ v- と l- に姿を変えたことが、b- と d- を保つ I 区とはっきりとした対立を示しているといえる。そして、I 区の一部で b- が v- とならずに、m- となる点も大きい特徴なのである。

　II 区の勐海（モンハイ）、勐遮（モンチョ）、景真（チンチェン）では、老年層と若年層の間で発音の違いがあって、老年層は、b- と v-、d- と l-、ph- と f- を弁別し、kw- と xw- をもつのに対して、若年層では b- と d- はなく、それぞれ v- と l- になり、また kw- と xw- はそれぞれに k- と x- で発音すると報告されている。西部の徳宏の傣語では、b-

は m- に、d- は n- に（そして n- と l- はどちらでも同じに）変わっていて、その現象がビルマのシャン州一帯に分布するいわゆるシャン系言語を特徴づける指標と考えられていた。Ⅰ区の一部では、b- が m- になってそれと並行する現象を示しているが、Ⅱ区とⅢ区の一部で、b- が m- とはならずに v- となるのは、シャン系言語のもつ変化の大勢とは別の方向をたどっていることになる。

6. タイ・ロ方言、タイ・ナ方言、タイ・ヤ方言

中国では、西双版納地区の傣語をタイ・ロ（傣仂 tai lɯ〜lɤ）方言と呼び、徳宏地区の傣語をタイ・ナ（傣哪 tai nă）方言と言っている。そのほか、タイ・ロ方言のⅠ区の北部、勐養（モンヤン）あたりとⅢ区の北、普藤垻（プートンパ）には、別の特徴をもった傣語が話されていて、それをタイ・ヤ（傣雅）方言と称している（図 2-7 参照）。

タイ・ロ方言は、Ⅰ区とⅢ区で b-、d- を保存し、Ⅲ区で kh- と x- を弁別するから、むしろ中央部のシャム・ラオ系言語の古い形態と通じている。したがって、雲南省の傣語を一括して扱うことは、タイ系言語の発展という観点から見ると、少し不合理がある。同じ部族がまず西双版納に定着し、そしてその一派が徳宏に移動したのか、それとも西双版納と徳宏にははじめから別の部族の流れがあったのか、いまの段階では不明で、今後検討する必要がある。

たぶん別個の流れであったと思える。

[タイ・ロ方言とタイ・ナ方言の C₁ V C₂]

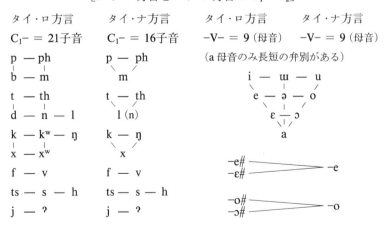

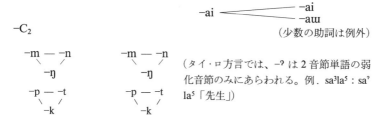

$-C_2$　　　　　　　　　　　　　　　　（少数の助詞は例外）

（タイ・ロ方言では、-ʔ は 2 音節単語の弱化音節のみにあらわれる。例．sa³la⁵ : saʔla⁵「先生」）

[声　調]

（声調型は 6 種あり、6 調 9 声(舒声調 6、促声調 3)である)

	タイ・ロ方言		タイ・ナ方言	
1 声	xa⁵⁵	足	xa³⁵	足
2 声	xa⁵¹	茅草（ちがや）	xa⁵⁵	茅草（ちがや）
3 声	ja¹³	草	ja³¹	草
4 声	fa¹¹	天	fa⁵³	天
5 声	xa³⁵	嫁	xa¹¹	嫁
6 声	xa³³	樹の枝	xa³³	樹の枝
7 声	mat⁵⁵	蚤	mat³⁵	蚤
8 声	kaat³⁵	市（いち）	kaat¹¹	市（いち）
9 声	mat³³	くくる	mat⁵³	くくる

（声調類はだいたい一致するが、実際の声調の型は違っている。タイ・ヤ方言については詳しい資料はない。[36] 基本的には、タイ・ロ、タイ・ナ方言と変わらないが、e と ɛ が弁別されず、-ai と -aɯ の対立があることはわかっている）

　もちろんこの二つの地域の傣語は、ずっと以前から区別され、明代では、車里（いまの景洪）には小百夷がもっとも多くいて、麓川（いまの徳宏）には、大百夷が主であったが、小百夷もいたと記録されている。清朝になると、大百夷を旱擺夷（カンバイイ）と呼び、小百夷を水擺夷（シュイバイイ）といった。近年は、大傣と小傣という名前で分けられているようである。徳宏自治州とそれから東南に向かって、西双版納自治州に至る間に介在する臨滄地区（リンツァン）と思茅地区（スマオ）には大傣族・小傣族がともに居住しており、ほかに思茅地区の普洱（プーアル）周辺には花擺夷（ホアバイイ）と呼ばれる部族がいるなど、実際には傣族はいろいろの呼称で区別されている。いずれも生活習慣や言葉などの表面的な差異にもとづいて弁別されているのである。[37]

7. 傣語の歴史的研究とその資料

　さて、16世紀に明代四夷館で編纂された『百夷館譯語』は、徳宏地区の傣族の共通語を記録したものであり、そのほかにもっと限定した地域で話された言葉の記録も、17世紀に行なわれていたことはさきに述べた。その中で、現在タイ・ロ方言の標準語と見做される景洪方言の17世紀の単語形式を集めた『車里譯語』（普洱府属）と、同時代の別のタイ方言を記録した『猛緬譯語』と『猛麻譯語』（ともに順寧府属）を取り上げてみよう。

　著者は、以前これらの資料を北京で見ることができた。いずれも収録する単語の数は多くはないが、調べてみると興味のある事実が記録されていて、17世紀の傣語を知る上で非常に重要な資料であることがわかってきた。このほかに、鎮沅府属の『僰夷譯語』（総計32枚）も現存するけれども、虫食いが後半とくにひどくて判読ができないため、資料として使いにくい。『車里譯語』も虫に食われたところが多いが、傣文字または表音漢字のいずれかがどうにか読みとれる。『猛緬譯語』と『猛麻譯語』は同じ内容の単語が収録されているのに対して、『車里譯語』はそれらとは内容が異なり、単語の配列順序も違っている。『車里譯語』の中で地名を記録したところに、漢語名普洱に猛緬をあてているから、『猛緬譯語』は普洱茶でよく知られる普洱（現在の思茅地区の中心地）で話された傣語を記載したものと見てよい。[38]

　まず『車里譯語』がタイ・ロ方言で、『猛緬譯語』と『猛麻譯語』がタイ・ナ系の方言であることを、それぞれ特有の異源語形式をもつ単語をもとに実証しよう。たとえば「雲」は現代タイ・ロ方言では fa^3、タイ・ナ方言では $mɔk^9$ である。各訳語は、その特有の形に該当する発音を記録しているのである。

	『車里譯語』 タイ・ロ方言			『猛緬譯語』		『猛麻譯語』	タイ・ナ方言
	車里文字・表音漢字			猛緬文字・表音漢字		猛麻文字・表音漢字	
雲	faa	発	fa^3	mwak	莫	mwak	慕	$mɔk^9$
肉	jiin	井	$tsin^4$	now	能	now	勒	$lə^4$
骨	ᴅuuk	度	duk^9	luk	露	luk	路	luk^7
寝台	dɛɛŋ	顚	$tɛn^6$	ku	故	ku	故	ku^5
黒い	ka (m)	幹	kam^5	lam	郎	lam	郎	lam^6
千	ban	版	pan^2	ring	幸	ring	杏	$heŋ^1$

極めて明瞭に対応するこの事実から、『車里譯語』は、タイ・ロ方言の古い形式を記録し、あとの二つの訳語は、タイ・ナ方言の遡った形を示していると見て誤りはない。

　タイ祖語には、軟口蓋閉鎖音 kh- と、ずっと口の奥の方で調音される口蓋垂閉鎖音 qh- の二つの系列があった。13 世紀にスコータイ文字が作られた際、後者の qh- を書き表わすために、kh- を変形した字形が考案されている。最古の資料、ラーマカムヘング王碑文で、この系列は、一部で混同されるが原則的に書き分けられる。またランナータイ語を記録した八百語でも、軟口蓋音と口蓋垂音は二つの字形で書き分けられ、古い弁別は、kh- と x- の発音で受け継がれている。百夷語も同じようにこの弁別を守っていて、文字面では一つの字形 kh- によって表記されるけれども、実際の発音では kh- と x- の対立があったことが、表音漢字の使い分けから、はっきりと読みとれる。たとえば二つ例をあげると、

百夷文字	表音漢字	推定音	意味	百夷文字	表音漢字	推定音	意味
khau	栲	「kh-」	米	khum	困	「kh-」	にがい
khwau	毫	「x-」	入る	khun	混	「x-」	毛

のように、この対立は非常に明瞭である。さきにあげた現代白タイ語でも、この弁別は kh- と x- として保存されるが、黒タイ語は、一つの単位 kh- に統合しているのである。[39]

	白タイ語	黒タイ語		白タイ語	黒タイ語
米	khaô³	khaô	にがい	khum	khôm
入る	xaô³	khaô	毛	xun	khôn

　このように、古い弁別をいまなお保持しているか、それとも合一して一つの単位になっているかが、それぞれの言葉を特徴づける指標の一つとなるが、後者の場合、可能ならばその合一がいつ起こったのか、その歴史をさぐりたいのが研究者の願いである。

　現代タイ・ロ（景洪）方言では、kh- と x- の対立は消滅していて、単一の x- になっている。ところが『車里譯語』を見ると、この古い対立が kh- と x- の形で記録されているのである。したがって、この方言では、kh- から x- への変化は、少なくとも 17 世紀より以降のある時点で起こったことになる。

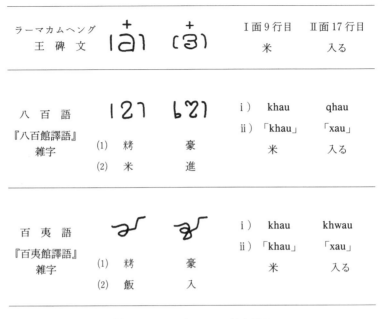

			Ⅰ面9行目	Ⅱ面17行目
ラーマカムヘング 王 碑 文			米	入る
八 百 語 『八百館譯語』 雑字	(1) 烤 (2) 米	豪 進	ⅰ）khau ⅱ）「khau」 米	qhau 「xau」 入る
百 夷 語 『百夷館譯語』 雑字	(1) 烤 (2) 飯	豪 入	ⅰ）khau ⅱ）「khau」 米	khwau 「xau」 入る

図2-8 kh- と qh- の対立例Ⅰ

(1)は表音漢字、(2)は意味、ⅰ）は文字転写、ⅱ）は再構成音をそれぞれ表わす。

	車里文字	表音漢字	車 里 語	景洪方言
米	khau	考	「khau」 →	xau^3
入る	khau	毫	「xau」 →	xau^3
にがい	khom	控	「khum」 →	xum^1
右	khwa	化	「xwa」 →	xwa^1

　一方、この kh- と x- の対立は、『猛緬譯語』では、kh- 1単位になり、『猛麻譯語』では x- に合一しているから、それらの言葉では、kh- と x- の統合は、すでに17世紀以前に完了していたといえる。

	猛緬文字	表音漢字	猛緬語	猛麻文字	表音漢字	猛麻語	百夷語
米	khaw	靠	「khaw」	khau	好	「xau」	「khau」
歯	khiw	求	「khiu」	khiw	嗅	「xiu」	「xiu」
足	kha	卡	「kha」	kha	鰕	「xa」	「xa」

八 百 語 『八百館譯語』 雑字			i)	khom	qhon
			ii)	「khom」	「xon」
	(1) 困	混		にがい	毛
	(2) 苦	毛			

百 夷 語 『百夷館譯語』 雑字			i)	khum	khun
			ii)	「khum」	「xun」
	(1) 困	混		にがい	毛
	(2) 苦	毛			

現代シャム語			khǒm	khǒn
	にがい	毛	にがい	毛

図 2 − 9   kh− と qh− の対立例 II

(1)(2) i) ii) は図 2 − 8 と同様。

したがって、車里語をはじめとする傣語の変化をたどるとつぎのようになる。

	車里語＝景洪語	猛緬語	猛麻語	百夷語
13 世紀(?)	kh−：qh−	kh−：qh−	kh−：qh−	kh−：qh−
15 世紀	kh−：x−	kh−：x−	kh−：x−	kh−：x−
		∨	∨	
17 世紀	kh−：x−	kh−	x−	kh−：x−
	∨	⋮	│	∨
現 代	x−	?	x−(?)	x−

著者には、雲南省傣族の言語が相互にもつ細かい差異が、たとえば上述の kh−
：qh− の対立のように、進展変化していく過程の痕跡を、段階的に、地域的な分
布の上に残しているように考えられて、その詳細な調査報告の公表に大きな期待
をもっている。また歴史資料に記録された語形と現代方言が示す語形の分布との

間の移動も興味深いものがある。なお著者は、タイ系言語の大まかな変遷をつぎのように考えている。

［タイ語祖形1に属する諸言語変遷の概略（西田案）］

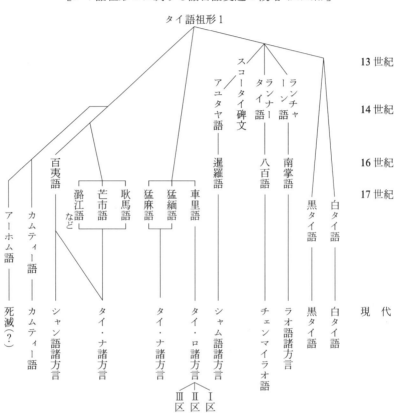

（百夷語は、雲南省西南部からビルマのシャン州にかけて分布した一種の共通書写語であった。シャン州の言語の現状はよく調査されていない）

1990年に紹介された傣拉語[40]については註記したが、その特徴的な変化はのちに述べる（本章、註122）参照）。

第3節

タイ系言語の比較研究と新言語の出現

1. タイ系言語の祖形について

　いままで述べてきたタイ系言語は、互いに近い親縁関係をもっていて、すべて同じ一つの祖形から来源していると想定してよく、言語間の関係を118頁の図のように示すことができると思う。

　このタイ語祖形1がSVO文型とNA型名詞句構造をもっていたことは、そこから発展した言語がすべてその形態をとっているところから、確かである。この句構造についてはあとで述べたいが、祖形1の中に含めた一群のタイ諸語の比較研究は、したがって主としていま述べたような単語形式の比較をもとにした音韻対応関係の追究を中心に進められてきたのである。

　タイ諸語の比較言語学的な研究は、フランスの東洋学者アンリ・マスペロによって始められた。マスペロは、1911年に当時ハノイにあったフランス極東学院の『紀要』(*Bulletin de l'école Française d'extrême orient*) に、17頁の、わりに短い論文「タイ諸語の音韻組織の研究に対する寄与」を発表した。[41] その頃すでに刊行されていた多量の語彙を含んだ単語集や辞典類などのまとまった資料をもつ七つのタイ系言語が、マスペロの比較の対象になった。具体的に言語名をあげると、シャム語、ラオス語、シャン語、黒タイ語、白タイ語、トー語 (壮語の一方言)、ディオイ語 (のちの布依語) とともにアーホム語を取り上げて、タイ諸語の系統づけと分類を、マスペロは試みたのである。

　一般的にいって、一つの言語群の成立には、その言語群に所属する諸言語の位置づけが前提となる。正しい適切な位置づけをするためには、各言語が示すそのほかの言語に対する特質が明らかにされなければならない。その目的のために、同系の諸言語との比較研究は欠かすことができない手続きである。言語間に一定

の対応関係の存在が判明して、はじめて特定の言語群が確実に成立することになる。

　祖形1から変形したと考えられる言語に限ると、タイ諸語相互の親近性は、日本語の主要方言間の関係ぐらいに見るのが常識であった。ところが、いまではタイ系言語の範囲がずっと拡大されたため、祖形1を越えると、その常識は通用しなくなるところが出てきたが、これについては、あとで述べる。

　さて、マスペロがタイ諸語の比較とその分類に使った基準は、三つあった。祖形1には四つの閉鎖音、たとえば両唇音の場合p、ph、bとʙ（半有声音）があったと推定できるが、それを各言語がどのような形で受け継いでいるのか、その反映形の性格が分類の一つの根拠となった。この第一の基準をもう少し具体的に説明すると、有声の閉鎖音b、d、gは、すべての言語で無声音に変化している。しかし、無気音p、t、kとなる言語群と出気音ph、th、khになる言語群に大きく分かれる。そのいずれに属するかが、分類のための重要な基準であると考えられた。

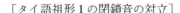

［タイ語祖形1の閉鎖音の対立］

（マスペロは、ここでʙ、ᴅとした単位を半有声音とし、別の記号で表記しているが、印刷の便宜を考えて、それをʙ、ᴅに替えた）

　第二の基準は、マスペロが半有声音とした単位、つまりここでʙとᴅで書き表わした単位が、有声閉鎖音b、dとなるか、それとも鼻音m、nとなるか（nは1となる言語もある）に置かれた。この二つの基準から、マスペロは、対象とした8種の言語（さらにカムティー語を入れると9種）を、つぎの3類に分類した。

　具体的な対応例は省略して、対応関係のみをʙで代表させて、別の形で示すと

以下のようになる（ただし、ディオイ語とトー語は除いた）。

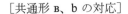
［共通形 **B**、**b** の対応］

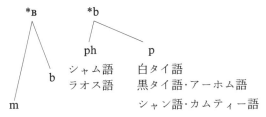

	シャム語	白タイ語
	ラオス語	黒タイ語・アーホム語
		シャン語・カムティー語

マスペロはまた、言語間の声調の対応関係も、その論文の中で提示した。

　研究が進展した現在からみると、マスペロの研究は初歩的な段階を代表するという位置づけになろうが、その論文はその後のタイ系言語の比較研究の出発点を示した意味で、大きい寄与であったといえる。

　タイ諸語の対応関係の設定が、わりに順調に進められたのは、言語間の関係が近いことのほかに、シャム語の綴字法がいわゆる歴史的な仮名遣いであって、古い発音を文字面に伝えていたからである。では、まずシャム語の綴字について説明する。

2. シャム語綴字法の価値

　標準的なシャム語は 21 の子音をもっている。これをシャム文字で書き表わす場合、実に 42 種類の字形が使われるのである。つまり、同じ一つの子音を書き表わすのに、平均して 2 種類の字形があることになる。実際には、無声の無気音 k–、c–、p– は、ただ一つの字形で書かれるが、出気音 ph– には三つ、th– には六つの字形がある。また音節初頭の ŋ–、n–、m– の鼻音には、それぞれ 2 種類の表記法がある。もっとも、任意にそれらの字形を選べるのではなく、単語によってどれを使うかが決まっている。換言すると、シャム語は、パーリ語、サンスクリット語、クメール語などからの借用語を特別な形で表記するほかに、シャム語本来の単語を、ある時代の形式を反映した歴史的綴字（仮名遣い）をもって書き表わすからである。

［21初頭子音］	［初頭子音結合］	［母音］	［末尾子音］

p	ph	b	m		pl	pr	phl	phr		i	y	u		−m	−p/b/
t	th	d	n			tr		thr		e	ə	o		−n	−t/d/
k	kh	ŋ			kl	kr	khl	khr		ɛ	a	ɔ		−ŋ	−k/g/
c	ch	s				kw		khw		ia	ya	ua			−ʔ
f	w	h												−j	−w
r	l	j	ʔ												

（長母音と短母音がある）

もしローマ字表記を採用すると、ずっと簡単になって、子音文字は21 でことが足りる。母音文字も9種類あればよい。

ところがローマ字化への動きが起こらないのは、いま普及しているシャム文字による表記法に十分な利点があるからにほかならない。シャム語の本質的な部分である声調の表記と、それは密接な関連をもっているのである。たとえば、ŋaan[33]「仕事」中平型に発音される形式には、ただ一つの表記法 ngaan しかない。ŋɔɔn[24]「とさか」上昇型にも、逐字的にローマ字に置き換えると hngɔɔn となる書き方が一つあるだけである。これは古い形式 h− を綴字面に保存しているのである。多くの単語は、その発音だけを聞いて、意味がわからなくとも、シャム文字で表記することができる。ところが、そうはできない単語が一方にある。

現代シャム語には声調が6声ある。これを表記するシャム文字の声調符号は4種類あって、それに符号をつけない無標記を加えると、全部で5種類あるわけだが、声調符号の中、二つは特別の借用語に限って使われるから、実際には、無標記と主な符号二つを使って、5種の声調（第六声はいわゆる入声音として除外できる）を表記分けしなければならないことになる。

初頭に無声無気音が来る音節では、1声は無標記、2声は符号1、3声は符号2を使い、借用語に限られる4声と5声はそれぞれ符号3と符号4をつけて書き表わす。

［現代シャム語の声調と声調符号の分配関係 (1)］（無声無気音）

［現代シャム語の声調6声］			［発音］	［綴字］	
1声	中平型	33	kan	kan	無標記
2声	低平型	11	kàn	kan	符号1
3声	高降型	41	kân	kan	符号2

4声	昇降型	354	kán	kan	符号3（借用語）
5声	上昇型	24	kǎn	kan	符号4（借用語）
6声	低平型	ʔ11	kàʔ	kàʔ	無標記

第六声は促声調であるが、促声調には第二声と同じ低平型の kàk [1̂1]、tàak [11] がある。それには声調符号は使わない。

これに対して、初頭音が無声出気音である音節の場合には、シャム文字の kh- と g- の両方が、声調符号と下表（2）のように分配されて使われるのである。したがって、出気音の場合には、声調符号3と4は要らない。単純な計算をすると、弁別しなければならない声調は、初頭音1（たとえば kh-）×声調5 ＝ 5種類であるのに対して、弁別できる表記は、文字2（kh- と g-）×符号3種（無標記と符号1と2）＝ 6種類あって、表記可能な手段の方が一つ余ってくる。その余りが、第三声調をとる音節に、2種類の表記が存在することになって、単語ごとにどちらの表記を使うのか、たとえば「挿む」には khan と符号2を、「切る」には gan/khan/ と符号1を使うというように、それぞれ記憶していなければならない。

現代シャム語の無声出気音、たとえば kh- には上述の祖形 *kh- と *qh-（115頁）のほかに二つの来源があって、本来の kh- を伝承している形と、もとの *g-、G- を kh- に変化させて伝承する形が合一している。[42] 本来の *kh- と *g-、G- がそれぞれ違った形で声調型を生み出したのであるが、その中の一つが同型（高降型）であったために、この結果がもたらされたのである。[43]

　　　　［現代シャム語の声調と声調符号の分配関係（2）］（無声出気音）
［現代シャム語の声調6声］　　［発音］　　［子音文字］　　［綴字］

1声	中平型	khan	g-	gan	無標記
2声	低平型	khàn	kh-	khan	符号1
3声	｛下降型 / 下降型	khân	｛g- / kh-	｛gan / khan	符号1 / 符号2
4声	上昇型	khǎn	kh-	khan	無標記
5声	昇降型	khán	g-	gan	符号2
6声	高平型	kháʔ	g-	gaʔ	無標記

促声調には上掲第六声のほか khat [khàt 1̂1]、khaat [khàat 11] の低平型と gaat [khâat 41] の高降型がある。いずれも声調符号は使われない。

現在使われているシャム語の綴字を、さきにあげた明代に編纂された『暹羅譯語』の綴字と比べてみると、かなり違ったところがある。

　たとえば、現代シャム語 khi² grang「松やに」に対して訳語では、〔gi¹ grang¹ 胭脂膠（松やに）渓咯郎「khi khəlaŋ」〕となっている。また訳語では、b− のかわりに bh− の文字がよく使われる。たとえば「肥える」は現在の bii/phii/ に対して、〔bhii　皮「phii」〕と書かれている（皮は表音漢字）。同じように「蜂」も bïng²/phŷŋ/ ではなくて、〔bhïng¹　朋「phïŋ」〕と表記される。この事実は、16世紀の暹羅語では、b− も bh− もともに ph− になり、g− から kh− への変化も完了していて、g−×符号 1、bh−×符号 1 と kh−×符号 2、ph−×符号 2 が、それぞれ現代シャム語と同じように、同じ型の声調（高降型）を表記していたことを実証する。

　綴字の面から当時の実際の形を推定できる例は、ほかにもある。

　『暹羅譯語』では −ai と −aï の文字がしばしば混用されている。

	訳語	表音漢字	現代シャム語		訳語	表音漢字	現代シャム語
火	vaï	淮	vai/fai/	樹	maï²	埋	mai²/mái/
葉	baï	派	baï/bai/				

　これは −aï 字形の誤用であるけれども、その誤用は、16 世紀の暹羅語では −aï はすでに −ai になっていた事実を背景にしていることがわかる。

　そのほか借用語の表記が現代シャム語の綴字と相違している場合が少なくない。

	『暹羅譯語』	表音漢字・再構形	現代シャム語綴字
命	ǰiiwitra	棲密「chiimit」	jiiwit/chiiwíd/
鼻	ta'muuk	達目「ta'muk」	camuuk/camùug/
海	ǰa'le	察里「chali」	da'le/thalee/
橋	ta'bhaar	塔板「ta'phan」	sa'phaan/saphaan/
因	hed	赫「het」	hetu/hèed/

　この『暹羅譯語』のもう一つの大きい特徴は、さきに述べたようにいわゆる −p、−t、−k、−ʔ に終わる入声音節にも、すべてではないが声調符号がつけられている点である。現代シャム語では、入声音節の声調型（促声調）は、初頭音の性格と母音の長短を条件として自動的に決定される。暹羅語でもおそらく同じよう

124　第 2 章　タイ語系の言語とその系統

に自動的に決まっていたと考えられるが、この訳語ではその型を声調符号を使ってはっきりと表記しているのである。したがって、その符号の使い方から16世紀当時の具体的な声調型を推定することが可能になる。

　ここで、16世紀暹羅語の声調型と声調符号の関係と、その段階から現代シャム語に至る移動についての著者の仮説を示しておきたい。

　まず暹羅語の声調型を、表音に使われた漢字（漢語）の声調から大きな特徴をさぐるとつぎのように推定できる。[44]

(1) 開音節 CVV#、CVC（ng）、CVVC（ng）で無標記のとき、初頭音 M（無声無気音系列）と L（有声無気音系列）から H（無声出気音系列）はすでに分離し、現代シャム語のように別の声調型を示していた。M と L は中平型で、H は上昇型であった。

(2) 有声無気の閉鎖音と破擦音は無声出気音に変化し、無声鼻音と有声鼻音などの対立「hn-：n-」、「hl-：l-」、「hr-：r-」、「hw-：w-」も解消して有声音に合一する代償として声調型の対立をもたらしていたため、声調符号は直接声調型を示さず、M と H を初頭にもつ音節と L を初頭にもつ音節の間で、声調符号と声調型の関係に異同が起こっていた。

(3) 閉音節　CVC（k）、CVVC（k）にも同じく MH 音節と L 音節の間で声調符号と声調型の関係に異同が起こっていたが、開音節の場合と同じではなかった。

　16世紀における暹羅語の声調体系はつぎの表のようであったと推定する。

[16世紀暹羅語 開音節の声調型と声調符号]

開音節	無標記	符号1	符号2
M (k- etc.)	中平型	低平型	下降型
H (kh- etc.)	上昇型	低平型	下降型
L (g-「kh-」etc.)	中平型	下降型	上昇型

[現代シャム語 開音節の声調型と声調符号]

開音節	無標記	符号1	符号2
M (k- etc.)	中平型	低平型	下降型
H (kh- etc.)	上昇型	低平型	下降型
L (g-「kh-」etc.)	中平型	下降型	昇降型

i）開音節で無標記の例

	暹羅語	表音漢字（声調）[45]	意味・再構形		現代シャム語
M	traa	搭拉 ta la（平・平）	印「ta raa」（中平）	:	/traa/
	pa’tuu	八都 pa tu（平・平）	門「pa tu」（中平）	:	/pratuu/
	kam jaan	干$_{姆}$嫣 kan$_{m}$ yan（平・平）	安息香「kam yaan」（中平）	:	/kamjaan/
H	khaai	凱 khai（上）	賣「khaai」（上昇）	:	/khǎaj/
	hwii	尾 wei（上）	梳「wii」（上昇）	:	/wǐi/
	thai	台 thai（上）	犁「thai」（上昇）	:	/thǎj/
L	ngaa	阿 ˙a（平）	牙「ŋaa」（中平）	:	/ŋaa/[46]
	gwən	寛 khuan（平）	煙「khwan」（中平）	:	/khwan/
	zaai	腮 sai（平）	沙「saai」（中平）	:	/saaj/
	dhaar	灘 than（平）	川「thaan」（中平）	:	/thaan/

主に漢語の平声と対照されるMとLに中平型を、上声と対照されるHに上昇型をそれぞれ推定する。（以下、左から暹羅語、表音漢字（声調）、意味・再構形：現代シャム語で示す）

ii）開音節で符号1をとる例

M	king^{1}	莖 kiŋ（平）	枝「kiŋ」（低平）	:	/kìŋ/
	paan^{1}	班 pan（平）	線「paan」（低平）	:	/pàan/（苧蔴（繊維））
	kɛɛng^{1}	羹 kəŋ（平）	灘「kɛɛŋ」（低平）	:	/kɛ̀ŋ/（礁岩）
H	haang^{1}	夯 haŋ（平）	踈「haaŋ」（低平）	:	/hàaŋ/（へだたる）
	kɛɛ^{1}	稭 kie（平）	老「kɛɛ」（低平）	:	/kɛ̀ɛ/（老いる）
	hñai^{1}	挨 ai（平）	大「ňai」（低平）	:	/jàj/
L	mɛɛ^{1} nam^{2}	麦南 mai–nan（去・如）	河「mai nam」（下降・上昇）	:	/mɛ̂ɛnáam/
	rɔɔng^{1}	浪 laŋ（去）	澗「rɔɔŋ」（下降）	:	/rɔ̂ŋ/（みぞ、濠）
	juəi^{1} dura’	脆 tshuei（去）図拉	扶弱「tshuəi thura」（下降）	:	/chûaj thuráʔ/dhura’（業務を助ける）

漢語の平声をあてるMとHには低平型を、去声が使われるLには下降型をそれぞれ推定できる。

iii）開音節で符号 2 をとる例

M　cau²　　　　照 tṣau（去）　　　王「tšau」（下降）　：/câaw/

　　ton²　　　　鈍 tun（去）　　　樹「ton」（下降）　：/tôn/（樹の幹）

　　ʔbaan² siï　辦事 pan ṣï　　　辦事「paan siï」　：（借用語）
　　　　　　　　　　　　（去・去）　　　　　（下降）

H　hɛɛng²　　　恨 hən（去）　　　乾「hɛɛŋ」（下降）　：/hêɛŋ/（かわく）

　　qhau²　　　 靠 khau（去）　　　米「qhau」（下降）　：/khâaw/

　　hnaa²　　　 那 na（去）　　　　面、前「naa」　：/nâa/（かお）
　　　　　　　　　　　　　　　　　　　（下降）

L　vaa²　　　　筏 fa（如）　　　　天「faa」（上昇）　：/fáa/

　　rung²　　　 茸 ruŋ（如）　　　虹「ruŋ」（上昇）　：/rúŋ/

　　jaang²　　　長 tṣhaŋ（如）　　象「tšhaaŋ」（上昇）　：/cháaŋ/

　漢語の去声で表音される M と H には下降型を、如声があたる L には上昇型を
それぞれ推定できる。

　また［暹羅語 lau²　酩「lau」（下降型）酒］が、現代シャム語 hlau²/lâw/ と合致
するような例は、この推定を支持することになる。

　つぎに閉音節の声調に移りたい。

　上記のように開音節では、M 群および H 群の初頭音では符号 1 は低平型、符
号 2 は下降型を示し、L 群を初頭音とする音節では符号 1 は下降型、符号 2 は上
昇型を指したと推定した。入声音節においてもこの原則に従って符号が使われて
いたと考えるべきであろう。そしていずれの符号も使われていない場合は、
MVC、HVC はもちろん LVC においても中平型声調をとっていたと推定する。

　概略つぎの表のように考えてみたい。

［16 世紀暹羅語　入声の声調型］　　　［現代シャム語　入声の声調型］

C_1	C_1VC	C_1VVC		C_1	C_1VC	C_1VVC
k– kh–	無標記 ［中平型］	符号 1 ［低平型］		k– kh–	無標記 ［低平型］	無標記 ［低平型］
g– 「kh–」	符号 2 ［昇降型］	符号 1 ［下降型］		g– /kh–/	無標記 ［高平型］	無標記 ［下降型］

iv）MVC で無表記の例 —— 中平型

暹羅語	表音漢字 (声調)	意味・再構形		現代シャム語
tok	督 tu（平）	落「tok」(中平)	:	/tòg/
tad	達 ta（平）	砍「tat」(中平)	:	/tàd/（切る）
tab	搭 ta（上）	肝「tap」(中平)	:	/tàb/
trud	奪 tuɔ（平）	春「tuot」(中平)	:	/trùd/（旧暦新年）

v）HVC で無表記の例 —— 中平型

phak	拍 phe（上）	菜「phak」(中平)	:	/phàg/
sad	撒 sa（上）	斗「sat」(中平)	:	/sàd/
hnak	納 na（去）	重「nak」(中平)	:	/nàg/

開音節の表音漢字は、本来入声であった文字が使われることが多いが、明代順天音の入声音配分の全貌が十分判明していないため、対音関係がはっきりしないところがあるが、一応中平型をもっていたと推定しておきたい。

HVC 音節でときに符号 1 あるいは符号 2 が与えられている場合がある。たとえば上掲の［sad　撒　斗］の無標記に対して、符号 2 をとる

$\qquad$ sak² kaʔ hlaad¹　薩葛喇 sa（上）　哆囉呢 : /ságkalàad/ 呢子（毛織物）

は上昇型であったと考えて差し支えがない。符号 2 はいわば特定の変調を指示したことになる。

また、

$\qquad$ phed¹　撒 phie（上）　辣「phet」(低平) : /phèd/（辛い）

の符号 1 は、低平型を示していた。

一般に末尾子音の -p、-t、-k は漢字で表音されないが、ときに布 pu（去）によって -p を明示することがある。

luuk heb	陸歇布 xie（上）-pu（去）	雹「hep」(低平) :	/lûughèb/
vaa² lɛɛb	筏玁布 lie（去）-pu（去）	雹「lɛɛp」(低平) :	/fáa lêɛb/

MVVC(k)、HVVC(k) にも無標記の例が少数ある。いずれも中平型であったと見ておきたいが、MVVC(k)¹、HVVC(k)¹ と機能的に弁別されていたとは考えにくい。おそらくその変種であろう。あるいは符号 1 を書き落としているのかも知れない。

paak	八 pa (平)	口「paak」(中平)	:	/pàag/
?daab	拉 la (上) [47]	刀「daap」(中平)	:	/dàab/
cɔɔk	酌 tʂiɔ (去)	盞「cɔɔk」(中平)	:	/cɔ̀ɔg/
hiib	翕 xi (平)	箱「hiip」(中平)	:	/hìib/

vi) MVVC(k)[1] と HVVC(k) はいずれも低平型

pɔɔd[1]	剝 pɔ (平)	肺「pɔɔt」(低平)	:	/pɔ̀ɔd/
kaab[1]	嘎姆 ka_m (平)	詩「kaam」(低平)	:	/kàab/ (賦)
cɔɔb[1]	爵 tʂiɔ (去)	鋤「cɔɔp」(低平)	:	/cɔ̀ɔb/
hmaak[1]	抹 muɔ (上)	檳榔「maak」(低平)	:	/màag/
qwəd[1] ?dɔɔk[1] maï[2]	瀾洛埋 khuɔ (去)	花瓶「khuət」(低平)	:	/khùad/
brɛɛ saat[1]	迫勒薩 sa (平)	雨毛緞「saat」(低平)	:	/sàad/ (はじく)

[hjaak[1]　鴉（平）　饑「jaak」] は、低平型であったと考えるべきであろうか。現代シャム語 /jâag/ に対応する。

LVC(k) 無標には、順天音の如声・上声・去声があてられ、圧倒的に去声が多く使われている LVC(k)[2] とは異なる印象を受ける。前者には中平型、後者には符号 2 が指示する上昇型を仮定する。

vii) LVC(k) で無表記の例

bhak ?dii	爬里 pha (如)	忠「phakdii」(中平)	:	/phágdii/
pɔ dad	哱塔 pɔ tha (上)	炮「pɔtha」(中平)	:	/prathád/ (爆竹)
blob	婆禄 phɔ (如) lu (去)	昏「phɔlup」(中平)	:	/phlób/

viii) LVC(k) で符号 2 をとる例

wad[2]	襪 wa (去)	寺「wat」(上昇)	:	/wád/
luk[2]	陸 lu (去)	起「luk」(上昇)	:	/lúg/
rab[2]	臘 la (去)	迎「rap」(上昇)	:	/ráb/

[jad　押（平）　滴「jat」] の例は中平型であって、現代シャム語の hjad/jàd/

に対応する（*Haas* hjaad/jàad（水滴、したたる））。［mĭk　墨　me（去）　墨（借用語）「me」（中平）］は現代シャム語 hmĭk/mỹg/ にあたり、［ʔok kai¹　屋該 ʔukai（平・平）　梁「ʔok kai」（中平・低平）］は現代シャム語 /ʔòg kàj/（はり）にあたる。中平型から低平型への変化が起こったと考えたい。

LVVC（k）¹には順天音去声字が圧倒的多く使われ、明らかに下降型であった。

ix）LVVC（k）で符号1をとる例

raak¹	蠟 la（去）	根「raak」（下降）：	/râag/
gɛɜb¹	克 khe（去）	窄「khɛɛp」（下降）：	/khɛ̂ɜb/
nɔɔk¹	諾 nuɔ（去）	外「nɔɔk」（下降）：	/nɔ̀ɔg/

このように推論すると、16世紀暹羅語の時代には、現代シャム語の声調型とは多少相違があったけれども、その声調体系はほぼできあがっていたと見て大きい誤りはない。

3. シャム語の発展

シャム語の歴史の研究は、まだ始まったばかりである。もっとも古い資料であるラーマカムヘン王碑文から現代シャム語に至るまでどのように発展したのか、その音韻史についてもよくわかっていない。[48] しかしつぎのことは、いまの段階でもほぼ確実にいえる。スコータイ文字を作ってシャム語をはじめて表記しようとした13世紀の終わり頃には、シャム語に、たとえば歯茎閉鎖音に、t–th–d–ɒ の四つの単位の対立があった。この ɒ の実際の音価についての議論はいまは避けておこう（136～137頁参照）。この四つの単位は、やがて d– が th– に変化し、ɒ– が d– になったために、少なくとも16世紀には、t–th–d の3単位が対立する形態に変わっていた。一方、ラーマカムヘン王碑文が刻まれたときには、声調符号1と2が使われており、その際には、符号はどの音節に対しても同じ声調型を示していたと考えるべきであるから、つぎのような発展があったと大まかに推定できる。

13世紀　声調符号1		14～15世紀　声調符号1
thaan¹［低平型］（炭）	⟶	thaan¹［低平型］（炭）
daan¹［低平型］（閣下）	⟶	thaan¹［下降型］（あなた）

13世紀には声調符号1はどの場合にも、低平型を示していたが、14〜15世紀になると、d-がth-に変わり声調型にも変化があらわれるにしたがって、声調符号1の表示する具体的な声調型が違ってきた。この現象は声調符号2についても、またg-からkh-へ、bからph-への変化についても同じように起こった。しかしその段階でシャム人は、全面的にシャム文字の使い方を変えたり、声調符号を改めたりせずに、歴史的な綴字として、古い使い方を保持して現在に至っている。

　この変化の推移についてはこれからいろいろの資料をもって、詳細に裏づけていかねばならない。

4. シャム語語彙の発展

　シャム語の語彙の発展についても、少しばかり述べることができる。

　シャム人は、12世紀頃から漸次クメール文化と接触し、クメール語のみならず、すでにクメール語に入っていたパーリ・サンスクリット語彙も同時に多量に借用した。これまでしばしば引用してきた16世紀の『暹羅譯語』にも、それらの借用語が数多く記録されている。なかには、ずっと古く漢語から借用した形を、クメール語形に置き換える現象もあらわれた。たとえば、いつ頃かわからないが漢語から一つのセットとして借り入れた十二支を、13世紀頃にはクメール語にすっかり入れ替えてしまった。しかし、シャム人がそれ以前に使ったであろう漢語の借用形は、[49] そのほかのタイ系言語、たとえば八百語や百夷語から推定することができる。[50]

	上古漢語—中古漢語	八　百　語	百　夷　語　B
		表音漢字・再構形	表音漢字・再構形
子	tsjəg → tsi	寨「cai」	招「caü」
丑	thnjôg → t̪hjəu	枹「pau」	包「pau」
寅	djən → jĕn	以「i」	以「i」
卯	mlôg → mau	毛「mau」	毛「mau」
辰	ɖjən → źjĕn	習「si」	細「si」
巳	dzjəg → zi	賽「sai」	搔「saü」
午	ŋo → ŋuo	瑣牙「sɔŋa」	細阿「siŋa」

未	mi̯wəd → mjwei	滅 「mie」	母 「mu」
申	śi̯ĕn → śi̯ĕn	三 「san」	散 「san」
酉	zi̯ôg → i̯əu	老 「lau」	好 「xau」
戌	? → si̯uĕt	謝 「sie」	蜜 「mi」
亥	ghəg → γâi	該 「kai」	藁 「kaü」

　シャム族は、おそらく八百語形に近い形を使っていたが、スコータイ碑文や16世紀の記録、いわゆる乙種本『暹羅館譯語』の雑字（大清本、パリ国民図書館本）ではすでに、つぎにあげるクメール語からの借用語を採用している。[51]

	暹 羅 語	表音漢字・再構形	現代シャム語	現代クメール語
子	jwad	搠 「šuot」	chuâd	cùut
丑	chaluu	綽魯 「chəlu」	chalŭu	chloov
寅	khaan	坎 「khaan」	khǎan	khaal
卯	thɔʔ	托 「thɔʔ」	thɔ̀ʔ	thɔh
辰	maloong	沒隴 「mərooŋ」	marooŋ	rɔ̀oŋ
巳	maseng	沒醒 「məšiŋ」	masěŋ	msaŋ
午	mamia	沒乜 「məmiə」	mamia	məmìi
未	mamɛɛ	沒麥 「məmɛɛ」	mamɛɛ	məmɛ̀ɛ
申	wɔɔk[1]	臥 「wɔɔк」	wôɔg	vɔ̀ɔk
酉	lakaa	邏噶 「lɔkaa」	rakaa	rəkaa
戌	co	左 「tsoo」	cɔɔ	cɔɔ
亥	kuuṇ	滾 「kun」	kun	kol

5. シャム語に入ったパーリ・サンスクリット —— 敬語表現の発達

　シャム人が書いたシャム語の文法書には、たいていはパーリ語とサンスクリットを識別する方法を述べた一章がある。その識別法はシャム文字の字形と関連するので、ここで字形を離れて説明できないが、要するにパーリ語やサンスクリットの表記にそれぞれ特有の字形と綴り方があるので、一見してそれがわかるのである。ここで述べたいのは、そのようなこととは別の二つの重要な事柄である。
　その一つは、シャム人がそれらの借用語を自国語のパターンに合わせて受け入れ、極めて簡略化している点である。たとえば kṣatriya 「王」は、もともとサン

スクリットであるが、綴字面ではその通り書くにもかかわらず、実際には kasàd と発音する。manuṣya「人間」も文字面では manusya と書くけれども、manúd と言う。いずれもシャム語の典型的な 2 音節単語の型にはめている。

　第二の点はもっと重要で面白い。シャム族は、クメール語やパーリ・サンスクリット語彙を普通に想像する以上に多量に借用したが、そのすべてをさきに述べた十二支のように本来の語彙を廃して、借用要素と入れ替えたのではなくて、一方で本来の自国の語彙を使いながら、他方で外来の語彙をそれと並存して使う方向にもっていった。つまり従来の語彙を普通語彙層として、その上にある範囲内で重なる雅語・敬語の上部語彙層を、借用語をもって作り出したのである。この敬語表現は、タイ王朝の封建制度の確立とともに十分に整備されていったのであろう。たとえば「名前」は、本来シャム語では jŷy と言った。これは漢語の字と同源であると考えられるが、それに対して借用語 naam は敬語「お名前」の役割を果たした。同じように「太陽」tawan に対する phraʔaathít、「月」dyan に対する phrácan、「目」taa に対する nêed のように、借用語形は身体の部分、事物の名称、基本的な動作を表現する敬語として生きてきた。phrá- は敬語を構成する接頭辞として名詞につけられ、とくに王様に関する表現に使われる。phránêed「（王様の）お目」、phráchon「おとし」、phráthaj「お心」。動詞には soŋ- が使われる。soŋmáa「（王様が）お馬にお乗り遊ばす」。

　これは、言語接触によって引き起こされた結果の一つの型として、大へん興味深い現象である。そしてシャム語は、13 世紀以降、ほかのタイ系言語からずっとかけ離れて大きく変貌していったのである。

6. ヴルフのタイ語比較研究

　さて、1911 年のマスペロの仕事をその後発展させたのは、デンマークの言語学者ヴルフ（K. Wulff）である。ヴルフの『漢語とタイ語 —— 比較言語学的研究』（1934）は、その表題から推測できるように、漢語とタイ語の同系関係を証明しようとしたものであったが、[52] そのための基盤として、タイ諸語の音韻対応と声調の対応関係を手堅く考察している。やはりマスペロと同じように、資料の豊富なシャム語、ラオス語、シャン語、アーホム語、黒タイ語とディオイ語を対象にしたが、そのほかにヌン語を加えている（各言語の分布地は図 2-1 を見られたい）。

その中で、ヴルフは、ヌン語とディオイ語を別扱いにした。実はこの二つの言語を中心とする言語群は、のちのタイ系言語の研究で重要な役割を果たしてくるのである。ヴルフが使ったヌン語の資料は、宣教師サヴィーナが収集した『フランス語–ヌン語–漢語語源辞典』であるが、[53] これは十分に信頼できる大部のもので、ヴルフはこの資料からヌン語の特徴をよくつかんでいたと思われる。当時は、ベトナムの北部で調査されたこのヌン語と呼ぶ言語は、少数の話手をもつ一小言語にすぎないと考えられていたが、実はそれは正に氷山の一角であった。ヌン語と同種の言語を話す人々がその北方地域、つまり中華人民共和国に 1500 万人以上もいたのである。いまではヌン（儂）語は、広西壮族自治区に広く分布する壮語の一つの方言として扱うべきである。壮語についてはのちに述べることにする（140 頁以下）。

　一方、ディオイ語と呼ぶ言語は、早くから宣教師エスキロールの編纂した『ディオイ語–フランス語辞典』によって知られ、[54] ヴルフもその資料を使っていた。ディオイ語もまたその背後にかなり大きい言語集団があった。貴州省に分布する布依語として知られる言語群がそれで、254 万人の話手がいる。エスキロールの辞典の序文を見ると、この言語を Dioi と表記するけれども、実際にはイオイと言うべきで、その初頭音をうまくローマ字表記できないから、D を使っておくと断わっている。布依族の自称は、方言によって多少違いがあるが、標準的な形は $pu^{4?}jui^4$（$pu^{4?}joi^4$ など）であって、この $?jui$ を Dioi と書き表わしたのである。しばらくは、慣例によってディオイ語と呼んでおく。

　ヴルフは、声調の対応関係をもとに、上記のタイ系諸言語を、（1）シャム・ラオス・シャン語、（2）黒タイ語、（3）ディオイ語の三組に分け、その中で、ディオイ語が古い体系をもっともよく伝承していると結論した。

　ヴルフの漢語とタイ語の比較研究は、よく対応例が集められていて、その書物はやはり研究史上の一つの時期を画した大きい功績であったといえる。

7.　タイ系諸言語の祖形の設定

　タイ系言語の研究が、このように主にフランスの宣教師の著作を活用して、仕事が進められていた段階から、1940 年代になって、新たな局面を迎えるようになった。アメリカでサピアのもとで言語学を学んだ中国の著名な言語学者、李方

桂が、戦時中貴州省で調査した、それまで知られなかったタイ系言語の報告を次々に発表しはじめたのである。李方桂は、まず1943年に『莫話記略』と題する80頁ほどの単行本を刊行した（のち1948年に、『歴史語言研究所集刊』18本に再録）。莫語を話す莫家族は、ごく少数の話手をもつ部族で、現在でも中国の少数民族の単位には加えられていない。李方桂の研究が日本の学会に紹介されたのは昭和24（1949）年頃で、お茶の水大学におられた賴惟勤教授が中国語学会で話されたのが最初である。[55] その書物は日本に一部しか入っていなかったために、国内で手書きされ謄写印刷にして配布されたことを憶えている。その頃、著者はまだ京都大学の言語学専攻の学生であったが、タイ語と漢語の比較研究も目標の一つであったから、この新しい言語集団の発表に大きな興味を覚えた。

李方桂は『莫話記略』の中で、つぎのようなタイ語の分類を提示している（ルビは著者）。

洞台（カムタイ）語系 ┌ 台（タイ）語 ── 仲家（ブイ）語、僮家（チュワン）語、擺夷（シャン）語、暹羅（シャム）語等
　　　　　　　　　　└ 洞水（カムスイ）語 ┌ 洞（カム）語　貴州の玉屛、天柱、錦屛、黎平、榕江の各県
　　　　　　　　　　　　　　　　　　　　├ 水（スイ）語　貴州の三都、榕江、從江、荔波の各県
　　　　　　　　　　　　　　　　　　　　├ 羊黄語　貴州の定番県
　　　　　　　　　　　　　　　　　　　　└ 莫家（マーク）語および錦（ティァム）語　貴州の荔波県、播堯郷など

つまり李方桂は、洞語（いまは侗語と書かれる）、莫語、水語などを洞水語（侗水語）と呼び、タイ系言語と対等の言語群と考えたのである。そして両者を総括するカム・タイ語系をたてた。この分類は、今日でもだいたい一般に支持されている。

李方桂は、この『莫話記略』以後、水語に関する数篇の論文、羊黄語に関する三篇、それに1977年に台湾で刊行された『水話研究』に至るまで、1940年代の調査結果を整理し、続けて発表した。

莫語には漢語からの借用語が多量に含まれているところから賴教授によって注目されたが、著者はタイ語諸言語を比較し、その祖形を考える目的から、マーク語・スイ語を既知のタイ諸語と比較して、その祖形の声調体系の設定を1954年に、音韻体系の設定を1955年にそれぞれ発表した。[56] この試みは、部分的に修正すべきところがあるにしても、基本点についてはいまでも変わらないと思う。

水語と侗語は、その後発見された広西壮族自治区の毛難（毛南）語（マオナン）、と仏佬語（プラオ）とともに、1956年に中国科学院語言研究所と中央民族学院（現在の中央民族大学）が

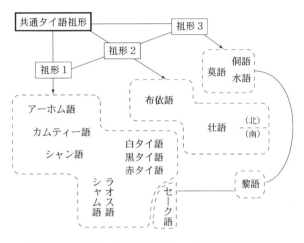

図 2 - 10　著者の構想する共通タイ語祖形発展概略図

合同して大規模な調査を行なったおかげで、いまではかなり詳細に、各言語の特徴と方言分布の状態が判明している。

　著者のタイ系言語についての構想では、上述の祖形 1 のほかに、布依語・壮語が構成する祖形 2 、それと侗水語・毛難語・仏佬語の祖形 3 と海南省の黎語、それにあとで述べるタイ国のセーク語が、共通タイ語から来源していると見たいのである。祖形 2 の壮語・布依語、祖形 3 の侗水語について述べる前に、李方桂のタイ語研究について、もう少し紹介し私見を述べておきたい。

8. 李方桂のタイ語研究

　李方桂は、『莫話記略』に先立って、1940 年に広西の龍州土語についての報告を刊行し、『莫話記略』を発表したあと、やはり広西の武鳴土語に関する報告を出している (1956)。[57] 龍州と武鳴の土語はいずれも、壮語の代表的な方言であって、解放後 1956 年に語言研究所と中央民族学院によって新しい調査がなされているが、全体のまとまった資料に乏しい段階では、李方桂の著作は極めて重要な報告であった。

　1940 年代の、李方桂をはじめとする中国の研究者による貴州省に住むタイ系部族の言語調査は、多くの事柄を明らかにした。従来未解決であった問題に、確

かな解答を与えたのもその一つである。本書でこれまで仮に、B と D によって書き表わしておいた単位の実際の音価はどのようであったかの問題は、1947 年までは未解決であった。この単位の発音は、それがのちに有声音になることと、それにもかかわらずこの B、D を初頭にもつ音節の声調は、すべての言語で無声音の声調と一致する、という二つの条件を満足させる性格を具えていなければならないことだけはわかっていた。さきに述べたように、マスペロはそれを半有声音と仮定した。ヴルフは B−、D− を有声無気音とし、それに対して、本来の有声音 b、d と考えている方を、有声出気音 bh−、dh− であったと推定する意見をもっていた。李方桂は、広西の壮語遷江方言などの形態から、B− と D− は実は声門閉鎖を先行させる有声閉鎖音 ʔb−、ʔd− であり、そのほかに ʔj− もあったという新しい解答を出した。[58] この解答は、前出する声門閉鎖音が無声音の声調をもたらしたことを解き、それにつづく b−、d− が有声音であるのは現在多くの言語で b−、d− にあたる単位が有声音である事実に根拠を与えることになる。

　古い時代にあった弁別に対して、現在生きている言語に伝承されてきた対立関係から確かな解答を発見したのである。研究の進展とはこのようなものであろう。

　李方桂は、そのほか天保（広西）、永淳（広西）、剝隘（雲南）などの地点で話されるタイ語を調査しているが、それらのタイ系言語を分類し系統づけるのに、音韻対応のみを基準にすることの危険性をあげ、音韻対応にかわって、単語形式による方言分類の試みを「語彙による分類 ── タイ諸語の場合」（1959）で提唱した。[59] その論文には侗水語群と黎語は含まれていないが、タイ語群に属する 20 の言語を対象に、1800 語の語彙の分布を調べたところ、全方言にわたって分布する単語は約 700 語あり、二、三の方言に散発的に見られる単語は約 500 語あるという。李方桂は、特定の限られた方言のみにある語形 200 語に注目して、その分布状況をもとにタイ系言語を三つの方言群、Ⅰ　西南部タイ語、Ⅱ　中央部タイ語、Ⅲ　北部タイ語に大別したのである（語形表記は李方桂による）。

[単 語 表 1]

（声調類）	数える D2	寒い A1	曇り A1	母方のおじ C1	虎 D1	怠惰な D1
タイ祖語	n–	hn–	kh–?	kh–?	k–	kl–
シャム語	nap	naau	—	—	—	—
ラオス語	nap	naau	—	—	—	—
黒タイ語	nap	naau	—	—	—	—
I　シャン語	nǎp	nau	—	—	—	—
タイ・ロ語	nǎp	nau	—	—	—	—
白タイ語	nǎp	nau	—	—	—	—
アーホム語	nǎp	nǎo	—	—	—	—
タイ語	—	—	kham	khu	—	—
トー語	—	—	kham	khu	—	—
II　ヌン語	—	—	kham	—	—	—
龍州土語	—	—	kham	khuu	—	—
天保	—	—	—	—	—	—
永淳	—	—	—	—	—	—
武鳴土語	—	—	—	—	kuk	klik
遷江	—	—	—	—	kuk	kik
冊亨	—	—	—	—	kuk	kik
III　凌雲	—	—	—	—	kuk	čik
西林	—	—	—	—	kuk	čik
田州	—	—	—	—	kuk	kik
剝隘	—	—	—	—	kuk	čik

［李方桂の三分類］

I
西南部タイ語
- シャム語
- ラオス語
- 黒タイ語
- シャン語
- タイ・ロ語
- 白タイ語
- アーホム語

II
中央部タイ語
- タイ語
- トー語
- ヌン語
- 龍州語
- 天保語
- 永淳語

III
北部タイ語
- 武鳴
- 遷江
- 冊亨
- 凌雲
- 西林
- 田州
- 剝隘

図 2 - 11　李方桂のタイ諸語分類案

Fang-kei Li, 'Clasification by Vocabulary: Tai dialects', *Anthropological Linguistics* 1,2 (1959)
より。

　この分類の基準になっている若干の例をあげると（A、B、C、D は平上去入のよ
うな声調類を示し、そのあとの数字は 1 型（陰）、2 型（陽）を意味する）、たとえば、「数
える」nap（D2）、「寒い」naau（A1）の形は、西南部のタイ語以外には見られず、
「曇り」kham（A1）、「母方のおじ」khu（C1）は、中央部タイ語にのみ、「虎」
kuk（D1）、「怠惰な」klik（D1）は Ⅲ の北部タイ語にしか分布しない。分布領域に
はっきりとした相違をもつこのような単語のほかに、「天」faa（C2）、「下」tai
（C1）のように Ⅰ 群と Ⅱ 群にまたがってあらわれるが、Ⅲ 群にはないといった、
もう少し広い範囲に分布領域をもつ単語がある。Ⅰ 群と Ⅱ 群にあらわれる単語の
数は、約 500 語、Ⅱ 群と Ⅲ 群にまたがる形は約 80 語、Ⅰ 群と Ⅲ 群にある単語は
約 100 語であるという。

語彙分布の調査は、資料の点からいってもかなり面倒な仕事であるけれども、強力な分類基準の一つであることは疑いえない。なかには語根は同じでも、初頭音とか母音の形が違うため、2 種の語幹を祖形に設定しなければならない場合がある。そして声調の対応関係が、同語幹形式か否かを判定する基準として大きな役割を果たすのである。たとえば「……である」を意味する形は、シャム語では khǎw pen khon thaj「彼はタイ人である」というように、Ⅰ群では pen［中平型］が使われる。それと同源の形はⅡ群の龍州土語で pin³¹、Ⅲ群の剝隘では pan⁵⁵ で、この三つの形は一見すると同語幹のように思えるけれども、Ⅰ群 (A1) とⅡ群 (A2) は声調の形が違っていて、後者はもともと有声音にはじまっていたことが立証されるから、Ⅰの地域の祖形には *pɛn (A1) を、Ⅱの地域には *bɛn (A2) を設定する必要が出てくるのである。

　同じように、動物に対する類別詞は、Ⅰ群のシャム語で máa tua nŷŋ「馬一頭」と言うように tua³³ が使われるが、それには、Ⅱ群の龍州土語の tuu³³ があたり、Ⅲ群の剝隘 tuu⁵⁵ も同じように使われる。しかしその声調からみると、Ⅰ群とⅡ群の祖形は *tua (A1) で無声初頭音をもつが、Ⅲ群は (A2) の声調をとり、その祖形は有声音にはじまる *dua であったことがわかる。

A1	（無声無気初頭音）	シャム語 33	龍州 33	剝隘 24
A2	（有声無気初頭音）	シャム語 33	龍州 31	剝隘 55

　タイ系言語の声調の対応関係は、多少の例外はあるにしても、ほぼ日本語の方言間に見られるアクセントの対応関係のように、はっきりとした規則性をもっているのである。

　李方桂は、1977 年になってそのタイ諸語研究を *A Handbook of Comparative Tai* (The University Press of Hawaii) の形で総括した。

9. 壮語と布依語

　現在中国の少数民族 55 の中で、タイ系の民族はつぎの 8 民族であって、人口からすると、漢民族につぐ大民族である壮族の約 1550 万人をはじめ、総数約 2324 万人がいる。この数字の中には、たとえば上にあげた莫家のような部族も包含されているのであるから、この 8 民族は行政的に分類されるタイ系民族の代

表であると考えるべきであろう（1990年人口統計表）。

[タイ系8民族と人口]

壮　族　1548万　　布依族　254万　　侗　族　251万　　傣　族　102万
黎　族　111万　　水　族　34.6万　　仏佬族　15.9万　　毛難族　7.2万

　その言語も多様である。傣族の言語についてはさきに述べたが、つぎに著者が
タイ祖形2から来源していると推測する二つの大言語、壮語と布依語について
述べてみたい。
　まず、広西壮族自治区に分布する壮語からはじめよう。

a. 壮　　語

　壮語の話手が現在1550万人ほどいることはすでに述べたが、その大部分は広
西壮族自治区に住む。そのほかに、雲南省文山壮族苗族自治州と広東省の連山壮
族瑶族自治県にもいる。壮族は地域によって独自の自称をもっていて、広西の中
部・西部・北部の一部では、pou⁴ ɕuuŋ⁶ または pou⁴ tsuuŋ⁶ と言い、広西の北部、
西北部、それに雲南の文山自治州の北では pu⁴ ʔjai⁴、文山自治州の南部では pu⁴
noŋ² と呼んでいる。[60] これらの自称に使われる pou⁴〜pu⁴ は、人の類別詞であ
って、シャム語の phu²/phûu/「ひと」と同源語である。この単語は漢語の「夫」
とも同源であると考えられる。また pu⁴ noŋ² は、いままでヌン族と呼ばれてい
た名称と通じ、広西右江地区の pu⁴ to³、左江地区の kɯn² tho² の自称（kɯn² は
「人」の意）は、壮語の一土語を従来トー語と呼んでいたことを理解させる。これ
らの種々の呼び名を越えた統一的な民族名として、いまは pou⁴ ɕuuŋ⁶ を採用し、
漢語名を壮族、言語名を壮語と言っている。壮語は南北二大方言に分割される。
北部の壮語は、広西壮族自治区の北方、貴州省に分布する布依語と共通した特徴
を多くもっている言語である。
　1955年に北部の武鳴土語を標準言語として、ラテン文字表記法を設定したが、
著者が1981年1月南寧と武鳴を訪れた際には、もはや幹部養成学校を除いては、
このラテン文字表記は使われてはおらず、壮文字による壮語の新聞も発行されて
いない状態で、壮語の表記よりもむしろ漢語を話すことを奨励していく方向に進
んでいるように印象づけられた。
　50年代に作られた僮語詞彙や僮語教科書は、ラテン文字による表記を普及さ

せるためのものであった。しかし、最近になって、壮語壮文字の使用が、またまた復活してきた模様である。一部では古い壮文字（変形漢字）表記もまだ活きている。

b. 布依語

布依語の自称はさきに述べたように pu⁴ ʔjui⁴ がもっとも多く使われるが、ほかに pu⁴ ʔjai³、pu⁴ ʔjoi⁴ などもある。この pu⁴ もいまあげた、人の類別詞であって、ユイ族の意味である。この自称が従来ディオイとして知られていたのである。

解放以前は、漢人は布依族を仲家、土家など呼んでいたが、解放後 1953 年に、以後、漢語名を布依とすることに決定した。

人口は 254 万人、主に貴州省の黔南布依族苗族自治州、安順専区、畢節専区、それに黔東南苗族侗族自治州に住んでいる。[61]

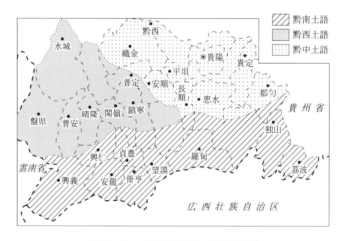

図 2－12　布依語土語の分布概略図

喩翠容編著『布依語簡志』（民族出版社、北京、1980）による。

c. 壮語・布依語の方言とその祖形

壮語の方言間の差異も布依語の方言差もかなり目立っている。中国の研究家は、壮語を南部方言と北部方言に大別する。1980 年に刊行された『壮語簡志』では、北部方言を七つの土語に、南部方言を五つの土語にそれぞれ再分類している。著者が南寧を訪れた際、この土語の分類法が南寧の研究家たちにそのまま受

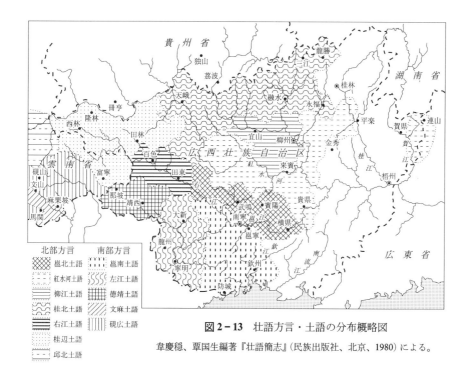

図 2-13　壮語方言・土語の分布概略図

韋慶穏、覃国生編著『壮語簡志』(民族出版社、北京、1980) による。

凡例:

北部方言
- 邕北土語
- 紅水河土語
- 柳江土語
- 桂北土語
- 右江土語
- 桂辺土語
- 邱北土語

南部方言
- 邕南土語
- 左江土語
- 徳靖土語
- 文麻土語
- 硯広土語

け入れられているわけではないことを知った。地元の研究家は、土語の分類に対
して別の意見をもっているのである。土語の詳しい分類は別にして、北部方言と
南部方言の相違点は、かなり明瞭な言語現象として取り上げることができる。

　たとえば、南部の方言には初頭に出気音があるが、北部方言にはそれがない。
この事実は両者を弁別する大きい差異である。[62]

	殺す	足	野菜	頭髪	到る
武鳴（北部）	ka^3	ka^1	plak^7	plom^1	taŋ^2
龍州（南部）	kha^3	kha^1	phjak^7	phjum^1	thəŋ^1

　北部方言につづいて、その北方に分布する布依語にも、表面的にはこれと同じ
ように見える初頭の位置で無気音と出気音が対立する現象がある。

　布依語は初期の調査段階では、四つの土語に分割されていたが、いまでは<ruby>黔<rt>きん</rt></ruby>
南、黔中、黔西の（黔というのは貴州省の意味で、したがって南部、中部、西部の）三
大地区に大別される（図2-12参照）。この中、黔南と黔中土語は、壮語北部方言

と同じく出気音をもたないが、黔西土語には初頭出気音 kh-、th-、ph-、tsh-、がある。例をあげれば、つぎのようになる。[63]

	歩 く	野 菜	泣 く	殺 す	九
黔南（望謨）	pjaai³	pjak⁷	tai³	ka³	ku³
黔中（貴筑）	pai³	pak⁷	tai³	ka³	ku³
黔西（普安）	phaai³	phak⁷	thai³	kha³	khəu³

　これらの単語に対応するシャム語形とシソンパンナ傣語形を調べてみると、出気音があたる場合と無気音があたる場合が出てきて、一概に、壮語北部方言と布依語黔南、黔中方言で、もともと出気音であったのが無気音化したと簡単に言えなくなる。

	殺 す	足	野 菜	頭 髪	到 る
シャム語	khǎa	khǎa	phàg	phǒm	thɣ̌ŋ
傣　語	xa³	xa¹	phak⁷	phum¹ho¹	thɯŋ¹

	九	泣 く	歩 く
シャム語	kâu	hâi	paj
傣　語	kau³	hai³	―

　「泣く」は、武鳴 tai³、龍州 hai³ で、この hai³ は thai³ から変化したと証明できるから、普安土語（黔西）の thai³ と一致する。ところが「目」は、武鳴 ta¹、龍州 ha¹＜tha¹ であるのに対して、布依語では、東南部の三都県と荔波県に pja¹ と言う地点があるほかは、布依語すべてが ta¹ であって、出気音をもつ形は全く記録されていない。この「目」pja¹ は、セーク語と関連して重大な形を保存していることが、あとでわかる（174頁参照）。

　一方、普安では、「九」は khəu³ と出気音の形をとるが、壮語ではどの地点でも出気音とはならない。したがって、祖形から壮語・布依語へと発展する過程でkh- から k- に変わる方向だけではなく、k- から kh- になる方向もあったと推定しなければならなくなる。この事実をつぎのように解釈すると、一応の解答は得られるのである。

目	祖形2		殺す	祖形2	
	*tra¹ ⟶ ta¹（布、壮北）			*kha³ ⟶ ka³（布南中、壮北）	
	⟶ tha¹ → ha¹（壮南）			⟶ kha³（布西、壮南）	
	祖形1　*taa M1			祖形1　*qhaa H1	

九　祖形2　　　　　　　　　　野菜　祖形2

　　*krau³ ──→ kau³（壮、布中南）　　*phlak⁷ ──→ plak⁷（壮北）

　　　　　 ──→ khəu³（布西）　　　　　　　　 ──→ pjak⁷（布南）→

　　祖形1　　*kau M3　　　　　　　　　　　　　　　　　　pak⁷（布中）

　　　　　　　　　　　　　　　　　　　　　　　 ──→ phjak⁷（壮南）→

歩く　祖形2　　　　　　　　　　　　　　　　　　　　　　　phak⁷（布西）

　　*praai³ ──→ paai³（布中）　　　祖形1　　*phak H

　　　　　 ──→ pjaai³（布南、壮）

　　　　　 ──→ phaai³（布西）

　　祖形1　　*pai M1

　つまり、壮語と布依語で祖形2の kr-、tr-、pr-、kh-、phl- の扱いが、単語
ごとに相違していたことになる。

　壮語（北部方言で代表させる）はつぎのような音韻体系をもっている。

［北部壮語］　　C₁ V C₂/T

C₁− 単純子音 = 18　　子音結合 = 5　　−V− = 6母音　　−C₂ = 6子音

p	t	k		kj	pj	mj	a　i　e　o　u　ɯ	−m	−p
b	d	ʔ		kw	ŋw	(a、i、u、o母音に	−n	−t
m	n	ŋ	長短の対立がある)	−ŋ	−k
ɕ	ȵ	h
f	v	s
r	l	j

(kj-、pj-、mj- は邕北土語では、kl-、pl-、ml- に、紅河土語で
は kɣ-、pɣ-、mɣ- となり、右江土語などでは pj-、kj- は tɕ- にな
るなどの規則的な対応がある。南部壮語には、このほか、ph-、
th-、kh-、phl-、khl- の出気音の系列が加わる)

T = 9声6調

(例)	1声	2声	3声	4声	5声	6声
	24	31	55	42	35	33
	na	na	na	na	na	no
	厚い	田	顔	おば（母方）	矢	肉

	7声		8声		9声	
	55		35		33	33
	nap		naap		nap	naap
	挿す		脇に挟む		束ねる	税を納める

d. 壮語方言における祖形 2［*r−］の反映形

北部壮語の r− に、武鳴土語では ɣ− があたるように、それぞれの土語で特徴の
ある対応形をもっている。たとえば「風」は、仮に祖形 2 を rom² と推定できる
一つの同源形を壮語全体が保持していると考えられるが、各地点で、その初頭の
r− に、ɣ−、θ−、l−、hj−、j− といったそれぞれの具体的な対応形をあてて、話し
ているように思える。概略の分布図を表わすと図 2–14 のようになる。

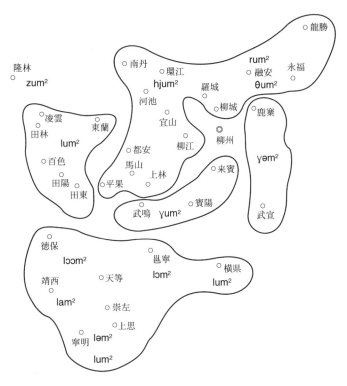

図 2−14 壮語における「風」の語形分布概略図

田東を代表とする地域では、r− が l− になって本来の l− と合一するような土語
があらわれてくるが、この場合は特定の地域で二つの音韻が統合された現象を示
していて、とくに問題はない。厄介なのは武鳴・来賓の ɣ− をもつ単語が、他の
土語では一律に、たとえば「風」と同じ対応形をもたない場合である。つまり、
武鳴・来賓の ɣ− はいろいろの来源をもっていることになる。[64]

下表のように、各単語の対応形の異なりが、祖形の違いを反映していると推定できる場合は扱いやすいが、いつも明確に共通祖形を設定できるとは限らないのである。

[壮語 r‒ の各方言対応形と祖形2]

		（北部壮語）					（南部壮語）		
		尻尾	探す	水			尻尾	探す	水
来賓		yɯɯŋ¹	ɣa¹	ɣam⁴		龍州	haaŋ¹	khja¹	nam⁴
田東		laaŋ¹	la¹	lam⁴		靖西	thaaŋ¹	khja¹	nam⁴
河池		jieŋ¹	ja¹	ram⁴		硯山	thaaŋ¹	tʃha¹	nam⁴
隆林		zwən¹	za¹	zam⁴		祖形2	thryəŋ¹	khra¹	nram⁴
柳城		rɯɯŋ¹	ra¹	ram⁴		祖形1	raaŋ¹	hraa¹	nam³

　この問題にはこれ以上たち入らないが、壮語や布依語は、同源語を多数保持する大きい言語群でありながら、単語ごとにいろいろと違った対応関係を示す複雑な形態をもっている。

e. 北部壮語と布依語対南部壮語 —— 語彙形式の分布

　一方で、北部壮語と南部壮語がそれぞれ特有の異源語の形式をもつことで対立する顕著な場合がある。ほとんどの場合、その南部壮語の形が、祖形1 に近く、北部壮語形式は布依語とつながっている。

[布依語 r‒ の対応形]　（上掲の北部壮語に近い）

	尻尾	探す	水		尻尾	探す	水
望謨	ziiŋ¹	za¹	zam⁴	普安	çiŋ¹	ça¹	jam⁴
貴筑	zɯɯŋ¹	za¹	zam⁴				

　言い換えると、布依語と壮語の全体を一まとまりとしてとらえた場合、一部の語彙は、北部壮語と布依語が同源の形式をもち、南部壮語と祖形1 に属する言語はそれとは別の同源形式を伝承していることが多い。タイ・ロ方言を祖形1 の代表として、数例あげてみる。

	布依語	武　鳴	龍　州	タイ・ロ
天	buɯn¹	buɯn¹	fa⁴	fa⁴
月	zuaŋ⁶ dɯɯn¹	dɯɯn¹	haai¹	dən¹
手	vuɯŋ²	fuɯŋ²	mɯ²	mɯ²
雲	vu³	fɯ³	pha³	fa³
人間	vuɯn²	vun²	kən²	kun²
耳	zɯ₂	ɣɯ²	pi⁵ hu¹	bin³ hu¹

　武鳴土語（壮語北部方言）は、布依語と同源語をもつのに対して、龍州土語（壮語南部方言）は、タイ・ロ方言形と一致する単語形式を示している。

　さきにあげた『華夷譯語』とは別に、清朝のはじめ頃に作られた広西壮語を記録した資料が3種残っている。著者は以前からその書物を見たかったが、1981年に北京を訪れた際、北京図書館の好意でやっとそれを書き写して帰ることができた。いずれも『華夷譯語』の体裁をとっており、壮語と漢語を上下に対照して並べ、壮語は、字喃に似た独特の変形漢字（壮方塊字）で表記されている。[65] そしてその発音が漢字で示されている。

　いまその表音漢字だけを取り出して、現代方言の単語形式と比べてみると、壮語の南北両方言が特有の単語形式をもつところから、そこに記録された壮語がどちらの系統の土語なのかを判定することが可能になった。

　『慶遠府属土州県司譯語』と書かれる書物の壮語は北部方言武鳴土語に近く、『鎮安府属土州県司譯語』と『大平府属土州県司譯語』の方は、龍州土語に近い形をもち、ともに南部壮語に属する土語を記録していることは、ほぼ間違いがない。代表的な例を若干あげてみよう。

『慶遠府譯語』		武鳴土語	『大平府譯語』		『鎮安府譯語』		龍州土語
天	門 ʔbuɯn	buɯn¹	筏 fa		怕 pha		fa¹
月	靈 ʔduɯn	–dɯɯn¹	海 hai		海 hai		haai¹
手	風 fuɯŋ	fuɯŋ²	牟 mɯ		牽(牟) mɯ		mɯ²
雲	夫 fɯ	fɯ³	葩 pha		？		pha³
耳	𧮾 qiu	ɣɯ²	呼 hu		求 qiu		pi⁵ hu¹

　　　　　　（『慶遠府譯語』の「耳」表音漢字は、旁（つくり）が不詳である）

　いずれも収録語彙数は少なく、三つの資料の項目も一致しないが、価値のある単語集である。[66]

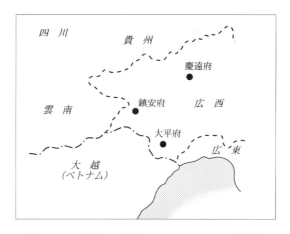

図2-15　慶遠府、鎮安府、太平府の所在地（清朝）

f. 祖形1からの語形と祖形2からの語形

　このように壮語の二大方言が特有の単語形式をもつ一方で、南北両方言を通じて、同じ同源語が広い範囲で保存されている例も多い。さらに地域を拡大して、壮語と布依語の間の同源語をさぐる操作も、さほど面倒ではない。それらの同源形式はいずれも祖形2から来源していると考えたい。その形を今度は祖形1と関連づけるとなるとやはり厄介な問題に出くわすことがある。ここでその問題を全面的に議論するつもりはないが、簡単なわかりやすい例を一つだけあげておきたい。

　「年」「扇」「兄（姉）」「とんぼ」を意味する壮語と布依語に共通する語形式を対象にしてみよう。布依語ではそれらの単語は同じ音形をもっていて、声調の違いだけで弁別されている。その布依語形を壮語と比べると、「年」はほかの三つの単語とは母音の形で相違していたことがわかる。

	布依語		壮　語	祖形2	タイ・ロ語	シャム語	祖形1
	（黔中・黔南）	（黔西）	（北部方言）				
年	pi¹	pei¹	pi¹	*pi¹	pi¹	pii	*pii M1
扇	pi²	pei²	pei²	*pei²	vi²	wii	*wii L1
兄（姉）	pi⁴	pei⁴	pei⁴	*pei⁴	pi⁶	phîi	*bii L2
とんぼ	pi⁶	pei⁶	piŋ² pei⁶	*-pei⁶	iʔbi³	(-pɔɔ)	*ʔbii M3

もとの pei と pi の対立を、布依語中部と南部の方言ではすべて pi に、西の方言ではすべて pei にそれぞれ統合したのである。

祖形 1 は、その形を反映する代表言語としてあげたタイ・ロ語とシャム語形から推定できるように、すべて *–ii 母音をもっていた。ところが、初頭子音の性質が四つの形式でそれぞれ違っている。

祖形 1 と祖形 2 を遡った段階では、この四つの単語はそれぞれ対立した音形式をもっていたと考える必要が出てくるのである。一応 *pii¹「年」、*bʷei¹「扇」、*bei²「兄」、*ʔbei³「とんぼ」を共通祖形として設定して、その発展をつぎのように推定できる。[67]

年 *pii¹		扇 *bʷei¹		兄 *bei²		とんぼ *ʔbei³	
pii¹	pii¹	wii¹	pei²	bii²	pei⁴	ʔbii³	pei⁶
祖形 1	祖形 2	祖形 1	祖形 2	祖形 1	祖形 2	祖形 1	祖形 2

g. 布依語の等象線

単語形式の分布範囲の調査は、対象にする言葉の数を増加すればそれだけ複雑になり、音韻対応と同じように、その等象線は単語ごとに別の形をとることが多いのである。

布依語方言間の音韻対応や単語形式の分布などはよく調査されていて、詳しい有用な調査報告書『布依語調査報告』(科学出版社、1959) が刊行されている。その報告書は、貴州省の 40 の地点を対象に、880 語を調査した貴重な資料であり、各単語形式の布依語内の分布が極めて明瞭にわかる。

まず、布依語の代表的方言の音韻体系をあげる。体系はかなり単純である。

[冊亨方言 (黔南土語)]

C₁– ＝19 子音　　　　　–V–＝7 母音 (長短の対立あり)　　–C₂＝6 子音

p	ʔb	t	ʔd	k	i	ɯ	u	–m	–n	–ŋ
tɕ	l	m	n	ŋ	e	ə	o	–p	–t	–k
ȵ	f	s	x	ç		a				
v	z	ʔj	ʔ							

二重母音の後続音　　　T＝8 声
　　　　　　　　　–i　–u　–ɯ

(k–に対する g–がない点、ts–がない点などタイ語的
な特徴を示している。tɕ–は子音結合からの変形)

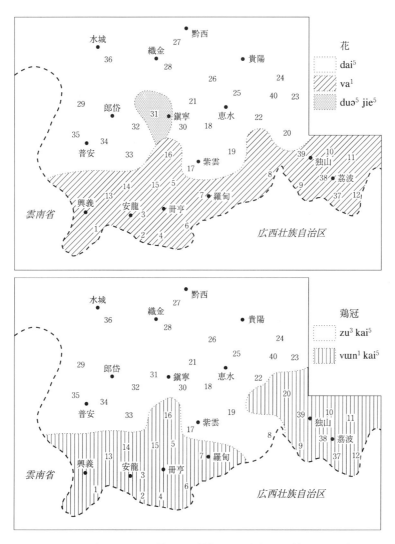

図 2 - 16　布依語土語形「花」と「鶏冠」の分布地域（貴州省南部）

数字は調査地点を示す。中国科学院少数民族語言研究所編『布依語調査報告』（科学出版社、北京、1950）による。

布依語の母音の長短の対立は、祖形1の対立に対応している。

長短母音の対立		祖形1の対応形
tau 53	耕す	thai H1
taau 35	変転する	thaai H2
taŋ 53	たてる	taŋ M3
taaŋ 35	各々	taaŋ M2　taaŋ M2

　布依語はよく調査されていて、かなり詳しい方言区画を、10項目の境界線で
示した地図が作成されている。[68] 10本の等象線はどれも一致しない。

（1）ph-、th-、kh-の地区とp-、t-、k-の地区の境界
（2）j-地区とð-地区とj-、x-、ʔ-、n-に分かれる地区の境界
（3）末尾音が-k：-ŋ のみの地区と-k：-ŋ と-p：-m がある地区の境界
（4）p-地区とpj-地区の境界
（5）-iɛ、-uɛ地区と-e、-o地区の境界
（6）v-1単位の地区とf-、v-の2単位地区とf-、v-、m-3単位がある地区
　　　の境界
（7）-ei、-əu地区と-i、-u地区の境界
（8）j-、v-地区とx-地区の境界
（9）-i、-ɯ地区と-iɛ地区の境界
（10）-ia-、-ua-地区と-e-、-o-地区の境界

h. 布依語の反語

　布依語には「反語」と呼ばれる面白い現象がある。[69] 一種の「さかさ言葉」
であって、日本語で「バショ」を「ショバ」と言うのとたいして変わらないが、
布依語では、第一音節の母音と第二音節の母音を取り替える方法が使われる。た
とえば、「豚を殺す」ka³³ mu¹³（殺す・豚）と言うかわりにa母音とu母音を入れ
替えてku³³ ma¹³と言うのである。特定の対象に限ってこのような使い方が許さ
れるのではないかと疑えるが、どうやら一般にどの表現にも使っているらしい。
「道を歩く」pjaai³³ zɔn¹³（歩く・道）も-jaaiと-ɔnを替えてpɔn³³ zjaai¹³と言う。
音節はじめの子音と声調は変えない。一種の言葉の遊戯である。南北朝時代から
漢語にもよく似た使い方が見られ、反語または反切語と呼んでいるが、布依語が
その影響を受けたのか、それとも布依族独自の考案によるものかはっきりしな

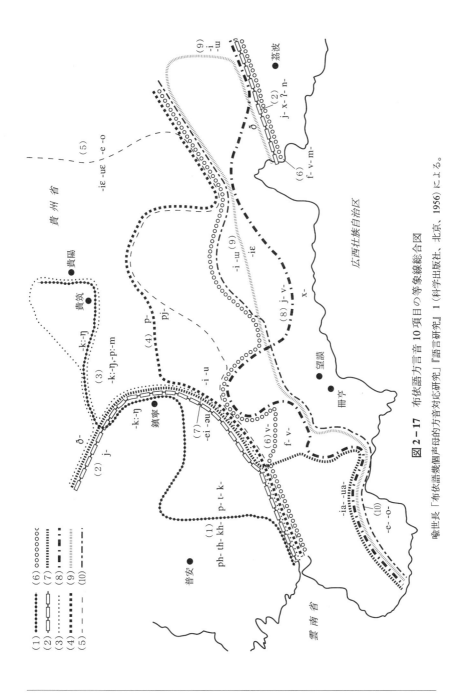

図 2-17　布依語方言音 10 項目の等象線総合図

喩世長「布依語幾個声母的方音対応研究」『語言研究』1（科学出版社、北京、1956）による。

い。いずれにしても老年の人々も若年層にも、このような遊びが流行していると報告されている。

10. タイ系言語の形態構造

　タイ系言語の形態構造は、総体的に見るとほぼ均一した特徴をもっているように思える。ところが詳細に考察すると、たとえば数詞や指示代名詞と名詞、類別詞からなる名詞句内部の配列順序などに、かなりの相違が認められるのである。

[壮語・布依語・傣語・シャム語の数詞]

	一	二	三	四	五	六	七	八	九	十	百
壮　語	nuɯɯŋ⁶	sooŋ¹	saam¹	sei⁵	ha³	ɣok⁷	ɕat⁷	peet⁷	kou³	ɕip⁸	paak⁷
布依語	diau¹	suaŋ¹	saam¹	si⁵	ɣa³	zoʔ⁷	tsat⁷	piat⁷	ku³	tsip⁸	paaʔ⁷
傣　語	nɯŋ⁶	sɔŋ¹	saam¹	si⁵	ha³	hok⁷	tset⁷	pɛt⁹	kau³	sip⁷	hɔi⁴
シャム語	nɯ̀ŋ	sɔ̌ɔŋ	sǎam	sìi	hâa	hòg	cèd	pèd	kâu	sìb	rɔ́ɔj

(布依語の「一」diau¹ は、本来、<唯一の>の意味。シャム語 /diaw/〜/diaw/ にあたる。壮語・布依語の「百」は漢語からの借用形)

a. 類別詞を含む名詞句

　タイ系言語では、数詞をともなう名詞句には類別詞の介入が要求される。祖形1を反映するシャム語では、たとえば「三冊の本」は、naŋsy̌y sǎam lêm と表現する（下線は類別詞）。逐語訳すると、「本・三・冊」となる。傣語（徳宏方言）でも同じように、laai² saam¹ pap³「本・三・冊」となる。[70] そこでは、両言語ともに名詞・数詞・類別詞の順序をとっている。ところが祖形2の壮語・布依語ではそれとはやや違っていて、数詞・類別詞・名詞の順序になる。

壮　語　　saam¹ poon³ saɯ¹（三・冊・本）

布依語　　saam¹ pɯn³ sɯ¹（三・冊・本）

配列順序につぎのような相違がある。

祖形1　　名詞 — 数詞 — 類別詞（本・三・冊）

祖形2　　数詞 — 類別詞 — 名詞（三・冊・本）

　これは、つぎに述べる壮語・布依語の類別詞の形態から考えて、祖形2の方が古い形を代表し、祖形1は名詞の位置が前方に移動した形態であると推定で

きる。ただ現在それらのどの言語も数詞が「一」であるときは、少し事情が異なって、「一」が一番後の位置に移される。

シャム語	naŋšy lêm nỳŋ（〜diaw）	（本・冊・一）
傣語（徳宏）	laai² pap³ nɯɯŋ⁶	（本・冊・一）
壮　　語	poon³ saɯ¹ deu¹	（冊・本・一）
布　依　語	pɯɯn³ sɯ¹ diau¹	（冊・本・一）

シャム語や傣語では「一」（diawは本来「唯一の」の意味）と類別詞の位置が逆になり、壮語・布依語では類別詞と名詞が入れ替わっている。

シャム語では、この順序の置き換えに特定・不特定などの意味の対立を担わせる場合がある。

má nỳŋ tua　馬一頭（特定）　　　nỳŋ wan　一日（特定）

má tua nỳŋ　ある馬（不特定）　　wan nỳŋ　ある日（不特定）

数詞のかわりに指示代名詞で限定される名詞句でも、タイ系言語では類別詞が要求されるが、その順序は、「二」以上の数詞の場合と同じように、祖形1を伝承する言語と祖形2の言語で相違している。

シャム語	naŋšy lêm ní	（本・冊・この）
傣語（徳宏）	laai² pap³ lai⁴	（本・冊・この）
壮　　語	poon³ saɯ¹ nei⁴	（冊・本・この）
布　依　語	pɯɯn³ sɯ¹ ni⁴	（冊・本・この）

壮語・布依語には、もう一つ別に、数詞や指示代名詞と同じ位置に人称代名詞が直接に連結する名詞句がある。その場合も類別詞が要求される。

壮　　語	poon³ saɯ¹ kou¹	（冊・本・私）「私の本」
布依語	pɯɯn³ sɯ¹ ku¹	（冊・本・私）「私の本」

これは、もともと壮語北部方言（来賓）の poon³ saɯ¹ tu⁶ kou¹（冊・本・の・私）や、壮語南部方言（龍州）の çek⁷ dɯ¹ huŋ¹ kau¹（冊・本・の・私）に見られる tu⁶（水語形に近い）、または huŋ¹ を介在した形で、この huŋ¹ はシャム語の naŋšy khɔ̌ŋ phǒm（本・の・私）の khɔ̌ŋ に該当する。しかしシャム語ではこの句構造に類別詞はとくに要求されない。

この類別詞の原形に近いと思われる形態が、壮語と布依語に残っていて、名詞に先行して、不定冠詞のような形で類別の機能を果たしている。たとえば tu²-vaai²「水牛」（布依・壮）の tu²- がそれであり、tu²-ma¹ taɯ² zaan²「犬が家の番

をする」(壮) の tu²− もそれである。

b. 類別詞の発展

　著者はこのような使い方の類別詞を、さきに述べた祖形1の言語で数詞や指示代名詞とともに出現する類別詞とは区別して考えたい。前者は数詞や指示詞に限定されたときにのみ表面化する、隠された範疇 (covered category) であるのに対して、後者はよく知られるスワヒリ語の類別詞のように、数詞などとは関係なく、名詞が顕在的にもつ範疇 (overed category) を表現する類別詞である。[71] 後者の形態、顕在型は、祖形1から来源したと考えている言語群では、白タイ語・黒タイ語のグループ以外には認められない。この点から見ると、白タイ語群は、祖形2により接近した言語群といえる。

　顕在型は大きく範疇化した類別詞であって、種類は限られている。

[共通に使う類別詞]

	壮語	布依語	白タイ語
動物に関する単語	tu²−	tu²−	tô−
植物に関する単語	ko¹−	ko¹−	ko−
人間に関する単語	pou¹−	pu⁴−	po−
果物に関する単語	?an¹−	dan¹−	

		壮語	布依語	シャム語
(使用例)	樹	ko¹ fai⁴	ko¹ vai⁴	máaj
	犬	tu² ma¹	tu² ma¹	mǎa

この類別詞の違いによって、同一語幹の単語の意味を弁別するときがある。

	壮語	シャム語	傣語 (シソンパンナ)
月	?an¹ dɯən¹	dyan	dən¹
みみず	tu² dɯən¹	sâj dyan	dən¹

　この形態の類別詞は、同じく貴州省に分布する苗語の場合と非常によく似ているけれども、苗語から借用した形態ではなくて、壮語・布依語の祖形2が本来もっていた特徴であったと考えてよかろう。そして甲骨文が記録する言語にも近い形がある (19〜20頁)。また、壮語・布依語の形態は、タイ語系の言語における類別詞を含む句構造の発展を説明する。まず顕在型を数詞が限定するとつぎのような名詞句ができあがる (例は布依語)。

$$tu^2 \ vaai^2 \quad 水牛 \longrightarrow si^5 \ tu^5 \ vaai^2 \ 「四頭の水牛」$$
$$tu^2 \ ma^4 \quad 馬 \longrightarrow \gamma a^3 \ tu^5 \ ma^4 \ 「五頭の馬」$$

その名詞語幹のみを前に移すと、シャム語などの祖形１から来源した言語がもつ現在の形態になる。

壮語と布依語では、名詞が目的語などの位置に特定化されると、これらの類別詞は姿を消してしまう（例は布依語）。

$$ko^1 \ vai^4 \quad 樹 \longrightarrow ku^1 \ zam^3 \ vai^4 \ 「私は樹を切る」、ta\eta^5 \ vai^4 \ 「木の腰かけ」$$

タイ語系の言語は、この顕在的な限られた種類の類別詞をもつ形から、潜在的な多種類の類別詞を使う形態に発展した。そして現在なおその両者を並存させているのが壮語と布依語ではないだろうか。

c. 雨降型と降雨型

タイ系言語では、「雨が降る」「風が吹く」などの自然現象の表現には、二つの型、降雨型と雨降型がある。祖形１の言語と祖形２の言語ははっきりと逆の型を示していて、つぎのように対立する。

	シャム語	傣　語	壮語（武鳴）	布　依　語
「雨が降る」	fon tòg	$fun^1 \ tok^7$	$tok^7 \ fuun^1$	$tau^3 \ vuun^1$
「風が吹く」	lom pàd	$lum^2 \ pat^8$	$huun^3 \ \gamma um^2$	$vau^6 \ zum^2$
	雨　降　型	雨　降　型	降　雨　型	降　雨　型

この二つの配列は、一方から他方に転移したというのではなく、本来 fon のみで「雨」と「雨が降る」の両方を意味したのが、のちに後者に「降る」、実際には「落ちる」をつけ加えて表現したが、その際、漢語の影響を強く受けた言語群は降雨型（漢語では下雨、落雨）をとり、そうでないのが「雨降型」で表現したものと推定したい。

タイ系言語全体からみると、祖形３からの言語も降雨型で、その型も広く分布している。

d. 相互態の形式

このような祖形１の言語と祖形２の言語の間に見られる語順の異同はまた、動詞の相互態＜お互いに……する＞＜……し合う＞の表現にも見られる。祖形１

の言語は、–kan を動詞語幹に後置するのに対して、壮語では to⁴– を、布依語で
は tuŋ⁴– を動詞語幹に前置する（183 頁参照）。[72]

＜助け合う＞

シャム語	chûaj–kan	（chûaj、tsɔi⁶ は漢語の助と同源
傣　　語	təm⁵ tsɔi⁶–kan¹	語であると推定でき、paaŋ は
壮　　語	to⁴ paaŋ¹	幫　bāng「手伝う、助ける」か
布 依 語	tuŋ⁴ paaŋ³	らの借用形である）

　この相違がどこから出ているのか判明しない。そのほか各々の言語で独自の発
展をとげた現象も含めて、興味のある対立が言語間に見られるけれども、のちに
祖形 3 を伝承する言語群と関連して、それらの若干を述べてみたい。

11. 侗水語群の概況

a. 侗　　語

　布依語が話される同じ貴州省の東の方には、別の一つのタイ系言語群、侗水語
群（^{カムスイ}）がある。その言語群の中でもっとも話手の多いのが侗語で、約251万人の侗族
によって話されている。その半数以上が、貴州省の黔東南苗族侗族自治州に住む
が、そのほか湖南省と広西壮族自治区にも侗語を話す侗族がいる。多くの部族
は、kam と自称するけれども、それを ȶam とか ȶəm と口蓋化して発音する地域
もある。

　一般に侗族は、侗語のほかに漢語を自由に話していて、とくに北部の天柱とか
新晃といったところでは、すでに侗語を忘れて漢語だけを話すようになっている
らしい。このような事情から見ても、侗語の文法が、漢語の影響を強く受けてい
ても不思議ではない。

　侗語の存在は、さきに述べたように李方桂によってはじめて学界に紹介された
が、長い間その資料を見ることができなかった。1950 年代に行なわれた中国科
学院の調査にもとづいた侗語の具体的な言語資料がまとまって発表されたのは、
かなりのちのことである。

　著者は、侗水語群を、いままで述べてきたタイ語系言語群とは別の祖形、仮に
それを祖形 3 とするとそこから分離したものであり、祖形 1 や祖形 2 の言語と

はやや違った発展をたどってきた言語群であったと見做したい。

　侗語は南北二方言に大別され、各方言にそれぞれ三つの土語がある。全体を83万人と数えた時代の古い統計によると、南部方言の話手は50万人、北部方言は30万人という比率を示している（図2-18参照）。[73]

　南北両方言は、音韻、文法、語彙の面でそれぞれ特徴をもっているが、方言間の差異を越えていずれの方言土語も、子音の体系や母音の体系が、あとで述べる同じ言語群の水語などとは対照的に、随分と単純であるところに、侗語全体の大きな特徴が認められる。

　侗語の子音は、無声無気音と無声出気音が中心で、有声の閉鎖音や破擦音は全くない。この性格を見ただけで、侗語は、侗水語群の中で著しく変化した言語であることがわかる。

　借用漢語には、本来の侗語にはない破擦音 ts-、tsh- をはじめ六つの子音があらわれるが、それらは若年層が近年作り出したもので、老年層は、侗語本来の閉鎖音と摩擦音を使って、それにあてている。このような二つの年令層によって借用形式に違いがあるのも面白い現象である。

[侗語（南部車江方言）]

	$C_1-=26$					$-V-=5$		$-C_2=9$		
p	ph	m		k	kh	ŋ	i	u	-#	-i	-u
pj	phj	mj		k^w	kh^w	$ŋ^w$	e	o	-m	-n	-ŋ
t	th	n		s	ç	h	w	a	-p	-t	-k
ȶ	ȶh	ȵ		l	lj	ʔ	j			

漢語専用子音　　　　　　　　　　　　専用母音

（若年層）　tj　thj　ts　tsh　f　wj　　　ɿ

（老年層）　ȶ　ȶh　s　　w　　　j

　一方、子音体系の単純化と相補って、侗語は複雑な声調の対立をもっており、10声もある。土語によってまちまちであるが、代表的な三つのタイプが認められる。侗語の基本単語も単一の形態素からなることが多く、一形態素は単音節 C_1VC_2 型をとっている。末尾がゼロか鼻音に終わる音節に9声、閉鎖音に終わる音節に6声、合計15声をもつ土語がもっとも種類の多いタイプである。実際には、はじめの9声とあとの6声には同じ声調型があらわれるから弁別はさほど

厄介ではない。それに対して侗語の中でもっとも単純なタイプは、末尾がゼロか
鼻音で終わる音節に6声、閉鎖音に終わる音節に4声、合計10声をもつ場合で
ある。そしてその両者の間に、7声と4声、合計11声のタイプの言語がある。
標準型は第六声と第四声が弁別される型で、それ以上に声調の種類が増えている
のは、初頭出気音をもつ音節が、のちに無気音の音節から分裂して、特別の声調
型を示すようになったからである。[74]

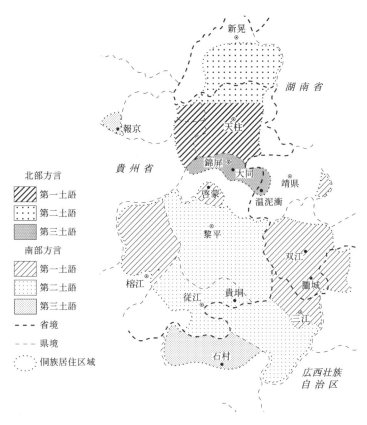

図2-18 侗語方言・土語の分布概略図

梁敏編著『侗語簡志』(民族出版社、北京、1980)による。

[侗語の声調（南部車江方言 15 声）]

pa^1	pa^2	pa^3	pa^4	pa^5	pa^6	pak^7	pak^8	paak^9	paak^{10}
[55]	[11]	[323]	[31]	[53]	[33]	[55]	[21]	[24]	[31]
魚	まぐわ	おば	大いなご	葉	糖	北	大根	口	白い

pha$^{1'}$	phja$^{3'}$	pha$^{5'}$	phok$^{7'}$	phaak$^{9'}$
[35]	[13]	[453]	[35]	[13]
灰色	ひっくり返る	破れる	水をまく	打つ

（1′、3′、5′、7′、9′の声調の出現は、奇数調の中で、初頭出気音をもつ
音節が独自の声調型を発展させたためである）

侗語の南北両方言間にある単語形式の差異は、さきに述べたタイ系言語群と関
連して、面白い現象を示している。祖形 1 、祖形 2 と同源語の中、あるものは、
南部方言に保有され、別のものは北部方言に保存されているのである。

たとえば、つぎの例がある。

[語彙面に見られる侗語南北方言の差異]

	祖形 2	祖形 1	北部方言 — 侗語 — 南部方言			
	布依語	シャム語	錦屏	新晃	榕江	三江
人間に対する類別詞	pu^4	phûu	pu^1	pəu^1	muŋ^4	muŋ^4
柱	sau^1	sǎw	sau^4	ʔau^1	tuŋ^6	tuŋ^6
薬	ʔjɯ^1	jaa	sa^2	ɣa^2	ʔəm^3	ʔəm^3
火箸	tɕim^2	khiim	ȶiŋ^2	ȶiŋ^2	ȵip^9	ȵep^9
塩	tɕu^1	klya	pau^2	pau^2	ko^1	ko^1

シャム語や布依語などの「人間」を意味する phûu と、北部方言の pu^1、pəu^1
は同源語であるけれども、南部方言では別の語幹から来源した muŋ が使われる。
これはあるいは苗語 ʔm̥oŋ^1（青岩土語）から借用した単語であるかも知れない。
「柱」sau に対する南部方言形 tuŋ^6 も同じである。それらとは反対に、「火箸」の
南部方言形 ȵip は祖形 1 や祖形 2 に対応するが、[75] 北部方言形の ȶiŋ は、tɕim
からの変形である可能性が大きい。

またたとえば、「薬」ʔəm^3（南部方言）、sa^2、ɣa^2（北部方言）のように三つの形式
がある場合、それぞれがどの範囲にわたって分布するのかが問題である。このな
か、ɣa^2 はシャム語 jaa、壮語 ja^1、jɯ^1 とともに漢語の薬から借用した語形であ

る可能性は否定できないが、侗水語群の他の言語形と比べると、sa² と同源語であると見た方があたっている。むしろ ʔəm³ が借用形であったと考えるべきかも知れない。[76] したがって、それらの形式の分布の実体、および借用形が過去のある時期に本来の形と入れ替わったことを推定できる根拠が必要になる。やはり語彙分布の面から見ると、侗語南北二方言は、祖形は同じであるにしても、それぞれ独立した言語群と考えた方がよいように思われる。

このように侗語は、祖形1、祖形2の言語群とは異なった語源の単語を多く含んでいるが、侗水語群に所属する水語や最近報告されてきた毛難（毛南）語、仏佬語とも同源語を多くもっている。それらをいずれも祖形3から来源した言語としたい。

	仏佬語	毛難語	水語			仏佬語	毛難語	水語
人	çən¹	zən¹	zən¹ [77]		薬	kɣa²	za²	ha²
柱	tsɸ⁴	zaau¹	raam³		塩	cwa¹	kwo¹	dwa¹

まず水語からはじめて、毛難語と仏佬語の実態についてごく簡単に述べてみよう。

b. 水　　語

水族は、ai³ sui³（ai³ は上述のように「人間に対する類別詞」である）と自称して、主に貴州省の黔南布依族苗族自治州の三都水族自治県に住む。1990年の統計によると、水族は全体で約34万6000人いる。李方桂が1940年代にはじめて水利方言、水岩方言、水婆方言と榕江方言を調査し資料の一部分を紹介したが、[78] その後、中国社会科学院が中心になり大規模な言語調査を行なった結果、三つの土語に分類している。[79]

（1）三洞土語。三都水族自治県の数地点と荔波県の瑶慶と榕江県一帯に分布。
（2）陽安土語。三都水族自治県と独山県の董渺一帯に分布。
（3）潘洞土語。都匀県の潘洞と独山県の翁台などに分布。

各方言は、同源語の形をもとに設定できる若干の共通形に対する反映形をもとに、とくに、たとえば閉鎖音の ʔb- と mb- や、鼻音 m と ʔm と m̥ にどのような形で対応しているかを根拠にして、かなりはっきりと把握できるのである。

	三洞方言	潘洞方言	陽安方言	祖 形 3
村	baan³[33]	mbaan³[22]	maan³[33]	?b–
年	mbe¹[24]	mbe¹[11]	mbe¹[12]	mb–
野菜	?ma¹	ma¹		?b–
新しい	m̥ai⁵[35]	ɦwai⁵[35]	ɦwai⁵[35]	hm–
手	mja¹	miə¹	mja²	m–

　三洞では全部で5種類の対立を保存するが、他の方言は、それぞれの方法で統合して、弁別する数を少なくしている。

　この例からわかるように、水語は侗語とは違って初頭子音が複雑で、三洞方言では70種類もあり、陽安方言や潘洞方言でも50余りはある。三洞方言がもっとも古い形態を保っていると見てよいであろう。いま例示したように、たとえば鼻音に m、?m、m̥ の三つの単位の対立があったのは、祖形1の言語や祖形2の言語に比べると著しく特異な形態であって、おそらくより古い段階で使われた接頭辞あるいは二重子音の代償としてその残存形を保存しているものと推測できる。

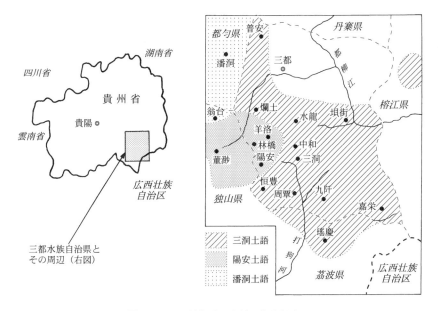

図2-19　水語方言・土語の分布概略図

張均如編著『水語簡志』(民族出版社、北京、1980) による。

	［三洞方言］		［陽安方言］		（陽安方言の m− には

           ［三洞方言］   ［陽安方言］   （陽安方言の m− には
           mai⁴⁽⁴²⁾「樹」   mɪ⁴⁽⁵³⁾「樹」   ʔb− から来源した形も
                                                        含まれる。「天」は、
                                                        三洞では bən¹、陽安
    m̥ai⁵「新しい」: ʔmi¹「熊」   h̃wai⁵「新しい」: mi¹「熊」   では mən¹ となる）
       （m− : m̥− : ʔm−）   （m− : h̃−）

	祖形3	三洞方言	陽安方言		侗　語
*m− > m−		mai⁴	mɪ⁴	樹	məi⁴
*C₁m− > m̥−		m̥ai⁵	h̃wai⁵	新しい	məi⁵′
*C₂m− > ʔm−		ʔmi¹	mi¹	熊	me¹

　祖形 1 には m− と hm−（同じように n− と hn− などの鼻音）の 2 種類の子音を設定
できるが、この事実から考えると、祖形 3 では、その hm− にあたる単位がさら
に ʔm− と hm− の二つに分かれることになる。表にすると（ここでは最低限必要な
例のみをあげる）、つぎのようになる。[80]

祖形3	hm	:	ʔm−	:	m−	水語（三洞方言）
祖形1		hm		:	m−	シャム語・傣語（現代語では m− に統合され、そ
祖形2			m			布依語・壮語 のかわりに声調で弁別される）

	三洞	陽安	シャム	布依	壮（武鳴）	壮（龍州）
熊	ʔmi¹	mi¹	hmii/m̃ĭi/	moi¹	mui¹	mi¹
豚	m̥u⁵	h̃u⁵	hmuu/m̃ŭu/	mu¹	mou¹	mu¹
樹	mai⁴	mɪ⁴	mai³/máaj/	vai⁴	fai⁴	mai⁴

　「樹」は祖形 2 の布依語と壮語武鳴方言でそれぞれ vai と fai になるが、もと
もとは mai であって、m− の一部がそれらの言語で v から f へと変化したのであ
る。しかし、その変化の条件はいまのところはっきりとつかめない。タイ系言語
には、そのような法則からはずれた、いわば個別的変化がよくある（m− > ŋv− >
v−）。

　水語は、初頭子音が数多く複雑な対立関係をもつことと、方言間の対応が特異
であることによって特徴づけられる。

　著者は随分と以前に、李方桂が調査した水利・水岩・榕江の方言を検討して、
それらの方言間の違いがどうして起こってきたのか、その解釈に悩んだことがあ
る。それまで知られたタイ系言語の変化の方向からすれば、かなりはずれたもの
であったからである。たとえば、

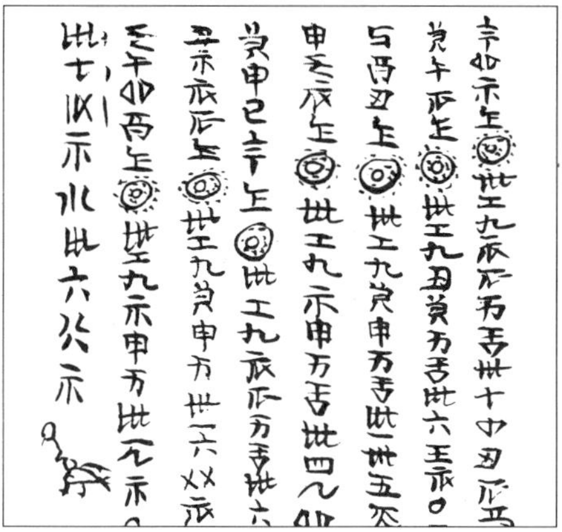

図2-20　水文字（水書）

貴州省に分布するタイ系民族の中で、水族のみが、水書と呼ばれる漢字を変形した象形文字を創作している。水文字は全体で100字余りに限られるが、まだ各文字の意味はすべてわかっていない。李方桂『水話研究』（中央研究院歴史語言研究所、台北、1977）より。

	水利・水岩	水 婆	榕 江	祖形1
苗	ka^{11}	ʔdiə	dja	klaa^3
塩	kwa^{33}	ʔduə	dwa	kliə^1

のように、水婆・榕江方言のʔd-やdがどのような形から来源したのか、また、

	水利・水岩	水婆・榕江	莫 語	祖形1
足	qa^{11}	pa^{13}	kaa^{24}	qhaa^1
角	qau^{11}	pau^{13}	kaau^{24}	qhau^1

における水婆・榕江方言のp-は、どのような祖形3に対応するのか。著者は一応前者に *kl-を、後者に *qʷh-を設定した。

　水語は水族特有の文字である水文字によって記録されるが、それ自体表意文字であり、記録された水書が主に占卜書であるために水語の歴史の探究にはほとんど役に立たない（図2-20参照）。

　李方桂の記録した莫語は「足」「角」にはk-で対応するが、テン（T'en羊黄）語は水婆・榕江方言と同じくp-で対応する。

	祖形3		祖形1
*qʷh–	k–（莫語）、q–（水語水利・水岩方言）	: kh–	
*qʷh–	p–（水語水婆・榕江方言・三洞方言）	: qh–	

（テン語「足」paa 35、「角」paau 35。178頁参照）

c. 莫（マーク）語と羊黄（テン）語

ここで扱うテン語については、莫語とともに、李方桂が1941年に調査した資料しかいまのところはない。[81]

貴州省の省都貴陽市の南に恵水というところがある。恵水の町の北方34マイルの地点に小さい村落があって、そこで李方桂は資料を集めたという。その村の人たちはテン（T'en）と自称するが、中国名では羊黄（ヤンホワン）と呼ばれる。現在その部族は、布依族に属している。

一方、莫語は貴州省荔波（れいは）県荔波市の西北方にある方村と陽鳳を中心に、わずか数ヵ村で話されている言語である。その話手である ʔai³ maak⁸ と自称する部族は、現在は布依族に分類されている。

テン語の単純子音は24種、水語と同じく ʔb–、ʔd– の有声閉鎖音をもっている。子音結合は26種で合計50種類の子音があり、やはり複雑な体系といえる。母音は5種、声調型は6声が弁別される（母音と鼻音終わりの音節に6声、閉鎖音に終わる音声に3声ある）。[82]

テン語は祖形3で弁別された初頭子音の多くを統合する方向に進んでいる。たとえば、口蓋垂音 *q–、*qh– と軟口蓋音 *k–、*kh– を、それぞれ一つの単位に変えている。

	祖形3	水語（三洞）	莫　語	テ ン 語	侗　語
鶏	*qaai	qaai⁵	kaai³⁵	kaai⁴⁴	aai⁵
卵	*kai	kai⁵	ȶai³⁵	kai⁴⁴	kəi⁵

祖形3を祖形2および祖形1と比べると、初頭子音だけではなく、母音の長短の弁別の仕方が違っていることがわかる。祖形2は、「鶏」と「卵」の母音の長短を弁別しないが、祖形1では、長短の関係がちょうど逆になっている。

	祖形2	壮語（北）	壮語（南）	布 依 語	祖形1	シャム語
鶏	*kai	kai⁵	kai⁵	kai⁵	*kai	kàj

卵　　*khjai　　kjai^5　　khjai^5　　tɕai^5　　*khaai　　khǎaj

（傣語では、この二つの単語は母音の長短の対立では弁別されない。鶏 kai^5 : 卵 xai^5）

　また、「行く」と「死ぬ」は、祖形3と祖形1、祖形2では、母音の長短の関係がはっきりと逆の対応を示している。

	祖形1	シャム語	傣　語	祖形2	壮　語	布依語
行く	*pai	paj	pai^1	*pai	pai^1	pai^1
死ぬ	*taai	taaj	taai^1	*taai	taai^1	taai^1

	祖形3	水　語	莫　語	テ ン 語	侗　語
行く	*paai	paai^1	paai^{24}	paai^{13}	paai^1
死ぬ	*tai	tai^1	tai^{24}	tai^{13}	təi^1

　このような長短母音の入れ替わりといった現象が言語群の間でなぜ起こってきたのか、これもまだ明瞭な回答は出せない。そのほかに、テン語の一種の子音が水語の数種の子音に対応する現象もある。この現象はテン語がそれだけはげしく子音の統合を行なったことを示している。

	水　語	莫　語[83]	テン語		水　語	莫　語	テン語
骨	laak^7	ʔdook^{44}	zaak^{22}	家	ɣaan^2	žaan^{13}	zaan^{35}
低い	ⁿdam^5	dam^{35}	zam^{44}	田	ʔɣa^5	jaa^{35}	zaa^{44}
風	zum^1	lum^{13}	zem^{35}				

（水語の5種の子音いずれもにテン語の z- が対応する）

　貴州省の南部地域の東側に分布する侗語群、その西方で話される水語群、そしておそらくその中に含まれる莫語やテン語、この二つの言語集団は、単に「足」と「角」のように初頭音の対応形が異なるだけではなく、祖形1や祖形2とは違った語彙を多くもっている。たとえば「星」とか「蛇」がそうである。

	蛇	星		蛇	星
祖　形3	*thui	*zət	祖　形2	*ŋu	*ʔdaaw
テ ン 語	thuei^{35}	ʔzut^{35}	祖　形1	*ŋu	*ʔdaaw
水利方言	fui^{31}	zət^{35}	毛 難 語	zuui^2	zət^7
水婆方言	hui^{31}	zət^{35}	仏 佬 語	tui^2	—
榕江方言	hui^{11}	zət^{35}	莫　語	žui^{31}	ʔdaau^{24}–ʔdəi^{35}
三洞方言	hui^2	zət^7			
侗　語	sui^2	ɕət^7	（水利、水婆、榕江、三洞方言は水語の方言）		

d. 毛難（毛南、マオナン）語と仏佬（ムラオ）語

ところが侗語・水語と非常によく似た単語形式をもったタイ系言語がその後調査されて、その資料が近年になって公表されてきた。いずれも貴州省から南につながる広西壮族自治区で話される言語であって、毛難語と仏佬語と呼ばれる。[84]

毛難語の話手は7万2000人余りいて、その大部分は環江県に居住するけれどもそのほか、河池、宜山、南丹から自治区のほぼ中央部にあたる都安瑶族自治県などにも少数の話手がいる。方言の差異はなく、自称を maau^4 naan^6 という。

一方、仏佬族は広西壮族自治区の西北部にある羅城と柳城、忻城、宜山の諸県に分布し、人口は、毛難族よりも多くて約16万人余りがいる。その中の10万人ぐらいが羅城県に住み、その大部分が県の東部と南部に集まっている。自称はmu^6 lam^1 というが（mu^6 は人間に対する類別詞）、kjam^1 と自称する部族もいる。部族名の古い形を *klam^1 と推定してよいであろう。[85]

毛難語、仏佬語はその環境から見て、漢語と壮語の大きい影響を受けざるをえないから、その両方の言語を話せる人も多い。

ごく大雑把にその両言語の特徴をとらえると、毛難語は水語に近く、仏佬語は侗語に近い。毛難語には単純子音が37種もあり、有声閉鎖音 b-[ʔb]、d-[ʔd]のほか、鼻音を先行する mb-、nd-、ŋg- などが含まれ、また鼻音には前出声門閉鎖音をともなう系列とそれをもたない普通の有声鼻音の対立、つまり m- とʔm- などの対立もある。母音は8種、声調は8声（実際に弁別される型は6種）ある。

仏佬語には、有声の閉鎖音が全然なく、無声閉鎖音にも出気音と無気音の対立がない。ところが鼻音には m- と m̥- などの有声と無声の弁別があるほか、pɣ-、kɣ- などの -ɣ- を二次音とする子音結合が数多く弁別されている。母音は12種、声調は8声ある（実際に弁別される型は6種）。

毛難語の mb- と nd- は仏佬語ではそれぞれ m̥- と l̥- になり、水語・莫語の b-、d-、テン語の ʔb-、ʔd- がそれにあたる。そして、祖形1、祖形2の無声無気音が、同源形式として浮かんできて、毛難語や仏佬語でもそれらは無声音の声調を示しているから、祖形1、祖形2の方がより古い形式を代表しているのであろう。

	祖形3	毛難語	仏佬語	水語	莫語	テン語	侗語
眼	*^{n}daa	nda^1	l̥a^1	^{n}da^1	daa^{13}	ʔdaa^{13}	ta^1
年	*^{m}bee	mbɛ^1	mɛ^1	mbe^1	bee^{13}	ʔbee^{13}	(ɲin^2)[86]

	祖形1、2		祖形1	祖形2	祖形3
眼	*taa	魚	*plaa	*pjaa^1	*mbiai^3
年	*pii	蛭	*pliŋ	*piŋ^1	*mbiŋ^1

そして仏佬語の形は、おそらく毛難語形を通って変化したものと思われる。nda → l̥a、mbɛ → mɛ という風に。

毛難語や仏佬語は、祖形 3 にあった *m- : *ʔm- : *m̥- の三者の対立を、一部の単語では弁別しなくなったが、毛難語ではその対立を ʔm- 対 m- とし、仏佬語では m- 対 m̥- の形で依然として保存する単語を残している。このような、m- かそれとも ʔm- かといった微妙な弁別は、調査時の話手の発音の工合や聞き手の状況によって誤ることも十分ありうるけれども、いまはそれらを確かめるわけにはいかない。

	祖形3	毛難語	仏佬語	水語	莫語
樹	*mai^4	mai^4	mai^4	mai^4	mai^{51}
野菜	*ʔmaa^1	ʔma^1	ma^1	ʔma^1	maa^{24}
熊	*ʔm^{w}ii^1	moi^1	pwa^2 mɛ^1	ʔmi^1	mui^{13}
豚	*m̥uu^5	mu^5	m̥u^5	m̥u^5	məu^{35}

言語間の細かい対応関係はさておいて、重要な問題のみをあげよう。仏佬語にある py-、ky- などの形は、祖形 3 の *pr-、*kr- から来源している。-r- から -ɣ- に変わるのは祖形 2、祖形 3 の言語ではごく自然の方向であった。壮語などで -ɣ- の方言間の対応関係が複雑であったのと同じように、仏佬語の方言間でも複雑な状況を示している。その中には予想外の形も出てくるのである。例として「血」と「死ぬ」と「腸」を見てみよう。

[仏佬語の土語の対応形式]

	東門	四把	龍岸	橋頭	黄金	祖形2	祖形1
血	phɣaat^7	phɣaat^7	phjet^7	phaat^7	phwaat^7	*lïət	*lïət
死ぬ	tai^1	pɣai^1	tai^1	tai^1	tai^1	*taai	*taai
腸	khɣaai^3	kɣaai^3	tsaai^3	taai^3	taai^3	*zai	*drai

祖形 2 として設定できる形式に比べて、仏佬語が古形式を保存していること
は一目瞭然である。[87] 祖形 3 として、*phraat〜phlaat「血」、*prai¹〜trai¹「死
ぬ」、*khraai³〜thraai³「腸」を考えると、タイ系言語は短い音節内部で、主要
な部分を保持しながら、著しく変化してきた言語であることが了解できる。

　それらの特異な形式が、すぐあとで述べるタイ国内で確認された新しい言語、
セーク語の形と通じるのであるから、タイ系言語の歴史は、現在話されている言
葉の中にすべて暗示されていて、ますます面白い研究対象となるのである。

12. セーク語の登場

　タイ系言語が広範囲にわたって調査されるにしたがって、従来の常識からは予
測し難い面倒な形をもった言葉が次々と登場してきた。

　1960 年 2 月、フランスの東南アジア言語学者として知られるアンドレ・オード
リクールが、タイ国東北地方ナコン・パノム県から、メコン河の対岸にあるラオ
スのタケック (Thakhek) に数日旅行した。そこでセーク語の存在を知ったのであ
る。セーク語は長い間、タイ語から多くの借用語を受け入れたモン・クメール系
言語の一つとして扱われていた。それは民族学者のザアイデンファーデン (E.
Seidenfaden) が、1930 年頃に、とくに調査をしない中から、タイ語らしからぬこ
の言語をモン・クメール語であると決めてしまったからである。しかし、オード
リクールは、その言語こそほかのタイ語にはない古い形式を保存したタイ系言語
であると証言した。この判断は正しかった。[88]

　オードリクールによるセーク語の紹介は十分満足できるものではなかったが、
セーク語がだいたい本書でいう祖形 1 にあたる形よりも古く、それと壮・布依
語 (ここでいう祖形 2 の伝承形) との中間の位置にあると考えたらしい。

　祖形 1 に属する言語では、古い有声閉鎖音 (b、d、g) は変化して、もともとの
無声無気音 (p、t、k) もしくは無声出気音 (ph、th、kh) と一緒になった。ところ
がオードリクールは、セーク語の場合、壮語のようにもともとの無声出気音はな
く、現在ある無声出気音はすべて古い有声音から変化したものであるという。こ
れは、原タイ語には、無気音と出気音の対立はなく、インドネシア語的な形態を
もっていたと想定していることになる。

　オードリクールの考えによると、タイ系言語は、本来 2 音節であって、はじめ

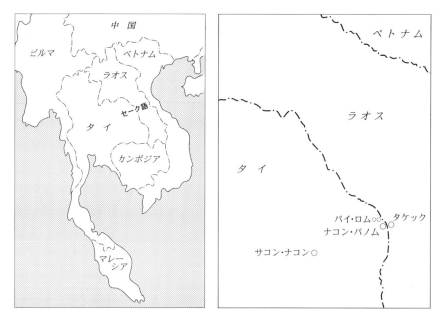

図2-21 セーク語が話される地点（右は拡大図）

の音節の母音が消失して、後の音節と連続したため子音結合ができあがったが、その母音の消失には年代的な違いがあったから、たとえば p^1r、p^2r、p^3r（p^3r の方が古い）のように、その母音消失の相対的な古さを示せば十分であることになる。このような意見はまだ簡単には受け入れられない。

　タイ語比較研究の先駆者であるヴルフやマスペロも、p- などではじまる子音結合の第一要素を接頭辞として扱っていた。

　そのような扱い方は、言語間で種々の対応形があらわれる場合、たとえばセーク語の tl- が祖形 1 の kl-（セーク語 traa³：祖形 1　klaa M3「苗」など）に対応するようなときには、語幹 -la の対応関係を主に扱えばよいのだから便利であるかも知れないが、それがすべてを解決する有効な見方にはならない。この問題についてあとで再び考えてみたい。

13. ゲドニィーのセーク語研究

　1964年から65年にかけて、東南アジアの各地の言語を調査したアメリカの言語学者ウィリアム・ゲドニィー（W. Gedney）は、タイ国のラオス寄りにあるナコン・パノム県で、メコン河に沿ったところのアート・サマート村（Ban At Samat）を訪れ、そこに住む数千人の話手をもつセーク語を調べた。それらのセーク人がいつ頃ナコン・パノム県にやって来たのかわからないが、150年から200年前にベトナムから移ってきたという言い伝えがあるらしい。

　1965年3月、ゲドニィーは、ナコン・パノムの教育局を尋ねたところ、アート・サマート村に連れていかれ、情報提供者として小学校の先生を紹介された。そして、その小学校の校庭に張ったテントの中で、丸二日間調査しつづけ、3000語を集録した。これは驚くべき速さの調査である。そのときは声調体系がよくつかめず、不正確であったために、1カ月のちに再び訪れて、丸三日を費やして誤りを正したという。

　1966年にもう一度訪れ、こんどは1週間滞在して、歌や物語を録音した。[89]

　1968年から69年の間に辞書を作成する計画があって、完了したらしいけれども、二十数年後の今日まで未だ刊行されたとは聞いていない。いずれにしても、この言語に関する信頼できる情報は、ゲドニィーによってもたらされた。[90]

　ゲドニィーはセーク語を北タイ語群に所属させるというオードリクールの意見は正しく、セーク語はタイ系言語の中で、いわば印欧諸語に対するヒッタイト語のような役割を果たす言語であると言っている。

　ある言語が歴史的にどのように位置づけられるかの推論は、その言語をどのような角度からとらえたらよいのかということに重点があるのではなくて、その言語を同系言語と比べた場合に、どのような特徴的な性格をさらけ出せるかにかかっている。たとえば、言語Aが言語Bよりも古い形態をもっていると断言できるのは、Aの形の方がその言語群の諸現象を説明できる祖形に近い形であるとか、A言語で特定の現象について、保守進展の経緯が、老年層と若年層の間の差異によって明確に指摘でき、A以外の言語の形が、A語の若年層の形に一致するといったような事実が明瞭になると、はっきりと言語Aの方がB、C、D語よりも古い形をもっているといえるのである。たとえば、つぎの例がある。

言語A	言語B C D	（言語Aで老年層が弁別する末尾の -l と -n が若
老年層 bin、bil … ……bin		年層では -n に統合され、一方、言語B、C、D
若年層 bin、bin … ……bin		が -n しかもたない場合、言語Aの方がB、C、
		Dよりも古い形式を保存しているといえる）

このような観点からセーク語を見た場合、ほかのどのタイ系言語よりも、より古い形態を、この言語が保存していると確信できるのである。たとえば、年齢50歳以上の人（1965年当時）は、末尾子音 -l と -n を弁別するが、それより若い人たちは、その二つを -n に統合して発音するという事実が報告されている。

		天	飛ぶ	雨	柴
セーク語	⎧老年層	bin	bil	vin¹	vil¹
	⎩若年層	bin	bin	vin¹	vin¹
	祖 形 1	bon	bin	fon	viin
	祖 形 2	buɯn¹	bin¹	vuɯn²	vuɯn²
	祖 形 3	bən¹	bjən³	pjən¹	——[91]

これらの祖形はいずれも末尾音には -n ただ一つを示していて、-l はない。したがってセーク語は、タイ系言語の中で、あとで述べる黎語の方言と並んで、もっとも古い層を保存し伝承してきていると言わざるをえない。

同じように、二つの年齢層の差異は、50歳（1965年当時に）以上が pr- と pl- を弁別するのに対して、50歳以下の人は両者を pr- に統合する現象にも見られる。

「月」と「花」は、シャム語・ラオス語の d- に白タイ・黒タイ・龍州・ヌン・トー各語の b- が対応する例で、この対応関係は以前ヴルフによって発見された。[92]「胆のう」はそれと近似するが、ラオス語の b- は別の対応系列であることを示している。著者は前者の祖形に初頭音 ḅl- を、後者に ḅr- をそれぞれ設定したが、[93] それらにセーク語の bl- が対応するのである。

	セーク語	シャム語	ラオス語	祖形 2	祖形 3
月	blian¹	dyən	düen³³	*ʔbliin¹	*njan²
花	blɔɔk⁶	dɔɔg	dɔɔk¹¹	*ʔblook	*nuk
胆のう	blii¹	dii	-bɨ́³³	*ʔbrii¹	*ʔbrɔ⁵
（若年層）	bii¹				

祖形3では「月」njan、「花」nuk のように、n- が対応する。これは d- から nd- を経て n- になった形であろう。祖形3の伝承形は、つぎの形をとってい

る。

	侗語	水語	莫語	毛難語	仏佬語
月	n̪aan^1	njen^2	niin^{31}	−njen^2	−njen^2
花	wa$^{1'}$、nuk^9	nuk^8	wa^{13}	wa^1	hwa^1
胆のう	po^5	do^5	ʔbəi^{223}	dɔ^6	myɣ^5

（wa$^{1'}$は借用形（漢語の花より）。仏佬語 myɣ^5 は ʔbrɔ^5 から直接変化した形式である。ʔb->m-、rɔ>ɣɔ）

　「月」や「花」は、13世紀に作られたシャム語の最古の碑文ラーマカムヘン王碑において、すでに dïən、dɔɔg に変化していたが、現代白タイ語と黒タイ語は、それよりもずっと古い形式を保存していることが、セーク語の対応形から判明する。[94]

　「目」と「死ぬ」を意味する形は、タイ系言語のほとんどで並行した初頭音をもっていて、さきに述べた祖形3を除くと、「目」*taa、「死ぬ」*taai によって代表させることができた。ただ壮語の南部方言、龍州土語の形式に、「目」maak^7 ha^1 と「死ぬ」haai^1 があるのは、それらはもともと出気音の tha、thaai であったことを示唆しており、事実、過去のある時代に字喃式変形漢字で表記されたときには、眙 tha と炱 thai が使われているから、壮語の一部ではもとは歯茎無声出気音であったと推定できる。

　祖形3では、水語、毛難語、仏佬語いずれも「目」nda、「死ぬ」tai であって、初頭子音が違っていたらしいが、仏佬語の四把土語では「死ぬ」pɣai が出てくる。[95]　その土語の「目」の形はわからないが、*pɣa（?）を期待したい。その pɣ- にセーク語 pr- が対応するのである。「目」praa^1、「死ぬ」praay^1、この pr-：t- の対応は、「月」「花」の例で見た br-：d- の対応とうまく並行する。

　「目」を意味する taa という形は、タイ系民族が生れて以後、ずっとそのまま保持されてきたものとばかり考えていた著者は、この praa の存在を知ったとき、いまは単音節の短い語形におさまった単語が、永い歴史の中でどのように変遷してきたのか全く予想もつかない事実が、その形の背後に隠されていることに驚いたものである。もしセーク語の形や仏佬語四把土語の形が発見されていなければ、共通タイ語祖形の「目」は taa、「死ぬ」は taaj であったと推定されつづけたことであろう。記録をもたない言葉の歴史には、意表をついたものがあり、それだけに研究対象として、十分に気を配る必要がある。

14. 海南島黎族の言語

a. 黎語と臨高語

　タイ語系の言語はまた海南島にも話されている。海南島の黎族の言葉がそれで、一般に黎語と呼んでいる。この言語はいま述べたセーク語と並んで特異な形態をいまなお保存しているのである。

　まとまった形で黎語を紹介した最初の人は、本章のはじめの部分で述べたフランスの宣教師サヴィーナ（Savina　1876〜1941）であった。4 年間、海南島に滞在したサヴィーナは、主に島の南の地域でha（侾）方言の記録につとめたが、中央部の山嶽地域で話される ki（杞）方言もしばらく調査した。

　サヴィーナはそれらの黎語を総称して、ダイ語（Dai）と呼び、1931 年に侾方言の語彙を「ダイ語−フランス語辞典」として、当時ベトナムのハノイで刊行されていたフランスの『極東学院紀要』31 巻に掲載した。その辞典のはじめのところには、156 語を含む侾方言と杞方言の単語比較表がついている。

　サヴィーナは、南部中国からベトナムと海南島にかけて分布するタイ系言語の調査に多くの仕事を残した人である。壮語の一方言であるヌン語の非常に有用な資料『フランス語−ヌン語−漢語語源辞典』（香港、1924）も、サヴィーナの手になるものである。

　サヴィーナの没後、その遺稿の中に、「フランス語−ベー語辞典」と題する原稿が発見された。ベー語というのは、やはり海南島の北部の地域で話される言葉で、その話手はオン・ベー（Ong Bê）と自称する農夫である。サヴィーナがこの言葉を調査したときには、ベー語と漢語の 2 言語使用者が約 10 万から 20 万人いたと書いている。

　サヴィーナは、ベー語はダイ語とは違ってはいるが、やはりタイ語系の一言語であると考えた。1965 年になって、その遺稿は、オードリクールによって、『サヴィーナのベー語語彙』という書名で刊行されている。[96]

　この資料は、前後統一のとれた十分な整理を経た内容を伝えてはいないが、重要な価値をもっていることは確かである。サヴィーナの資料から見ると、ベー語は黎語よりも、むしろ中央部のタイ語（祖形 1 に属する）形により近い形を示している。

　たぶんオン・ベーは、黎族よりも遅れて、あるいは別の経路をとって海南島に

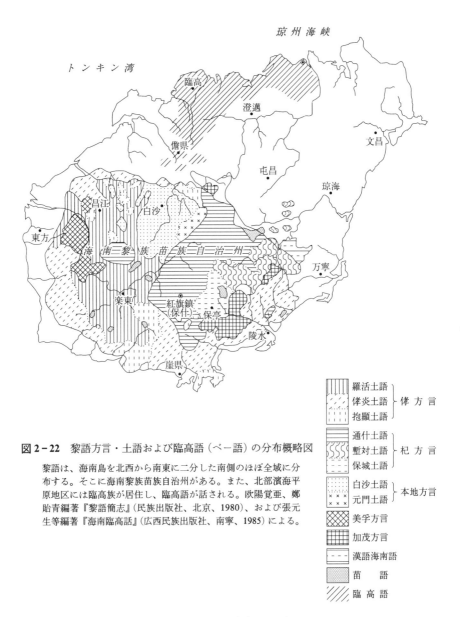

トンキン湾

琼州海峡

臨高

澄邁

儋県

文昌

屯昌

琼海

昌江

白沙

東方

海南黎族苗族自治州

万寧

楽東

紅旗鎮
(保仟)

保亭

陵水

崖県

▥ 羅活土語	⎫	
▨ 侾炎土語	⎬ 侾 方 言	
▦ 抱顕土語	⎭	
▤ 通什土語	⎫	
〰 塹対土語	⎬ 杞 方 言	
⋯ 保城土語	⎭	
⣿ 白沙土語	⎫	
✕✕ 元門土語	⎬ 本地方言	
▩ 美孚方言		
▦ 加茂方言		
- - 漢語海南語		
▨ 苗　　語		
⁄⁄ 臨高語		

図 2−22　黎語方言・土語および臨高語（べー語）の分布概略図

黎語は、海南島を北西から南東に二分した南側のほぼ全域に分
布する。そこに海南黎族苗族自治州がある。また、北部濱海平
原地区には臨高族が居住し、臨高語が話される。欧陽覚亜、鄭
貽青編著『黎語簡志』（民族出版社、北京、1980）、および張元
生等編著『海南臨高話』（広西民族出版社、南寧、1985）による。

移住してきた部族なのである。中国では臨高語と呼んでいる。

　黎語の調査は、1950 年代後半に、中国社会科学院が行なった少数民族言語調
査の一環として進められ、おかげでいまではかなり詳しいことがわかっている。

まず黎語は五つの方言に大別される。それぞれに数種類の土語がある。[97]

(1) 侾 (ha 11) 方言。自称は ɬăi⁵³。黎族の58%がこの方言を話し、自治州の西部と南部の広範囲にわたって分布する。羅活土語、侾炎土語、抱顕土語（ラウフート）（ハーエム）（ボウヒーン）の三つの土語からなる。

(2) 杞 (gěi 11) 方言。この方言の話手は自治州全体の24%を占める。通什土語、塹対土語、保城土語がある。

(3) 本地方言（ヒューン）。全体の6%余りしか話手はいない。白沙土語、元門土語がある。

(4) 美孚方言（モイフゥ）。話手は全体の4%を占める。

(5) 加茂方言。人口は全体の7%で、保亭、陵水両県に分布する。加茂は地名で自称ではない。

侾と杞の方言は比較的近く、本地と美孚の方言間も近いと報告されている。

黎語は現在もっとも話手の多い侾方言で代表され、侾方言はその中心地である南部の楽東県保定で話される言葉を代表としている。

保定の方言には、子音32、母音6、声調は6声（閉鎖音で終わる音節に3声、母音または鼻音で終わる音節に3声あるが、実際に弁別されるのは三つの型のみ）あり、その大きな特徴は、音節末尾に口蓋音化した -ȶ と -ȵ が、-t、-n、-p、-m、-k、-ŋ とともに認められる点にある。この -ȶ と -ȵ が祖形でも独立した単位の反映形なのか、それとも -t と -n がある条件で変化したものか、いまは決定しにくい。

この -ȶ と -ȵ をもつタイ系言語は、貴州省南部に分布する独山の方言に -ȶ があるほかは、いまのところこの黎語侾方言にしかない。

保定土語の -ȶ と -ȵ は、たとえば杞方言通什土語の -t と -n に対応する。

	保定	通什		保定	通什
到る	daan³	daan³	買う	tshaȶ⁷	tshat⁷
咬む	kaaȵ³	kaan⁶	雨	fun¹	fun¹
真実	dat⁷	dat⁷	逃げる	lun³	lun³

本地方言に属する白沙土語については、以前、王力が興味のある論文を書いている。[98] それによると、白沙の言葉では、音節の末尾に -l をなお保存しているのである。これはタイ系言語として非常にまれな形態であって、さきに述べた

セーク語と同じレベルにあると考えねばならない。たとえば、つぎの単語に
-aal が見られるが、この形は、保定（侾方言）、通什（杞方言）の -aɯ に対応する。
おそらく -aɯ の古形式が -al であったのであろう。-al ＞ -aɬ ＞ -aɯ の変化を推
定できる。[99)]

	白　沙	保　定	通　什	祖形 1
九	faal	faɯ³	faɯ³	*kau
近い	plaal	plaɯ³	plaɯ³	*klaï
軽い	khaal	khaɯ³	khaɯ³	*ʔbau
祖母	tʃaal	tsaɯ³	tsaɯ³	—
低い	thaal	thaɯ³	thaɯ³	*tai

　はじめの 2 例は祖形 1 の軟口蓋音に、侗語では唇歯音または両唇音があたっ
ていて、一見すると、異源語ではないかと疑えるけれども、さきにあげたように
祖形 1 の qʰ- に対して、祖形 3 の言語（侗語、テン語、水語（三洞））では、p- が
対応するのと似ている。

	侗　語	テン語	水　語	保定・通什	祖形 1
角	paau¹	paau³⁵	paau¹	hau¹	*qhau H1
足	pa¹	paa³⁵	pa¹	ha¹	*qhaa H1

　このような対応を示す単位は、祖形 3 の初頭音 *qʷh- の反映形と見做せるの
である（165〜166 頁参照）。

b.「魚」の対応関係

　「魚」の祖形 1 *plaa と保定・通什・白沙の ɬa¹ の対応には、杞方言、保亭福安
土語の tɬa⁴⁴ を介入させると、黎語内部の変化過程がよくつかめる。pla → tla →
(hla) ＝ ɬa と変化した。「魚」の語形は面白い分布を示していて、セーク語 plaa¹
（若年層 praa¹）、祖形 1 *plaa、祖形 2 *pjaa、祖形 3 *mbjai のほかに、祖形 3 の
伝承言語群の中、仏佬語、テン語、莫語、水語は別の形 mom⁶ をもっている。
仏佬語 məm⁶ もそれと同源である。これは湘西苗語の形 ta¹ mɹm²² 「魚」と通じ
る（ta¹ は類別詞である）。海南島苗語「魚」biaau¹¹ や瑶語勉方言の bjau⁴ の方が、
タイ系言語に近い形を示している。[100)]

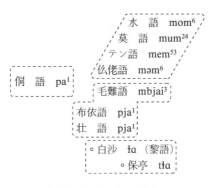

図 2-23 「魚」の語形分布概略図

c. 「血」の対応関係

「血」を意味する祖形 1 *liɐt、祖形 2 *liɐt はともに –iɐt をもつのに対して（セーク語の luat⁵ はその反映形）、祖形 3 は *phlaat であって、–aat となっている。[101] 黎語で、通什 łaat⁷、保定 łaat⁷ は、祖形 3 の方に近く、上掲「魚」の対応と並行して考えると、黎語の内部で *phlaat → *thlaat → (hlaat) ＝ łaat の変化が起こったことを推測できる。しかし侾方言が –t̚ に終わっているから、黎語の共通形を *hlaat̚ とするのが正確であるかも知れない。そしてほかの祖形がすべて、末尾の古い –t̚ 音素を –t に統合してしまった可能性が十分に考えられるのである。

d. ベー語（臨高語）の初頭音 —— 来源の多様性

さて、ベー語（臨高語）は、もちろんいま述べた黎語の方言と同源形式を多数もつが、祖形 1 ともよく対応する。たとえばベー語の b– の来源を検討すると、ベー語の b– に祖形 1 の p–、qh–、ʔb–、v–、f–、w–、hw– といった多種類の単位が対応して、その中のどれが古い形式なのか判定しにくい場合もある。一応つぎに対応例をあげてみよう（声調表記は略する）。[102]

		ベー語	祖形 1	保 定			ベー語	祖形 1	保 定
(1)	行く	bɤi	pai	fei¹	(4)	火	bêi	vai	fei¹
	年	bêi	pii	pou²		雲	ba	faa	deek⁷ fa³
(2)	皮	bôn	qhon	(nooŋ¹)[103]	(5)	日	bon	wan	hwan¹
	角	bau	qhau	hau¹		藤	boi	hwaay	hweeŋ³
(3)	肩	bêa	ʔbaa	tsɯ² va²					
	飛ぶ	bon	ʔbin	ben¹					

もし、*b- が多種類の形に分裂した条件を将来とも見つけ出せないとすると、
(1) *p-、(2) *qʷh-、(3) ʔb-、(4) v-、f-、(5) w-、hw- の 7 種の単位をたて
て、それらすべてがベー語でb-に統合されたとしなければならないだろう。一
方、ベー語には、p-がないから、漢語のp-にはじまる借用語はすべてb-とし
て受け入れる事実がある。[104] 他方で、ベー語が古形式をもち、「日」が *ban で
あり、「藤」が *bʷaay であった可能性も否定できないのである。

臨高語は 3 土語ともに、他の言語群に比べて随分とかけ離れた展開を見せてい
る。[105]

それに対して、黎語はまた別の対応の仕方を示していて、もし単語ごとに各形
式の発展を想定するとなると、事態は大へん煩雑なこととなる。[106]

e. 黎語の数詞

黎語のいま一つの大きい特徴は、数詞の形式である。数詞の体系自体はほかの
タイ系言語と同じく十進法をとっているが、個々の形式はまったく独自の形を示
している。それに対して、ベー語と臨高語の形は、祖形 1 に近い。

[海南島黎語・ベー語の数詞とタイ語祖形 1]

	一	二	三	四	五	六	七	八	九	十
祖形 1	hnïŋ	sɔɔŋ	saam	sii	haa	hrok	cet	pet	kau	sip
ベー語	ot	ngêi	tam	ti	nga	liêk	sot	bit	kô	top
臨高語	it^7	ŋi^4	tam^1	ti^3	ŋa^3	sok^7	sit^7	bet^7	ku^3	təp^8 [107]
通 什	ɯ^3	ɬau^3	tshu^3	tsho^3	pa^4	tom^4	thou^4	gou^4	faɯ^3	fuut^7
保 定	tsɯ^2	ɬau^3	fu^3	tshau^3	pa^1	tom^1	thou^1	gou^1	faɯ^3	fuut^7

タイ系言語は、祖形 3 で「一」が to^2 または laau～ŋaau になり、「二」が ɣa^2
または ja^2 であるほかは、具体的な形式に出入りがあっても、タイ系言語の数詞
はいまあげた祖形 1 の形に対応するのである。そして、ベー語の数詞も例外で
はなく、「一」が ot、「二」が ngêi である以外、祖形 1 と対応する。それらは、
また「一」と「二」を除いて漢語の形式とも連繋してくる(祖形 1「十一」の「一」
ʔet、「二十」の「二」jii^1 はともに漢語形と対応する)。

ところが、黎語の数詞がそれらとなぜ根本的に違うのだろうか。黎語の形式と
つながる形を一セットとしてもった言語がほかにあるのだろうか。いまのところ

それについてはほとんどわかっていない。

黎語の方がむしろ古いタイ語形式を保存していて、それ以外のタイ系言語はすべて漢語から借り入れた数詞に置き換えている可能性は否定できないが、著者はそのように考えたくないのである。

以上述べたところでは、タイ系言語は中国南部の広い範囲にわたって、南から北に祖形1、祖形2、祖形3とつづいて分布し湖南省に及んだことになるが、その北方と東方に漢語方言の祖先をなす言語群がいくつもあって、タイ系言語とそれらの言語群は共通した祖語から来源したと著者は考えている。

若干のタイ系言語で、後の時代に数詞を漢語から借用し、本来の形と混用した可能性はありうるけれども、いまあげた祖形1で代表される数詞は借り入れたものではなく、漢語と同じ祖語から伝承し共有する形式であると、現段階では想定したい。

f. 黎語の人称代名詞

黎語の人称代名詞も独自の形式をもっている。煩雑になるのをさけて、代表的な形のみを取り出して祖形と対照してみよう。

	黎語（通什）	祖形1	祖形2	祖形3	侗 語	臨高語
私	hou^1	*kuu	*ku	*ju^1	jaau^2	hou^2
私たち	fa^1	rau	zau	ndaau、hɣaau	taau^1	dəu^{2}ʃo^4
あなた	meɯ^1	mïŋ	mɯŋ	ɲa	ɲa^2	mə^2
彼	na^1	khau、man	ti	maau、man	maau^6	kə^2

祖形1の形はシャム語では、ku「おれ」、myŋ「貴様」、man「あいつ」のように下卑た言葉として使われている。

黎語では、二人称と三人称の形に転換が起こったのかも知れない（祖形3「あなた」ɲa→黎語 na^1「彼」）。

g. 黎語の類別詞とそれを含む名詞句

祖形2の言語と同じように、祖形3を伝承する言語にも、名詞に先行する顕在型の類別詞がある。たとえば、仏佬語と水語では以下のようになる。

	仏 佬 語		水 語
人間につく類別詞	mu^6 –	例：mu^6 kwən^1「漢人」	ai^3– 例：ai^3 sui^3「水族」
動物につく類別詞	tɔ^2 –	例：tɔ^2 nɔk^8「鳥」	to^2– 例：to^2 ɣo^1「蜘蛛」
植物につく類別詞	tɔŋ^6 –	例：tɔŋ^6 mai^4「樹」	ni^4– 例：ni^4 mai^4「樹」

　これらの類別詞は、名詞が目的語などの位置で特定化されるときには出てこない。しかし、黎語ではこの種の類別詞はなく、祖形1を伝承する言語のように、必ず数詞とともにあらわれる潜在型の類別詞に限られる。そして数詞を含む名詞句は、祖形3の言語と黎語では、いずれも、数詞 ― 類別詞 ― 名詞の順序に配列されるのである。若干の例をあげてみよう。

	三人（の）人	一本（の）樹
黎　語	fu^3 tsuun^1 u^{2}aau^1	tsɯ^2 khɯɯŋ^2 tshai^1
侗　語	saam$^{1'}$ muŋ^4 n̠əm^2	i^1 ʔoŋ^1 məi^4
仏佬語	taam^1 mu^6 çən^1	ŋaau^3 tɔŋ^6 mai^4
水　語	haam^1 ai^3 zən^1	ti^3 ni^4 mai^4
毛難語	tsaam^1 ai^1 zən^1	zoŋ^2 mai^4 dɛu^2

　一番最後にあげた毛難語の例のように、dɛu^2「ただ一つ」が使われるとき、それを末尾に置く以外は、類別詞―名詞の連続に数詞が先行する構成をとっていて、祖形2の形と一致する（154頁以降参照）。[108]

　指示詞を含む名詞句の場合、祖形3の言語では、顕在的な類別詞を先行させた名詞のあとに、指示詞を置く配列をとっている。ところが黎語にはそのような類別詞が要求されないため、名詞 ― 指示詞のように直接に連結する。

[祖形3の語順：この樹（類別詞 ― 樹 ← この）]

侗　語	ʔoŋ^1 məi^4 nai^6	水　語	ni^4 mai^4 naai^6
仏佬語	tɔŋ^6 mai^4 naai^6	毛難語	zoŋ^2 mai^4 naai^6

黎　語　tshai^1 nei^2（樹 ← この）、ploŋ^3 haɯ^2（家 ← あの）[109]

h.　降雨型とその原型

　さきに祖形1と祖形2の言語を対象に、「雨が降る」「風が吹く」といった自然現象の表現型について考察したが、祖形3の言語と黎語の型も考察してみよ

う。

	黎 語	水 語	毛難語	仏佬語	侗 語
「雨が降る」	fun¹	tok⁷ fən¹	tɔk⁷ fin¹	tɔk⁷ kwən¹	tok⁷ pjən¹
「風が吹く」	hwoot⁷ ou²	khaaŋ⁵	ləm¹	faan¹ ləm²	wet⁹´ ləm²
	(hwoot⁷＝風)		(ləm¹ taŋ¹)		

祖形 1 が雨降型、祖形 2 が降雨型であったのに対して、祖形 3 は（降）雨型と
いえる。黎語の fun¹ のように同じ一つの形式が「雨」と「雨降る」の両方を意
味していて、fa³ fun¹ be¹「雨が降った」（fa³＝天、be¹＝陳述助詞）は直訳する
と、「天が雨降らした」であり、漢語的な表現（天雨）をとっていることがわか
る。水語の khaaŋ⁵「大風」「大風が吹く」、毛難語の ləm¹「風」「風が吹く」も名
詞と動詞の二つの機能を果たしていた。おそらくそれがタイ系言語の古い形態な
のであろう。そこから降雨型へと発展したが、毛難語では taŋ¹「来る」を加えた
表現をとったために例外的な形が出てきている。[110]

i. 祖形 3 と黎語の相互態

もう一つ動詞について考察した「……し合う」の形態（相互態）について述べよ
う。祖形 1 のその表現は、動詞 — kan であり、祖形 2 は、to⁴ — 動詞、あるい
は tuŋ⁴ — 動詞であったが、祖形 3 の言語は祖形 2 と同じように tu³- または taŋ¹-
を動詞の前に置く形態をとっている。

水 語	tu³ mbjum¹「愛し合う」	tu³ aau¹「求め合う＝結婚する」
毛難語	tu³ can⁴「打ち合う」	tu³ poŋ¹「助け合う」
侗 語	taŋ¹ heu¹´「打ち合う」	taŋ¹ ljaaŋ¹´「愛し合う」

黎語では、それらに対立して、動詞に -thooŋ を後続させる形態を示してい
る。

　　　　黎　語　　plai¹ thooŋ³「（互いに）交換する」
　　　　　　　　　thaai² gwou³ thooŋ³「（互いに）頭を打ち合う」

祖形 2 の to⁴〜tuŋ⁴ と祖形 3 の tu³〜taŋ¹ は同源語であると考えられるが、そ
れらと黎語の thooŋ³ が同源であるかどうかはいまは判定できない。たぶん同源
形であって、前置から後置にある段階で移動したものと推測できる。[111]

j. 祖形 3 と黎語の否定表現

　タイ語系の言語の否定詞には、いろいろの形が見られる。祖形 1 には bɔ- ま
たは mai-、祖形 2 には bɔ- または mi- が動詞に先行したと単純に考えられた段
階はまだよかったが、祖形 3 の諸言語の形が判明するにつれて、事情は複雑に
なってきた。水語の me- が祖形 2 の mi- にあたるにしても、仏佬語の ŋ⁵-、
侗語の kwe²-、毛難語の kam³- はいずれも独特の形で、その共通形を設定しにく
い。また黎語の ta¹- は、ほかに対応する形をもたない（ロロ系言語を特徴づける禁
止形 tha- と形の上では似ているが）。kam³、kwe²、ta¹ は一体どこから来源している
のか、いまのところはっきりしないのである。[112]

水　語	me² paai¹「行かない」	仏佬語　ŋ⁵ paai¹「行かない」
毛難語	kam³ paai¹「行かない」	侗　語　kwe² paai¹「行かない」
黎　語	ta¹ la²「食べない」	

　上述のように祖形 3 から変化した言語の否定形は、言語間で大いに相違して
いる。[113]

k. 祖形 1，2，3 と黎語の疑問詞

　タイ系言語の疑問詞は、「どの」が中心になり、人＋どの＝誰、場所＋どの＝
どこ、物＋どの＝何、という表現法をとっている。その中、「何」を特定の形式
で置き換えている言語が多い。

	毛難語	仏佬語	水　語	侗　語	壮語 (武鳴)
「どの」	nau¹	ŋ̥au¹	nau²〜ŋ̥u¹	nu¹˙	lauɯ²
誰	ai¹ nau¹	nau²	ai³ ŋ̥u¹	nəu²	pou⁴ lauɯ²
どこ	ci⁶ nau¹	khə⁵ ŋ̥au¹	ⁿdjoŋ³ ŋ̥u¹	aau⁴ nu¹˙	ki² lauɯ²
何	ni⁴ nam²	ə⁵ naaŋ²	ni⁴ maaŋ²	tu² maaŋ²	ki³ ma²

	壮語 (龍州)	布依語	傣語 (シソンパンナ)	シャム語	黎語 (保定)
「どの」	tɕauɯ²	lauɯ²	dai¹	ʔdaï (文語)、hnai	ra³
誰	ki² nauɯ²	pu⁴ lauɯ²	phai¹＜*phu-dai	graï＜*gon-ʔdraï	ɯra³
どこ	i⁵ tɕauɯ²	tɕi² lauɯ²	ti⁶ nai¹	dihnai	ra³
何	ki⁵ laŋ¹	jaaŋ² ma²	bau⁵ saŋ¹	arai＜*a-ʔdraï	me³ he³

　シャム語の rai と近似した形をとる黎語の ra³ は、祖形 1 と同じく ʔdraï から

由来している。そして「何」を意味する特定の形式もいろいろの形が出てきて、祖形2には、laŋ¹〜saŋ¹、祖形3にはma²＝maaŋ²、nam²〜naaŋ²の三つの形式を設定できるのである。[114]

15. タイ語の発展と漢語の発展

タイ民族は、かつて百越と呼ばれていた民族の中心的存在で、昔から農耕民として、米作、歌垣の習俗とともに知られていた。

現在話されている言葉の特徴から、タイ民族を仮に三つの集団に分けて、それぞれの言語群に共通する形を祖形1、祖形2、祖形3としてまとめてみた。いわば、これはタイ語が発展していく中間段階を示したものであって、それらの三つの祖形をさらに遡った段階に、もう一つの共通祖形があったと想定する。その共通祖形を共通タイ祖語と呼んでおきたい。著しく古形式を保存する海南島の黎語や一部古形式を保持するタイ国東北部のセーク語は、いまのところ最後にあげた共通タイ祖語から、直接に分化し伝承されたものと見ておく。しかし、この問題はもっと大きい視点と関連して、将来どのように発展するかわからない。

タイ民族の故地ははっきりとはわからないが、周時代にはすでに、湖南、貴州、広東、広西一帯に拡散していたと推測できる。いつもこの民族の近隣に住んだのは、苗族であり、瑶族であった。苗瑶族とタイ族の言語交渉は重要な研究対象なのだが、瑶語の中のラッキャ（Lakkia 拉珈）語が実はタイ系言語であることが判明しただけで、[115] まだほとんど考察されていない。

漢語を習得してからタイ語を学びはじめた人なら、両言語の著しい類似に誰もが気がつく。この両者の間の類似はおそらく深い系統的なつながりから来ているものと考えるだろう。この見方は私はあたっていると思う。一部の研究者は、漢語とタイ語の同系関係を否定しようとするけれども、事態を詳細に検討するにしたがって、その議論はいずれは成立しなくなるに違いないと予測している。

永い歴史をもった漢語はさきに述べたように、音形式に著しい変遷を重ねてきた言葉である。一般的にいって、同系統に属する言語は、分離してのちも、変遷していく方向にかなりの程度に並行性を示すものである。

タイ系言語の声調体系が成立した時期は、漢語の声調の成立と年代的にはさほ

ど前後していないと思われるが、同じ類型の声調を生み、しかも両者が音韻体系の変化とからんで発展していく過程は、ぴたりと一致しないまでも、極めて著しく類似している（68頁参照）。

　そして漢語が上古漢語から中古漢語に変わっていく途中で経験した、末尾子音の前で起こった二重母音化と末尾音の消失という変化も、タイ語は、12世紀にはじめて記録されるはるか以前に経験していた。たとえば、上古音形式として、(1) -ôg、(2) -i̯ŭg と再構成する形は、中古音では (1) -âu、(2) -iəu に変わった（李方桂の再構成では、(1) -əg＞-âu、(2) -i̯əg＞-i̯ə̂u）。たとえば、早 tsôg＞tsâu、九 ki̯ŭg＞ki̯əu。この変化は中間段階を入れて、*-og＞-âug＞-âu、*i̯ŭg＞-iəug＞-iəu に書き改めることができる。このような推定ができるのは、それらの単語は上古漢語で -uk と押韻するからであり、そのような押韻を示さない単語、柱や主は、カールグレンの再構音では、柱 dhi̯u＞ɗhi̯u、主 ṭi̯u＞tśi̯u となるが、李方桂は、それらにも末尾音 -g を再構成する（主 tjugx＞tśju、柱 drjugx＞dju）。[116] 主と柱のこの変化は、末尾に -k をもつ形、穀 kuk＞kuk、角 kŭk＞kǎk、握 ˙ŭk＞˙ǎk の変化とよく似ている。そして、主とそれを音符とする柱に、-i̯ug を復元しうる可能性は、タイ語形との比較から出てくる。

　いまあげた漢語の形を中心に若干の単語を、タイ語の祖形1、祖形2と比べると、[117]

	上古漢語	中古漢語	現代北方漢語	タイ祖形1	タイ祖形2	
早	tsôg	tsâu（上）	zǎo	ʝau L3	tçau⁴	「早い」
醪	glôg	lâu（陽平）	láo	hlau H3	lau³	「酒」
柱	dhi̯u	ɗhi̯u（上）	zhù	sau H1	sau¹	「柱」
主	ṭi̯u	tśi̯u（上）	zhǔ	cau M3	tçau³	「主人」
九	ki̯ŭg	ki̯əu（上）	jiǔ	kau M3	kau³	「九」
旧	ghi̯ŭg	ghi̯əu（去）	jiù	kau M2	kau⁵	「旧い」
穀	kuk	kuk（入）	gǔ	khau H3	khau⁴	「米」
角	kŭk	kǎk（入）	jiǎo	qhau H1	khau¹	「つの」
握	˙ŭk	˙ǎk（入）	wò	ʔau M1	au¹	「つかむ」

のようになって、タイ祖形はどの単語も末尾に子音をもたないが、対応する漢語の形から見ると、もともとは閉鎖音 -g をともなった *-ôg、-i̯ŭg であったが、二重母音化した *-aug を経て *-g が脱落し -au となったのであろうと推測できる。

その関係を示すとつぎのようになる。

	(1)	(2)	(3)	(4)	(5)
上 古 漢 語	−ôg	−ĭŭg	−ĭu(g)	−uk	−ŭk
	↓	↓	↓	↓	↓
中 古 漢 語	−âu	− i̯əu	−i̯u	−uk	−åk

タイ語祖形 1、2 　　　　　　　−au
　　　　　　　　　　　　　　　　↑
共 通 タ イ 祖 語 　　　　　　−ôg

漢語とタイ語の比較研究はしたがって、 i) 上古漢語の形を比較言語的に修正できる（たとえば、上述の主柱に末尾音 −g を設定する）、 ii) 共通タイ祖語のもとの形を上古漢語から復元できる（たとえば上述の単語に *−ôg を推定できる）という二つの点で、大へん有用な作業となり、同時に両言語の同系性を証明するための有力な根拠を与えることにもなるのである。[118]

周秦時代に漢語から借用されたと考えられる十二支を表現する一連の単語はさきにあげたが、その中に、いま述べた末尾韻復元の問題と関連する面白い現象がある。十二支の中、丑、酉、卯と子、巳、亥はそれぞれよく似た上古漢語の母音と末尾子音をもっている。この借用語に最初に注目したのは李方桂であって、自身調査したタイ語方言資料をあげたが、ここでは八百語と百夷語の形式（131～132 頁参照）を表音漢字をそえて、著者の資料から補った。そして、雲南省の普標語形を加えておく。[119]（付記 225 頁参照）

	上古	→ 中古	八百語		アーホム語	傣語 (西)	百夷語 B		普標語
I 丑	thnɪ̯ôg	t͡hi̯əu	pau	枹	plāo	plau³	pau	包	piau³³
I 酉	zi̯ôg	i̯əu	rau	老	rāo	hrau⁴	xau	好	zɑu⁴⁵
I 卯	mlôg	mau	mau	毛	māo	mau³	mau	毛	m̥hau³³
II 子	tsi̯əg	tsi	cai	寨	cheu	tɕai³	tʂaü	招	tɕɑ³³
II 巳	dzi̯əg	zi	sai	賽	sheu	sai³	saü	搔	sɑ³³
II 亥	ghəg	ɣâi	gai	該	keu	kai⁴	kaü	藁	kɑ⁴⁵

タイ語の形は上古漢語の I と II の弁別をよく反映しているといえる。ところが上古漢語の I と II はどこに差異を認めるかという点で代表的な二つの見方がある。一つはここで示したような母音の性質の違い（I は後舌母音 −ôg、II は中舌母音 −əg）にあったとする説で、もう一つは末尾子音が違っていた（I は唇音化した

-gʷ、Ⅱ はそうでない -g) とする考え方である。

あとの考え方は、頼惟勤教授が提唱し、いまでは李方桂もそれにしたがっている。そのどちらが妥当であるのか、あるいは別に正しい解答がありうるのかはさておき、この Ⅰ と Ⅱ の対立の発展を考察するとき、タイ語に入った十二支の形が大いに役立ってくるのである。[120]

著者は、これらの変化の基本は二重母音化にあると見ているので、次のような過程を想定する。

	(a)	(b)	(c)	(d)	八百語	百夷語	傣語
Ⅰ	*–ôg → aug → au				–au	–au	–au
Ⅱ	*–əg → auɯg → auɯ → ai				–ai	–aü [–auɯ]	–ai

この (c) と (d) の段階がタイ語形と一致するけれども、おそらく (a) か (b) の段階でタイ語に借り入れられ、タイ語自体の変化と同じ変化を受けて、(c) または (d) の段階に到達したのであろう。

李方桂が 1941 年に調査した貴州省南部に分布する独山のタイ語は、ここでいう祖形 1 から分化した言葉であるが、タイ語の一つの発展形態を示している。[121] 独山タイ語では、末尾音がいろいろの条件で変化する特徴がある。その中で –ak が –aï となり、本来の –aï と合一してしまう現象が報告されている。たとえば、「重い」naï²¹² < *nak、「盗む」raï³¹ < *hlak、「孵る」faï³¹ < fak < *vak は、–ak > –aïk > –aï と変化して、本来の –aï (葉 ʔbaï¹³ < ʔbaï、内 ʔdaï¹³ < naï) と合一している。実際には –ak から –aï になった単語では、–k いわゆる入声音しかとらない声調 212 をもつから、もともとは閉鎖音で終わっていたことを明示しているわけである。このように借用語ではなく、さきにあげた漢語と同じ変化が、タイ語の方言の中に観察されるのは、大へん重要である。[122]

シャム語に代表される –aï と –ai の合一は (祖形 1 taï M3 > tâaj「下、南」、祖形 1 -tai M3 > tâaj「たいまつ」)、漢語のつぎの現象と一致している。

	上古音		中古音		紀元前 3 世紀	–wəg	–wəd
徘	bwəd	>	bwəï	> buâi		↓	↓
倍	bwəg	>	bwəï	> buâi	紀元後 1 世紀	–wəï	–wəi
						↘	↗
					紀元後 6 世紀	–uâi	

したがってタイ語の -ai の一部には本来 -d に終わった形式を含んでいる可能性が十分考えられる。たとえば祖形 1　pai「行く」は *pad から変わったのかも知れない（タイ語（祖形 1）pai「行く」と、漢語の徘 bwəd は同源語?）。

漢語とタイ語は古くから分布地域を接して、互いに影響し合ったことは確かである。十二支以外の借用語も多量に存在していて不思議はなく、それぞれの時代にタイ系言語が漢語を受け入れ、本来の同源語と混用していったであろうことも容易に推測できる。しかし、両言語が非常によく似た変化の道をたどってきていることも、また真実なのである。さきに述べた句構造に見られるタイ語と漢語南方方言の類似とともに、両言語の比較研究は未知の部分をまだまだ多く残している。

また上古漢語の形式は、中古漢語とは違って韻書をもとに確実に復元したわけではなく、詩経の押韻と諧声文字の分析を通じて推定したものであるから、タイ語との比較という別の見地をもって、大幅に修正していくことも可能になってきた。今後の研究の進展が楽しみな分野である。

第 2 章　註

1)　Schmidt, P. W., Die Mon-Khmer Völker, ein Bindeglied zwischen Völkern Zentral-asiens und Austronesiens, *Arch. Anthrop., Braunschw.*, n.s. 5, 1906.

Maspéro, H, Langues de l'Asie du Sud–Est, "*Les langues du monde*", Meillet et Cohen eds., Paris, 1952.

　ここでは、便宜上モン・クメール語と呼んでいるが、現在ではモン・クメール語を含めた大きい言語族として、オーストロアジア（南亜）語族という名称が使われることが多い。

2)　言語間の語形の類似が同源によるものか、それとも言語接触による借用形なのかの議論は近年活発になされている。

　最近、中国では同源詞という用語にかえて関係詞を使うようになっている。はたして同源か否かはわからないが、ともかく関係のある語形という意味である。1996年に刊行された陳保亜の『論語言接触与語言聯盟 —— 漢越（侗台）語言関係的解釈』（語文出版社、北京）は言語間の借用は際限なく起こりうると仮定して、言語間の語形の類似が同源によるものか、借用によるものかを決定できる一つの基準を提唱している。そして、(1) 侗台語（タイ語）と南島語（オーストロネシア）は同源関係である。(2) 侗台語と南亜語（オーストロアジア）は接触関係である。(3) 漢語と侗台語は接触関係にある、と結論している。

その方法論と結論は大へん興味深いが、なお多くの検討が必要である。西田龍雄「言語接触は際限なく借用をもたらし得るか —— 新しい言語聯盟論の提唱」『東方』198号、東方書店、東京、1997, 9を参照されたい。

3) Dyen, Isidore, The Austronesian languages and Proto-Austronesian, *Current Trends in Linguistics*, ed. by Thomas A. Sebeok, vol. 8, Mouton, The Hague, 1971.

4) 『蘇祿譯語』については、西田龍雄『多續譯語の研究 —— 新言語トス語の構造と系統』松香堂、京都、1973, 序論 p. 10以下を見られたい。

5) Conrady, August, 'Eine merkwürdige Beziehung zwischen den austrischen und den indochinesischen Sprachen' *Aufsätze zur Kultur—und Sprachgeschichte*, vornehmlich des Orient, Ernst Kuhn zum 70. Breslau, 1916.

'Neue austrisch-indochinesische Parallelen', Hirth anniversary volume (*Asia Major introductory volume*), 1920.

Wulff, K., *Über Das Verhältnis des Malayo-Polynesischen zum Indochinesischen*, Copenhagen, 1942.

6) Benedict, P., 'Thai, Kadai, and Indonesian: a new alignment in Southeastern Asia', *American Anthropologist*, 1942.

7) ラクワ、ラティ、ケラオ語については、Bonifacy, Auguste Louis が採集した零細な資料を使っている。

'Etude sur les langues parlées par les populations de la haute Rivière Claire' *BEFEO* 5, Hanoi, 1905. (ケラオ語)

'Etude sur les coutumes et la langue des La-ti' *BEFEO* 6, Hanoi, 1906. (ラティ語)

'Etude sur les coutumes et la langue des Lolo et des La-qua du Haut Tonkin' *BEFEO* 8, Hanoi, 1908. (ラクワ語)

8) Benedict, Paul K., *Austro-Thai: Language and Culture, with a glossary of roots*, New Haven, HRAF Press, 1975.

この1942年の「タイ語・カダイ語・インドネシア語 —— 東南アジアにおける新しい系譜関係」からベネディクトの Austro-Thai 構想は始まっている。その当時ベネディクトはタイ語を漢蔵語族 (Sino-Tibetan) から引き離して Proto-Austric 語族の許にカダイ語群とインドネシア語群と同列に置いていた (1図)。

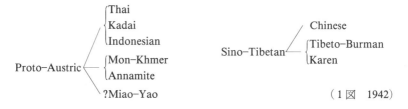

(1図　1942)

Classification of Southeast Asiatic Languages (revised)

```
┌Austroasiatic (Mon, Khmer, Palaung−Wa, Khasi, Sakai, et al.)
│ (Substratum relationship)   ┌Formosan (in part)
│                             │ ┌Austronesian (main line)
│                             │ └Indonesian
│                             │              ┌Li
│Austro−Thai                  │         ┌────┤Laqua
└                             │    Kadai┤    │
                              ┤         │    ┌Kelao
                              │         └────┤Lati
                              │              └
                              │              ┌Kam−Sui
                              │         ┌────┤Ong−Be
                              └         │    └Thai       （2図　1966）
```

　その後、オードリクールの意見を入れてタイ語をカダイ語の許に入れ（2図）、さらに Austronesian と Kadai 語群に二分したものに Miao-Yao 語群を加えた三分法を提出した。1990年には日本語と琉球語をこの集団の第四の構成員とした構想を示した (*Japanese/Austro−Tai*, Karoma Publishers, Ann Arbor)。そこでは Austro−Tai はミャオ・ヤオ、カダイ、南島語(オーストロネシアン)、日本・琉球語の四大構成語群からなっている（3図）。

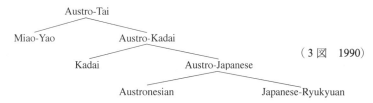

（3図　1990）

　その中で巨大集団となったカダイ語群の構成はつぎのように構想されている（4図）。

　たぶんこれがベネディクトの最終案であったと思われる。ベネディクトの主張の重要なことは、古代の文化交流でもっとも強くはたらいた影響は東南アジアから中国におよぼしたもので、その逆ではないと示唆した点である。

　最近では北から南への一方向の交流ではなく、むしろ南から北への影響へと視点が移されている。

　Graham Thurgood: Benedict's Work: past and present 参照。G. Thurgood, J. Matisoff, D. Bradley eds., *Linguistic of Sino−Tibetan Area*: *The State of the Art. Pacific Linguistics*, Series C−No. 87, The Australian National University.（ベネディクトの71歳記念論集所収）

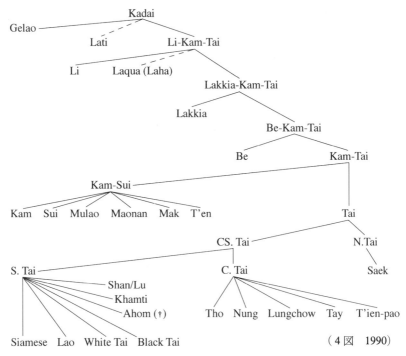

The Kadai Comporment

Kadai
Gelao
Lati
Li-Kam-Tai
Li
Laqua (Laha)
Lakkia-Kam-Tai
Lakkia
Be-Kam-Tai
Be
Kam-Tai
Kam-Sui
Kam Sui Mulao Maonan Mak T'en
Tai
CS. Tai
N.Tai
S. Tai
C. Tai
Saek
Shan/Lu
Khamti
Ahom (†)
Tho Nung Lungchow Tay T'ien-pao
Siamese Lao White Tai Black Tai

（4図　1990）

9)　その後、仡佬語については、1981年に賀嘉善「仡佬語概況」『民族語文』（中国
社会科学出版社、北京、1981/ 4 期）が公表され、翌々年1983年に、賀嘉善編著
『仡佬語簡志』（民族出版社、北京）も刊行されている。1990 年の統計では、仡佬
族の人口は、43.8 万人となっている。
　　ついで1993年に至って張済民『仡佬語研究』（貴州民族出版社、貴陽）が刊行
され、この言語の語音、語彙、文法についての概要を知ることができるようにな
った。この書物は有用な情報を提供するのみならず、さらに方言と系統論にも論
及し、木佬語（ 3 万余人）、拉基語（250 人）、羿人語（3000人、貴州省畢節県、四
川省古藺県）を紹介している。

10)　註 7) の Bonifacy の資料による。また張済民はケラオ語の否定詞 ʔɒ¹³ を記述
しているが、それもチベット・ビルマ語系の否定詞 ʔa- を連想させる、古い祖形
の伝承であろうか（cf. 驃語の否定詞 ma-）。
　　ケラオ語の否定副詞に 3 種類あり、pu³³ は漢語の不からの借用形で、sɯ⁵⁵ は
禁止形、のこりの ʔɒ¹³ が一般に使われる否定詞で、動詞・形容詞に後置する。
mo⁵⁵ ʔɒ¹³「来ない」。zu³³ ʔɒ¹³「良くない」。また肯定・否定の連接による疑問表
現があって、vu³³ mo⁵³ mo⁵³ ʔɒ¹³ ɲi⁵⁵「彼は来るか」、ka⁵⁵ ka⁵⁵ ʔa¹³「食べる
か」のように並べられる。目的語がある場合、否定詞は後置する。ka⁵⁵ ʔa¹³ mu⁵⁵

ʔɒ¹³（食べ―肉←犬の―ない）「犬の肉を食べない」。ʔa¹³ は ʔɒ¹³ の変形。仡佬語形は、張済民「貴州普定仡佬語的否定副詞」『民族語文』1983、による。

ラティ語の否定副詞は −lio³¹ の1種類で同様に文末に置かれる。

tha⁵⁵　ke³¹　qhɛ³³　kho⁵⁵　lio³¹　（彼らは家にいない）
彼　ら　いる　家　否定

ki³³　en⁵⁵　ko¹³　en³⁵　tin⁵⁵　lio³¹　（私は品物をもつが
私　もつ　品物　もつ　金　否定　　お金はもたない）

また、

ki³³　ta⁵⁵–ma⁵⁵　ku¹³　n̪ua¹³　n̪uŋ¹³　（私は今までに朝食を
私（は）　かつて　食べる　朝食　否定　　食べたことがない）

この −n̪uŋ¹³ は、チベット文語形 −myong/ňuŋ/ と一致する。

11）ラティ語は、チベット・ビルマ語に近似した語形を確かに少なからず含んでいる。その後発表された資料から若干の形式を参考のためあげておく。

ma⁵⁵	多い：	ビmya²（シャム mâak）	ŋ³³ qaŋ⁵⁵	苦い：	チkha-ba
nu⁵⁵	弩：	ビseinat	mɛ³¹ ɕaŋ⁵⁵	頭髪：	ビcham
ɕu⁵⁵	知る：	ビsi³–	ei³³	水：	ビrei＜riy
ʑe⁵⁵	長い：	ビhrăn–	la³³	…も：	ビlăn
n̪i¹³	眠る：	チgnyid-pa	phio³³	銀：	ビphru「白」
kho⁵⁵	家：	チkhang-pa	zɔ³³	百：	ビra
toiŋ⁵⁵	千：	ビthɔŋ			（'ビ'はビルマ文語、'チ'はチベット文語を示す）

12）陳正祥『眞臘風土記研究』香港中文大学出版、香港、1975。
　　［元］周達観原著、夏鼎校注『眞臘風土記校注』中華書局、北京、1981。
　　1980年にわが国で、三宅一郎、中村哲夫『考証真臘風土記』（同朋舎）が出ている。

13）現代クメール語形は Franklin E. Huffman, *Modern Spoken Cambodian*, Cornell University, Southeast Asia Program, 1970, による。

14）その後判明しているケラオ（仡佬）語、ラティ（拉基）語、ラクワ（普標）語の数詞（「一」から「十」）の形をあげておく。

	ケラオ語（安順）	ラティ語	ラクワ語
一	si³³	tɕiã³³	tɕia³³
二	su³³	su¹¹	ɕe⁵³
三	ta³³	te¹¹	tau⁵³
四	pu³³	pu¹¹	pe⁵³
五	mpu⁴⁴	m̩¹¹	ma³³
六	nan³³	n̪iã¹¹	mə°nam⁵³
七	ɕi²⁴	te²⁴	mə°tu⁵³
八	vla⁴⁴	ŋuɛ¹¹	mə°zɯ³³
九	səɯ²⁴	liu²⁴	mə°ɕia²¹³
十	pe²⁴	pɛ¹¹	pat²²

15）当時の資料をもとにしては、このように考えざるをえなかったが、1980年以降、仡佬語、拉基語、普標語がよく調査され、黎語を除く3言語がかなりの程度

に判明し、新言語布央語なども出現した段階になってみると、相互の関係はさほ
ど明瞭ではなくとも梁敏氏の提唱する新しい言語群‘仡央語群’の存在を認めざる
をえないことになるであろう。その経緯については付記（**224**頁以降）を見られ
たい。

　ベネディクトに、先見の明があったと言うべきかも知れない。

16)　Savina, François M., "Lexique đày-français accompagné d'un petit lexique
français-đày et d'un tableau des différences dialectales", *BEFEO* 31, Hanoi, 1931.

17)　トー語とヌン語はつぎの資料による。

　　Diguet, Edouard, *Étude de la langue thô*, Paris, 1910.

　　Savina, F. M., *Dictionnaire étymologique français-nùng-chinois*, Hongkong,
1924.

18)　ここでまずベネディクト以降、近年中国の研究者によって、タイ語とインドネ
シア（オーストロネシア）語の親族関係が重視されてきていることと、フランス
の研究者によって漢語とインドネシア語の間の親族関係の存在が提起されている
ことを述べておきたい（**245**頁以下、付記Ⅳ参照）。

　結論からいえば、現段階では両者ともにその証明はなお十分に納得させうるほ
ど成果を提出していないと思えるが、もし近い将来それらの言語間に親族関係が
存在したことが実証されたとすると、タイ語とインドネシア語と漢語を含めた大
きい言語グループが成立し、タイ語と漢語が従来のようにやはり親族関係をもつ
ことになる、それのみではない、東アジアのもろもろの言語に対する系統論から
の視点が ―― とくに日本語を含めて ―― 大きく変化することになるのである。

19)　George Coedès, *Les peuples de la péninsule indochinoise*, Paris, 1962,　ジョル
ジュ・セデス著／辛島昇等訳『インドシナ文明史』みすず書房、東京、1969。

　　Brian Harrison, *South-East Asia, A short history*, London, 1963,　ハリソン
著／竹村正子訳『東南アジア史』みすず書房、東京、1967、等参照。

20)　いまでは、いわゆる百越と呼ばれる民族集団の中に、オーストロネシア（南
島）語族に属する言語を話す集団がいたことが認められている。

21)　驃語の研究は、1910年代に Blagden が始めたが、のち1943年に Shafer が発表
した論文 (Further Analysis of the Pyu Inscriptions, *HJAS* vol. 7) によってやや
進展したものの、その言語の再構成は未だできあがっていない。Shafer はカレ
ン語との強い親族関係の存在を指摘し、チベット・ビルマ系言語との関連も示唆
した。Tha Myat, *Pyu Reader* （ビルマ文）(n.d.) なども出ている。藪司郎「ピ
ュー語」三省堂『言語学大辞典』参照。

　その後、計蓮芳はミャゼディ碑文をもとに驃語とビルマ語の関係を論じ、両者
が多くの近似した語彙と文法構造をもつのは、両言語が相互に影響し合っていた
ことを物語ると結んでいる。Shafer の論文にはふれていない（「驃緬語文関係浅
析」『民族語文』1996/ 6 期）。

22)　西田龍雄『緬甸館譯語の研究 ―― ビルマ言語学序説』松香堂、京都、1972、序
論 p. 15。

23)　このほかに珍稀な新しいタイプの『華夷譯語』『暹羅館来文対譯本』上・下、
二冊が内藤湖南旧蔵の『華夷譯語』の中にあった。これは同じく内藤湖南旧蔵の

『暹羅館来文』(20通) に対して、各来文を逐語的に取り上げ、各単語ごとに漢語をもとにして暹羅語とその読み方を示す体裁をとっている。上冊に10通、下冊に10通の来文に対する訳語が納められている。対訳本下冊のはじめは、来文の第11通にあたるが、来文の大意はつぎのようになっている。「暹羅国王哪倱が洪武九年 (1376) に大明皇帝から暹羅国銀印一顆を賜ったが、隆慶四年 (1570) の火災で焼けたので、今、金葉表文と蘇木などをもって、正使、副使、三使、大通事、衆頭目を差し遣わし、広東布政司に到着した。これより正使等を北京に送り、大明皇帝に叩頭して、銀印一顆を暹羅国に賜らんことを乞い願い奉る」とあり、ついで皇帝と皇后に献上する品の目録がつく (この来文はパリ国民図書館所蔵の『暹羅館来文』の最初の1通とほぼ同一の内容であるが、パリ国民図書館本には副使、三使の名は略され、大明皇帝はただ皇帝となっている。おそらくこれは清朝になって改めて編纂した折に削除したものと考えられる)。

さて、この来文に対して、対訳本では、

①暹羅国　②洗欲駝雅蟒榔　③ŝijúdthajamyaŋlǔaŋ²
王哪倱　　本音　　　　　phráʔ nakɔɔn
洪武九年　洪武苟比　　　huŋ² uu kau² pii
蒙　　　　枕絪　　　　　camgun
大明皇帝　本音　　　　　ta¹miŋ² vaŋ² ti
賞賜　　　朗晩　　　　　laŋ wan

というように、①漢語　②注音　③暹羅語の三者が並び、①と②は縦書き、③は90度右回転させて左から右へ横書きしている。

本音とは漢字音で読めという意味らしい。各頁に4語が納まり、この来文については全体で51語が取り上げられている。明らかに学習用の教本であるが、このような体裁の来文対訳本が存在したことを、著者はこの『暹羅館来文対譯本』ではじめて知った。

24) 　内藤湖南旧蔵本『八百館譯語』は雑字のみで最初に「續添」とあり、天晴、天陰に始まる。全体で256語が収録されている。これは東洋文庫本の續添とは合致

図2-24　『暹羅館来文対譯本 (下)』(内藤湖南旧蔵本)

せず、それにつづく『新増華夷譯語』と一致する。両本を比べると、内藤本ははじめの天暗から天黄に及ぶ 8 語が欠け、ところどころ単語の配列順に異同があり、表音文字に相違が見られるが、全体はほぼ一致している。

25) この八百語は著者の復元形であり、現代チェンマイ方言形も著者の調査ノートによっている。

26) あるいは、別のルートでビルマから雲南省徳宏地域への移動があったことも考えうる。梁敏、張均如『侗台語族概論』中国社会科学出版社、北京、1996、参照。

27) この百夷語の記録とは別に、いわゆる丙種本『華夷譯語』に含まれる『百夷館譯語』がある。それは会同館に属する通訳官が使ったと考えられ、そこに記録された言語（当時の口語）を百夷語 B と著者は呼んでいる。
　　　西田龍雄「十六世紀におけるパイ・イ語−漢語、漢語−パイ・イ語単語集の研究」『東洋学報』43 巻 3 号、東洋文庫、東京、1960。

28) 西田龍雄「漢字から生れた文字 —— 擬似漢字」『月刊言語』10 巻 11 号、大修館書店、東京、1987。

29) しかし、いずれも収録する単語の数が多くはない上に、保存が悪く、『芒市譯語』をはじめ虫食がひどい状態にある。

30) Needham, Jack Francis, *Outline grammar of the Tai* (*Khamti*) *language*, as spoken by the Khamtis residing in the neighbourhood of Sadiya, with illustrative sentences, phrase−book and vocabulary, Rangoon, 1894.

31) Weidert, Alfons, *Tai−Khamti Phonology and Vocabulary*, Wiesbaden, 1977.

32) Borua, Golap Chandra, *Ahom−Assamese−English Dictionary*, Calcutta, 1920.
　　　Borua, G. Ch., *Ahom−Buanji*, from the earliest times to the end of Ahom rule, Calcutta, 1930.
　　　Borua の『アーホム・アッサム−英語辞典』には声調の表記がない。
　　　羅美珍は、1990 年に昆明で開催された国際泰学会議にアッサムから出席したタイ学者から得たアーホム語の情況を伝えている（羅美珍「印度阿洪語文和我国傣文的関係」『民族語文』1995/ 4 期）。
　　　1990 年にアッサムで刊行された 'Lik Tai khwam Tai'（タイ文とタイ族の思想）によると、その編者は「死滅言語タイ・アーホム及びその辞書を読む」という一文のあとに「アーホム語はまだ消滅しておらず、依然北アッサム地区で使われている。現代アッサム語の中にも 1000 語ほどのタイ語がある」と註しているという。また「アーホム初級課本」も出ているらしい（1936、68、87 の 3 回刊行。アーホム文、インド文、英文対照）。アーホム語が完全に死滅していないことは事実かも知れない。
　　　傣語芒市の方言形は、ビルマにおいて調査した著者の資料によっている。シャン語は、J. N. Cushing, *A Shan and English Dictionary*, Rangoon, 1914. Reprinted in England, 1971, による。なおシャン語については、Linda Wai Ling Young の *Shan Chrestomathy*, Univ. of California, 1985, と Sao Tern Moeng, *Shan−English Dictionary*, Kensington, 1995, が刊行され、そこでは新しいシャン語綴字法が使われている。
　　　また、デンマークの Egerod 教授の三つの論文がある。

Essentials of Shan Phonology and Script,『史語集刊』29集、台北、1957。

Essentials of Khün Phonology and Script, *Acta Orientalia* 24, Copenhagen, 1959.

Three Shan texts, *Acta Orientalia* 26, Copenhagen, 1961.

33) シャン語は Cushing、カムティー語は Weidert、アーホム語は Borua, いずれも上掲資料に、芒市傣語は著者の資料に、傣雅語は邢公畹『紅河上游傣雅語』（語文出版社、北京、1989）にそれぞれよっている。

34) Gedney, William, A Comparative Sketch of White, Black, and Red Tai, *The Social Science Review* 1:1, Bangkok, 1964（未見）。

Fippinger, Jay and Dorothy, Black Tai Phoneme, with Reference to White Tai, *Anthropological Linguistics* 12, 3, Anthropology Department, Indiana University, 1970.

なお表記法は改めているが、黒タイ語と白タイ語はつぎの書物によっている。

Diguet, E., *Etude de la langue Taï*, Hanoi, 1895.（黒タイ語）

Minot, Georges, Dictionnaire Tẵy Blanc Français, *BEFEO* 40, Hanoi, 1940.（白タイ語）

35) 以下の傣語の情況はつぎの論文によっている。傅懋勣、刀世勳、童瑋、刀忠強「雲南省西双版納允景洪傣語的音位系統」『語言研究』1、科学出版社、北京、1956。

36) その後刊行された邢公畹の著書によって、タイ・ヤ語形を補っておく。

1 声	xa[1][55]	（下陰平）足	2 声	xa[2][53]	（陽平）茅草
3 声	ja[1][55]	（陰上）草	4 声	xa[4][31]	（陽上）天
5 声	xa[5][24]	（陰去）嫁	6 声	xa[3][11]	（陽去）樹の枝
7 声	mat[7][11]	（短陰入）蚤	8 声	kaat[7][44]	（長陰入）市
9 声	maat[8][32]	（短陽入）くくる			

ka[1][33] 上陰平「からす」と kaap[8][33] 長陽入「咬む」が加わる。本来の6声陽去声はすべて3声に入る。

37) 雲南省居住の傣族の言語は、数次にわたって調査が進められているが、その報告は、上掲註33）邢公畹『紅河上游傣雅語』のほかは、まだまとまった形で公表されていない。言葉の差異とともに、表記に使う傣文字の差異も興味ある対象である。現在雲南省では、つぎの4種の傣文字が使われている。西双版納傣文字（タイ・ロ文字）、德宏傣文字（タイ・ナ文字）、金平傣文字（黒タイ文字に近い）、傣繃文字（よりビルマ文字に似ている）。『中国少数民族文字』中国蔵学出版社、北京、1991、参照。

38) 『中国民族古文字研究』第二集（中国民族古文字研究会編、天津古籍出版社、1993）に羅美珍「車里譯語考」が含まれるが、主に字形を問題にしたもので、言語形を対象にしていない。以下は著者が以前から着手している研究である。

39) 西田龍雄「十六世紀におけるパイ・イ語−漢語、漢語−パイ・イ語単語集の研究」『東洋学報』43巻3号、1960、参照。

40) 1990年になってタイ・ラ [Tai[2] la[4] 傣拉] 語の存在が喃翠容によって紹介された（「傣拉話的語音特点」『民族語文』1990/ 1 期）。話手は 5000 人余りおり、雲南玉

渓地区の元江哈尼族彝族傣族自治県内に住むほか、紅河哈尼族彝族自治州の紅河哈尼族彝族自治県内に居住する。

　1982年秋の調査で特殊な独立の言語として浮上したという。文法面の構造はまだ不明であるが、その語彙は喩氏の上掲論文のほか、梁敏、張均如『侗台語族概論』(中国社会科学出版社、北京、1996)に収録されている。その語形を見ると、他のシャン系言語とはかなり異なっていて、特別な音変化をたどったことがわかる。とくに (1) 促声音節における長短母音対立の解消、(2) -k 末尾音の消失と母音の変化、(3) ts- 系音の発展などが興味深い。

　祖形との具体的な対応関係と現代タイ・ラ語の体系への発展過程についてはのちに示したいが、ここでは喩氏の研究にもとづいてその音韻体系をあげておく。

[タイ・ラ語]　　CVC/T

$$[タイ・ラ語]　　C_1VC_2/T$$

C₁-[初頭子音]=28
　　　単純子音20　　p　ph　m　f　v　t　th　n　ɬ　l
　　　　　　　　　　ts　tsh　ȵ　ç　j　k　kh　x　ˀ　h
　　　子音結合8　　　pj　phj　mj　vj　tj　lj　kʷ　xʷ
-V-[母音]=9　　　　i　e　ɛ　a　ɔ　ɯ　ɯ　ə
-C₂[末尾子音]=8 (3+5)　-i　-u　-ɯ,　-m　-n　-ŋ　-p　-t
T[声調]=10 (6+4)
　　　舒声調6
　1 (陰平) : 2 (陽平) : 3 (陰去) : 4 (陽去) : 5 (陰上) : 6 (陽上)
　　22　　　　　　54　　　　　　213　　　　　32　　　　　35　　　　　44
　　　　　　　　　　　　　　促声調4
　　　　　　7 (陰入) : 8 (陽入) : 9 (陰入) : 10 (陽入)
　　　　　　　(短)　　　　(短)　　　　(長)　　　　(長)
　　　　　　　213　　　　　32　　　　　35　　　　　44
　　　　　　陰入短=陰去：陰入長=陰上
　　　　　　陽入短=陽去：陽入長=陽上

41)　Maspéro, Henri, 'Contribution à l'étude du système phonétique des langues thai', *BEFEO* 11, Hanoi, 1911.

42)　口蓋垂音 qh- と ɢ- はラーマカムヘング王碑文においても、また『暹羅譯語』においても、それぞれ軟口蓋音の kh- と g- から弁別された字形で表記されている。

43)　漢語の中古漢語からの声調変化に比して述べると、シャム語では、陰去声と陽上声が合一したことになる。

44)　初頭音 MHL の分類については、西田龍雄「Tonematica Historica —— トネームによるタイ諸語比較言語学的研究」『言語研究』25 (日本言語学会、1954) を見られたい。またタイ諸語間の声調の発展については、Fang-kuei Li, 'The relationship between tones and initials in Tai' N.H. Zide ed., *Studies in Comparative Austroasiatic Linguistics*, Mouton, 1966, がわかりやすい。

　　声調言語の成立と発展については、西田龍雄「声調の発生と言語の変化」『月刊言語』8巻11号 (大修館書店、東京、1979)、および「東アジアにおける声調言

語の発展」月刊言語創刊15周年記念総合特集『日本語の古層』（大修館書店、東京、1987）を参照されたい。

　なお暹羅語の声調体系の詳細な研究は別の機会にゆずりたい。ここではその概要を示したのみで、なお多くの検討すべき問題が残っている。

45）　漢字音（明代順天音）は『等韻図経』のシステムによった。陸志韋「記徐孝重訂司馬温公等韻図経」『燕京学報』32期（北京、1947）にしたがっているが、王力『漢語語音史』（中国社会科学出版社、北京、1985、1997重印）を参照にして改めたところがある。

　明代漢語の声調型との対照関係からの推定には、不安定なところが多いのは避けがたい。とくに入声音の帰属が明らかでないことが少なくない。ここでは不規則な対応からその主な傾向を基本型としてとらえて示した。また『暹羅譯語』における綴字の変種や誤写に起因するところが含まれているかも知れない。いずれにしても、あらかじめ表音とくに声調に関しての規則を設定しておいて、それにしたがって規則的に漢字表音を行なったとは考えにくい。

46）　初頭の ŋ- および ñ- は漢字表音ではゼロで示されている。また長短母音の弁別は、全体を通して漢字表音から判別できない。

47）　暹羅語 ʼd- に対して、つねに漢語 l- があてられるのは、暹羅語が上述の傣拉語のように ʼd- から l- への変化をたどっていたためではなく、明代漢語にはすでに d- はなく、その有声性を表記しようとしたものと考えておきたい。同様に ʼb- に対しては、m- をあてている。

　　　　　ʼbuu raan　　　某藍 məu（上）　　古「buu ran」：/boo raan/

48）　たとえば J. Marvin Brown, *From Ancient Thai to Modern dialects*, Bangkok, 1965, があるが、正統な歴史的研究ではなく、主に方言比較であって文献的な裏づけに乏しいように思える。著者は、たとえば P. Schweisguth, *Étude sur la Littérature Siamoise*, Paris, 1951, のような、碑文・諸文献の背景に支えられ、年代的に印づけられた言語史を望んでいる。

49）　Fang-kuei Li, 'Some old Chinese loan words in the Tai languages', *Harvard Journal of Asiatic Studies*, vol. 8, 1945, 上掲註39）『東洋学報』43巻3号参照。

50）　この漢語の再構音は便宜上、Karlgren により、また八百語および百夷語は、著者の再構形を使った。

51）　同じく大清本に属するパリ・アジア協会本では、表音漢字に少し異同がある。
　　　子　拙 [chuat]、　巳　沒生 [məšəŋ]、　申　娃 [wak]、　酉　喇噶 [rakaa]
　　そして大明本（今西本『暹羅譯語』、ウェード本『暹羅譯字』、北京図書館本『暹羅番書』）はいずれも同じ語形を示しているが、酉は rakaa となる。この方が正しい。パリ国民図書館本など大清本は r- に替えて l- を使っている。

52）　Wulff, K., *Chinesisch und Tai—Sprachvergleichende Untersuchungen*, København, 1934.
　　そのあとで刊行された »Musik« und »Freude« im Chinesischen, København, 1935, は、上掲『漢語とタイ語』の補遺のような役割を果たしている。

53）　Savina, F. M., *Dictionnaire étymologique français-nung-chinois*, Hong Kong, 1924.

54） Esquirol, Joseph and Gust Williate, *Essai de dictionnaire Dioi–français*, Hong-kong, 1908.

55） 頼惟勤「『莫話記略』について」『お茶の水女子大学人文科学紀要』7、1955。のち、頼惟勤著作集Ⅰ『中国音韻論集』（汲古書院、東京、1989）に収録されている。

56） 西田龍雄「Tonematica Historica——トネームによるタイ諸語比較言語学的研究」『言語研究』25号（1954）、「マック・スイと共通タイ語」『言語研究』28号（1955）。なお、本書では莫語あるいはマーク語と表記する。

57） 李方桂『龍州土語』国立中央研究院歴史語言研究所単刊甲種之十六、上海、1940、『武鳴土語』中央研究院歴史語言研究所単刊甲種之十九、台北、1956。

58） Fang–kuei Li, The hypothesis of a pre–glottalized series of consonants in primitive Tai,『歴史語言研究所集刊』十一本、北京、1943。

59） Fang–kuei Li, Classification by vocabulary: Tai dialects',*Anthropological Linguistics*, 1.2, 1959. その後、1988年と1990年に剝隘土語の報告書が2冊刊行された。李方桂遺著『剝隘土語』（上冊）中央研究院歴史語言研究所専刊之八十六、台北、1988、同（下冊）1990。第一章「音韻概要」、第二章「故事、詩歌、謎語」（上冊）、第三章「語彙」（下冊）からなっている。

　　なお60年代のタイ語の比較研究に、Egerød, S., 'Studies in Thai dialectology' *Acta Orientalia* 26, Copenhagen, 1961, がある。

60） 韋慶穏、覃国生編著『壮語簡志』（民族出版社、北京、1980）による。

　　広西壮族自治区少数民族語言文字工作委員会研究室編『壮漢詞彙』1984、広西民族出版社および同研究室編『漢壮詞彙』（初稿、1983）があって便利である。なおいわゆる方塊壮字（変形漢字）と異体字を含めて、1万字以上収録した『古壮字字典』（初稿、広西民族出版社、1989）も有用である。

61） 喩翠容編著『布依語簡志』（民族出版社、北京、1980）による。この言語は50年代にかなり詳しい調査が行なわれて、『布依語調査報告』（科学出版社、北京、1959）が刊行されている。

62） 壮語の声調値はつぎのように示されている（前掲註60）『壮語簡志』による）。
T＝9声6調（舒声調6、促声調3）

1声	2声	3声	4声	5声	6声
24	31	55	42	35	33

7声		8声	9声
55（短）		35（長）	33（短）33（長）

63） 布依語の声調類はつぎの調値をもつ（前掲註61）『布依語簡志』による）。
T＝10声6調（舒声調6、促声調4）

1声	2声	3声	4声	5声	6声
35	11	13	31	33	53

7声	8声		9声	10声
35（短）	11（短）		33（長）	53（長）

64） 袁家驊「僮語/ r /的方音対応」『語言学論叢』第五輯、商務印書館、北京、1963、による。

65) これらの訳語で使えている壮文字については、西田龍雄『漢字文明圏の思考地図』（PHP研究所、京都、1984）を参照されたい。

66) この中、『大平府属土州県司譯語』のみが聞宥によって取り上げられた。聞宥「広西大平府属土州県司譯語考」『歴史言語研究所集刊』六本、北京、1936。

67) 「とんぼ」*ᵇbii M3は主にシャン（傣）語群の言語に分布する。タイ・ロ語 iʔ⁷ bi³、タイ・ナ語 mεŋ² mi³、タイ・ヤ語 mi³。暹羅語には［mεεŋpa¹ dun 捫八呑　蜻蜓］がある。シャム語　/malεεŋ　pɔɔ/。『泰漢詞典』（広州外国語学院編、商務印書館、北京、1990）には暹羅語形に対応する［mlεεŋpaʔ dun　蜻蛉］があった。

68) 喩世長「布依語幾個声母的方音対応研究」『語言研究』1、科学出版社、北京、1956、による。

69) 曹广衛「布依語的反語」『中国語文』1956/3期による。

70) この pap³ は、シャム語の「本」に対するもう一つの類別詞 chabàb（本、版）と同源である。

71) 西田龍雄「類別詞などをめぐって」『日本の言語学』第4巻（月報4）、大修館書店、東京、1979。

72) 漢蔵語における相互態の発展については、西田龍雄「漢蔵語族管見」『民博通信』No. 65, 1994、を参照されたい。

73) 梁敏編『侗語簡志』民族出版社、北京、1980、による。

74) 侗語には形態素が環境によって形式を変え、声調を変える現象が多い。石林「侗語的変音変調現象」は北部方言第一土語に属する高垻侗語について考察したもので、興味深い（『民族語文』1983/5期）。また石林「侗語声調的共時表現和歴時演変」『民族語文』1991/5期と、楊權「論侗語声調的発展及其在侗歌中的特点」『中央民族学院学報』北京、1992/3期がある。いずれも侗語の声調の成立を論じたものである。

75) ȵip はシャム語 niib (hniib)「はさみではさむ」と同源語である。

76) 残念ながら ʔəm³ と他言語とのかかわりは、いまのところはっきりしない。

77) いずれも漢語からの借用語であろう。

78) 李方桂「三種水家話的初歩比較」『歴史語言研究所傅所長記念特刊』台北、1951, 'The distribution of initials and tones in the Sui languages' *Language*, vol. 24, 1948, 'Tones in the riming system of the Sui language, *Word* 5, 1949.
その後、李方桂は、'The Tai and Kam-Sui Languages' *Lingua* 14, 1965, と『水話研究』中央研究院歴史語言研究所専刊之七十三、台北、1977、を出している。

79) 張均如編著『水語簡志』民族出版社、北京、1980、による。

80) 陽安方言では i 母音と ɪ 母音は弁別される単位である。この例では、樹 mɪ⁴ は祖形3 mai から、熊 mi¹ は祖形3 ʔmi から来ていて、祖形1および祖形2ともに対応する。

81) 李方桂 'Notes on the T'en (Yanghuang) language I: Introduction and phonology', 『史語集刊』36本、北京、1966。
'Notes on the T'en or Yanghuang language: Texte', 『史語集刊』37本、1967。
'Notes on the T'en or Yanghuang language: Glossary' 『史語集刊』40本、

1968。

その後、1984年に趙道文、呉啓禄「傷僙語簡介」(『語言研究』華中工学院出版社、武漢、1984/ 2 期) が発表された。それによると、羊黄語の話手は ai¹ thən²（jin¹ thən²）と自称する平塘河以西の住民のほかに、平塘河以東に住む ai¹ ẓaau¹（あるいは pʷɔŋ⁶ zaau¹）と自称する部族がいるらしい。この報告は後者に属する課寨話を記録したものである。また方言の区別はないが、土語の差異はあるとして、河東、河西、姚哨の 3 土語に分類し、それぞれの特徴を指摘している。

1995年には黎竟「伴僙語姚哨土語声母 ʔz, ʔj 考」(『民族語文』1995/ 6 期) が出て、姚哨土語の話手は少なくなり、60歳以上の人が話すのみで、消滅に近づいているという。この短い一文は、李方桂の観察した ʔz- は姚哨土語では ʔj- となっていることを述べ（「重い」李方桂 ʔzan² : 姚哨土語 ʔjan²）、この土語の ʔj- ʔz-と、他の土語および毛難語、水語、莫語の対応例を少数あげている。

82) このテン語の音韻体系は上掲註81) の李方桂の記述にしたがった。

83) 最近の莫語の調査によると（倪大白「莫話独塞音声母 b- d- 的演変和語言的自然補償現象」『民族語文』1984/ 5 期）、莫語の話手は約 1 万人いて（姓はすべて莫で、ʔai³ maak と自称する）、有声閉鎖音 b- と d- はそれぞれ ʔb- と ʔd- に融合する傾向にあるが、地点によってその融合に時間的ずれが見られることが判明したという。つぎの三つの地点の実体を見ると ʔd- と d- の融合の方が ʔb- と b-の融合よりも早く起こったことになる。

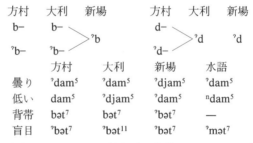

	方村	大利	新場	水語
曇り	ʔdam⁵	ʔdam⁵	ʔdjam⁵	ʔdam⁵
低い	dam⁵	ʔdjam⁵	ʔdam⁵	ⁿdam⁵
背帯	bət⁷	bət⁷	ʔbət⁷	—
盲目	ʔbət⁷	ʔbət¹¹	ʔbət⁷	ʔmət⁷

この論文の主旨は、d- : ʔd- の対立が、大利では ʔdj- : ʔd-（低い）になり、新場では ʔd- : ʔdj-（曇り）にかわっているが、この口蓋化現象を前の時代の音素対立の代償現象と見るところにある。

倪大白には「談水語全濁声母 b 和 d 的来源」と題する別の一文 (『民族語文』1980/ 2 期) があって、水語の b と d がそれぞれ pr-/pl- と tr-/tl- から来源し、無声無気音 p- と t- が、-r- と -l- の影響によって有声音 b- と d- に変わったことを論じている。たとえば dam⁵「低い」は、祖形 tram² に対応するように。

しかし、ʔdj- のような口蓋化がなぜ起こったのかは未解決の問題である。

一方、洪波の「台語声母 ʔb, ʔd 的変異」(『民族語文』1991/ 1 期) は、ʔb と ʔdの変化を一般理論と関連して考察したもので、つぎのように論じている。祖形のʔb- と ʔd- 以外から来源した ʔb- と ʔd- がある。たとえば臨高語（海南島）ʔb- はp- から、ʔd- は t- から来ている。そしてもとの ʔb- は v- に、ʔd- は l- と z-にそれぞれ変化した。その変化は整合的で規則性がある。なぜその変化が起こっ

たかというと、原始泰語で構造上均衡を保っていた b- d- と ʔb- ʔd の中、b- d-
が消失し均衡が破れたからである。そこで注意すべき事柄は、次の点である。
ʔb- ʔd- の方は、同じ部位の非破裂性あるいは軽い破裂の有声音に変わった
(ʔb->m-、v-、ʔd->l-、n-、z-)、それは、b- と d- が無声の破裂音 (p- ph-
と t- th-) に変わったのとは全く異なっている。しかし ʔb- と ʔd- はその言語に
はない形には変わらなかった。したがって、それは体系の簡単化であって更新で
はなかったことを意味する。そして ʔb- と ʔd- の変化は語彙拡散によって進行し
たとして、壮語に見られる現象をあげている。

　龍州土語は、50年前に李方桂が記録したときには ʔb- と ʔd- は完全に残ってい
たが、50年経た今日では ʔb- は m- に、ʔd- は l- に変わっている。龍州市内で
は壮語は家庭内でしか使われないが、老人だけが ʔb- と ʔd- を保存している。中
若年層でその変化が起こっているが (ʔbe³>me³「羊」、ʔdai¹>lai¹「よい」)、大多
数の若者はすでに壮語を理解できない。しかし龍州市外の八角郷などでは壮語が
話され、八角郷では ʔb- の変化は始まったばかりの段階にある。それは外部か
らの影響で起こったものではない。八角中学の生徒10名を対象に調査したとこ
ろ、2名に変化が見られた。ɯ- 母音の前の ʔb- のみに変化があらわれ、ʔ- には
起こらない。しかも2名の生徒の間で変化のあらわれ方が一致しない。それは語
彙の中で変化が拡散している過程にあることを反映する。

	粉	煩わしい	漱ぐ	絨毛
A生徒	mɯ¹	mɯ⁵	mɯɯn²	ʔbɯt⁷
B生徒	mɯ¹	ʔbɯ⁵	ʔbɯɯn³	mɯt⁷

　ʔb- の変化が ʔd- より早く起こっているのは、上述の莫語とは逆になっていて
面白い。

　陳忠敏は「論台語声母 ʔb ʔd 的演変」(『民族語文』1991/4期) を書いて洪波の
意見に反論している。タイ語の ʔb- と ʔd- の変化を一般化できないことを中国南
方の方言、呉語・粤語の現象から説き、第一に洪波氏がタイ語の ʔb- と ʔd- がつ
ねに陰調であることを見過ごしていることを指摘し強調した。

84) 梁敏編著『毛難語簡志』民族出版社、北京、1980。
　　王均、鄭國喬編著『仏佬語簡志』民族出版社、北京、1980。
85) この mu⁶ は、壮語 pou⁴、布依語 pu⁴ (シャム語 phûu「人」) と同源、klam¹ は
kam¹ 個と同源である。
86) 侗語の「年」n̩in² は、おそらく漢語からの借用形である。
87) 仏佬語土語の語形は上掲註84)『仏佬語簡志』から引いた。なお、侗語、水
語、毛難語の対応形はつぎのようになっていて、「腸」についても祖形1と祖形
3の間で母音の長短入れ替わりが見られる。

	侗	水	毛難	莫	テン	祖形2	祖形3
血	phaat⁹	phjaat⁷	phjaat⁷	phaat⁹	phaat⁹	liət²	phraat～phlaat
死ぬ	təi¹	tai¹	tai¹	tai²⁴	tai¹³	thaai¹	prai¹～trai¹
腸	saai³	haai⁴	saai³	žaai⁴⁴	thaai³¹	sai³	khraai³～thraai³

なお k- を接頭辞とする解釈がある。
　Graham Thurgood, K- prefixes in Kam-Sui and Kadai: Some noted., *Languages*

and History in East Asia, Festschrift for Tatsuo Nishida, Shōkadō, Kyoto, 1988.

88) Haudricourt, A. G., 'Remarques sur les initiales complexes de la langue Sek,' *BSLP* 58, Paris, 1963. のちに論文集 *Problèmes de phonologie diachroniques*, SELAF, Paris, 1972, に収録。

89) Gedney, W., 'The Saek Language of Nakhon Phanom Province' *JSS* 58, Bangkok, 1970.

90) セーク語の資料はその後永く公表されなかったが1993年になって、*William J, Gedney's The Saek language, glossary, texts, and translations*, edited by Thomas John Hudak, Center of South and Southeast Asian Studies, The Univ. of Michigan が刊行され、多くのテキストと語彙が知られるようになり、目下比較研究の対象となっている。
　　　ゲドニィーはそこで threɛk[6] 'Saek'（シャム語・ラオス語で［sɛɛk]）と表記しているので、ここではその部族名・言語名をセークと仮名表記した。

91) 1993年の資料では、つぎのように表記される。

	天	飛ぶ	雨	紫
（老年層）	bɯn[1]	bɯl[1]	vɯ[2]	vɯl[1]
（若年層）	bɯn[1]	bɯn[1]	vɯ[2]	vɯn[1]

なお「柴」の祖形3として ndiət を認定できる。莫語 dit[7][35]、水語 ndjət[7]、毛難語 ndit[7]、侗語 ȶət[7]、テン語 zet[35]。

92) Wulff, K. 1935（上掲註52)，Fang-kuei Li, Consonant clusters in Tai, *Language* 30, 1954.

93) 西田龍雄、1955（上掲註56)。いまこの祖形を ʔbl- と ʔbr- に改める。

94) 黒タイ語および白タイ語、ヌン語および龍州、武鳴土語はつぎの形式で対応する。

	黒タイ語	白タイ語	ヌン語	龍州土語	武鳴土語
月	büən[35]	bön[33]	büon[33]	bəən[33]	ʔdɯan[33]
花	båk[35]	bo[35]	beok	biook[55]	wa[33]
胆のう	—	bi[33]	nghédi[33] (tho)	di[33]	ʔbei[33]

95) 王均、鄭國喬編著『仏佬語簡志』（上掲註84)による。羅城県東門の仏佬語では l̩a[1] である。この形式もたぶん praa[1] から来源している。

96) Savina, F. M., *Le Vocabulaire Bē*, Présenté par A-G., Haudricourt, *PEFEO* 57, Paris, 1965.
　　　西田龍雄、書評論文『東洋学報』52巻、2/3号、1969。
　　　なお、橋本萬太郎、*The Be language*: a classified lexicon of its Limkow dialect, Tokyo ILCAA, 1980, がある。

97) 欧陽覚亜、鄭貽青編著『黎語簡志』（民族出版社、北京、1980)による。ほかに同じ著者の詳しい方言調査報告書『黎語調査研究』（中国社会科学出版社、北京、1983)がある。また、同じ編者の『黎漢詞典』が1993年に四川民族出版社（成都)から刊行された。

98) 王力「海南島白沙黎語初探」『嶺南学報』広東、1951。

99) これに対応するセーク語形は全く不規則で、むしろ祖形1に対応する異源語が
あたる。「九」kuu³、「軽い」vaw¹、「近い」tlɤɤ⁶、「低い」tam³。セーク語は上
述の「目」「死ぬ」のようなかなり特別な対応形、古形式を一部で保持しながら、
全体は祖形1にあたる語形を多量にもっている。その中で、この「近い」の例の
ようにシャム語 kl- に対して tl- を示すのは古い形態の残滓であって（シャム語
klâj<klaï）、そのほかの多くは中央部シャム語の形に同化されていったのかも知
れない。セーク語の世代の対立には末尾音 -l（老年）対 -n（若年）のほかに、
もう一つ、子音結合の第二子音が -l-（老年）と -r-（若年）の対立がある。シ
ャム語形は、老年層の -l- の方にあたっている。

	シャム語	セーク語（老）	セーク語（若）	黎語侾方言
遠い	klaj	tlay¹	tray¹	lai¹
鱗	klèd	tlɛk⁴	trɛk⁴	(loop⁷)
太鼓	klɔŋ	tlɔŋ¹	trɔŋ¹	laŋ¹
中央	klaaŋ	tlaaŋ¹	traaŋ¹	łooŋ¹ thom¹
塩	klya	tlua¹	trua¹	ȵaau³
話す	klàaw	traaw³		

セーク語は祖形1との間になお重要な対応関係を多数秘めているように思え
る。

100) 『中国少数民族語言簡志』（苗瑶語族部分）科学出版社、北京、1959、による。
ところがシャム語の辞書にも、plaa のほかに myn の形も登録されていること
がわかった。水語 mom⁶、仏佬語 məm⁶ は、それに対応するのであろうか。た
だし、シャム語 myn がサンスクリット mīna からの借用語である可能性も考え
られる。広州外国語学院編『泰漢詞典』（商務印書館、北京、1990）と棠花編著
『増訂泰華大辞典』（鷹標体育工業有限公司、Bangkok、仏暦2499）にも myn は
収録される。

101) 「血」の各言語の対応形は、つぎのようになっていて、

侗語	phaat⁹	莫語	phjaat⁴⁴
水語	phaat⁷	毛難語	phjaat⁷
テン語	phaat²²	仏佬語	phɣaat⁷

祖形3 *phlaat → phjaat
　　　↓　　　　　>phaat の発展を推定できる。
　　*phraat → phɣaat
祖形1　liət　：　祖形2　liət　：　祖形3　phlaat
祖形1,2　-iət　：　祖形3　-aat

102) このベー語形はサヴィーナおよびオードリクールによるが、その後、臨高語
については、梁敏「"臨高語"簡介」が出てのち、つぎの書物が刊行された。張
元生、馬加林、文明英、韋星朗編著『海南臨高話』広西民族出版社、1985。こ
の書は大へん有用であり、そこでは臨高語を三つの土語に分けている。(1) 臨高
土語、(2) 澄邁土語、(3) 琼山土語。この資料によると、上掲オードリクールの
ベー語に対して、臨高土語はつぎの形を示している。

行く	年	皮	角	肩	飛ぶ	火	雲	日	藤
bɔi¹	vəi²	naŋ¹	vau²	ʔbik⁷via³	vin¹	vəi²	ba⁴	vən²	saʔ⁷

$$bɔi^1 \quad vəi^2 \quad naŋ^1 \quad vau^2 \quad ʔbik^7via^3 \quad vin^1 \quad vəi^2 \quad ba^4 \quad vən^2 \quad saʔ^7$$
vai;saʔ⁷
（澄邁土語）

　なお、中国のタイ系言語の専門家は、中国内部のタイ語全体を①壮傣語支、②侗水語支、③黎語支の三つに大別するが、臨高語はその中①の壮傣語支に帰属させている（たとえば倪大白『侗台語概論』中央民族学院出版社、北京、1990）。

　また、張星、馬英「海南臨高話」『中央民族学院学報』1985、では、無声初頭音の有声音化と長短母音を弁別しないところから、臨高語を壮語の一方言と結論している。

103）　祖形 1 qhon H1「毛、羽毛」にあたる。これに対して保定 nooŋ¹ は祖形 1 hnaŋ H1「皮膚」に対応する。上掲註 102）『海南臨高話』では臨高土語 naŋ¹、澄邁土語 naŋ¹、琼山土語 nɐŋ¹′ の形をあげている。

104）　臨高土語では、「口」は bak⁷、「八」は bat⁷、「目」は da¹、「死ぬ」は dai¹ のように有声音化している。そして p- が b-[ʔb] に変わる前に、ʔb- は v- に変化していた。「薄い」*ʔbaaŋ M1 :（臨）vian¹、「肩」*ʔba M1 :（臨）ʔbik via、「村」*ʔbaan M3 :（臨）vɔ³、「飛ぶ」*ʔbin M1 :（臨）vin¹。

　臨高土語の v- にはそのほかの多種類の子音が統合されている。たとえば、「夢」*fan H1 : vən²、「日」*van L1 : van²、「糠」*ram L1 : vɔ⁴、「角」*qhau H1 : vau²、「毛」*qhon H1 : vun² など。一方 *ʔd- は l- になり、t- が d-[ʔd-] に変わった。「生の」*ʔdip : lip⁷、「出来る」*ʔdai M3 : lai³、「黒い」*ʔdam M1 : lam¹、「肝」*tap : ʔdap⁷、「低い」*tam M2 : ʔdɔm³、「落ちる」*tok : ʔdɔk⁷ など。

105）　たとえば「鶏」kai¹、「鴨」bit、「刀」mit¹ のような祖形 1,2 と同源である語彙を少なからずもち、規則的な対応を示す一方で、初頭子音の統合や脱落の現象を見せたり、あるいは飛躍的な対応を示したりしている。何か異質の基盤があったのではないかと考えさせられる。来源不詳の語形も少なくはない。

　初頭子音統合の例。「碗」*thuəi H3 : hui⁴、「青い」*qhïəu H1 : heu¹、「銅」*dɔɔŋ L1 : hɔŋ²、「知る」*ruu L3 : hu⁴、「痣」*rɔɔi L1 : hɔi²、「柱」*sau H1 : hau¹、「虎」*sïəH1 : ho³、「見る」ʔduu Mi : hu⁴。

　初頭音脱落の例。「苗」*klaa M3 : la³、「遠い」*klaï M1 : lɔi¹、「犁」*thlai H1 : lɔi²、「太鼓」*klɔɔŋ M1 : loŋ¹、「蛙」*kop : op⁸、「狭い」*gɛɛp : ep⁸、「鱗」*klet : liʔ⁷。

　飛躍的対応例。「路」*khʷən H1 : sun¹、「吠える」*khlau H2 : sau³、「痩せる」*phlɔɔm H1 : sum¹。

　来源不詳の語形。kən²「辣（からい）」、ȵum¹「たまご」、xom²「蟹」、vian¹「買う」、iŋ³「売る」、tin¹「歯」。

106）　そして子音は17音素の単純な体系となっている。
　　　b- m- f- v- ; t- d- n- ; k- ŋ- x- h- ʔ- ; ts- s- ȵ- j- l-

107）　臨高語は上掲註102）『海南臨高話』によったが、各語に括弧内に示した若干の変形がある。「一」it⁷（hə³）、「二」ŋi⁴（ŋəi⁴, vən³）、「三」tam¹、「四」ti³（tə³）、

「五」ŋa³ (ŋo⁴)、「六」sok⁷ (lok⁸)、「七」sit、「八」bet⁷ (bat⁷)、「九」ku³ (kiu⁴)、「十」təp⁸。梁敏「臨高話簡介」にも同様の異形をあげており、vɔn³ を「二」の主形式としている。これはシャム語の sɔ̌ɔŋ に対応するのであろう。

　参考のためセーク語の数詞を示しておきたい（ゲドニィーによる）。1. nɯŋ[52], ʾɛt[454], 2. sɔɔŋ[11], 3. saam[11], 4. sii[32], 5. haa[31], 6. rɔk[454], 7. cɛt[454], 8. peet[32], 9. kuu[31], 10. sip[32].

　シャム語形とほとんど同じ形である。

108)　臨高語も潜在型の類別詞をもち、数詞を含む名詞句は、(1) 名詞—数詞—類別詞、と (2) 数詞—類別詞—名詞の二つの型が両方ともに使われる。たとえば「三人（の）人」は、(1) leŋ⁴ hun² tam¹ na³ と、(2) tam¹ na³ leŋ⁴ hun² 二つの表現がある。後者は、漢語の影響によって出現したものである。

109)　臨高語では、指示詞を直接名詞に前置させることができ、指示詞—名詞の型をとる（nɔ⁴ dun³「この樹」、nə⁴ lan²「あの家」）。また、名詞—指示詞—類別詞も可能である。後者では必ず類別詞が要求される（dun³ nɔ⁴ dun³「この樹」）。これは、侗水語型とも異なった形態である。

110)　臨高語は降雨型である。dok⁷ fun¹「雨が降る」、uk⁷ van³「風が吹く」。

111)　臨高語では、祖形1の言語と同様に、動詞 -kan 型をとる。kit⁷ kɔn²「打ち合う」、tsen¹ kɔn²「互いに争う」。

112)　黎語の ta¹⁻ がロロ語の ta～tha 禁止形と通じると想定するならば、侗語の kʷe²⁻ も載瓦（アツィ）語の khɛ̌ 禁止形と対応する可能性も出てくる（三江侗語 kwaai¹¹）。また毛難語 k a m ²⁻ は *ka-mi から来源し、仏佬語 ŋ は、強いていえば ka-mi＞km̩＞ŋ の変化形であるかも知れない。

113)　臨高語の否定詞は祖形1の mai または祖形2の mi に該当する mən の形をとる。なぜ末尾に -n が出現したのかわからないが、動詞あるいは形容詞に先行する。mən² bɔi¹「行かない」、mən² hu⁴「知らない」、mən² mai²「良くない」。

114)　臨高語は、これらのいずれの言語とも異なった形を示している。「どの」nə³、「誰」leu² na³、「どこ」nə³ xɔt⁸、「何」ki³ kai³。

115)　Haudricourt, A. G., 'La langue Lakkia', *BSLP* 62, Paris, 1967.
　のち論集に収録、上掲註88) 参照。その後、毛宗武、蒙朝吉、鄭宗澤編著『瑤族語言簡志』（民族出版社、北京、1982）の中で、瑤語の二大方言勉語と布努語に並んで、拉珈語の概略が述べられている。その書の編著者は、拉珈語を壮侗語族の侗水語支に位置づけ、とくに侗語、壮語に近い言語とし、少数の常用語を比較している。たとえば、

	皮膚	たべる	否定詞	斧
拉珈語	pei²	tsen¹	hwãi¹	kuəən²
侗語	pi²	ꞔaan¹	kwe²	kwaan¹
仏佬語	ŋja²	tsaan¹	khu⁵	vo³

などは侗語形に近いが、つぎの語形はむしろ仏佬語にずっと近いように考えられる。

	櫛	晴れる	木の葉	来る	酸い	箸
拉珈語	mi¹ khjei¹	iŋ⁴	wa¹	taŋ²	khjom³	tsu⁶
侗語	khe¹ʼ	lik⁹ʼ	pa⁵	ma¹ʼ	səm³ʼ	ço⁶
仏佬語	khi	liŋ⁴	va⁵	taŋ¹	khjəm³	tsø⁶

	死ぬ	腸	虫	糠	薄い
拉珈語	plei¹	kjaai³	kja¹	kwə⁶	waaŋ¹
侗語	təi¹	saai³	nui²	pa⁶	maaŋ¹
仏佬語	pjai¹	kjaai³	kja¹	kwa⁶	vaaŋ¹

しかし全面的な比較研究はなされていない。名詞句構成をみると、(1) 指示詞は後置し、類別詞は前置する(しかし潜在型)。lieek⁸ ni²「この家」、lak⁸ ŋjun² nan²「類別―人―あの」。(2) 数詞が挿入されると数詞―類別詞―名詞―指示詞の順序をとる。

ŋo⁴ lak⁸ ŋjun²   ŋo⁴ pon seu¹ ŋau¹
五 人(の) 人   五 冊(の) 書 あの

また、a) 降雨型をとり(lei⁴ fen¹ 降-雨、kwɛɛt⁷ jom² 刮-風)、b) 否定詞は hwāi と ŋ³ の二つの形があり、動詞・形容詞に前置する。hwāi¹ pai¹「行かない」。ŋ³ hjiiu³「知らぬ」、hwāi¹ lai¹「良くない」。c) 疑問詞はつぎの形をもつ。「どれ」na⁶、「どこ」tei⁴ na⁶、「誰」nɛ⁴、「何」lak⁷ kɛ⁶。

116) 李方桂『上古音研究』商務印書館、北京、1980。

117) この漢語の再構形はカールグレンによっている。

118) 西田龍雄「タイ語と漢語」『東西学術研究所論叢』49、関西大学東西学術研究所、大阪、1960。
T. Nishida, 'Common Tai and Archaic Chinese', *Studia Phonologica* IX.『音声科学研究』京都大学音声科学総合研究部会 (1975) pp. 1〜12।

119) 陳其光「普標語概況」『中央民族学院学報』1984/ 4 期による。

120) カールグレンが丑に thniôg を推定するのは、丑がつぎの諸声文字の音符となることに根拠を置いている。
杻 niôg/ńieu: 羞 sniôg/sieu   忸 niôk/ńiuk
一方、李方桂は、つぎのように考えている。
「n- 声母の字が、t- と d- の文字の音符になるのは珍しいが、th- の音符になることはよくある。n- は無気の濁音であるから、d- と諧声してしかるべきだが、実際には出気音の th- の音符となっている。
能 n- : 態 th-   難 n- : 嘆 th-
それのみか、切韻で ŋ- あるいは ńz- に変わる文字の音符にもなるのである。
丑 th- : 扭 ŋ-
貴州省にいる苗族の言語を調査したとき、苗語に n- と hn- [n̥-] があって、hn- は ŋth- のように聞こえた。ŋa- と ŋtha- は非常に近いため、ŋ- が th- に変わることは不可能ではない。th- が n- と諧声関係になるのは、この th- が hn- から来源しているためであろう。そこで私は上古声母には m̥- のほかに hn- もあったと決定する」と述べている(上掲註116)『上古音研究』p. 100 以下)。
したがって丑は *hniôg>thiôg>thieu となる。

しかし、タイ語 plau<*plôg との対応は、上古漢語声母の推定に別の可能性を与える。phl->thl- の変化がありうるのだから、

タイ語 *phlôg>plôg>plau　漢語 *phlôg>thlôg>nthlôg $\genfrac{}{}{0pt}{}{>thi\^{o}g}{>ni\^{o}g}$

を推定できる。

121) Fang-kuei Li, 'The final stops in Tushan'『史語集刊』43本、台北、1971。

李方桂はつぎのように述べている。「独山方言は末尾閉鎖音 −p −t −k を保持するが −t は dental ではなく、弁別しにくいけれども retroflex になっている。フィールドノートには kɑtr212 noo54 'to cut meat', fiïtr54 kai35 'chiken wing' のように書いている。−t は初頭の t と同じ音素と考えてよいだろう。sat212「七」、peet212「八」。中古漢語で外国語の −t −d と −l −r を転写するのに、なぜ同じように末尾音 −t を使ったかは長い間、謎であった。たとえばチベット語の khod と khol に窟 khuot をあて、ḥbal に末 muât を使うとか、梵語 dhar (dharma) に達 dât を使うとかした。これは中古漢語には唯一の dental stop しかなかったから、dental stop にも liquid にも使われたと解釈されていた。一方、チベット文字による漢語の転写にも八 pǎt に par、舌 dzjät に zher があてられるのは、中古漢語の −t− が変化していたと見なければならないだろう。ペリオは末尾 dental を −ð と推測し、マスペロもそれにしたがったが、独山の形から見ると、中古漢語の dental stop は retroflex（おそらく有声 −ḍ または flapped −ɽ）になっていて、それが stop か liquid の両方に聞えたことは十分にありうることだ」。

122) 上述のように傣拉語にも類似の現象が起こっている。そこでは祖形１の −ak と −aak がともに −k を失い長母音化して −aaɯ に合一するが、本来の声調の対立はよく保持される。

重い	hnak	> naaɯ3[213]	陰入（短）
果物	hmaak	> maaɯ5[35]	陰入（長）
盗む	lak	> laaɯ4[32]	陽入（短）
引っぱる	laak	> laaɯ6[44]	陽入（長）
−ak	>−aɯk	>−aaɯk	>−aaɯ
−aak	>	−aaɯk	>−aaɯ

の変化と、陰入声（短）（長）と陽入声（短）（長）の弁別の保存が認められる。喩翠容「傣拉話的語音特点」『民族語文』1990/1 期、参照。

タイ系言語は漢語と同じく韻母 −VC₂ 形式を重視する言語であった。それゆえ、その歴史を考えるとき −VC の変化に注目すべきである。とくに −C₂ の形には、一般に祖形がよく保持されている。これは変化の大きい原則で多くの方言でまもられてきた。しかし中には雲南省緑春の方言のように、−m −n は脱落し −ŋ のみが保存されるという現象も起こっている。「三」sa1<saam H1、「水」nɛ4<nam L3、「酸っぱい」su3<suən H1、「甘い」va1<hwaan H1。

また高母音で短母音につづくという条件で −m −n は −ŋ に統一される。

「辺」hiŋ2<rim L1　　　「抱く」ʔuɛŋ3<ʔum M3

「舌」liŋ4<lin L3　　　「温かい」ʔuɛŋ5<ʔun M2

末尾閉鎖音は −p −t −k すべてが消失する。これは、一部傣拉語の形態に似ている。

重い	naɯ³	<	祖形1	nak		根	haɯ²	<	祖形1	raak
外	nəu²	<		nɔɔk		骨	ləu⁵	<		ʔduk
笠	kuɯ³	<		klup		渋い	fa⁵	<		faat
蚤	ma³	<		mat						

　貴州省北東部水城県で話される布依語田垻方言でも、末尾閉鎖音 -p -t -k はすべて脱落すると報告されている（前掲註61）『布依語調査報告』1959、地点36）。

　この種の現象はほかの方言土語に出現しても不思議ではないが、タイ系諸言語としてはむしろ例外的な印象を与える。

付　記

新発見の侗泰語支言語の概況

　つぎにその後のタイ語系の言語研究の進展を追加して、以下の4項目のもとに略述しておきたい。

　Ⅰ．侗泰（カム・タイ）語支新言語の発見
　Ⅱ．初期カダイ語の新展開——仡央語群の出現
　Ⅲ．海南島回輝語をめぐる問題
　Ⅳ．侗泰語と印尼（インドネシア）語同系論の発展

　この4項目のもとに述べる事柄は、実は根底において密接に関連するものであるが、便宜上、四つの項目に分けて、これまで発表された報告を私見を加えて紹介したい。

Ⅰ．侗泰語支新言語の発見

　中国少数民族言語の調査は、1950年代に当時の社会科学院語言研究所と中央民族学院の合同でかなり大規模に行なわれたが、その後、80年代になって改めて調査が再開された。その結果、雲南省、広西壮族自治区、広東省、海南島などでいままで名前さえ知られなかった新しい言語が続々と発見された。その中でカム・タイ語支の言語と考えられるものを列挙すると、つぎのようになる。

　どの言語についても未だ十分な資料は公刊されていないが、系統的な帰属関係はほぼ解決されている。

	[地点]	[言語名]	[報告者]	[年代]	[帰属語群]
1	海南島 （東方黎族自治県）	那斗語	符鎮南 欧陽覚亜	1981 1989	黎語の方言島
2	海南島 （東方黎族自治県ほか）	村語	符鎮南	1983	黎語の一員

3	雲南省 （文山壮族自治県）	普標語	陳其光 張均如	1983 1989	仡央語群
4	広西壮族自治区 （融水苗族自治県）	五色語	陳其光・張偉	1988	混合語
5	広東省 （懐集県）	標語	張均如	1989	侗水語群 （拉珈語）
6	海南島	回輝語	欧陽覚亜・鄭貽青	1983	南島語族
7	雲南省 （富寧、広南2県）	布央語	李錦芳	1996	仡央語群

この中、3の普標語はⅡで取り上げるほか、6と7は、それぞれあとのⅢとⅡで述べることにする。

1. 那斗語

海南島の西海岸にある東方黎族自治県八所鎮の南側の公路わきに、月村と那斗村と呼ばれる二つの村落がある。全体で400戸か500戸ぐらいで、総数2500人ほどの村民は特別な言葉を話している。1981年符鎮南が初めて調査し、ついで1989年に欧陽覚亜とともに補充調査を行なっている（「黎語的方言島——那斗話」『民族語文』1990/4期）。村民たちは then¹¹ lai¹¹（ライ語）と呼ぶが、その村名から符鎮南は那斗語と名づけた（lai¹¹ は黎語の自称でもある）。

符鎮南は、那斗語は黎語の中の美孚（西方）方言にかなり近いけれども、その特徴ははるかに美孚方言を超えていて、2村落の北方で話される軍話（北方漢語の西南官話）と南の新龍鎮で話される海南語（閩南方言）の強烈な影響を受けて、大きく変形した黎語の方言島であると結論した。黎語は5方言と一つの方言島からなるという。

那斗語は、符鎮南によると、子音26（ʔb、ʔd、pj、ŋj、kw、khw、ŋw がある）、母音7（a、ɛ、e、i、ɔ、o、u いずれも長短の対立がない）、韻母41（末尾音 -i、-u、-n、-ŋ、-ʔ）、声調5声からなる音素体系をもつ CVC/T 言語である。

ほかの黎語と比べると、つぎの特徴がある。

(1) -au と -aau が合一する。

	通什	保定	西方	那斗
木綿	haau³	haau³	haau³	hau²⁵
殺す	hau³	hau³	hau³	hau²⁵

(2) 末尾音 –p、–t、–k は –ʔ に合一する。

	通什	保定	西方	那斗
南京虫	kɯp^7	kɯp^7	kep^7	kɛʔ^{21}
弓	fat^8	vat̪^{7}	vat^7	vaʔ^{21}
落ちる	thok^7	thok^7	thɔk^7	thaʔ^{21}

(3) –m と –n は –n に合一する。

	通什	保定	西方	那斗
水	nam^3	nom^3	nam^3	nan^{25}
草	kan^6	kan^3		kan^{25}

(4) 黎語の –ɯ 母音に –ɛ があたる。

	通什	保定	西方	那斗
君	meɯ^1	meɯ^1	meɯ^1	mɛ^{11}
飽食する	khɯɯm^1	khɯɯm^1	khum^1	khɛn^{11}

またつぎのような対応例がある（通什：那斗：シャム語の対応例）。

「ひたい」pla^3：pja^{25}：hna^2 phaak/nâa phàak/、「血」ɬaat^7：laʔ^{21}：lïət/lŷad/、「盗む」ɬok^8：zaʔ^{21}：lak/lág/、「煮る」rooŋ^2：lɔŋ^{42}：huŋ/hŭŋ/、「月」ŋaan^1：ŋjan^{11}：dïən/dyan/、「問う」gaam^1：ŋanʔ^{21}：thaam/thǎam/、「肥える」guui^6：vui^{25}：bii/phii/、「みみず」gwan^1：ŋan^{11}：sai^2 dïən/sâidyan/。

これらは那斗語の方が変化した形であると考えられるのに対して、那斗語の形が古形式を保持している可能性を示すつぎの対応関係もある。

	通什 z– :	保定 hj– :	西方 n̠– :	那斗 ŋj– :	シャム語 hɲ–
虫	zan^5	hjan^2	n̠aŋ^2	ŋjen^{42}	
草	za^1	hja^1	n̠a^1	ŋja^{11}	hɲa^2/jâa/

	通什 h– :	保定 h– :	西方 ŋ– :	那斗 ŋ– :	シャム語 kh–
身体	huun^1	huun^1	ŋuŋ^1	ŋun^{11}	
毛	hun^1	hun^1	ŋoŋ^1	ŋɛn^{11}	khon/khǒn/

祖形4　*ŋjan^5「虫」 *ŋja^1「草」 *ŋuun^1「身体」 *ŋun^1「毛」

文法上の特徴として、つぎの諸点が指摘されている。

(1) 黎語には動詞・形容詞の前に ɯ^3 をつけて、名詞化する用法がある。たとえば khaau^1「白い」から ɯ^3 khaau^1「白いもの」を造り、la^2「食べる」から ɯ^3 la^2「食物」を派生させる。那斗語はこれにかわって漢語の「的」にあたる ni^{11} を動詞・形容詞のうしろに配置して名詞を形成する。この ni^{11} の来

源は詳らかではない。khau¹¹ ni¹¹「白いもの」、lau⁴²ni¹¹「食物」。

(2) 黎語では修飾語は被修飾語に後置する。たとえば「叔父の家」ploŋ³ fooi²（家←叔父）。那斗語にはこれにあたる用法（A）と、修飾語を前置させ ni¹¹ を加える用法（B）がある。後者は明らかに漢語の影響を受けている。

那斗語「叔父の家」	（A）	pjaŋ²⁵ tshui²⁵（家←叔父）
	（B）	tshui²⁵ ni¹¹ pjaŋ²⁵（叔父の →家）
「肥えた水牛」	（A）	foi²⁵ vui²⁵（水牛←肥えた）
	（B）	vui²⁵ ni¹¹ foi²⁵（肥えた →水牛）
「飛ぶ鳥」	（A）	faʔ²¹ ben¹¹（鳥←飛ぶ）
	（B）	ben¹¹ ni¹¹ faʔ²¹（飛ぶ →鳥）

（cf. 保定 tui³ gwei³「肥えた水牛」、taṭ⁷ beṇ¹「飛ぶ鳥」（A）型）

つぎに、符鎮南によると、『黎語調査研究』から常用語340語を取り出し比較したところ、那斗語と加茂方言を除く黎語諸方言の間に同源語が70％以上あった。そして那斗語と各方言間の同源語含有率の平均は74.33％である。他方、加茂方言と四つの方言を比較すると217語が4方言と同源で、比較語彙総数の63.82％にあたる。これはその他の方言との間の同源語含有率は、那斗語の方が加茂方言より高いことを示している、という。

那斗語を黎語の祖形4の伝承形と見て誤りはない。しかし那斗語の十分な資料は未公開である。

2. 村　語

海南島の西海岸東方黎族自治県と昌江黎族自治県で話される村語（村話）が、1982年に符鎮南によって調査され、翌年の『民族語文』誌上に発表された（「海南島西海岸的"村話"」1983/4期）。その時点で40数カ村、全体で6万人余りの話手がいた。ŋaau³⁵ fncc³⁵「村人」と自称し、その言葉を tshən³⁵ fɔɔn³⁵「村語」と呼んでいる。fncc³⁵ はシャム語の bâan にあたり、ŋaau³⁵ は黎語通什方言 ha³ aau¹、保定方言 u² aau¹「人」と同源で、tshən³⁵ は通什、保定の thun¹「言葉」にあたる。現地では、村語を黎語の方言と考える人はいないほど特別な形態をもっている。何ゆえか「村人」はずっと漢族と称しており、当地の黎族も漢族と見做してきたという。本当に漢族であったのであれば、なぜ6～7万人の漢人が、そしていつ頃から自己の言葉を放棄して少数民族言語を話すようになったのかが問題であるが、それはまだ解決されていない。

村語は、符鎮南によると、子音20（子音結合はない）、母音 9（長短の対立があ
る）、韻尾 8、声調 5（舒声調 5、促声調 5）からなる CVC₂/T 音節を主体とする言
語である。その体系はつぎのようになっている。

子音　ph b[ʔb] m f v、t[tθ] th d n l、k kh ŋ、ts tsh n̩、s z、ʔ h
母音　i e ɛ ə a u ɯ o ɔ
韻尾　-i -u -m -n -ŋ -p -t -k

a、i、u、ɯ 母音が韻尾をもつときのみ長短母音の対立がある。-i-、-u- を介
音とする結合を含み 97 韻母がある。

声調　（舒声調）　　1声 354　　2声 33　　3声 42　　4声 13　　5声 21
　　　　（促声調）　　　　 55　　　　33　　　　42　　　　13　　　　21

つぎに文法特徴を示す（欧陽覚亜、符鎮南「海南島村話系属問題」『民族語文』1988/
1 期による）。

(1) 修飾語は被修飾語に後置するが、di² 「的」をともなって前置しうる（di²
　 は那斗語の ni¹¹ と同じ機能をもつ。漢語からの借用形かも知れない）。

　　　kɯn¹ bɛk² dɛ¹ 「伯父の家」（家 ← 伯父）、あるいは bɛk² dɛ¹ di² kɯn¹ 「伯父
　　の家」。

　　　tshiat² ben¹ 「飛ぶ鳥」（鳥 ← 飛ぶ）、あるいは ben¹ di² tshiat² 「飛ぶ鳥」。

(2) 指示代名詞が制限するとき、被制限語の前に置く。lət⁵ は類別詞。

　　　hɛi³ lət⁵ kɔ⁴ 「この馬」（この ― 頭 ― 馬）。

　　　hɔ³ lət⁵ vɔi⁴ 「あの豚」（あの ― 匹 ― 豚）。

(3)「個」「匹」などにあたる類別詞は lət⁵、tsem⁵、ham⁵、kɔ³ の四つの形式を
　 もち、数の多少と関連して使い分けられる。lət⁵ は「一」に、tsem⁵ は「二」
　 に、ham⁵ は「三、四、五、六」に、kɔ³ は「七以上」の数詞と連用して、
　 混同しない（数詞は、七から十までと百は漢語からの借用語である）。

(4) 所有関係を示す助詞 ki²¹ は代名詞に先行する。

　　　　　ki²¹ mɔ²¹　　君の　　　　黎語（通什）kɯ¹¹ mɛɯ⁵³　　君の
　　　　　ki²¹ kə²¹　　私の　　　　　　　　　　kɯ¹¹ hou⁵³　　私の

　 この ki²¹ は黎語の kɯ¹¹ と同源で、位置は異なるが、TB 言語形を連想させ
　 る。

(5) 副詞は動詞に前置するが「先に」は後置する。

mɔ⁵ zai³ khuan⁵「君は先に行く」(cf. シャム語　kɔ̀ɔn)。

　基礎語彙の中、かなりの部分が黎語と同源であるが、村語独自の形も相当量ある。そして、黎族特有の風俗習慣に関する語彙は村語にはない。

　千語余りの語彙を比較すると、村語が含む漢語からの借用語の数は、黎語の中の漢語借用語の倍以上もある。『壮侗語族語言簡志』の語彙一千語を村語と比較するとつぎの結果が出たという。

　　村語と壮語布依語の同源語含有率　　　　　　　　平均23.39%
　　村語と侗語、仏佬語、水語、毛南語の同源語含有率　平均22.77%
　　村語と黎語の同源語含有率　　　　　　　　　　　平均38.55%

　黎語と相通する語形がもっとも多い。ほかの資料をもとにしても同じ結果が出ている。

　自然現象、動植物、身体部分などの最常用語132語を比較しても、黎語（通什方言）と同源語が65%以上あり、壮語とは35%、侗語とは31%余りになり、語彙の面では黎語との関係がもっとも近いという。

　音韻対応を見ると、

(1) 通什方言の ph、b、m、n、l、ts、ŋ、k、kh、ʔ の10初頭音は村語と全く同じ。

(2) 通什方言の p-、ʔw-、r- の3初頭音は、村語の b-、v-、l- の3音に併合される。たとえばつぎの対応例がある。

	通什方言	村語		通什方言	村語
星	raau⁴	laau⁴	鹿の一種	laai¹	lɔ(i)
むかで	riip⁸	lip⁴	猪	lat⁷	liat²
腸	raai⁶	la(i)⁴	爪	liip⁷	lip²

　村語では通什方言の r- と l- が l- に合一したことになる。

(3) 通什方言の pl-、f-、v-、t-、th-、d-、ɬ-、tsh-、z-、g-、ŋ-、h-、gw- などの13の初頭音は、村語の2種または3種の初頭音と対応する。

　黎語と村語の音韻対応関係は現在のところすべて明確になっているわけではないが、つぎに tθ/t/ と -at、-iat について考察してみたい（村語および通什方言の語形は、欧陽・符1988による。また、祖形1、2、3を祖₁、祖₂、祖₃で示し補った）。

村語 t- : 通什　i) t- th-、ii) ł-（来源は s- あるいは ł-）

「水牛」	tθoi^3 :	tui^3 :	祖$_1$ gwaay^{L1} : 祖$_2$ waay : 祖$_3$ kwi
「舌」	tθin^3 :	łiin^3 :	祖$_1$ lin^{L3} : 祖$_2$ lin : 祖$_3$ ma
「血」	tθɔt^2 :	łaat^7 :	祖$_1$ liət : 祖$_2$ liət : 祖$_3$ phlaat
「心」	tθem^5 :	łaau^3 :	祖$_1$ caï^{M1} : 祖$_2$ sim : 祖$_3$ səm
「酸っぱい」	tθaŋ^5 :	(fa^3) :	祖$_1$ som^{H1} : 祖$_2$ sɔm : 祖$_3$ səm
「猪」	liat^2 :	lat^7 :	祖$_1$ hmuu^{H1}–paa^{M1} : 祖$_2$ ʔdraai : 祖$_3$ ʔdaai
「鳥」	tshiat^2 :	tat^7 :	祖$_1$ nok : 祖$_2$ nok : 祖$_3$ nok
「蛙」	ʔiat^1 :	kaat^7 :	祖$_1$ kop : 祖$_2$ kwe : 祖$_3$ kwai
「蚤」	bat^4 :	poot^8 :	祖$_1$ hmat : 祖$_2$ hmat : 祖$_3$ m̩at<khmat
「鼻」	khat^2 :	khat^7 :	祖$_1$ ʔdaŋ^{M1} : 祖$_2$ ʔdaŋ : 祖$_3$ ʔnaŋ

村語は通什方言とは似るけれども、他の祖形とは全く異なる語幹をもっている。そして「鼻」khat^2 のように、上述の那斗語 khaʔ^{21} と通じる形も含まれる。「毛」那斗語 ŋen^{11}：村語 ŋən^1、「虫」那斗語 ŋjen^{42}：村語 ȵan^2、「塩からい」那斗語 ŋɔn^3：村語 ŋwanʔ^{25}（通什 gwaan^3）。

村語特有の語形も若干あげておきたい。「地」it^2、「水田」eŋ^1、「泥」baan^3、「犬」khak^5、「蛇」nai^3、「樹」nɛk^2。

符鎮南、欧陽覚亜は「海南島村話系属問題」（『民族語文』1988/ 1 期）の最後で、「村語と黎語の間に見られる違いは、方言間の差異の範囲を超えており、村語を黎語の一方言とするのは適当ではない。黎語群に属する別の一つの言語と見るべきである。一致する民族自称と漢族と自認することは、村語を一言語とする考え方を信じさせるものである」、と結んでいる。

（なおこの村語については、そのほか、符昌忠「海南村話的数詞」（『民族語文』1997/ 3 期）が出て、数詞の一から六までは固有語と漢語からの借用語が併用され、七以下は漢語の借用形が使われることを述べている。また 1996 末には同氏の『海南村語』が刊行されたらしいが、日本にはまだ到着していない。馬学良主編『漢蔵語概論』（下）壮侗語篇（倪大白執筆）、北京大学出版社、1991、および符緯宏主編『東方社会方言志』東方黎族自治県地方志辨公室（n.d）に村語の紹介があり、倪大白『侗台語概論』中央民族学院出版社、1990 にも著者自身の資料による村語の解説がある。）

3. 五 色 語
自称を e^{55} という壮族の言葉が 1988 年に登場する。陳其光、張偉両氏がその言

語の存在を『語言研究』誌上に紹介した（「五色話初探」1988/2 期）。この言語は広西壮族自治区北部の融水苗族自治県永楽郷で話され、壮語とは異質の言葉であり、漢語、壮語、仏佬語、毛難語、侗語の五つの言語のどれかを知る人はその一部を理解できるが完全な通話はできないところから、五色語と呼ばれている。永楽郷の郷民は 2 万 1000 人いて、そのなか約 5000 人がこの e 語を話すという。20世代前に湖南省の大巷口から移住してきたと伝えられる。はたして実際に混合言語なのか、たまたまそのような印象を与える形態に変化したのか不明であるが、典型的なタイ系言語の構造を具えながら、一部には古い形態を保持していることは確かである。陳・張両氏の報告によると、単純子音 27、子音結合 40 (-j- 型 17（＝老年層は -l- 型）、-w- 型 23)、母音 6 種、末尾子音 8 種 (-m、-n、-ŋ、-p、-t、-k、-i、-u)、韻母 54、声調 5 声（舒声調 5 声：42、31、55、24、35、促声調 2 声：55、24）の体系をもっている。

　侗語のように有声閉鎖音がない一方で、水語のように無声鼻音の系列がある。そしてセーク語のように、老年層と若年層の間に、pl- 対 pj- の対応が見られるという現象もある。

［五色語］	目	魚	虱 しらみ	唾液
老年層	pla⁴²	phla⁴²	mlan³¹	m̥lai³¹
若年層	pja⁴²	phja⁴²	mjɛn³¹	m̥jei³¹
［セーク語］	praa¹ （老・若年層）	plaa¹（老年層） praa¹（若年層）	mlɛl⁴（老年層） mlɛn⁴（若年層）	mlaay⁴ （老・若年層）
祖形 1	taaᴹ¹	plaaᴹ¹	mlenᴸ¹	namᴸ³ laajᴸ¹ ＜mlaaj

「虱」祖形 2　mlan² : 龍州 min²　布依 nɛn²　黎（通什）than¹
「唾液」祖形 2　mlaai² : 龍州 laai²　布依 naai²　黎（通什）nam³ ɬaai¹

　若年層で -l- が脱落する例もある。

	軟らかい	抜く（草を）	花
老年層	m̥ljok⁵⁵	pljəu⁴²	mljok⁵⁵
若年層	m̥jok⁵⁵	pjəu⁴²	mjok⁵⁵

　陳・張両氏の研究では、五色語には漢語からの借用語が多く、全体の 85％を占める。粤方言に近い土拐語（トウグァイ）からの借用であるという。そして、固有語 430 語の中、壮語、傣語と同源の単語は 292 あり（67.9％）、侗水語と同源語は 272 語

（63.3％）、黎語との同源語は 102 語（23.7％）あって、壮語、傣語、侗水語と近く、黎語とはやや離れているという結果を出している。同源語の対応関係が明瞭である語形も少なくない。代表的な例をあげてみる。

（1）無声無気閉鎖音は、無声無気閉鎖音に対応する。

「歩く」　pai^{42}　　：　祖$_1$ pai^{M1}：祖$_2$ praai^3：祖$_3$ paai

「年」　　pei^{42}　　：　祖$_1$ pii^{M1}：祖$_2$ pii^1：祖$_3$ mbe

「鶏」　　kɛi^{35}　　：　祖$_1$ kai^{M2}：祖$_2$ kai^5：祖$_3$ kaai^5

「低い」　tam^{35}　　：　祖$_1$ tam^{M2}：祖$_2$ tam^5：祖$_3$ ʔdam^5

（2）無声無気音の一部は、上掲「魚」のように出気音となり、本来の無声出気音と合一する。

「野菜」　phjak^{55}：祖$_1$ phak：祖$_2$ phlak：祖$_3$ ʔma^1

「芋」　　phjɔk^{55}：祖$_1$ phïək：祖$_2$ phlïək：祖$_3$ phlaak

「塩」　　khjo^{42}　：祖$_1$ klïə^{M1}：祖$_2$ klɯ^1：祖$_3$ klua^1

　祖形 1 qh− は、五色語で ph−、ph^w− となる。

「毛」　　ph^{w}ən^{42}：祖$_1$ qhon^{H1}：祖$_2$ phən^1：祖$_3$ ph^{w}un$^{1?}$

「売る」　phai^{42}　：祖$_1$ qhaai^{H1}：祖$_2$ khaai^1：祖$_3$ plai^1

「遠い」　khjai^{42}：祖$_1$ klai^{M1}：祖$_2$ klai^1：祖$_3$ klai^1

「卵」　　khjɛi^{35}：祖$_1$ khai^{H2}：祖$_2$ khlai^5：祖$_3$ klai^5

（3）祖形 1 ʔb− は m− に、ʔd− は l− に対応する。

「天」　　mwən^{42}：祖$_1$ va^{L3}：祖$_2$ ʔbïn^1：祖$_3$ ʔbən

「村」　　maan^{55}：祖$_1$ ʔbaan^{M3}：祖$_2$ ʔbaan^3：祖$_3$ ʔbaan

「得る」　lai^{55}　：祖$_1$ ʔdai^{M3}：祖$_2$ ʔdai^3：祖$_3$ ʔdai

「良い」　li^{42}　　：祖$_1$ ʔdii^{M1}：祖$_2$ ʔdai^1：祖$_3$ ʔdai

（4）有声鼻音側面音の無声鼻音側面音への統合が顕著に見られる。

「水」　　n̪am^{55}　：祖$_1$ nam^{L3}　　　「鳥」　　n̪ok^{55}　：祖$_1$ nok

「重い」　n̪ak^{42}　：祖$_1$ hnak　　　　　「厚い」　n̪a^{42}　：祖$_1$ hna^{H1}

「帰る」　m̪a^{42}　：祖$_1$ ma^{L1}　　　　「来る」「馬」m̪a^{35}：祖$_1$ ma^{L3}

「豚」　　m̪u^{42}　：祖$_1$ hmu^{H1}　　　　「犬」　　m̪a^{42}：祖$_1$ hma^{H1}

　祖形 1 の伝承語シャム語などが $\genfrac{}{}{0pt}{}{\text{m−}}{\text{hm−}}$ ＞m− のように有声鼻音に合一された

のとは反対に、五色語は $\frac{\text{m}^-}{\text{hm}^-}$ > m̥- のように無声鼻音に統合している。

*l- : 「風」 ɬəm^{42} : 祖₁ lom^{L1} 「盗む」 ɬek^{55} : 祖₁ lak

*hl- : 「酒」 ɬau^{35} : 祖₁ hlau^{H3}

*r- : 「漏れる」 ɬo^{35} : 祖₁ rəu^{L2} 「家」 ɬan^{42} : 祖₁ rïən^{L1}

*hr- : 「耳」 ɬo^{42} : 祖₁ hruu^{H1} 「石」 ɬin^{42} : 祖₁ hrin^{H1}

*h- : 「かつぐ」 ɬap^{55} : 祖₁ haap 「吠える」 ɬau^{35} : 祖₁ hau^{H2}

　祖形の l-、hl- : r-、hr-、h- は、すべて五色語では ɬ- に合一されている。

　陳・張両氏は、五色語の中の、壮泰語と同源でない語幹は固有語の 33.5％を占めているという。しかしそこにあげられた例の中には、壮泰語と同源である可能性をもつ語も少なからず含まれている。

「手」 muŋ^{31} : 祖₁ mïï^{L1} 「虫」 m̥je^{42} : 祖₁ mlɛɛŋ^{L1}

「刀」 hja^{55} : 祖₁ braa^{L3} 「肉」 mam^{24} : 祖₃ naan^4

「死ぬ」 pjɛi^{42} : 祖₁ taai^{M1} 「買う」 ty^{35} : 祖₁ drïï^{L3}

　五色語の資料と研究は、残念ながらその後まとまった形で公刊されていない。この言語は漢語から強い影響を受けたのをはじめ、周辺諸言語との接触交流を通じて変貌したことは間違いがない。一方で、古い声調類をかなり規則的に伝承し、上掲「目」や「死ぬ」において初頭音 pj-＜pl- を保持していて、正にセーク語レベルの古さを示している。この事実だけでも五色語は大いに存在価値をもっていると言わねばならない。

4. 標　語

　広東省肇慶地区の北部、懐集県の西南部にある詩洞、永固、大崗、梁村、橋頭などに居住する 7～8 万人の人々によって話される標語の存在が、1989 年になって張均如によって紹介され、標語（kaaŋ^{55} peu^{55} あるいは paau^{55}）が漢語の方言ではなく、壮侗語群の言語特徴をもつことが明らかにされた（「標語与壮侗語族語言的比較」『民族語文』1989/ 6 期）。

　張均如の研究によると、初頭音は 20、有声閉鎖音も無声鼻音もなく、子音結合もない。母音は 9 種で a 母音以外は長短の対立はない。末尾子音は 6 種であるほか、音節鼻音が 2 種あり、韻母は 79 種になる。声調は 10 声 6 調（舒声調 6、促声調 4）からなる。

	C-（初頭子音）20				-V-（主要母音）9			-C（末尾子音）6		
p	ph	m	f	w	i	y	u	-m	-n	-ŋ
t	th	n	θ	l	ɛ	ø	o	-p	-t	-k
ts	tsh	n̥	s	j	œ	a	ɔ			
k	kh	ŋ	h	ʔ						

音節鼻音 2 m̩ ŋ̍

韻母 79

声調　舒声調 6 ： 1 声 55　2 声 214　3 声 54　4 声 132　5 声 35　6 声 22

　　　促声調 4 ： 7 声 55　　　　　　　　　8 声 12　9 声 35　10 声 22
　　　　　　　　（短）　　　　　　　　　　（短）　　（長）　　（長）

　張均如はまず標語の概略をつぎのようにいう。秦漢以前、壮侗語を操る先祖の部族は、広西と広東の西南部、それに雲南の東部にいたが、標語を話す先祖もそのもっとも東側に居住していた。当時の分布地はいまよりずっと広く、話手も多かっただろう。標語の先祖はこの地帯に住む漢人によって壮侗諸語を話す先祖と引き離された。とくに隋唐時代に侗水語を話す先祖が北遷して以後は、相互の往来は少なくなっていた。標語はその変貌した情況から見ると、黎語についではげしく変わり、傣語、シャム語、ラオス語のいずれよりも大きく変化している。標語が壮侗語と共通の特徴をもつことは明らかであり、同源語も多く、規則的対応関係ももっているが、その形式は甚だ変貌している。その中で声調体系は、入声が陰陽と母音の長短によって 4 分割されるという大きい特徴をもつほか、多少の例外があるものの、かなり規則的な伝承を示している。

　　陰調　　$A_{1\to1}^{[55]}$　　$B_{1\to3}^{[54]}$　　$C_{1\to5}^{[35]}$　　$D_{1S\to7}^{[55]}$　　$D_{1L\to9}^{[35]}$
　　陽調　　$A_{2\to2}^{[214]}$　$B_{2\to4}^{[132]}$　$C_{2\to6}^{[22]}$　$D_{2S\to8}^{[12]}$　$D_{2L\to10}^{[22]}$

　つまり上表からわかるように、漢語的にいうと、平上去入（A B C D）が陰陽に分裂し、入声はさらに母音の長短を条件に 4 分割され、陰平と陰短入、陰去と陰長入、陽去と陽長入、陽上［132］と陽短入［12］がそれぞれ合一して、6 声 10調体系が形成されたことになる。

　「高い」　　θœŋ[1][55]　：　祖₁ suuŋ[H1]：祖₂ saaŋ[1]：祖₃ phaaŋ[1]
　「有る」　　mii[2][214]　：　祖₁ mii[L1]：祖₂ mii[2]：祖₃ mii
　「苗」　　　sø[3][54]　　：　祖₁ klaa[M2]：祖₂ kja[3]：祖₃ kla
　「ナイフ」　tso[4][132]　：　祖₁ braa[L3]：祖₂ pja[4]：祖₃ mla

「やまもも」　fɔi$^{5[35]}$　　：　祖$_1$ × ： 祖$_2$ se^5 ： 祖$_3$ saai^5
「細かい糠」　ta^1 pu$^{6[22]}$　：　祖$_1$ ram^{L1} ： 祖$_2$ hram^2 ： 祖$_3$ pa^6
「出る」　　　uk$^{7[55]}$　　：　祖$_1$ ʔɔɔk ： 祖$_2$ ʔɔɔk ： 祖$_3$ uk
「ひげ」　　　phut$^{9[35]}$　：　祖$_1$ nïet ： 祖$_2$ × ： 祖$_3$ mut
「蟻」　　　　mat$^{8[12]}$　：　祖$_1$ mot ： 祖$_2$ mat ： 祖$_3$ mət
「根」　　　　jøk$^{10[22]}$ ：　祖$_1$ raak ： 祖$_2$ hlaak ： 祖$_3$ ×

古い声調類の枠組をはずれた例もある。たとえば「火」pai^1 は祖形 1 vai^{L1} が代表するように *pai^2 を期待したいし、「笑う」wɔ^2 は祖形 1 hrəu^{H1} のように陰調を期待したい。一方でこのような移動が、この言語の発展にとって、別の特定の意味をもっている可能性があるけれども、ここでは立ち入らない。

　本書の著者は、この言語の最も大きい特徴は、古い声調類を保ちながら、語形を初頭音と母音で大きく変形し、韻尾は古形式を保持するという形態にあると考えている。初頭音の大きな変貌の意味するものが何かは、まだ十分に判明していないが、まずその二、三の実例を示してみたい。

「苦い」　　　tham^1 ：　祖$_1$ qhom^{H1} ： 祖$_2$ qhom^1 ： 祖$_3$ qam
「啼く」　　　than^1 ：　祖$_1$ qham^{H1} ： 祖$_2$ qhan^1 ： 祖$_3$ can

に見られる qh- に対応する th- の出現は、注目すべきであろう。

「犬」　　　　mu^3 ：　祖$_1$ hma^{H1} ： 祖$_2$ hmu^1 ： 祖$_3$ m̩a<khm̩a
「豚」　　　　ki^4 ：　祖$_1$ hmu^{H1} ： 祖$_2$ m̩u^1 ： 祖$_3$ m̩u<khm̩u　（cf. 村語 khak^5）

もし「豚」ki^4 と hmu^{H1} が同源であるとすると、大変貌を遂げたことになる。ts-、tsh- の来源も特異である。

「臼」　　　　tsuk^8 ：　祖$_1$ Grok ： 祖$_2$ glom^1 ： 祖$_3$ klum^1
「金」　　　　tsam^3 ：　祖$_1$ gam^{L1} ： 祖$_2$ × ： 祖$_3$ cəm
「舌」　　　　tshu^1 ：　祖$_1$ lin^{L3} ： 祖$_2$ lin^4 ： 祖$_3$ ma
「蛇」　　　　tshy^1 ：　祖$_1$ ŋu^{L1} ： 祖$_2$ ŋɯ^2 ： 祖$_3$?
「まばたき」　tship^2 ：　祖$_1$ brip ： 祖$_2$ ʔjap ： 祖$_3$ dlap
「晒す」　　　tshy^5 ：　祖$_1$ taak ： 祖$_2$ taak ： 祖$_3$ sa^5
「雨」　　　　tshan^1 ：　祖$_1$ phron^{H1} ： 祖$_2$ phən^1 ： 祖$_3$ fən^1
「羽根」　　　tshat^7 ：　祖$_1$ priik ： 祖$_2$ pik ： 祖$_3$?
「肩」　　　　tshu^5 ：　祖$_1$ ʔbaa^{M1} ： 祖$_2$ ʔbaa^5 ： 祖$_3$ ×
「黒い」　　　tsham^3：　祖$_1$ ʔdam^{M1} ： 祖$_2$ ʔdam^1 ： 祖$_3$ ʔnam

ts-、tsh- の来源は、実にさまざまな形式をもっている。子音結合の変形は、$C_1 C_2$ のどちらかを消滅させる形態ではなく、$C_1 C_2$ を C_3 に融合する傾向に走った。しかも破擦音は1種であるというタイ語群の宿命から抜け切れなかった。

「頭髪」 θam^1 ： 祖$_1$ phrom^{H1} ： 祖$_2$ phrom^1 ： 祖$_3$ pram

(cf. ビルマ文語 cham)

も、子音結合の摩擦音への融合を示し、

「売る」 pha^1 ： 祖$_1$ khaai^{H1} ： 祖$_2$ khaai^1 ： 祖$_3$ pe^1
「耕す」 phai^1 ： 祖$_1$ thai^{H1} ： 祖$_2$ kwai^1 ： 祖$_3$ kwai
「糞」 thai^3 ： 祖$_1$ khi^{H3} ： 祖$_2$ khai^4 ： 祖$_3$ qe

も、th-、kh-、ph- 相互の移動現象を示している。

　もしこれらが真実同源語であるとすると、なぜこのような広範囲の統合が行なわれたのか理解に苦しむ。

　母音の対応関係は、上掲諸例からわかるように複雑であって、全体を簡単には見通せない感がある。あるいは対応関係成立の層を考えるべきかも知れない。

　語彙について張均如の行なった比較の結果を紹介しておこう。対象とした比較語彙総数 2111 語の中、漢語からの借用語は 1275 語（60.39%）、固有語は 836 語（39.61%）の割合になり、固有語の中、詩洞標語の特有語は 348 語あり、壮侗語との同源語は 488 語あるという。その内訳を見ると、壮泰語、侗水語、黎語すべてと同源が 106 語、壮泰語、侗水語のみと同源 191 語、壮泰語、黎語と同源 6 語、侗水語と黎語とのみ同源 8 語、壮泰語群とのみ同源 90 語、侗水語群とのみ同源 50 語となり、最後の侗水語群とのみ同源語にラッキャ（拉珈 Lakkia）語を加えると 87 語となる。標語とラッキャ語の同源語は 37 語もあるという。

　ここでラッキャ語が登場してくるが、この言語は上述したように、もともと瑶語の一方言として扱われていたが、オードリクール（Haudricourt）がタイ語系言語の一つであると認定したものである。そのラッキャ語と標語の関係を若干の語形から考察しておこう（拉はラッキャ語）。

「重い」　標 tshak^7 ： 拉 tsak^7 ： 祖$_1$ nak ： 祖$_2$ nak ： 祖$_3$ zan^1 ： 黎 khɯn^1
「餓える」　標 soi^3 ： 拉 sei^3 ： 祖$_1$ ʔjaak ： 祖$_2$ jiik^7 ： 祖$_3$ jaak ： 黎 tshok^7 ran^4
「水田」　標 jo^6 ： 拉 ja^6 ： 祖$_1$ na^{L1} ： 祖$_2$ na^2 ： 祖$_3$ ja^5 ： 黎 ta^2
「鳥」　標 phuk^7 ： 拉 mlok^7 ： 祖$_1$ nok ： 祖$_2$ nok<nrok ： 祖$_3$ nok ： 黎 tat^7

これらの例から見ると、標語は確かにラッキャ語と近似し、他のタイ系言語一般とかけ離れている。そこから張均如の提案のように、標語はラッキャ語との同源語がもっとも多く、ラッキャ語と一緒にして侗水語群に入れるとよいという結論に導かれうるかどうかは、なお検討がいると思われる。

　たぶん標語を話した先祖と、侗水語、ラッキャ語を話した先祖はともに広東省西南部と広西の東南部一帯に居住し、その言葉も同じかまたは近似していた。隋唐以来、まず侗水諸族が北遷し、ついでラッキャ語の話手が遅れて北遷したが、標語を話す先祖とやや長い期間交流していたため、同源語がそれだけ多く保有されていると解釈できる。

　1990年になって、陳延河が広東省大峒の標語にa^{42}＋VP型疑問句があることを報告した（「大峒"標話"的a^{42}＋VP型疑問句」『民族語文』1990/4期）。

　例、tɛu^{51} siiə^{44} a^{42} mui^{51} mai^{51}？「河に魚がいるか」。mui^{51}「ある、いる」、mai^{51}「魚」（シャム語 mii plaa hmai？にあたる）。

　これは呉語にある疑問句構成法の影響が考えられ（蘇州語　倷阿去？　阿が疑問句構成語）、通常のタイ系言語にはない型である。TB語派の言語にはある。呉語の基底に彝語系言語の存在を想定する著者には、この事実は大へんありがたい。

Ⅱ．初期カダイ語の新展開 —— 仡央語群の出現

　貴州省の西部と中部、雲南省東南部の文山壮族苗族自治州と広西壮族自治区の西部、それにベトナムの北部一帯に、人口は多くはないが、相互に系統上関連をもつ一言群が分布することが確認された。1970〜80年以降、仡佬語（ケラオ）、拉基語（ラティ）、普標語（プビャオ）などの調査が進行して実質上、ベネディクトが初期に提唱した意味におけるカダイ語群の展開となった。

1．新カダイ語群の成立
(1) 仡佬語。貴州省の遵義はじめ13県に分布し、約6000人の話手をもつ（上述、89頁および193頁註15）参照）。
(2) 拉基語。文山壮族苗族自治州馬関県南部からベトナム北部地区にかけて話される言語で、li^{13} pu^{33} lio^{33} と自称するラティ人は約9000人いる。その中、ベトナムに住む約7000人はラティ語を話すが、中国に住むラティ人は250人（金広鎮の花拉基族）のみがラティ語を話すだけで、そのほかは漢語を話し

ている。

(3) 普標語。qa³³ biau³³ と自称する部族は中越国境に近い雲南省麻栗坡に住み、457人いる。ベトナムに居住する三十数戸150人は普標語を話すが、中国側の四十数戸307人は7割以上が、もはや普標語を話さない。

　　かなり特異な形式を保持しているが、高齢者の間でもすでによく記憶されていないらしい。

(4) 布央語。pa³³ ha³³ と自称する部族は雲南省富寧県、広南県に住み、約1500人の話手がいる（2000〜3000人ともいわれる）。pu³³ ʔjaaŋ⁴⁴ は壮族による呼称である。

(5) 耶容語。jɛ⁵⁵ joŋ¹² と自称し、広西壮族自治区那坡県に住む約300〜400人によって話される。

(6) 木佬語。貴州省東部の麻江県に住む約3万人によって話される。

(7) 羿人語。gau¹³ と自称し、貴州省畢節県と四川省古藺県の交わる山中に住む3000人を超えない話手によって話され、消滅の危機にある。

2. 張済民による仡拉語の下位分類

張済民はこれらの言語は、あと半世紀もすればすべて完全に消滅するだろうと言い、仡拉語族としてつぎの三つの語支に分類する（『仡佬語研究』貴州民族出版社、貴陽、1993。語族は語派にあたり、語支は語群にあたる）。

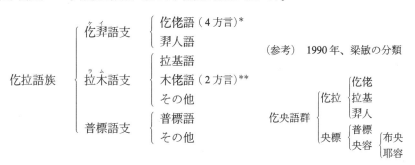

*仡佬語の4方言
　（1）黔中方言　　　　　　　　（2）黔中北方言
　　　1．平埧県大狗場土語　　　　　1．第一土語
　　　2．普定新寨土語　　　　　　　2．第二土語
　　　3．織金県熊寨土語

（3）黔西南方言　　　　　　　　（4）黔西方言
　　１．六板牛坡土語　　　　　　　　１．大方県普底土語
　　２．隆林摩基土語　　　　　　　　２．鎮寧県比貢土語
　　３．麻栗坡県老寨土語
　　４．水城打鉄寨土語　　　　**木佬語の２方言
　　５．遵義尖山土語　　　　　　（1）麻江龍里方言
　　　　　　　　　　　　　　　　（2）凱黒白臘方言
（拉基語には方言はなく、七つのやや大きい支系がある）

　張済民はこの仡拉語族を蔵緬語族や壮侗語族などと並ぶ漢蔵語系（語族）に所属する一語族（語派）として扱っているが（『仡佬語研究』p. 478）、中国の研究者は仡佬語を所属未定の言語としたり、侗泰語の一語群としたり、拉基語とともに苗瑶語派に入れたりしている。

　その中で『侗台語族概論』の著者、梁敏と張均如は、つぎのようにまとめている。

3．梁敏の研究 —— 仡拉語群の特質と仡央語派の提唱

　中国の学者の調査研究によって、仡佬、拉基、普標、布央などの言語の音韻構造と文法特徴は互いによく一致しており、泰語群、侗水語群、黎語の言語とも基本上同じ形態であることが判明したとして、つぎの数項目の特質を指摘する。

（1）とくに安順の仡佬語（黔中方言平壩県土語）と摩基の仡佬語（黔西南方言第二土語）は、多くの複子音をもつ。

（2）仡佬語と拉基語の韻母は著しく単純化していて、末尾の閉鎖音はすでに消失している。

（3）摩基仡佬語と拉基語と普標語は、語幹に前出する音節をもつ単語が多い。

（4）仡佬、拉基、布央、耶容の諸言語は、否定副詞をすべて述語、目的語の後方に置き、ときには句末に配置されることもある（192頁註10）参照）。

（5）これらの言語は黎語と同様に、ほかの侗泰語とは異なった形式の数詞をもつ。

（6）これらの言語はすべて声調言語であるが、言語間に声調の明確な対応関係は成立しない。したがって統一的な調類を設定して秩序づけることができない。ほかの侗泰語に対しても、それ以上に乱れた対応関係を示している。

（7）これらの言語の声調は、互いに分裂してのちに発生し発展したものである

ことがわかる。

(8) これらの言語間で、そしてそのほかの侗泰語との間にも一定量の同源語がある。

スワーディシュの基礎語彙にもとづいて算出できる同源語の比率は、a) 仡佬、拉基、普標、布央の言語間で30％から40％余りある。b) それらの言語と壮語、侗語、傣語、黎語の間では25％から30％余りあり、c) 苗瑶語との間では少なく、多くて11％足らず、少なくて５％ぐらいになる。d) 仡佬語と拉基語間の同源語はかなり多数あり、音韻構造も似ているから、両言語は小言語群を形成すると見做しうる。e) 普標語と仡央語の間の同源語の含有比率も高く、両者は末尾閉鎖音と末尾鼻子音を完全に保存する。f) 耶容語と布央語も比較的近く、一つの小言語群をなす。

1990年に梁敏は「仡央語群的系属問題」と題する一文を発表して、つぎのような大胆な提唱を試みた（『民族語文』1990/ 6 期）。

これらの言語群に、侗泰語族と並立する新語族仡央語族を設定する。それと同時に侗泰語族と仡央語族を包括する大語族として百越超語族の建設を提唱する。ところが1996年になって、この提唱を引き下げるのである。その後、学者、専門家たちと検討したが、この分類には考慮の足りないところがあったとして、つぎの諸点をその理由として述べている。

(1) 仡央語族の話手は極めて少ないこと。ベトナムの Laha（拉哈）語（ベトナム北部紅河、黒河一帯で話され、仡央語群の一つと考えられる）の情況は不明であるが、そのほかの言語の話者は 2 万人にも及ばないから、それを一つの語族として数千万人あるいは数百万人の話手がいる侗泰語族や蔵緬語族、そして苗瑶語族と肩を並べるのは不都合である。

(2) 侗泰語族と仡央語の上に一つの超語族を設定するとなると、蔵緬語族と苗瑶語族との関係も不釣合となること。

(3) 仡央諸語と侗泰諸語の同源語含有の比率はかなり低いが、侗泰諸語と黎語の間の比率も同じ程度である。また仡央諸語と侗泰諸語の調類の対応関係が不明瞭であるのと同じように、黎語と侗泰諸語の対応関係も明瞭ではない。したがって黎語が侗泰語族の一語支であるならば、仡央語も侗泰語族の語支であってもおかしくはない。蔵緬語族の場合、語支間の差がかなり小さいのもあれば、ほかの語支との差が非常に大きいものもある。内部間の差異の大

きさが揃っていない語支は一つの語族として成立するのに不利であるかどう
かの問題は、解決に難しくはない。いくつかの段階に分けて研究を進行すれ
ばよいのであって、『侗台語族概論』は侗語泰語両語支の範囲内で比較研究
を進めて再構形を設定する。黎語の形も仡央諸語の形も比較や再構成にかか
わらない。したがって以前の提唱を放棄し、仡佬、拉基、普標、布央、耶容
等の言語は、侗水語支や泰語支とはかなり疎遠な関係にあるけれども、侗泰
語族の中の一つの独立語支として位置づける。

　これは上掲の張済民の分類、漢蔵語系の下位語族として仡佬語族を蔵緬語
族、壮侗語族などと肩を並べて配置するのと大きく相違する。

　なお黎語については、仡央諸語と同様に独自の基数詞をもち、侗泰語との
間で同源語の含有率もせいぜい23％から27％どまりの低い状態であるが、
やはり引き続いて侗泰語族の中の独立した語支と認めておくという。

　梁敏が指摘する上述の諸点について、ここでは具体的に諸形式を議論して
いないが、なお検討の余地が残されており、多くの資料が出現してのちの作
業として今後の研究にゆだねねばならない。

4. アメリカとロシアの研究

アメリカではテキサス大学の Jerold Edmonson 教授がこの言語群に注目して
いる（*Kadai II*, Discussions in Kadai and SE Asian Linguistics, Univ. of Texas, 1990）。

　またラハ語には、ロシア（ソビエト時代）とベトナム協同プロジェクトとして進
められたベトナム北辺の言語調査の報告書がある（Н. В. Солнцева, Хоанг Ван Ма:
Язык Лаха, Лингвистический Очерк, Материалы Соьетско-Вьетнамской
Лингвистической экспедиции 1979 года, Наука 1986 Москва）。

　1993 年に第 26 回国際漢蔵語学会が大阪で開かれた折、Solntseva 教授は 'The
words with presyllables in Kabeo' と題する発表をされたが、この Kabeo 語が普
標（Pupeo）Laqua 語にあたる。その発表の最後で、「系統的に見ると Kabeo 語に
は、Mon-khmer 語のみならずベトナム・ムオン語とも、また日本語とも音形上
類似する語彙ストックがあることをあげておきたい、それが同源語なのか借用語
なのかはわからないが」、と言っている（*Current Issues in Sino-Tibetan Linguistics*,
Kitamura, Nishida, Nagano ed. Osaka, 1994, 参照）。

Ⅲ. 海南島回輝語をめぐる問題

　海南島の回輝語(かいき)の発見とその研究は、言語に類型上の転換が起こりうるのか、とくに多音節を主体とする言語から単音節言語への転換、そして無声調言語から声調言語への移行がはたして起こりえたのかの問題を検討し実証する得難い対象となった。

　まず、その発見と研究経緯の概略を述べておきたい。

　1983年、欧陽覚亜と鄭胎青が海南島崖県に居住する回族の言葉、回輝語について音韻、語彙、文法にわたって、その概略を紹介した。

　1986年にその紹介者の一人鄭胎青が、回輝語は南島語族(Austronesian)の占語群(Cham)に属する言語であるとして、実際はチャム語に近いRhade(拉徳)(ラデ)語と回輝語の語彙比較を試みた。

　1988年になって侗泰語の専門家倪大白が三亜回族の言葉(回輝語と言わない)とインドネシア語の語彙比較を提供し、その言語を南島-漢蔵語、もしくは馬来-漢語(Malayo–Sino)と呼ぶべきだと提唱した。

　1992年と1995年には雲南省の蒙斯牧は「オーストロ・タイ語発展の三つの歴史段階、インドネシア・ラデ語と回輝語」とその「続」を書き、インドネシア語から回輝語に発展する中間の段階にラデ語を位置づけ、まずインドネシア語とラデ語の語彙比較を、ついでラデ語と回輝語の語彙比較をそれぞれ行ない、全体の発展をあとづけようとした。1996年には鄭胎青の「論回輝話声調的形成与発展」が発表されたが、その後、1997年に至るまで回輝語自体のまとまった資料も他言語との比較研究論文も公刊されていないと思う。以上の諸論について、もう少し詳しく述べてみたい。

　海南黎族苗族回族自治州崖県羊欄公社回輝大隊に700戸3700数人の回族がいるが、その先祖は12世紀から13世紀にかけて、インドシナ半島の占城(いまのベトナム南部平定県一帯)から海南島に漂流した難民であって、『古今図書集成職方典』には占城回教人と記録されている。その回族は、回輝語を話すほか周辺の漢語海南話(閩南方言)、軍話(西南官話)と邁話(マイ)(粤方言土語)を話し、当地の黎語を理解する人も少なくないという。

　回輝語の音韻体系は19子音、7主要母音と10声調(舒声調5、促声調5)から成

り立つ。

C–（初頭子音）					–V–（主要母音）			–C（末尾子音）		
p	ph	ʔb	m	v	i	ɿ	u	–n	–ŋ	–i
t	th	ʔd	n		l	e	ə	o	–t	–k	–u
ts			ȵ	s	z		a			
k	kh		ŋ	h	ʔ					

声調　（舒声調）　5：1声 55　2声 33　3声 11　4声 35　5声 53
　　　（促声調）　5：　　　　2声 33　3声 21　4声 45　5声 53　6声 32

　1983 年以前の正確な資料がほとんどなかった段階で、1941年にベネディクトはチャム（Cham）語との関係を認めていたが（P.K. Benedict, A Cham Colony on the Island of Hainan, *HJAS*, 1941）、欧陽覚亜と鄭貽青は、その註の中で「われわれの調査資料によると、回輝語はチャム語とは全く異なるものである」と述べている。

　そして回輝語の特質をつぎの数項目にまとめている（以下は、それを著者が要約したもの）。

　(1)　回輝語は単音節声調言語である。

　(2)　屈折変化はなく、文法意味を表現する付加成分に欠け、文法関係は虚詞と語順による。

　(3)　声母は単純で複子音はない。韻母は複雑で、五つの末尾音があるが–m と–p はない。

　(4)　a、i、u には、長短母音の対立がある。

　(5)　ʔb– と ʔd– があり、母音に始まる音節はない。

　(6)　一定数の量詞（類別詞）がある。

　(7)　独特の数詞がある。

　(8)　壮侗語と同じ単語が少数あるが、他の言語とは異なった基本語彙をもつ。

　(9)　文は主語 — 動詞 — 目的語型、主語 — 動詞 — 目的語 — 補語型である。

　(10)　定語（形容詞）は中心語のあとに、状語（副詞）は中心語の前に置かれる。

　したがって回輝語は漢蔵語の一般的特徴をもち、侗泰語派諸言語にかなり近い。その系統論はさらに進んだ検討を待つべきであると結んでいる（「海南島崖県回族的回輝話」『民族語文』1983/ 1 期）。

その翌年 1984 年にフランスの **A.-G. Haudricourt** は「海南島若干言語の声調」
(『民族語文』1984/ 4 期) の中で回輝語の声調発生にふれ、この言語の五つの声調
は、有声閉鎖音の無声音化 (かつ出気音化) と声門閉鎖韻尾の消失に由来するもの
であると述べ、海南島チャム語＝回輝語と、(19世紀中葉の) チャム語の比較例を
若干並べたが、説明が少なく要領を得ない内容になっている。

鄭貽青のラデ語と回輝語の語彙比較

1986 年になって鄭貽青が「再談回輝話的地位問題」(『民族語文』1986/ 6 期) を発
表した。オーストラリア国立大学出版の *A Rhade-English Dictionary* (J.A. Tharp
と Y-Bham Buon-Ya 著、Canberra 1980) を使ってラデ語と回輝語の語彙を比較し、
両者の密接な関係を証明した。ラデ語は南島語族のチャム語群に属する言語で、
ベトナム中部高地の共通語として分布し、約 10 万人の話手をもつ。上述辞典の
2600 語と回輝語 3000 語の中、ともに収録される 1211 語を探し出し、その中 475
語が同じか近い語であって、比較語彙総数の 39％を占める。この四百数十語の
中に、両言語間の主要な音韻対応関係を見出したという。

そしてラデ語と回輝語の音韻対応関係を、声母と韻母と声調について例示す
る。代表例をあげる (ラデ語形は鄭氏の引用に従う)。

1. 声母の比較 (以下、ラデ語形：回輝語形)

(1) ラデ語 p、t、k、ʔ、ph、th、h、m、n、n̠、ŋ、l、s などの声母は、回輝
語でも同じである。

「餓える」epa : pa³³、「四」pǎ : pa³⁵、「火」pui : pui³³、「石」(bɔh) tâo :
tau¹¹、「魚」akan : kaan³³、「あご」kaŋ : kaaŋ³³ など。

(2) ラデ語の ʔb と ʔd には、回輝語でも同じように ʔb と ʔd、n があたる。

「顔」ʔbǒ : ʔbo³⁵、「頭髪」ʔbuk : ʔbu³⁵、「指」kʔdieŋ : (na¹¹) ʔdiaŋ³³、「の
ど」ʔdok : (na³⁵) noŋ³³、「小さい」ʔdiet : niak⁴⁵ など。

(3) ラデ語 b、d、g は、回輝語で ph、th、kh になる。

「水牛」kbao : phaau¹¹、「千」ebâo : phə¹¹、「胸」(ʔdah) da : tha¹¹、「蟻」
hdăm : a¹¹ than¹¹、「歯」egɛi : (hu¹¹) khai¹¹。

(4) ラデ語 dh は、回輝語で th になる。

「ひたい」dhɛi : thai³³、「扇」dhiăr : thi⁵³。

(5) ラデ語 t̠ と ʔd̠ は、回輝語で ts になる。

「砂」t̠uah : tsua⁵⁵、「山」t̠ǔ : tsə³⁵、「塞ぐ」ʔd̠iet : tset³³。

(6) ラデ語 ɗ と ɗh は、すべて回輝語で s になる。

「七」kɗuh : su⁵⁵、「近い」ɗɛ̌ : se⁵³、「踏む」ɗuǎ : sua⁵³、「縫う（服を）」ɗhɨt : si³⁵。

(7) ラデ語の r は、回輝語で主に z に、一部で s になる。

「南京虫」arɛh : zua⁵⁵、「蝿」erue : zuai³³、「血」erah : sia⁵⁵、「針」erŭm : sun¹¹。

(8) ラデ語の j は、回輝語で z になり、少数は ʔ になる。

「樹」(kə) jâo : (phun³³) zau³³、「波」(puh) jǎ : (pho¹¹) za³⁵、「蔬菜」ejǎn（瓜）: ʔiat³³。

(9) ラデ語の w は、回輝語で v になる。

「忘れる」wər : van³³、「痩せる」ewaŋ : vaan³³、「（魚を）釣る」wah : va⁵⁵。

(10) 回輝語には初頭複子音がないから、ラデ語の複子音との対応関係はかなり複雑になる。

i) ラデ語の br と gr の r は、回輝語で消失し、有声閉鎖音が無声出気音に変わる規則により ph と kh になる。

「米」braih : phia¹¹、「仕事」bruǎ : phua⁵³、「雷」grăm : khiin¹¹、「吠える」grɔh : khiə⁵⁵。

ii) ラデ語の pr と kr は、回輝語では i と y 介音をもった p と k になる。

「大きい」prɔ̌ŋ : pyok³³、「猿」kra : (na¹¹) kia³³、「中間、中央」krah : kia⁵⁵。

iii) ラデ語の tr は、回輝語の ts になる。

「降りる」trun : tsun³³、「重い」ktrɔ̌ : tsiau³⁵。

iv) ラデ語の dr は、回輝語では s になる。

「薬」(ʔea) drao : siau¹¹、「（一）羽」（類別詞）drɛi : si¹¹。

v) ラデ語の pl と tl は、回輝語では p と k になる。

「十」pluh : piu⁵⁵、「笑う」tlao : kiau³³、「三」tlâo : kiə³³、「盗む」tlɛ̌ : ke³⁵。

vi) ラデ語の kl は、回輝語では k と kh になる。

「知る」klaŋ : kian³³、「禿げる」klo : kiu³³ (ko³⁵)、「かつぐ」klăm : khiat³²、「倒壊する」klɯh : khiə⁵⁵。

2. ラデ語の初頭音および韻尾と、回輝語声調の対応関係

（1）ラデ語の h 子音に終わる音節は、回輝語では大部分が単母音で高平調になる。

　　「薄い」epih : pi⁵⁵、「打つ」pɔh : po⁵⁵、「射つ」mnah : na⁵⁵、「生の（肉）」mtah : ta⁵⁵、「舌」elah : la⁵⁵。

（2）ラデ語の有声閉鎖音 b、d、ɖ、g の音節は、回輝語では低平調になる。

　　「羊」be : phe¹¹、「灰」hbâo : phə¹¹、「二」dua : thua¹¹、「雨」hɖan : saan¹¹、「背負う（子供を）」gui : khui¹¹。

（3）ラデ語の鼻音、側面音 m、n、ŋ、l および無声音の音節（母音もしくは鼻音で終わる）は、回輝語では中平調になるものと、低平調になるものがある。

　　「五」ema : ma³³、「名前」anăn : nan³³、「耳」kŋa :（na¹¹）ŋa³³、「どれ」lei : lai³³、「花」mŋa : ŋa¹¹、「教える」mto : to¹¹。

（4）ラデ語の末尾に閉鎖音をもつ音節、もしくは短母音（声門閉鎖音をもつものと見做せる）の音節は、回輝語では母音韻尾で高昇調となるか、あるいは声門閉鎖音に終わり高降調になる。

　　「羽根」siap : siau³⁵、「竹のふし」atŭt : tu³⁵、「頭髪」ʔbuk : bu³⁵、「落ちる」lĕ : le³⁵、「住む」dok : thoʔ⁵³、「影」mŋăt : ŋaʔ⁵³、「肥える」emă : maʔ⁵³。

（5）ラデ語の鼻音に終わる音節は、回輝語では閉鎖音韻尾（連続するとき閉鎖音のあとに同部位の鼻音をともなう）をとり、中降調になる。

　　「晴れる」klaŋ : laak³²、「酸っぱい」msăm : saat³²、「深い」elam : laat³²、「ろうそく」diăn : thet³²。

（6）ラデ語 ie、iao、ao などを韻母とする音節（数は少ない）は、回輝語では声門閉鎖音に終わる中降調と低降調となる。

　　「酒」kpie : paaiʔ³²、「藤」hwie : vaaiʔ³²、「左」ʔdiâo : taaiʔ³²、「できる」thâo : tiauʔ³²。

3. 回輝語で起こった変化

以上のような回輝語とラデ語の比較から、回輝語で起こった変化をつぎのように推定できる。

（1）ラデ語の複子音（pr、br、tr、dr、kr、gr、pl、tl、kl）は、回輝語で全部単子音となった。

（2）ラデ語の初頭の有声閉鎖音（声門閉鎖音をもたない）は、回輝語ではすべて

無声出気音となった。

（3）ラデ語の r、l、n などの子音韻尾は、回輝語では消失するか、または鼻音になった。

「忘れる」wər：van^{33}、「白蟻」muor：mua^{33}、「聾」kŋăl：（ŋa^{33}）ŋiu^{33}。

（4）ラデ語の閉鎖音韻尾は、回輝語では大部分が脱落する。

「腸」proʈ：poi^{35}、「草」rə̆k：zə^{35}。

（5）回輝語は、子音韻尾の脱落によって、語義を区別する声調を生んだ。

最後に、回輝語がチャム語群のラデ語と親縁関係をもつことは明らかだが、漢蔵語族の言語の強い影響の下にあって、類型上すでに大きな変化を遂げていることも見逃してはならない。

「回輝語とラデ語は、それぞれ特色をもった二つの言語であり、回輝語をチャム語群の中のかなり特殊な独立言語として位置づけるべきである」と結んでいる。

著者は、この鄭貽青の研究は大きな発見であり、興味深い研究として評価したい。

1988 年に侗泰語の専門家倪大白が「海南島三亜回族語言的系属」（『民族語文』1988/ 2 期）を発表する。

1983 年の論文が出てのち、倪大白は海南島のその地を訪れ、より完備した資料を記録したのち、三亜市で回族言語とインドネシア語の比較研究を進めたという。その真意はわからないが、倪大白はずっと三亜回族言語と称して回輝語とは呼ばない。本書では回輝語で統一した。そして比較の結果は、自分の視野が開けたのみならず、侗泰語の系統論研究に大きな啓発を受けたと述べている。

回輝語の体系は、1983 年の欧陽・鄭両氏の体系とほぼ同じで、声母は 19 に変種 5 を加えただけで本質的には変わらず、7 母音 57 韻母とし、韻尾は −n、−t、−ŋ、−ʔ、−i、−u で −k を改め −ʔ を使い、声調は、舒声調 5 種、55、33、11、24、42 と促声調 4 種、55、33、21、42 とし、促声調に 24 調がないところが異なる。

上述の 1986 年の鄭貽青の、ラデ語と回輝語を比較した一文にふれ、回輝語は"チャム語と全く異なっている"という見方を一層正したとだけ評価する（p. 19 注 1）。そして三亜回族の自称は u^{11} tsaanʔ^{21} であって、その tsaanʔ^{21} は占に近い

と述べている。

　つぎに倪大白のインドネシア語（印尼語）と三亜回話（回輝語）の比較研究の大要を略説しておく。

　印尼語は多音節語、回輝語は単音節語であるから、同源の部分は大多数の語で印尼語の第二音節にあたる（以下の例は印尼語：回輝語）。「風」aŋin : ŋin³³、「田」huma : ma³³、「路」dzalan : laan¹¹、「魚」ikan : kaan³³（印尼語表記は倪大白の引用に従う。この表記は、現行綴字と概略つぎのように対応する。ŋ → ng、dz（dʑ、前舌狭母音（i）の前）→ j、n̪ → ny、ts → c、j → y、ただしəは e に改めた）。

　しかし、同源の部分が印尼語の第一音節にあたることが意外に多い。「亀」kura-kura : lə¹¹ku³³、「羽根」sajap : siau²⁴、「蜂の針」seŋat : se¹¹、「猿」kera : lə¹¹kia³³ など。

　また第三音節にあたるものもある。「八」delapan : paanʔ²¹、「小舟」perahu : ho²⁴、「耳」teliŋa : lə¹¹ ŋa³³。

　ついで両言語間の規則的な音韻対応として、つぎの関係と例をあげている（対応式の型で示す）。

(1) 印尼語 b-：回輝語 ph-、少数は p-。
　　「水牛」kerbau : phaau¹¹、「肩」bahu : phia¹¹、「甘蔗」tebu : phə¹¹／
　　「飛ぶ」terbaŋ : pan³³、「厚い」tebal : paan¹¹。

(2) 印尼語 d-：回輝語 th-、少数は t-。
　　「胸」dada : tha¹¹、「ひたい」dahi : thai³³、「弟」dinda : thai¹¹／
　　「火をともす」sundut : tu²⁴、「煮る」godok : tu²⁴。

(3) 印尼語 g-：回輝語 kh-、一部は k-。
　　「歯」gigi : u¹¹khai³³、「のこぎり」gergadzi : kheʔ⁴²／
　　「三」tiga : kiə³³、「あご」dagu : kaaŋ³³。

(4) 印尼語 p- t-：回輝語 ʔb- ʔd-、一部は ph- th- にも対応する。
　　「おろかな」pandir : ʔban⁴²、「恐れる」takut : ʔda¹¹／
　　「釘」paku : pha²⁴、「援助する」bantu : thoʔ²¹。

(5) 印尼語 k-：回輝語 kh-、h-。
　　「字、言辞」kata : khaanʔ³³（cf. Skr. katha '言辞'）／「根」akar : ha³³。

(6) 印尼語 r-：回輝語 z-、少数は ɕ-。
　　「日」hari : zai³³、「人」oraŋ : zaanʔ³³、「赤い」merah : za²⁴／

「血」darah：ça⁵⁵、「抜け落ちる（髪）」ruruh：çu⁵⁵。

（7）印尼語 s−：回輝語 ts−、少数は ç−。

「清潔な」bersih：tsi⁵⁵、「狭苦しい」sesak：tsat³³／

「くし」sisir：çi³³、「迅速」pesat：çaʔ⁵⁵。

（8）印尼語 dz−：回輝語 th−、少数は s−。

「髪飾りのひも」gundzai：(nuŋ³³) thai¹¹、「言葉」udzar：tha³³／

「雨」hudzan：saan³³、「七」tudzuh：su⁵⁵。

韻母の対応でかなり規則的なものとして、つぎの関係をあげている。

（1）印尼語 i：回輝語 ai、ui もある。

「鉄」besi：sai¹¹、「足」kaki：kai¹¹、「肝」hati：tai¹¹／

「火」api：pui⁵⁵、「豚」babi：phui¹¹。

（2）印尼語 u：回輝語 au、iu もある。

「石」batu：tau¹¹、「妖怪」hantu：a¹¹tau³³、「私」aku：kau³³、「爪、蹄」kuku：kau¹¹／「十」puluh：piu⁵⁵。

b− のあとの u には、ə が対応し、iə があたることもある。「灰」abu：phə¹¹、「千」ribu：phə¹¹、「臭い」(bau) busuk：ʔbə³³／「毛」bulu：phiə¹¹。

（3）印尼語 a：回輝語　一部 ia、一部 ua。

「肩」bahu：phia¹¹、「中央」teŋah：kia⁵⁵、「舐める」dzilat：lia⁵⁵／「呑む」telan：luan³³、「編む（かご）」kepaŋ：ʔbuan¹¹。

（4）印尼語 at、ak：回輝語 a（末尾 −t −k が脱落する）。

「四」empat：pa²⁴、「虫」ulat：(a¹¹) la²⁴、「推す」tolak：la³³、「油」minak：n̪a²⁴。

（5）印尼語 am：回輝語 aanʔ。

「酸っぱい」asam：saanʔ²¹、「深い」dalam：laanʔ²¹、「黒い」hitam：taanʔ⁴²。

印尼語の多音節語が漸次回輝語の単音節語に変化する過程で、その代償手段として声調を生んだ。五つの声調の発生経路は、明らかに主として声母と韻尾から決定されているといい、つぎの規則をあげている。

（1）低調は、有声閉鎖音声母が同部位の無声出気音に変わるところから来源する。

「豚」babi：phui¹¹、「羊」domba：phe¹¹、「読む」batsa：phai¹¹ (cf. Skr.

paṭhati '朗読する')、「鼻」hiduŋ : thuŋ[11]。

(2) 印尼語の -t と -k は回輝語で脱落し、上昇調を生む。

「皮膚」kulit : li²⁴、「天」laŋit : ŋi²⁴、「渋い」sepat : pia²⁴、「頭髪」rambut : ʔbu²⁴。

(3) 印尼語 -h は回輝語で脱落し、高調となる。

「選ぶ」pilih : pi⁵⁵、「白い」putih : ti⁵⁵、「七」tudzuh : su⁵⁵、「土地」tanah : na⁵⁵。

(4) 印尼語 -r は回輝語で脱落し、中平調となる。

「蛇」ular : (la¹¹) la³³、「餓える」lapar : pa³³、「尻尾」ekor : ku³³、「根」akar : ha³³。

(5) 印尼語 -s は回輝語で脱落し、-s の前の母音が i のときは高平調に、そのほかの a、u などの母音のときは中平調で対応することが多い。

「薄い」tipis : pi⁵⁵、「甘い」manis : mi⁵⁵、「百」ratus : (ta¹¹) tu³³、「(皮を)むく」kupas : phai³³。

(6) 降調の来源は二つある。印尼語の -t、-k をもつ単語の一群は回輝語でもやはり閉鎖音をもつが、大多数は -ʔ であり少数が -t となる。

「少ない」dikit : kiʔ⁴²、「ステッキ」toŋkat : tu¹¹ kat⁴²、「肥える」gemuk : maʔ⁴²／「痰」dahak : hat⁴²。

印尼語の -p、-k、-l、-r、-m、-ŋ などの末尾音をもつもう一群の単語は、回輝語で末尾音を脱落するか、もしくは -n に変わるが、そのときの声調が降調となる。

「酔う」mabuk : phu⁴²、「黒い」hitam : taanʔ⁴²、「回転する」putar : than⁴²。

倪大伯は、つぎの 3 点を結論としている。

1. 回輝語は語形上、漢蔵言語とは明らかに異なった特徴をもち、たとえば zaaiʔ³³「来る」、naauʔ³³「行く」のように末尾の -i、-u のあとに声門閉鎖音があらわれる。南亜語族の言語、佤語や徳昂(バラウン)語の中には、とくに佤語には、末尾音のあとに声門閉鎖音が出てきて、先行の母音あるいは韻母全体を緊張させる現象がある (daiʔ「八」、tauʔ「炊事の煙」)。回輝語でこの類の韻母をもつ単語は、数は多くないにしてもすべて常用語であるので、使用頻度はかなり大きい。この種の類似した現象をもつのは、ベトナムのチャム語がかつてインドシナ半島で南亜語族の言語から影響を受けていたことを

示している。そのほか鼻音韻尾のうしろにも声門閉鎖音が出現する（paanʔ21「八」、zaanʔ33「人」）が、この現象は南亜語にも見られない。

　なぜこの現象が起こったのか完全には明らかではないが、その中のいくつかの単語は印尼語やチャム語で鼻音韻尾をもち（印尼語「人」oraŋ、「八」delapan）、回輝語では末尾鼻音が変化して同部位の閉鎖音になる傾向があるから、−nʔ のような形が出てきたのであろう。

2．比較の対象とした300語に近い単語はすべて基本語彙であり、対応関係も規則的で回輝語は印尼語と十分な親縁関係をもち、南島語族に属することは明らかである。しかし言語の類型から考察すると、多音節対単音節、無声調対有声調、それに語根の前後に接辞をつけて新語を造る膠着型言語対単音節が絶対優勢を占める典型的な孤立語である点で、語構成法が大きく相違する。一方ベトナムの典籍の記載によると、三亜の回族はベトナムの占城から2500年前に海路海南島に移った部族であり、文化面ではインド文化の影響を多く受けたが、もともとマライ・ポリネシア人であり、チャム語は南島語族に属している。

　回輝語と印尼語が同源であることは、言語の上に反映するのみならず、史料の中にもそれを証明するのに役立つものがある。

3．宋から明にかけて500年の間に、占城人は前後して海南島に到達した。その第一波から数えると一千年を経ているが、その間に占城移民の話す言葉は周辺の単音節声調言語の長期にわたる影響を受けて、類型上根本的な変化を起こし、膠着型多音節言語から孤立型単音節言語に変わった。その変化はまず音節から始まり、あわせて声調を生んだ。声調の低、中、高、昇、降の各調型を決定したのは、声母の清濁と各種の韻尾であった。しかし現在なお相当量の基礎語彙と文法構造は、南島語系であることを示している。

　このような来源と構造類型が異なった二つの語族に分属する場合、どのように言語所属を決めたらよいのか、科学的な提案として南島−漢蔵語あるいはマライ−漢語（Malayo-Sino）と呼ぶべきである。南島は語族を指し、漢蔵は体系（system）を指すと述べる（1995年の「漢蔵語系語言的系属問題」『中国語言学報』6期では Austro-Sino と呼んでいる）。

　最後にもう一言補って結びたいといい、回輝語の発見は侗泰語全体の研究に対しても軽視できない深遠な意味をもっており、目下世界の言語学界が問

題にする侗泰語所属の論争に、ここから解答を得られるかも知れないと述べている。

この倪大白の印尼語と回輝語の比較研究も一つの功績であった。しかし、語彙比較の対応関係と帰納した声調発生の条件はなおよく検討しなければならない。もし、両者の間に親属関係が確実に成立するならば、著者は回輝語を南島語族に所属させるべきであろうと考える。そして回輝語の変遷にはより遡った時代の記録の発見を期待したい。

1992年になって、雲南省少数民族語文指導工作委員会の蒙斯牧は「澳泰語発展的三个歴史階段 ―― 印尼語、雷徳語和回輝語」(『語言研究』1992 / 1期(総22期))を発表する。回輝語が多音節言語から単音節語に変わったにしても、その間に過渡的な形式があったはずだとして、印尼語を古代型、回輝語を現代型と位置づけラデ語をその中間の過渡型とした。オーストロ・タイ語発展の三つの歴史階程というのはこのような考え方を指している。

まず、**a．印尼語からラデ語への音韻構造変化**として、i) 音節脱落　ii) 音節弱化　iii) 音韻脱落の三つの方式をたてる。

i)　音節脱落には、① 後音節脱落と ② 前音節脱落がある(例は、印尼語形 : ラデ語形、いずれも引用形に従う。以下同じ。インドネシア語標準綴字とはつぎの対応を示している。tɕ → c、dʒ → j、ŋ → ng、ə → e)。

①は多音節語のうしろの音節が落ちて、前の音節が保存される型。

「一」satu : sa、「顔」muka : ʔbŏ、「打つ」pukul : pɔh。

②は、うしろの音節が残る型。

「四」əmpat : pă、「羊」domba : be、「六」ənam : năm。

ただし前後の音節が脱落して中間の音節のみが残る場合もある。

「山」antɕala : ʈŭ。

[規則一　多音節語が音節を脱落させ、単音節語に発展する]

ii)　音節弱化。① 多音節語の前音節が弱化して e または a 母音となり、うしろの音節とともに残り、2音節語となる。

「五」lima : ema、「鼻」hiduŋ : adŭŋ、「深い」dalam : elam。

[規則二　多音節語が音節弱化によって前音節を母音とする2音節語になる]

② 多音節語の前音節が弱化して k となり、後音節とともに保存され複子

音をもつ単音節語となる。

　　「七」tudʒuh：kɖuh、「禿」bulus：klo、「手」taŋan：kŋan。

iii)　音韻脱落。多音節語の前音節の母音または韻母が脱落して残った子音と後
　　の音節が結合して、複子音または出気子音をもつ単音節語となる。

　　「十」puluh：pluh、「水牛」kərbau：kbau、「猿」kəra：kra。ある子音は
　　同部位の子音に変わることがある。「鉄」bəsi：msɛi、「咳をする」batuk：
　　mtŭk、「湿る」basah：msah。また、「編む、織る」kəpaŋ：kwaŋ、「厚い」
　　təbal：kpal の対応もある。

　　　[規則三　多音節語の前音節が弱化して子音となり、あるいは母音が脱落
　　　　　　し、複子音をもつ単音節語となる]

iv)　母音に始まる2音節語の多くは、構造変化を起こすことなく、依然として
　　多音節語を保つ。

　　「風」aŋin：aŋĭn、「子供」anak：anak、「炊事の煙」asap：asăp。

　　印尼語の末尾子音 −m、−n、−ŋ、−p、−t、−k、−h、−l、−r はラデ語でも保
　　存されるが、−s はラデ語で −h と合一するか消失する。

　　「金」əmas：mah、「米」bəras：braih、「薄い」nipis：epih、「禿」bulus：
　　klo。

　　　したがって、印尼語の多音節語はラデ語では三つの形式に発展した。単子
　　音単音節語、複子音単音節語、母音に始まる2音節語、最後にあげたラデ語
　　の2音節単語には、印尼語で母音に始まる2音節語と前音節が弱化して母音
　　となった2音節語が含まれることになる。

　印尼語とラデ語は外面上すでに相違し、音韻体系にも大きな違いができてい
る。印尼語は19単子音で複子音も出気音もないが、ラデ語は22単子音と36の
複子音がある（その中、出気音は、来源から見ると閉鎖音と声門摩擦音が結合してできた
もので、ここでは複子音の一種と見做されている）。

　ラデ語には、また母音に長短の対立が発達し——a e o u ə i 対 ǎ ɔ̆ ŏ ɛ̆ ɯ̆
ŭ——、子音の数も母音の数も印尼語よりずっと多くなっている。そして大量の
単音節語ができたが、声調体系はまだ生れていない。意義弁別の手段が声調に頼
らなくても十分足りていたからであるという。

　ついで、**b．ラデ語から回輝語への音韻構造変化**は、主に ①母音脱落（前弱化音
節脱落）、②子音脱落（複子音単純化）、③子音介音化の三つの形であらわれたと

いう。

①母音脱落。母音で始まる2音節語は、回輝語では弱化音節が失われ、単音節語となる（例はラデ語：回輝語）。

「風」aŋĭn：ŋin³³、「魚」akan：kaan³³、「弟妹」adɛi：thai¹¹。

②子音脱落。ラデ語の複子音は、前かうしろの子音が脱落して単純子音となる。

「影」mŋăt：ŋaʔ⁵³、「水牛」kbao：phaau¹¹、「腸」proᵵ：poi³⁵、「雨」nȡan：saan¹¹。

③子音介音化。ラデ語の複子音のあとの –l– と –r– は、回輝語では介音 –i– と –y– になる。

「十」pluh：piu⁵⁵、「米」braih：phia¹¹、「笑う」klau：kiau³³。

④ラデ語の単子音単音節語は、回輝語でも単子音の単音節語である。

「一」sa：sa³³、「頭」kɔ̆：ko³⁵、「山」ᵵŭ：tsə³⁵。

ラデ語より回輝語への変化は、多くの複子音が消失したこと、ラデ語の末尾音 –m、–n、–ŋ、–h、–p、–t、–k、–r、–l が、回輝語では –n、–ŋ、–t、–k、–ʔ のみになったこと、初頭音の清濁の対立が回輝語で消失したことを指摘できる。そのような語義弁別手順の減少が声調の利用を生んだのである。ラデ語ですでに高低による変異形があったが、それを語義弁別に利用した。5種の声調の誕生は、声母と韻母の変化と一定の関係にあるとして、つぎの条件をあげている。上述の鄭貽青の設定とほぼ変わらないが、部分的に異なるところもある。

(1) 低平調 (11)　ラデ語の有声閉鎖音が、無声出気音に変わり、低平調を生む（鄭案の (2) にあたる）。「胸」da：tha¹¹、「水牛」kbao：phaau¹¹。

(2) 高平調 (55)　ラデ語の –h に終わる音節は、回輝語で –h を消失させ、高平調となる（鄭案の (1) と同じ）。「血」erah：sia⁵⁵、「湿る」msah：sa⁵⁵。

(3) 高昇調 (35)　回輝語の母音終わりの高昇調は、ラデ語の –p、–t、–k に終わる音節と短母音の音節から来源する（鄭案の (4) の一部にあたる）。「縫う（衣服を）」ȡhĭt：si³⁵、「草」rĕk：zə³⁵。

(4) 中平調 (33)　回輝語の中平調の音節は、ラデ語の鼻音側面音、または無声音で長母音、または鼻音に終わる音節から来源する（鄭案の (3) の一部にあたる）。「黄牛」emo：mo³³、「手」kŋan：ŋaan³³。

(5) 下降調 (53 or 32)　ラデ語の鼻音終わりで（本来短?）母音を韻母とする少数

の音節は、回輝語では声門閉鎖音をともなって中降調 (32) となり、閉鎖音
韻尾、短母音韻母の音節は、回輝語では声門閉鎖音をともなった高降調 (53)
となる (鄭案の (4) の一部と (5) にあたる)。「かつぐ」klăm : khianʔ³², 「肝臓」
atie : taaiʔ³², 「踏む」ɗuă : suaʔ⁵³。

以上、声調の来源案を上述の鄭案と対照すると、つぎのようになる。

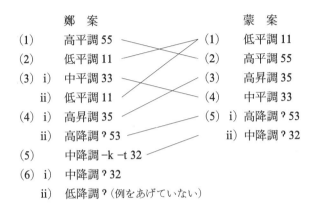

	鄭 案		蒙 案
(1)	高平調 55	(1)	低平調 11
(2)	低平調 11	(2)	高平調 55
(3) i)	中平調 33	(3)	高昇調 35
ii)	低平調 11	(4)	中平調 33
(4) i)	高昇調 35	(5) i)	高降調 ʔ 53
ii)	高降調 ʔ 53	ii)	中降調 ʔ 32
(5)	中降調 –k –t 32		
(6) i)	中降調 ʔ 32		
ii)	低降調 ʔ (例をあげていない)		

　両案の相違点は、つぎのようになる。鄭案で 35 型と ʔ 53 型の来源を一つとす
るのは、ラデ語の面から見て –p、–t、–k の分裂と考えたからで、それに対して
蒙案で高降型 ʔ 53 と中降型 ʔ 32 を同じ来源とするのは、回輝語側から見て、と
もに声門閉鎖音をともなう下降調であるからである。どちらも分裂の条件が明瞭
ではない。ごく大雑把に見て、中平・高平・低平の各調は舒声調で、高昇・高降
・中降 (低降) 型は促声調なのであろう。ここで注目すべきは提出している回輝語
の形が両者の間で異なる点である。

深い	ラデ語	elam	回輝語	鄭	laat³²	蒙	laanʔ³²
ろうそく		diăn			thet³²		thenʔ³²
硬い		khăŋ			khak³²		khaanʔ³²

なお、倪大白の回輝語形も少し相違する。

　　深い laanʔ²¹　　　ろうそく thenʔ⁴²　　　硬い khaanʔ⁴²

まず、回輝語の十分な資料の公刊を望みたい。

　蒙氏はつぎのように述べている。多音節語が一気に単音節になったのではなく
漸次変化した。その変化はラデ語を通してよく見られるのであって、まさに過渡

的言語であった。

　蒙氏のこの段階説は賢明な提案ではあったが、回輝語が声調言語として変貌したのは、海南島という周囲声調言語の環境内における言語接触が大きい力を与えたことを忘れてはならない。蒙氏は、その論文の続篇を『語言研究』1995/1期に発表した（「澳泰語発展的三个歴史階段（続）」）。要旨は、つぎのようになる。

　印尼語の内部でも bahagi と bagi「部分」のような簡略形式が並存するが、印尼語自体は単音節言語に発展しなかった。ラデ語も、古占婆国が滅亡してのちベトナム族の統治を受け、ベトナム語の強烈な影響を受けたに違いないが、声調言語にはならなかった。

　回輝語の子音韻尾の形、声調の数と調値（声調型）は、閩南漢語に近い。-n、-ŋ、-t、-k　のみが残り、ほかの韻尾が消失するのは、海南島崖県の閩南漢語が-n、-ŋ、-t、-k のみで -m と -p がなく、声調が5声（過去数百年がそうである）であるのと同じ状態にある。回輝語の声調は近代に発生した。占城から海南島に移ったときは無声調言語であったに違いがない。漢語からの借用語の声調がその調類の枠を造り出し、それに回輝語固有語をはめ込んだものと見る。

　回輝語が黎語の影響ではなく、漢語の影響のもとに声調言語に変貌したという意見は誤ってはいないであろう。

　しかし、そのことから類推して、侗泰語が回輝語と同じように、多音節言語から単音節言語に、無声調言語から有声調言語に移行したのだと決めるわけにはいかない。とくに侗泰語の声調が複子音の簡化、声母の濁音の清音化、韻尾の脱落によって形成されたとは断言できない。それらの減少が侗泰語で発生する以前に、それらの言語はすでに声調言語であったに違いないのであるから。

　1996年の鄭貽青「論回輝話声調的形成与発展」は、この言語の声調の発展についてうまくまとめている。三亜回族言語は、もし海南島に移住しなかったならば、現在のチャム語のような高低声調をもつだけで、このような声調言語とはならなかっただろうと推測し、第一段階から第三段階までの発展をあとづける。

　まず、有声閉鎖音声母から生れた中平調（33）と、そのほかの声母から出た低平調（11）しかなかった段階を、第一段階とする。

[第一段階]	羊	月	五	孫
原チャム語	*bube	*bilaan	*lima	*tico
ラデ語	be	mlaan	ema	co
回輝語	phe¹¹	phian¹¹	ma³³	tso³³

回輝語で漢語の陰平調（33/33）と去声調（23/55）（はじめの調値は八所軍話、あと
は崖城軍話）を中平調で読み、漢語の陽平調（22/21）と上声調（53/11）を低平調で
読むのは、当時の回輝語には、中平と低平の2声調しかなかったからだと解釈す
るよりほかはない。もし現在のように高降調43と中昇調24があったならば、八
所軍話の上声と去声にそれをあてたはずである。促声韻には清声母の中昇調24
と濁声母の高降調43があった（ここで清声母とは、有声閉鎖音以外を指している）。

	坐る	鍋	鶏	握る
原チャム語	*dook	*goʔ	*manuʔ	*capat
ラデ語	dook	gɔʔ	mnuʔ	kpat
回輝語	thoʔ⁴³	khoʔ⁴³	nok²⁴	paat²⁴

第二の段階では三つの声調、高平55、中昇24、高降32を生むが、それは韻尾
の変化と密接に関係する。回輝語で –h、–t、–k の中、–h は完全に脱落し、高平
調を残す。一方 –p、–t、–k、–ʔ はまず、–p が –t あるいは –u と合一して（–m と
–n も合一）のち、–t と –k は、濁（閉鎖音）声母では –ʔ に変わり高降調43をとり、
非濁声母では –t、–k、–ʔ は脱落して中昇調43を生んだ。

[第二段階]	舌	羽根	皮	子供
原チャム語	*dilah	*chiaap	*kuliit	ʔanaak
ラデ語	elah	siap	klit	anaak
回輝語	la⁵⁵	siau²⁴	li²⁴	na²⁴

この韻尾 –h、–p、–t、–k、–ʔ の脱落は、漢語の間接的影響による。回輝人が
海南島に来たときは –p、–t、–k をもった漢語官話と接触したが、14〜15世紀に
なって軍話が海南島に入り、漢語は閉鎖音韻尾をはげしく単純化して、声門閉鎖
音に変えた。その影響で回輝語の –t、–k も –ʔ になったと推測できる。

　第三段階は母音の長短と関係し、ラデ語の舒声韻にあたる音節では、ラデ語の
母音が長いと回輝語の平板調（中平あるいは低平）に、母音が短いと下降調（濁声母
では低降調21、その他の声母では中降調32）を生み、声門閉鎖音があらわれた。

［第三段階］

（短母音）	酸っぱい	八	大きい	蟻
原チャム語	*masam	*lapan	*prɔŋ	*sidom
ラデ語	msam	sapan	prɔŋ	hdam
回輝語	saanʔ32	paanʔ32	pioŋʔ32	thanʔ21

　単母音あるいは一部複母音の音節で下降調のとき −ʔ があらわれ、鼻音尾 −n、−ŋ をもつ音節が、中降調あるいは低降調になるときにも末尾に −ʔ がつく。この現象は当時の漢語または黎語の影響のもとに出現したものである。

　この声調体系の発達は、漢語と黎語の影響という外的要因によって促進されたものであるが、回輝語自体がもつ内的要因がなければ実現しないものである。その内的要因について、なお一歩進んだ研究が必要であると結んでいる。

　全体は説得力のある論調であるが、なぜ濁音の方が非濁音よりも高いレジスターをとるのかという疑問は残る。

　1995 年に発表された李炳澤の短い論文「回輝話的前綴」（『語言研究』2 期）は興味ある問題を提起している。簡単にまとめると、回輝語は単音節化声調言語化する過程で古い多音節語幹の第二音節を保存し、第一音節を消失させていったけれども、もともといろいろな形をもった第一音節もいくつかの形式にまとめて前綴（prefix）の感覚を与えて残しているのではないか、という。たとえば（回輝語：ラデ語で示す）、

　　「犬」a11 sau33 : asão、「蛇」a11 la33 : ala、「鼠」a11 ku55 ＝ na11 ku55 : k'kuih、「蛭」a11 ta55 : etah

から、回輝語 a11− はラデ語の a−、k'−、e− に対応し、回輝語の a11− または na11− は古い第一音節を統合した残存形であると考える。しかし著者はこのように単純には扱えないように思う。これは回輝語における語構成手順がいかに形成されたかという問題であり、たとえば「猿」回輝 na11 kia33 : ラデ kra、「聾」回輝 ŋa33 ŋin33 : ラデ kŋăl の対応では、前者では回輝語で na11− が付加され、後者では k− に替わって ŋa33 があらわれたと、容易には結論しにくい。

　回輝語でいつの時代かに新しい語構成法ができあがったが、その来源はラデ語のシステムを伝承したものか、それとも回輝語が独自に誕生させた新しいシステムなのかわからない。その究明がつぎの研究課題であると、筆者は考える。

Ⅳ. 侗泰語と印尼語同系論の発展

　はじめに述べたように、A. Conrady や K. Wulff の研究などから始まったイン
ドネシア語とタイ語そして漢語の比較研究は、これといった決め手に欠けなが
ら、近年になって中国の学者もいくつかの論文を発表している。蒙斯牧「印尼語
和侗泰語的関係詞」(『民族語文』1990/ 6 期)もその一つである。蒙斯牧氏は声母対
応規則として、印尼語 b>侗泰語 b、m、f をあげ、つぎの数語を対応例としてい
る (下線は著者)。

	印尼語	泰語	侗語	黎語
とりで	benteng	baan⁴¹ 家		faan¹ 村
狭い	bebang	baaŋ³³ 薄い	maaŋ¹	
熊	beruang	mii²⁴	me¹	mui¹
果物	buah	maak²²		
鎌	sabit	miit⁴¹ 刀	mit⁸ 尖刀	

　この例を見ると、侗泰語形はある時は印尼語の第一音節に、ある時は第二音節
にあたり、しかも印尼語の b- から侗泰語の b、m、f へと変わったとする。b の
ほかに m、f となる条件は示されていない。

　1994 年に発表された倪大白の「南島語与百越諸語的関係」(『民族語文』3 期) に
あげられる語彙比較も、原則的にはこのような対照と変わらない。単に単語形の
羅列であって、侗泰語の祖形も示されていない。

　「舌」フィリピン語 *diilaq、馬来語 lidah、高山語 ʃəma、三亜回語 la⁵⁵、泰語
linC₂、壮語 lin⁴、傣語 lin⁴、侗語 ma²、水語 ma²、黎語 ɬiin³、それに原始占語
*dilah、拉珈語 ŋwa²、拉基語 mo²⁴、仡佬語 dæ²¹ などの語形をいくら追加して
も、なぜそれらが同源なのかの証明がない限り、説得力に欠け承認しにくい。

　このような論述に対して、1990 年に開催された第 23 回国際漢蔵言語学会で発
表されたフランスの Laurent Sagart の「漢語南島語同源論」(Chinese and Aus-
tronesian are Genetically Related) は質的に異なっている。この Sagart 説に、漢語
侗泰語同源論の旗頭である南開大学の邢公畹教授は双手をあげて賛同し、「この
比較研究は両言語間の密接な同源関係を十分に説明するに足る証拠を得ている」
という。そして三篇の論文を書いて Sagart 説を批評的に紹介された。そのあら

ましを以下に述べておこう。

(1) 漢語の'字'は原南島語の末尾の一音節に対応すると考え、漢語の開音節平上去三声の弁別は原南島語の末尾 –#、–q、–s にそれぞれ対応する。

(2) 声母については、① 漢語の有声閉鎖音は、原南島語の有声閉鎖音に対応し、② 漢語の無声閉鎖音は、原南島語の無声閉鎖音に対応する。そして、③ 漢語の出気と無気の対立は、原南島語の単純子音と子音群の対立にあたる。

(3) ① 原南島語の –a (–aq –as) は、上古漢語魚部に、

　　　原南島語の –i (–iq –is) は、上古漢語之部に、

　　　原南島語の –u (–uq –us) は、上古漢語侯部に、それぞれ対応する。

　　② 上古漢語の –r– と –j– は、接中辞として解釈する。

「L. Sagart は、非常に厳密に多くの対応例を探し出した。基本語彙、身体名称、親属呼称、代名詞、文法助詞などを含んでいる。自分の同意できる例から見たところ漢語と南島語は、共同の祖語 Proto–Sino–Austronesian (原始漢澳語) から発展してきたことを十分に説明している。まだ研究する問題はあるけれども」、と邢公畹は言う。

L. Sagart の材料は Otto Dempwolff の『原南島語語彙比較音韻論』(1934〜38年) から 2150 語と、その門下 Robert Blust の『原南島語補遺』(1970 年) から 1329 語を加えた全体で 3500 語に近い語彙であり、それと中古漢語を比較した。漢語はすべて宋代の『集韻』に含まれる'字'であって発音と意味は確かであり、中古音から遡って上古音もあげている。漢語の再構音は、カールグレンの『新漢字典』(*Grammata Serica Recensa*, 1964) によるが、多少修正している。以下、邢公畹の引用形をあげる。

原南島語		上古漢語/中古漢語		
bulu	絨毛、毛、羽根	褕	lju/₍c₎ju	きじの羽で飾った服
lalu	前を歩く	逾	lju/₍c₎ju	越える、越す
ŋilu	骨節痛	瘉	lju/₍c₎ju	いえる、病む
[t]alu	勝る	愈	lju/ᶜju	勝る、すぐれる
galu	引き起こす、撹拌する	揄	lju/₍c₎ju	ひきずる

漢語の各'字'について邢公畹は詳しく考証するが、ここでは述べない。

suliq	植物吸根	苡	ljii?/ᶜji	車前草
uliq	できる	以	ljii?/ᶜji	以て、もちいて
daliq	原因、動機	以	ljii?/ᶜji	ゆえに
ŋaŋa	口を開く	吳	ŋa/ᶜŋuo	大声でいう
leŋa	一種の植物	菩	ŋa/ᶜŋuo	植物
baŋa	食器	瓾	ŋa/ᶜŋuo	ほとぎ、かめ

（菩は『説文』に草也、とあり、瓾は『集韻』のみにあり、『説文』『切韻』『広韻』
にはない（邢））

　具体的に個々の対応例を検討してみると、意味の対応や音形式の対応関係など
厄介な問題がある。漢語形が原漢澳語の最後の一音節にあたるとすると、はじめ
の音節はすべて消失したことになるのか——、さきに述べた回輝語の形成と同じ
問題を含んでいる。邢公畹はつぎの問題を提出した。

　原漢澳語詞は複音節だったのか、それとも単音節だったのか、もし複音節であ
れば先行音節は漢語の中でどのような痕跡を残したのか——、「すべて消失した」
という答えであれば納得できない。もし単音節であったとすれば、原南島語の先
行音節はどうして出てきたのか。

　サガールは、つぎのように答えている。

　原漢澳語が複音節であったことを証明する二つの要因があるとして、
① Blust は原南島語の多くの語末音節を root と見做していること、先行音節は
独立した語構成素とはできないこと、② 漢語の声母の中で全清と次清の対立は
先行音節が残した痕跡であるとしか考えられないこと（先行音節が鼻音で終わると
き、もっともうしろの音節は出気音になる）をあげる。

　原南島語の母音は単純であるのに、上古漢語・中古漢語の母音はかなり煩雑で
ある。

　デムプウォルフは原南島語に 4 母音体系を構築したが、その後継者 Blust は、
i、u、e、ə、o、a の 6 母音体系をたてる。

　オードリクールは漢語の声調は、上古漢語のある韻尾が消失して発生したもの
と考え、ゼロ → 平声、-? → 上声、-s、-h → 去声の図式を出したが（1954 年）、
サガールは、オードリクールの仮説は原南島語が漢語に対応する情況とまさに符
合すると考え、原漢澳語から見た漢語声調の発生を、次表のように説明する。

原南島語		原漢澳語		中間段階		上古漢語		中古漢語
-ゼロ	←	ゼロ	→	ゼロ	→	ゼロ	→	平声
-q	←	-q	→	-q	→	-ʔ	→	上声
-s	←	-s	→	-s	→	-h	→	去声
-ʔ	←	-ʔ	→	ゼロ	→	ゼロ		
-h	←	-h	→	ゼロ	→	ゼロ		

（中間段階および最後の -ʔ -h はあとで補ったもの、後述）

さきにあげた上古漢語の開音節之部、侯部、魚部の母音と原南島語が対応する具体例を示しておきたい。

［上古漢語 之部］

1. 原南島語　　-i　　　　　　上古漢語　-ii/中古漢語　平声
   babi　婦人の　　　＝娝　bii/ᶜbuɑi　婦人のすがた
   seli　新芽　　　　＝筬　lii/ᶜdɑi　竹の子（ともに -g をもった（邢））
2. 原南島語　　-iq　　　　　　上古漢語　-iiʔ/中古漢語　上声
   lebiq　余る　　　　＝倍　biiʔ/ᶜbuɑi　倍になる
   aliq　移動する　　＝迨　liiʔ/ᶜdɑi　到る（ともに -g をもった（邢））
3. 原南島語　　-is　　　　　　上古漢語　iih/中古漢語　去声
   tapis　婦人スカート　＝褙　piih/puɑiᶜ　（『集韻』のみ、上古になし（邢））
   talis　紋　　　　　　＝黛　liih/dɑiᶜ　まゆずみ（去声ではない（邢））

これらの例は、音形式と意味の対応で問題がある。一般的な語彙ではなく、『説文』『広韻』に含まれない後代の俗字であろうか。

［上古漢語 侯部］

1. 原南島語　　-uq　　　　　　上古漢語　-uʔ/中古漢語　上声
   teɣuq　硬い　　　　＝厚　ɣuʔ/ᶜɣəu　あつい
   u(ŋ)kuq 犬　　　　＝狗　kuʔ/ᶜkəu　こいぬ（上古 -q がある（邢））
2. 原南島語　　-us　　　　　　上古漢語　-uh/中古漢語　去声
   garus　引っ掻く　　＝鏤　ruh/ləuᶜ　雕る、刻む（上古 -g がある（邢））
   dirus　水を注ぐ　　＝泃　ɣuh/ɣəuᶜ　（『説文』『広韻』にない）
   bulus　意図する　　＝覯　ljuh/juᶜ　こい願う、望む（上古 -g がある（邢））

これらの例も、音形式と意味の対応で問題があるのではないか。

［上古漢語 魚部］

1. 原南島語　　-aq　　　　　上古漢語　-aʔ/中古漢語　上声

   bikaq　引き裂く　　　＝股　kaʔ/ᶜkuo　分ける、細長い裂け目
   　　　　　　　　　　　　　　　　　　　　　　　（この意味なし）

   panaq　弓　　　　　　＝弩　naʔ/ᶜnuo　いしゆみ

   teŋaq　中央　　　　　＝午　ŋaʔ/ᶜŋuo　ひるま、正午

   　　　　　　　　　　　　仵　naʔ/ᶜŋuo　相等しい
   　　　　　　　　　　　　　　　　（『説文』にない、「裂く」の意）

2. 原南島語　　-as　　　　　上古漢語　-ah/中古漢語　去声

   makas　堅い　　　　　＝固　kah/kuoᵓ　かたい（上古 -g がある（邢））

   ganas　凶暴な力　　　＝怒　nah/nuoᵓ　いかる

   liŋas　全神経を集　　＝誤　ŋah/ŋuoᵓ　あやまる、まどう
   　　　　中できない

やはり対応関係には、なお問題が残る。

　サガールは、原南島語と中古漢語の声母体系を見ると、発音部位と発音方法の類型特徴は同じであるから、両者の親縁関係は非常にはっきりしているという。上述のように原南島語の有声閉鎖音対無声閉鎖音の二者対立から、有声閉鎖音と無声出気音と無声無気音の三者対立が登場した条件を、単純子音か結合子音かに置いた。

　たとえば、つぎのように考える。

（1）原南島語が単純子音の場合

　　　原南島語無声閉鎖音 p- t- k- q-：中古漢語無声無気音 p- t- k- ʔ-

原南島語　　　　　　　　　上古漢語　　中古漢語

　lupa　忘れる　　　　＝逋　pa/ᶜpuo　逃げる（意味の差が大きい（邢））

　kapas　棉花、布　　　＝布　pah/puoᵓ　ぬの
　　　　　　　　　　　　（古代には木棉布はなかった。印尼語 kapas は
　　　　　　　　　　　　　梵語 kārpāsa（棉、棉布）の借用語（邢））

　makas　硬い　　　　　＝固　kah/kuoᵓ　かたい

（2）原南島語が無声閉鎖音の直前に別の子音をもつ子音結合の場合（xp- などで
　　表示する）

　　　原南島語 xp- xt- xk-：中古漢語無声出気音 ph- th- kh-

qempa	殻	=麩	phja/ₑphju	麦かす
tiŋkuq	軽く打つ	=叩	khuʔ/ᶜkhəu	たたく（-g があった（邢））
kaskas	爪で引っ掻く	=擖	khjats/khjɛiʔ	けずる

　原漢澳語から見た上古漢語音の推定も行なっている。中古漢語の l- は上古漢語では r- であって、その r->l- への変化はかなり遅い時期に起こったに違いないと考える。

原南島語	ari	来い	=漢語	来	rii/ₑlai	来る
	siraq	調味料、塩	=	鹵	raʔ/ᶜluo	しおち
	karaq	甲羅動物、蟹、蝦	=	櫓	raʔ/ᶜluo	おおだて
	keras	堅い	=	礪	rjats/liɛiʔ	みがく、とく
	kiras	傷あとのかさぶた	=	癩	rats/laaiʔ	らい

これらを対応例としてあげるが、両者の意味の対立は受け入れにくい。上古漢語音を r- とする根拠は、この仮説のもとでしか成り立たない。

　原南島語 l- は上古漢語 lj-（上掲247頁）のほか、中古漢語 dʑ- にも対応し、その上古音は lj- であると推定する。

原南島語	ulaɣ	へび	=漢語	蛇	ljaɣ/ᶜdʑia	へび
	dilat	なめる	=	舌	ljat/dʑjet	した

この2例ともに、上古音を *d- とするべき根拠が、漢語の歴史の中にある。

　上古漢語から中古漢語への発展は、現在考えているよりもずっとはげしい変化を引き起こしていたであろうことは十分推測できる。その変化の跡づけに強い根拠を提供するのは、確かに漢語以外の言語群であろう。その役割を果たすのにもっとも適当なのが、この原南島語なのかどうかは現状では判断しにくい。侗泰語群も有力な候補者でありうるし、蔵緬語派もその一つである。漢語と侗泰語の関係が仮に借用関係であったとしても、個々の語形の対応関係の並行性が蔵緬語派との比較とともに上古漢語の復元に寄与できるものと信じる。

　サガールの研究は、語音の対応の枠組設定に重点を置いており、意味の対応、基本語彙対応への配慮が薄いのではないかという常識的な批判は、誤っていないと思う。いまのところ比較に持ち出されているのは、上掲諸例からわかるように、まれれに見る‘字’である印象が深い。

　また、

原南島語　ki[lr]ig　ふるえる　＝漢語　冷　liŋx(r-)　　　ひえる、つめたい
　　　　　kilab　　閃めく　　　＝　　　焔　ramx(l- j-)　　ほのお

などを対応例としてあげることは、全体を疑わしくするのではないだろうか。

　そして原南島語の末尾音節が、必ずしもすべて語根と認定できないのではない
か。音節の切り方が対応する漢語の出気か無気かの決定に関与するのであれば、
原南島語形の設定に恣意が加わりうるのではないか。残念ながら南島語族の専門
家の意見はまだ出ていない。

　個々の語形と意味で確認される対応関係が盛り上がって量的に増加し、仮定し
た祖形が両言語の形成を説明するのに有効であるとき、その説の妥当性が認めら
れる。

　ここで著者は、積極的にサガール仮説に反証をあげることはできないし、原漢
澳語の成立の可能性を全面的に否定する意図もないが、少なくとも邢公畹教授が
認めるような十分な証明は、まだ設定されていないと思える。このサガールの仮
説が今後大きく発展するか否かは、いまは予測できない。

邢公畹「関于漢語南島語的発生学関係問題 — L. 沙加尔 —《漢語南島語同源論》述評補
証」『民族語文』1991/ 3。

邢公畹「漢語南島語声母的対応」『民族語文』1991/ 4。

邢公畹「漢語南島語声母及韻尾輔音的対応」『民族語文』1991/ 5。

L. 沙加尔（Sagart）「関于邢公畹教授対拙作《漢語南島語同源論》的述評」『民族語文』
1992/ 5。

［追記］

　その後、回輝語、臨高語、村語についてつぎの書物が刊行された（『中国新発現語言研究
叢書』孫宏開主編、上海遠東出版社）。

鄭貽青『回輝語』(249 頁) 1997。

梁敏・張均如『臨高語』(335 頁) 1997。

欧陽覚亜『村語』(254 頁) 1998。

第 3 章

ロロ・ビルマ語支の言語とその発展

第 *1* 節

ロロ・ビルマ語支の諸言語

　本書のはじめに述べたように、著者はアジア大陸中央部の言語を大分けして、北方地域に展開するいわゆるアルタイ系言語を一つの言語族として扱い、それと対峙する中央部東側の漢語系と南のタイ語系を一つづきの言語帯としてとらえた。そして、それと対称的に西側の言語世界を形成するのが羌族の言語を代表とするチベット・ビルマ系言語であると想定した。もう少し詳しくその考えを補うと、東の地域に拡散した漢語系とタイ語系の言語の祖先である商（殷）タイ系言語の分布地がかなり早い時期に、チベット・ビルマ系民族とくにロロ・ビルマ系言語群の東進によって切断され、北の殷、中央部のロロ系民族、南方のタイ族とつづく状態を作り出したが、殷そして羌語の影響を大きく受けて変容した周の言語が南下して、それらに覆い被さるに及んで、今日南方方言として知られるいろいろの漢語方言を生み出したと仮定した。

　著者はこの仮定に対して、はっきりとそれを実証できる証拠をもっているわけではないが作業仮説として、大まかに以上のように考えている。

　江南地域で話される呉方言や閩方言の基底にある言語（さきにＸとＹであらわしたもの（64頁、参照））は、実はロロ・ビルマ系言語の特徴をもったものではないかという含みをもたせていた。音節末尾にある子音が閉鎖音はもとより、鼻音さえも消失していく性格は、まさにロロ系言語と顕著な類似を示しているからである。漢蔵語族の中央部で起こった CVC から CV# への変化は、大きい改変であり、多くの言語がそれに感染した。その古い基層がのちに覆い被さった漢語系言語と同化し、呉語・閩語を形成したが、本来の性格が漢語の受け入れを大きく制約したのである。楚の国の言語がもともとは彝族の言語とつながるのではないかという意見も最近は提出されている。[1]

　ロロ・ビルマ系民族の主流は、西北方で羌蔵民族と、東側で漢族・タイ族と接触

し、それらの中間地帯を占拠する民族群として存続したが、その主流は次第に南下して、雲南を経てビルマ地域にまで到達していくのである。今日の雲南からビルマそれにタイ国北部にかけて分布するいわゆるロロ・ビルマ系言語がそれである。

　本章ではその系統の言語について述べてみたい。まずその言語群の中心をなすビルマ語から入っていく。

1. ビルマ語の概要

　1958年から59年にかけて、私は言語調査の目的をもって、ビルマに行く機会にめぐまれた。ラングーンでしばらく標準ビルマ語を学んだのち、上ビルマと下ビルマの各地を訪れ、幾種類もの言語を調査した。それはビルマ語の方言と近隣言語の研究に、またとない機会であった。その頃、私の目標はチベット・ビルマ系言語の比較研究にあって、この語系に属する言語をはっきりと系統づけたいという大きい課題をたてていた。その第一歩として、この言語系統の大きな二つの柱であるビルマ系言語とチベット系言語の関係を、少しでも明確にしたいと願った。その目的のためには、ビルマ語についての知識は欠かすことができない。

　私は、京都大学に在学中、1948、49年頃からビルマ語を独習しはじめたが、卒業後、旧制大学院に在籍中、51年から数年間大阪外国語大学で聴講生としてタイ語とともにビルマ語を学んだのも、この言語の重要性に確信をもっていたからである。まず現代語の記述研究、この作業は各方言について必要なことはいうまでもない。当時は、まだラングーンのビルマ語についてもすぐれた文法書はなく、口語辞典にも欠けていた。まして代表的な方言である西のアラカン方言や南のタボイ方言に関する信頼できる資料はほとんどなかった。私のその時の調査では、アラカン方言は聞くことができなかったが、タボイの町の方言と、もう少し南にあるマグイ島に100年ほど以前に移住したタボイ漁民の方言やマグイ島土着のマグイ方言の形は知ることができた。

　タボイ方言はいまだに古い形態を保存していて、その形は、一方で進めていた歴史研究、とくに古い碑文の研究の結果わかった形式と一致することが多かった。つまり碑文に記録されている形の多くが、現代のタボイ方言で保存され、実際にある範囲内では、その形通りに話されているのである。

古語の形式が現在の話し言葉に生きている現象は、決して珍しいことではない。しかしその事実をつきとめることがその言語の歴史研究にとって重要であり、それがまた、ほかの同系言語との比較研究にあたって欠かしえない基本的知識となるのである。

　たとえば、現代標準ビルマ語で -ei と -wei で終わる形式は、タボイ方言では、全部ではないが、それぞれ -iy、-uy と発音される。これが 12 世紀の碑文の形式と一致するのである。

	タボイ	碑　文	ラングーン		タボイ	碑　文	ラングーン
死ぬ	θiy-	siy-	ṭei	蛇	buy	mruy	mwei
四	liy	liy	lei²	犬	khuy	khuy	khwei²

（タボイ＝タボイ方言、ラングーン＝現代標準ビルマ語（＝ラングーン方言））

　比較言語学では、対象にする言葉の、確証できるもっとも古い段階の形式を比較する。もしも、-ei が -iy に遡り、-wei が -uy から変化した事実を知らなければ、とんでもない誤りを犯すことになる。いまあげた例についていうと、現代ビルマ文語の綴字に反映する -ei、-wei がそのまま古いビルマ語形を代表すると考えて、チベット文語の綴字に残された形式と単純に比べてしまう。たとえば、

　　　　　　チベット文語　*sbrul*　：　ビルマ文語　*mrwei*　「蛇」
　　　　　　チベット文語　*dngul*　：　ビルマ文語　*ngwei*　「銀」

のように。

　その上、この例からチベット語 -u 母音とビルマ語 -e 母音が対応するかのように決めてしまう。なかには、ビルマ語の -e がチベット語の -u にあたる関係から、これらの単語で古く -e 母音と -u 母音の交替があったと主張する人も出てくる。[2]　ビルマ語の歴史を知っておればこの事実には特別のことはなく、この対応関係を、

　　　　　　チベット文語　*sbrul*　：　ビルマ語　mruy　「蛇」
　　　　　　チベット文語　*dngul*　：　ビルマ語　nguy　「銀」

に改めることができて、チベット語の古い末尾音の -l が、実は、12 世紀ビルマ語の -y のもとの形であることも判明するのである。

　ビルマ語と親縁関係にあるチン系言語については次巻で述べるが、その中で、ビルマの西の方にあるチン特別地区で話されているルシャイ語やタード語でも、

この母音に関しては、ビルマ語の古形式に近い形を示している。[3]

ルシャイ語	rûl	:	タード語	ghūl	:	ビルマ文語	mrwei	蛇
	-hmŭl	:		-mūl	:		mwei^2	毛
	ʔŭy	:		hui	:		khwei	犬
	tŭy	:		tui	:	（タボイ）	tui	水

　この対応関係から見て、ビルマ語形 -ui に二つの来源があった可能性が考えられるけれども、いまはその問題にはふれない。

　このように、その言語の変化の原則が一つでも判明すると、それぞれの単語について、その歴史を遡ることが可能になるのである。

　ビルマ文語で「野ねずみ、いたち」を意味する単語に pwei^2 がある。その形は同じように puy^2 から来ている。それにあたるチベット語の形は、byi-ba/ ラサ chi-wā/「ねずみ」に違いがない。その両形式を比べると、この単語では、ビルマ語の -uy にチベット語の -i が対応することになる。ところが、チベット語で

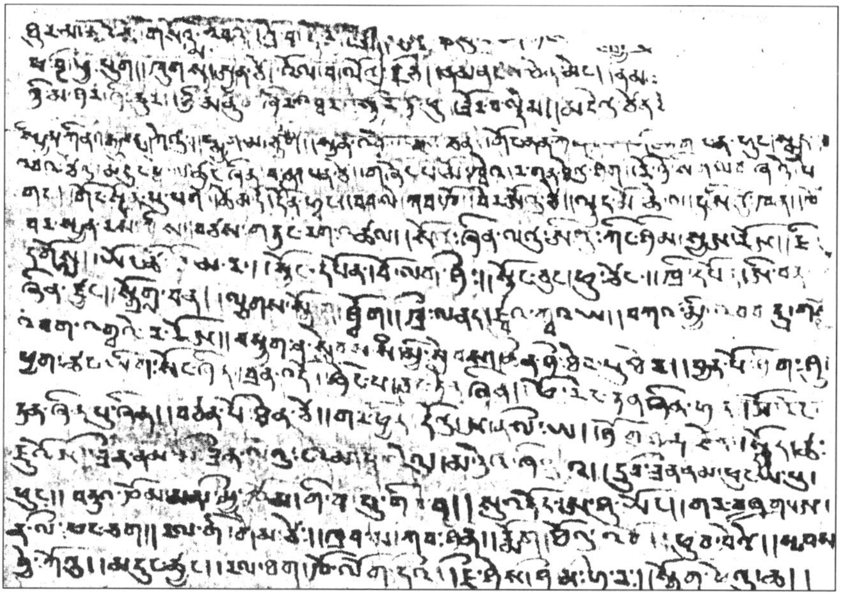

図3−1　チベット語−漢語対訳単語集（スタイン・コレクション）

F. W. Thomas and L. Giles, 'A Tibeto−Chinese Word−And Phrase Book', *BSOAS* vol. 12 (1948) より。

も「ねずみ」byi の古い形が byu であったことが幸いに、文献の上で、また現代語方言形からも証明できるのである。

スタインがもち帰った敦煌出土のチベット文書の中に、すべてチベット文字で書かれているチベット語と漢語の対訳単語集がある（図3-1）。この単語集は、収録されている語彙の数は多くはないが、内容は非常に面白いもので、たとえば、（チベット語）smyug「竹」：（漢語）cug「竹」のような形で両言語が対照されている。実際には下線の部分だけがつづけて書かれていて、しかも草書体のチベット文字が使われているために、かなり読みにくい。その単語集を公表したイギリスの研究者が cug を bug に読み違えたほどである。そして竹のかわりに蒲をあてている。[4)]

その単語集に、幸いにも「鼠」が記録されていて、問題の形は、（チベット語）byu-ba：（漢語）syu「鼠」となっている。そこから、byi の古形が byu であったと推定できる。時代はずっと降るが、16世紀に作られた漢語とチベット語の対訳単語集がある。今度はすべて漢字を使って書かれている。その書物を、丙種本『西番館譯語』と呼んでいるが、そこでは漢語の「鼠」にあたるチベット語形を、漢字で「須瓦」と表記している。この書物は、打箭爐（現在の四川省康定）の近くのチベット語を記録したものであり、チベット人が「鼠」を「ʐu-wa」と発音したのを中国人が聞いて、「須瓦」と書いたのである。[5)] 昔、著者がダライラマの賢兄ツプテンノルブ師（インディアナ大学教授）をインフォーマントに調査した青海省のアムド方言では、「鼠」は「xçu-ɣu」と言ったし、西のバルティの方言でも「byua」（＜byu-wa）の形が報告されているから、現代チベット語方言の中にも、-u 母音をもつ形が残っていることがわかる。[6)]

このように古い文献にもそして現代話されている周辺の方言の中にも、チベット語の「鼠」は byu となっているために、ある地域に限って、チベット語自体に byu から byi への変化が起こったと認めることができる。したがって、さきにあげた「鼠」の対応関係を、ビルマ語 puy：チベット語 byu に書き改めることが可能になる。

さきにあげたチン語系に属するルシャイ語では、「鼠」は búy［高平型］、ティディム・チン語では、bui［中平型］と言って、[7)] ビルマ語系統の形を示し、ビルマ語との共通形式が buy であったことを示唆しているが、同じチン系言語でも、タード語では yūcha（cha は指小辞）であって、これはチベット語形の方に近く、

もとの形から b− が脱落したことを示唆している (byu>yu)。

2. ビルマ語とその方言

ビルマ語は、ミャンマー連邦を中心に、東は中国雲南省との国境沿いから、西はバングラデシュ南部に及ぶ地域に分布している。現代ビルマ語を地域的に大別

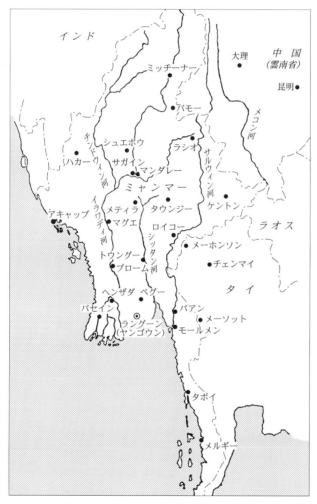

図3−2　ビルマ語の分布地域とその周辺

すると、五つの方言群になる。[8]

現代ビルマ語方言
1．中央部方言 (ラングーン、マンダレー)
2．西南部方言 (アラカン)
3．東南部方言 (タボイ、マグイ)
4．東北部方言 (インダー、タウン・ヨー {大タウン・ヨー (ナンマン方言)、ダヌー) / 小タウン・ヨー}
5．西部方言 (ヨー)

第一の方言群は、ラングーンを中心とする南部地区とマンダレーを中心とする北部地区を通して分布する中央部方言である。これは全国に普及する共通語にもなっているが、各地域にはさほど顕著ではない細かい方言差がある。しかしその詳しいことはまだよくわかっていない。

ビルマ文語の最小音節 CVC/T の –VC 形式は、非常にすき間の多い構造をもっている。まず文語形式と現代ビルマ標準語の音韻体系をあげておこう。各上段は文語の形式、[　]内は現代語の発音を示す。

[現代ビルマ語音韻体系]

(1) 子音体系

p	ph	b	m	hm
/p	ph	ph	m	hm [m̥m]/
t	th	d	n	hn
/t	th	th	n	hn [n̥n]/
k	kh	g	ng	hng
/k	kh	kh	ŋ	hŋ [ŋ̊ŋ]/
c	ch	j	ň	hň
/c [tɕ]	ch [tɕh]	ch [tɕh]	ň [n̠]	hň [n̠̥n̠]/
s	z	sh	l	hl
/s	s	sh [ɕ]	l	hl [l̥l]/
y	w	hw	r	ʔ
/y	w	hw [w̥w]	r	ʔ/

(以下文字転写にはそれぞれ上段の形を使った)

(2) 母音＋末尾子音の連続

–a	–aa	–ang	–ak	–an	–at	–am	–ap	–aň	–ac	–ay
[–a³]	[–a:]	[–iɴ]	[–eʔ]	[–aɴ]	[–aʔ]	[–aɴ]	[–aʔ]	[–iɴₙɛ]	[–iʔ]	[–ɛ]
–i	–ii	—		–in	–it	–im	–ip	—	—	—
[–i³]	[–i:]			[–eiɴ]	[–eiʔ]	[–eiɴ]	[–eiʔ]			

-u	-uu	—	—	-un	-ut	-um	-up	—	—	—
[-u³]	[-u:]			[-ouɴ]	[-ouʔ]	[-ouɴ]	[-ouʔ]			
-o	—	-ong	-ok	—	—	—	—	—	—	—
[-ɔ]		[-auɴ]	[-auʔ]							
-ou	—	-oung	-ouk	—	—	—	—	—	—	—
[-ou]		[-aiɴ]	[-aiʔ]							
-ei	—	—	—	—	—	—	—	—	—	—
[-ei]										

（単母音の -a、-i、-u の形はもっぱら第三声調をもって発音する。ここでは、-a³ と -a、-i³ と -i、-u³ と -u のように長母音を使わず、また -oung、-ouk を -ong、-ok に、o を ɔ に替える表記法をとっている。-ong は -ɔng に、-ok は -ɔk に替える。そして文語形はすべてイタリックで示すことにする）

第二の方言群は、アキャップを中心とする西南部方言である。この地域には、古い形態を保っているアラカン方言が分布し、数種類の下位方言が認められる。

第三の方言群は、テナセリム地域の東南部方言である。タボイ市周辺のタボイ方言とマグイ島に分布するマグイ（ベイ）方言が中核である。タボイ方言の話手はアキャップ地方からの移住民であって、アラカン方言の変形を話しているといわれる。さきに述べたように、タボイからの移住民がマグイ島にいて、やはり古い形態の言葉を保存しているが、マグイ島本来のビルマ語は、かなり中央部方言に近い形に変わっている。たとえば、つぎにあげる単語に代表されるように、タボイ方言では初頭に -l- をもつ子音結合をいまなお話し言葉の中に保持している。これは古い碑文の形式と一致するが、マグイ方言の方は、もはや -l- 音を消失していて、初頭音を口蓋化し、ラングーンの標準形に近い形を、すでにもちはじめているのである。ただ声調の型と動詞につく助詞は、タボイ方言形と一致する古い形態を示している。

	タボイ方言	タボイ（マグイ島）	マグイ方言	ラングーン方言
虎	klâ	klâ	câ	câ
落ちる	klá-he	klá-he	cá-he	cà-de
石	klɔʔ-khê	klɔʔ-khê	cauʔ-khê	cauʔ-khê

（ ˆ ＝高平型、 ´ ＝上昇型、 ` ＝下降型）

このように初頭音は kl- から ky- になり、そして c-［tɕ-］に変わった。

ロロ・ビルマ系言語では、一般に動詞の基本形には特定の助詞がつけられる。

ビルマ語中央部方言では、−de（有声音のあと）または−te（無声音のあと）が、先行する音節末尾の性格の違いに応じて使われる。これは古代ビルマ語の−sefi にあたる形で、文章語では、−*saň* と書かれる。したがって、この助詞は中央部方言では、−sefi＞−θe＞−te〜−de のように変化したのに対して、西南部方言では、−sefi から −he［−fie］に変わったと推定できるのである。

　第四の方言群が分布する東北部には興味のある方言が三つある。まずインダー方言は、シャン州のインレ湖の周辺で水上に小屋を建てて居住する部族の言葉であって、タボイ方言とよく似た古形式を保存している。その話手は、600 年ほど前に、南のタボイから移住したと考えられている。

　ついで、タウン・ヨー方言は、南シャン州のパンタラ、アウンバンなどに分布する。以前にこの方言を調査したテイラーは、この言葉はかなり古い段階で祖形から派生した古態方言であると指摘した。しかし、その単語形式を見ると、古態方言などと簡単に断言できない特徴をもっている。最近この方言を調査した藪司郎氏は面白い形を報告した。[9]　たとえば、

	タウン・ヨー方言	ラングーン方言	タボイ方言（マグイ島）
池	N	?ain	yèy àin
家	N	?ein	ìi
シャツ	N̂klun	?êinji	—
葉	?əwæ?	?əywe?	wa?
村	wa	ywa	wàa

の例からわかるように、この方言では、母音や子音の脱落による単語形式のはげしい縮約があらわれている。上例「シャツ」や、つぎにあげる「蛇」の例のように、−l− を保存するのは確かに古い形態を伝えているが、母音が鼻音化する現象は、やはりこの方言の独自の発展と見做せる。

	タウン・ヨー方言	ラングーン方言	タボイ方言	12 世紀碑文
蛇	mlun	mwei	bùy	mluy

動詞の基本形につく助詞が −lɛ である点もこの方言の大きい特徴といえる。[10]

　タウン・ヨー方言には二つの下位方言があって、小タウン・ヨー方言、大タウン・ヨー方言と呼ばれるが、後者の方言の一つナンマン方言では、文語の形に残る古い ch−、s−、hly− の弁別がすでに失われて、この三つの形が s− に合一してい

るのも特徴的な現象である。

	タウン・ヨー方言	ナンマン方言	ラングーン方言	文　語
塩	shâ	sô̜	shâ [sʻa:]	*cha²*
肉	ʔəṭâ	ʔəsô̜	ʔaṭâ	*a-sa²*
舌	sha	sɒ	ša [ça:]	*hlya*

　東北部方言に属するもう一つの方言、ダヌー方言は、インダー方言やタウン・ヨー方言と同じくアウンバン地域に話されるほか、シャン高原の北メイミョ周辺でも話されている。この方言は母音の形に特徴があって、古い形態を保持しているといえる。テイラーはその母音の形をシャン語（＝徳宏傣方言）やカレン語の影響を受けた変貌ではないかと見ているが、いまのところ精しい調査報告が発表されていないため、はっきりした結論は出しにくい。ビルマ語全体について方言分布の状態を明瞭につかめない現段階では、これらの東北部の３方言は、それぞれ数村落からなる方言の島として、その地域に点々と存在していると考えておきたい。

　第五の方言群は西部方言である、イラワディ河の西側、チン丘陵のふもと一帯はヨーと呼ばれる地域であるが、そこのガンゴー、ティーリン、ヨー、ソーなどの地点でヨー方言が話されている。テイラーは、この方言は、もっとも近いところに分布するチン語の影響を受けたのではないかと推測しているが、それがどのような影響なのか確認できない。藪司郎氏がヨー方言の調査報告を 1980 年に公表した。[11] そこに提示された単語形式を見ると、ヨー方言は、声調型は中央部方言型を示しているけれども、母音と末尾子音の連続は独自の変化をたどっていることがわかる。中央部から隔離された環境で、他の諸方言とは別の規則にしたがって、ヨー方言は変化したのである。

　簡単な例を二、三あげてみよう。

　まず文語形式に反映する *-ang*、*-ak* は、中央部では -iɴ、-eʔ となるのに対して、ヨー方言では -an、-aʔ となって、もとの a 母音を保存している。

	ヨー方言	ラングーン方言	文　語
樹	ṭiʔpan	θippiɴ	*sac-pang*
外（そと）	ʔəpyan	ʔa-pyiɴ	*a-prang*
豚	waʔ	weʔ	*wak*

　次に *-an*、*-am* と *-at*、*-ap* は、中央部では -aɴ と -aʔ となるが、ヨー方言では

-en と -eʔ のように狭母音で対応する。おそらく -an＞-ain＞-ɛn [æ]＞en [ẽ] の変化をたどったのであろう。[12]

	ヨー方言	ラングーン方言	文　　語
花	pên	pâN	pan²
音	ʔəṭen	ʔəθaN	a-sam
精霊	neʔ	naʔ	nat
針	ʔeʔ	ʔaʔ	˙ap

そのほかの多くの形式は、たとえば -in、-im が -ein に、-it、-ip が -eiʔ に、-un、-um が -oun に、-ut、-up が -ouʔ になるなど、中央方言と同じ変化を示している。

	ヨー方言	ラングーン方言	文　　語
家	ʔein	ʔein	˙im
眠る	ʔeiʔ	ʔeiʔ-	˙ip-
作る	louʔ	louʔ-	lup-

そしてヨー方言の動詞の基本助詞は、中央部方言と一致して、-te～-de である。たとえば pyeʔte「切れる」、səgâ pyôde「話す」のように。

以上ビルマ語方言のごく概略を述べたが、いろいろの事情に制約されて、ビルマ語方言は、これまでに十分調査されてきたとはいえない。現在のところ東アジアの多くの地域と同じように、ビルマでもまだ点としての方言の特徴を知ることができるのみで、ビルマ全土の方言の分布状態や方言間の境界を線としてとらえることは将来の研究に期待しなければならない。

古態方言ポン語の記述と意義

ビルマの言語調査は、インドとその周辺地域の言語を概観しようとしたジョージ・グリアーソンを頂点とするインド政庁の大きい計画の一端として始まった。1918 年に、インド政庁の要請によって、ビルマ政府は、ビルマ各地に分布する 29 の言語・方言のレコードを用意した。その中にはいま述べた中央部方言、アラカン方言、タボイ方言、インダー方言、ダヌー方言、ヨー方言、タウン・ヨー方言のほかにポン（hpon）と呼ばれる方言が含まれていた。そのレコードを正しく理解し、その方言についての情報を得るため、ビルマ政府はテイラーを調査旅

行に派遣したのである。テイラーは、各方言の文法の概略を記録し、かなりの数の語彙を収集したらしく、その材料にもとづいて、「ビルマ語の諸方言（Ⅰ）」を発表した。[13] その（Ⅱ）以降はどのような事情があったのか、いまに至るまで発表されていない。グリアーソンは1903年から28年にかけて『インドの言語調査』を13巻にまとめたが、その第3巻の第3部にあたるビルマ語のところはかなり大雑把なものであった。[14]

　さて、テイラーの論文は、簡潔にまとめられた概観で参考にすべきものであるが、その中で、バモとミッチーナの間のイラワディ河第三狭谷付近に住む一部族が話すポン語の存在を重要視した。ポン語にはその下位方言としてサモン（Samong）方言とメギョー（Megyaw）方言があり、それらは消滅寸前の状態にあるけれども老年層はまだ記憶しており、アラカン方言よりもずっと古い形態をもっているとテイラーは言う。そして、「ポン語のみが、ビルマ語とほかのチベット・ビルマ語形式をうまくつなぎ合わせるために必要な中間の単語形式を多く提供するのであり、ポン語の知識なしには、ビルマ語の歴史を十分に研究することは不可能である」とまで述べている。著者は北ビルマに滞在中、このポン語の話手を探したが、ついに出会うことがなかった。[15] テイラーが提供した単語形式を調べてみると、ほかのビルマ語方言との間に確かに一定の対応関係が成立するから、ポン語は狭義のビルマ語の一つであり、古い形態をよく保存した一方言であると認めることができる。

　ポン方言のもっとも大きい特徴は、ほかの方言には見られない接頭辞 kă- と tă- をもっている点であろう。

	サモン方言	メギョー方言	ビルマ文語形式
薪	kă-htaw	kă-hto	*thang*[2]
木	kă-shaik	saik	*sac-pang*
風	kă-li	kă-li	*lei* < liy
針	tă-qet	tă-qet	˙*ap*
草	tă-maw	tă-myo	*mrak*

これらの kă- と tă-（tă- は語幹の初頭音が鼻音の場合、その前で鼻音化した形）は、やはり古い時代の接頭辞が残った形であると考えるべきである。ロロ・ビルマ語系の言語では、それらをすべて消失させたのである。そしてたとえば、はじめにあげた「薪」の例では、語幹形式の対応関係は、つぎの諸単語に見られるサモン

方言 -aw [ɔ]〜wok：メギョー方言 -o [k]：文語 -*ang*、-*ak* の規則対応に支持されている。

	サモン方言	メギョー方言	ビルマ文語形式
鶏	xaw	kyo	*krak*
鳥	ngaw	ngo	*hngak*
織る	qwaw〜qwok	qwok	*rak-*
馬	maw	myo	*mrang*²
……したい	xaw	xo	*khyang-*
蚊	tă-xaw	—	*khrang*

これらの例は、ポン語は一面では古い形式を保持しながら、他面では語幹形式をかなり単純化していたことを示している。また、別の例をあげると、

文 語	サモン 方 言	メギョー 方 言		文 語	サモン 方 言	メギョー 方 言
舌	*hlya*	ā-ya	ă-ya	虎	*kya*²	kăla	kăla
牛	*nwa*²	wa	wa	石	*kyɔk*	kălauk	kălok

「舌」と「牛」は語幹初頭音を脱落させた例であるのに対して、「虎」と「石」は、古い kl- に kăl- で対応するより古い形式を保持する例である。

また、ビルマ文語 -*im*、-*ip*、-*um*、-*up* などの母音と末尾音の連続もポン語は、つぎの諸例のように特徴のある形に変化させているのである。[16]

サモン 方 言	メギョー 方 言	文 語		サモン 方 言	メギョー 方 言	文 語
眠る	aik	aik	˙*ip-*	縫う	xa(k?)	xak	*khyup-*
影	ă-qaik	ă-qaik	*rip*	する	lak	lak	*lup-*
家	ăing	ain	˙*im*	三	sang	sang	*sum*²

テイラーの記録には、声調の表示もなくポン語形を正確に記述しているとはいえないけれども、それでもポン語の単語形式がどのような変化をたどったかのあらましは十分に知ることができる。現在ポン語の話手のほとんどは、おそらく周辺の言語を受け入れ、同化してしまったものと思われる。テイラー以後、1962年に、長年ビルマに居住していたルース（G. H. Luce）が、バシン（Bashin）とともに、このポン語を調査していることがわかった。ルースの没後、1986年になって、英国の言語学者ヘンダーソン（E. J. A. Henderson）の整理を経て、その資料が

公表されたのである。[17] ポン語には興味ある特徴が多いが、ここで若干の事柄だけを補っておきたい。

　ルースの語彙にも、kǎ- と tǎ- の接頭辞が頻繁に出てくる。ヘンダーソンはこの二つの接頭辞は、初頭音の性格によって相補配分されていると考えたが、この見方は正しいように思える。

接頭辞　　　　　　　　　初頭音
kǎ-:　t-　th-　n-　ʃ-　l-　y-
tǎ-:　p-　k-　ph-　kh-　m-　ŋ-　R-　xR-　c-　s-　w-　x-

kǎ ʀù? 「リス（ねずみ）」、tǎ ʀa? 「漢人」のように重複する例もある（シャム文語 krarɔɔg「リス」、ビルマ文語　tarut「漢人」）。この種の分配は、ちょうどチベット文語における接頭辞 g-、d- と初頭音の分配関係を連想させる。

　12 世紀初頭で、ビルマ語がすでに消失していた接頭辞 kǎ- と tǎ- を、このポン語はよく保存するのである。若干の例を補っておく。

	ポン語	ビルマ文語		ポン語	ビルマ文語
豚	tǎwù	wak	蛙	tǎphà	bha²
竹	tǎwà	wa²	熊	tǎwé	wak-wam
魚	tǎŋà'	nga²	火	tǎmì	mi²
犬	tǎkhwì'	khwei²	雨が降る	tǎmùwá'	mou² rwa-

ビルマ語では名詞と動詞両方に使える形も、ポン語は一方に接頭辞をつけて弁別する。

ポ　ン　語　yè?　　　「扇ぐ」: kǎyè?「扇」
ビルマ文語　yap-（V）「扇ぐ」: yap（N）＝yap-tɔng「扇、翼」

もう一つ興味深いのは、とくに動詞の三人称に -ŋ がつく形が多くあることである。ヘンダーソンは人称接辞の痕跡であると推定するが、これは人称接辞ではなく、ビス語に見られる動詞につく助詞 -ŋɛ に対応する形式であろうと著者は考えている。

ŋó-ŋ〜ŋú-ŋ「泣く」<*ŋó-ŋɛ：ビス語 ?uŋ-ŋɛ：ビルマ文語 ngou-。接頭辞 ka- と ta- 自体の機能の弁別は、ポン語ですでに無効になっているけれども、ビルマ文語のすぐ遡った形態を保持する言語として、この言語ははなはだ重要である。[18]

もしも、ポン語を話す人々が、どこかでいまなお健在であるならば、テイラーの言ったように、チベット・ビルマ系言語の研究にとって、非常に重要な資料を提供することは間違いがない。

3. ビルマ語の歴史

ビルマ語の記録された歴史は、12世紀のはじめにパガン王朝が成立したのちにはじまる。具体的にいうとチャンジッター王の臨終にあたって、その子ラージャ・クマールが建立したミャゼディ碑文が最初の資料である。この碑文は四面の石柱の各面に、ビルマ語とタライン（＝モン）語、パーリ語とピュー（驃）語の4種の言語がそれぞれ刻まれている。碑面に記録された内容によると、西暦1112年に作られたことがわかり、現存するビルマ語の最古の資料といえる。[19]

著者はこの碑文によって代表される言語を、中古ビルマ語と名づけた。そのビルマ語は著しく角ばった形の文字で記録されているが、文字の不規則な使い方が多くあって、当時のビルマ語がこの文字によって適切に書き表わされるようには、まだ整理されていなかったことを物語っている。そこに使われている字形が、現代ビルマ文字の原形である。

文献に支えられるビルマ語の歴史研究は、この碑文から始まり、さきに述べた現代諸方言の形成で終わることになる。

ビルマの土地には、11世紀以後、どの時点を取り上げても、終始多種類の民族が生活していた。特定の地域が特定の民族によって統治されたときでも、その統治民族のもとには多種類の言葉を話す部族群がいた。たとえばアヴァ王朝の統治者はシャン族であるけれども、その支配下には、ビルマ族をはじめとする多くの種類の少数民族がいて、それぞれ独自の言葉を話していたのである。公用語はシャン語ではなく、ビルマ語が採用されていたと考えられるが、そのビルマ語は、同じ時代にピンヤを中心とする地域を占拠していたパガン王朝の末裔が話すビルマ語とは、おそらく相違していたものと思われる。

数々の戦乱によって、また王朝の推移によって、部族の移動がしばしば起こり、ビルマの政治・文化・経済の中心地が各処に移動したことは、この言語の歴史を研究する際に、つねに考慮しなければならない重要な要因の一つである。

著者は以前、ビルマ語の時代区分を試みて、各時代の公用語とその通用地域の

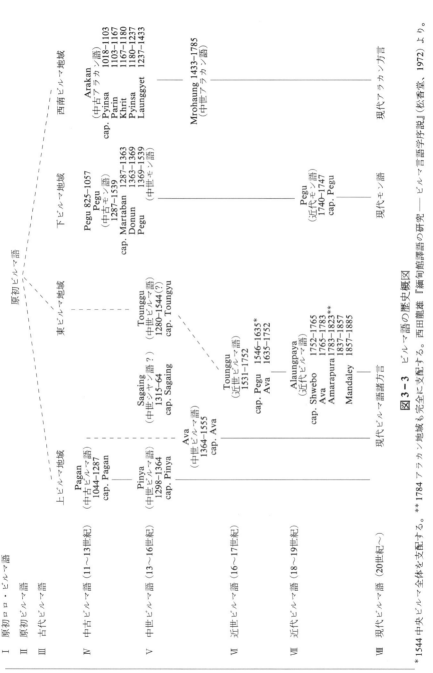

図 3-3 ビルマ語の歴史概図

*1544 中央ビルマ全体を支配する。**1784 アラカン地域も完全に支配する。西田龍雄『編旬館譯語の研究——ビルマ言語学序説』(松香堂, 1972) より。

概略を推定してみた (図3-3)。[20] これは地域の違いと王朝の推移に重点を置いた断代であって、なお検討しなければならない一つの仮説である。標準語などが設定されていない時代に、その継承関係は明瞭ではないし、通用範囲もまたあいまいである。

(1) 古代ビルマ語 —— 11 世紀

上ビルマ地域のビルマ語とアラカン方言、タボイ方言などを比較して設定できる、記録された歴史以前の推定言語形式を指す。ポン語を含めると、kă–、tă– などの接頭辞の存在を仮定することができる。

(2) 中古ビルマ語 —— 11 世紀〜13 世紀

ミャゼディ碑文をはじめパガン時代の諸碑文によって代表されるビルマ語を指す。

(3) 中世ビルマ語 —— 13 世紀〜16 世紀

a. ピンヤ地域ビルマ語。–iy から –ei へ、–uy から –wei への変化などに特徴づけられる。

b. アヴァ地域ビルマ語。明代に編纂されたビルマ語と漢語の対訳単語集『緬甸館譯語』に記録されたビルマ語形によって代表される。

c. トゥングー地域ビルマ語 (その資料は不詳)。

(4) 近世ビルマ語 —— 16 世紀〜17 世紀

トゥングー地域ビルマ語の継承形と諸文学作品によって代表される。

(5) 近代ビルマ語 —— 18 世紀〜19 世紀

清代に編纂された『緬甸譯語』(ケンブリッジ本) とライデンの記録した語彙などによって代表される。

(6) 現代ビルマ語諸方言 —— 20 世紀

現在一般に使われるビルマ語の標準的な書き言葉、いわゆるビルマ文語がどのようにして形成されたのかは大へん厄介な問題である。いまはそれを中古ビルマ語以降、各時代の識者の手によって、幾度か陶冶され整理されてできあがったものと考えておきたい。

アヴァ時代以後作られた諸文学作品がビルマ語の歴史研究にとって、どの程度に新しい知識を加えうるのか、大きい期待がもたれるけれども、現段階では言語史の観点からそれらはまだほとんど研究されていない。代表的な時代の単語形式のみを対照しておこう。

	古代ビルマ語	中古ビルマ語 （12 世紀）	中世ビルマ語 （15 世紀）	近代ビルマ語 （18 世紀）	現代ビルマ語 （ラングーン）
八	*hryat	çeʔ	seʔ	seʔ	šiʔ
金	*hruy	hruy	šuei	šuei	šuei
九	*kɯ²	kɯ²	kou²	kou²	kôu
十	*tšhai	tšhai	tšhai	tšhai	(tə)she
風	*kă–liy	liy	lei	lei	lei

　現代ビルマ語諸方言の形式はほぼ全体が中世ビルマ語形に包括されるものと考えられるが、これは諸方言が未調査の部分を多く含んでいるためであって、方言の正しい位置づけは、今後の課題として残すべきであろう。碑文形式、文語形式、それに諸方言形を加えて勘案した形態を古代ビルマ語と想定しておきたい。しかし、他方でボン語の形態の位置づけが問題となり、より遡った原初ビルマ語の設定と関連してくる。

4. 原初ビルマ語の設定 —— マル・ラシ・アツィ語の比較

　さて、つぎに古代ビルマ語の前段階として、原初ビルマ語と名づけてよい段階を想定したい。これは、ビルマ語とマル語・ラシ語・アツィ語などを比較して推定できる祖形のことである。したがってビルマ語群の祖形として考えることもできる。
　まず、マル（Maru）語、ラシ（Lashi）語、アツィ（Atsi）語について述べてみよう。

a. マル語・ラシ語・アツィ語の概要
　ビルマの北方カチン州に住むマル族、ラシ族、アツィ族の言語は、とくに言語学的な証明を経ることなしに、デイヴィスの『雲南』以来ビルマ語と極めて近い関係にある言語として分類されてきた。この言語群は、カチン州から中国の雲南省にかけて分布しており、ビルマではマル語の話手が多いが、雲南省では載瓦語と呼ばれるアツィ語がもっとも多くの話手をもっている。中国の言語学者は、緬語支の言語として、(1) 緬語、(2) 載瓦語、(3) 腊訖（茶山）語、(4) 浪莪（浪速）語のような分類を示している。[21]　しかし、現在、それらをカチン語群（景頗語

支)に属させているのは、行政的な配慮によるものであって、この言語群がカチン語とは別に成立し、ビルマ語と極めて近い親縁関係をもつことは、確かな材料をもって実際に証明できるのである。[22]

　著者は 1959 年にカチン州の中心地ミッチーナでマル語とラシ語を、シャン州の北東部のバモで別のマル語をそれぞれ調査した。[23]　その折に集録した語彙を整理し、中国で調査されたアツィ語の資料を補って、ビルマ語形と比較してみると、ビルマ語とマル語・ラシ語の間に、そしてアツィ語とも、極めて明瞭な対応関係を音韻体系全体について認めうるようになった。

　まず、若干の代表的な対応例をあげてみよう。[24]

	マル語 −am −ap −e	ラシ語 −em −ep −ai	アツィ語 −um −up −at	ビルマ文語 −im、−um −ip −at
家	yam	yem	jûm	˙im
三	sám	sém	sum	sum^2
眠る	yap	yep	jup	˙ip−
殺す	sê	sai	sat	sat−

　それぞれの言語には、数種の方言があるから、それらの形が判明すると、三者の関係はもっと明確になるに違いないと考えられるけれども、いまの段階でこの 3 言語とビルマ語の親縁関係の度合いを仮に系統樹の型で示すと、つぎのようになる。

［ロロ・ビルマ・独龍語支分類図（西田仮説）］

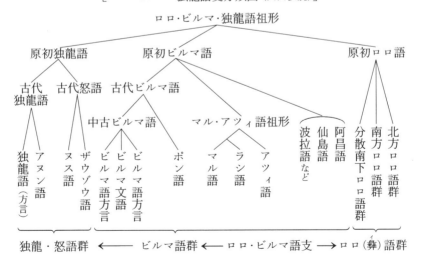

マル語は、単純子音 28、子音結合 9、単純母音 5、母音結合 9 からなる音韻体系をもっている。音節末尾には 5 種類の子音があらわれ、声調は、低平型、高平型、高降型、の 3 種類である。ラシ語の音韻体系は、マル語に比べて、やや複雑であり、単純子音は 28、子音結合は 10、単純母音は 6、母音結合は 10 種類ある。音節末尾の子音は 4 種に限られ、声調はマル語と同じく、低平型、高平型、高降型の 3 種類で、古代ビルマ語とだいたい一致する。

　アツィ語は単純子音 25、子音結合 3、5 母音システムで、4 種類の母音結合があり、それぞれに普通母音と緊喉母音の二つの系列がある。緊喉母音についてはあとで述べるが、普通の母音に対立して、喉を緊めて発音する特徴をもった母音を指している。カチン語や彝語 (ロロ語) 系の言語には、普通母音と緊喉母音の対立が一般に認められるのである。

　さて、さきにあげた例からみると、マル語・ラシ語・アツィ語は、初頭に有声音の系列を保存するとはいうものの、ほとんどビルマ語形に包括されるような性格を示していて、原初ビルマ語形式を推定する目標のためには、とくに大きい役割を果たさないように思える。[25] しかし、一方で、形態素の音素形式に特有の再編成を歴史の過程で行なっており、他方でこの三つの言語は、ビルマ語にはない特有の語彙をもっていて、それらは原初ビルマ語の語彙から直接伝承したものと推定できるのである。つまり、ビルマ語群の言語の主流からかなり早い時期に分岐したマル語・ラシ語・アツィ語は、原初ビルマ語の語彙を保存しながら、一方で独自の方向にその音形式を変化させていったことになる。その変化の主要点は、初頭子音よりも母音＋末尾子音にあった。

　さきにあげた例の中で、たとえば「三」を意味する形は、古代ビルマ語の sum^2 に対して、マル語 sám、ラシ語 sém、アツィ語 sum である。ビルマ語の s-は、特定の方言のほかは、のちに [θ] あるいは [ʂ] に変わったけれども、マル・アツィ系の言語は依然として古い s の形を保持している。−um の方は、中央部ビルマ語、タボイ方言、ヨー方言で [-oun] に変わったのに対して、マル語とラシ語では、二重母音化を経て、*-uəm からマル語では −am に、ラシ語では −em に変わった。アツィ語の −um はたぶん古形式を保存しているのであろう。ビルマ方言の中でも、タウン・ヨー方言の −ɤn、ポン語の −ang のような形もある。「三」の原初ビルマ語から現代方言に至る発展を想定すると、概略次頁の図のようになる。

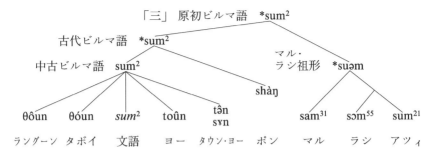

ビルマ系言語とマル系言語で、それぞれ語幹形式がはっきりと違う単語を使っている場合がある。たとえば「山」と「飛ぶ」がそれである。

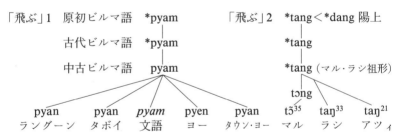

この事実は、二つの形式の間にどのような意味の違いがあったか明瞭ではないが、「山」1と「山」2、「飛ぶ」1と「飛ぶ」2といった2語幹が原初ビルマ語にあって、その中の一つがそれぞれの言語グループに伝承されたものと見たい。

マル系言語の「飛ぶ」*dang は、「翼」*dɔng と同じ語根から構成されている（ビルマ文語 *a-tɔng*）のであろう。

「飛ぶ」2　原初ビルマ語　*tang < *dang　　　　*tong < *dong　翼　陽上

　　　古代ビルマ語　*a-tong　翼　　　　　　　*tong

　　　中古ビルマ語　a-tong　　　　　　　　　*tong（マル・ラシ祖形）

a-taun　　a-ton　　*a-tong*　　a-ton　　ắtɔ́ŋ　　　　tauŋ³¹　　tuŋ³¹　　tuŋ⁵¹
ラングーン　タボイ　文語　　タウン・ヨー　ポン　　　　マル　　ラシ　　アツィ

　それゆえ、原初ビルマ語に、「翼」に対する動詞形「飛ぶ」*dang- が存在した
ことをごく自然に推定できるのである。

	マル・ラシ・アツィ語	原初ビルマ語	古代ビルマ語
飛ぶ	dang［陽平］　←	*dang、*pyam　→	pyam-［低型］
翼	dong［陽上］　←	*dong　　　　→	a-tong［低型］

　古代ビルマ語形 *pyam- はチベット文語の *bya*「鳥」と同源語で、それに –m
がついた形と考えられ、チベット文語の「飛ぶ」*ḥphur-ba* は、漢語の「飛」
pi̯ᵂər（上古漢語形）と同じ語幹の単語である。[26]

　またマル系言語とビルマ系言語の形を合一して祖語の形式を推定できる場合も
ある。たとえば、「人間」を意味する単語は、マル語とラシ語で byu、アツィ語
は pjû であるが、[27] それとビルマ文語形 *lu* を比べると、共通形式 *blu を推定で
きる。共通形 *kl–、*gl– を実証できるから、*bl– も当然あったと見てよい。ま
た、ビルマ文語の *lu* は、チベット文語の *lus*「身体」と同じ語幹をもつ単語であ
るから、その *lus* はさらに *blus に遡れることになる（cf. 上古漢語 體 thliər）。

　マル系言語には –l– や –r– を副次音とする子音結合はもはやなく、古い –l– や
–r– はすべて –y– に変わっている。二、三の対応例をあげておこう。

	マル語	ラシ語	アツィ語	ビルマ文語
目	myoʔ	myoʔtšei	mjoʔ²¹ tʃi⁵⁵	*myak-ci*
見る	myong-	myang-	mjang⁵¹	*mrang-*
馬	myóng	myáng	mjang²¹	*mrang²*
高い	myọ̀ng	myậng	mjạng⁵¹	*mrang³*

b.　ポラ（波拉）語の出現

　ビルマ語群として承認されているのは、上述のポン語のほかに、4種の言語が

ある。(1) マル語、(2) ラシ語、(3) アツィ語ともう一つ、(4) ボラ語である。カチン族の中で pə̃¹³ la⁵⁵ と自称する部族がアツィ語に極めて近い言葉を話していると紹介されたのは 1985 年のことである。雲南省徳宏傣族景頗族自治州の潞西、盈江、梁河の各県でアツィ族、マル族、ラシ族とボラ族は雑居していた。ビルマの北部にも同じ部族がいるらしい。中国ではその言語を波拉語と呼んでいる。[28]

　ボラ語は単音節 CVC/T を主体とする言語で、その音素体系はつぎの単位から成り立つ。

単純子音　22 種	p	ph	m	f	v	t	th	n	l
	ts	tsh	s	tʃ	tʃh	ʃ	ʒ		
	k	kh	ŋ	x	ɣ	j			
子音結合　6 種	pj	phj	mj	kj	khj	ŋj			

　子音結合の第二要素は –j– のみで –r– 型はない。有声閉鎖・破擦音はなく、破擦音は ts– 系と tʃ– 系の 2 種があり、ʒ– は借用語のみに出てくる。

　単純母音は鼻音化母音を含めて、非緊喉母音 10 種と緊喉母音 9 種からなる。

非緊喉	l	i	ɛ	a	u	ɔ	ɸ	ə	ɜ̃	ɔ̃
緊喉	l̤	i̤	ɛ̤	a̤	ṳ	ɔ̤	ɸ̤		ɛ̤̃	ɔ̤̃

　そのほか母音結合は 8 種で、末尾子音は 9 種あり、–VC の連続は全体で 31 種になる。

	母音結合					末尾子音		
非緊喉	ai	au	ɔi	iu	əi	ie	–m	–n	–ŋ
緊喉	a̤i	a̤u		ṳi			–p	–t	–k	–ʔ

　そして声調は、高平型 55、高昇型 35、低降型 31、高降型 51 の 4 種で、その中、55、31 の 2 種が促声調 CVC［stop］型音節にあらわれる。

　上述の「見る」「馬」「高い」を新しい資料によって書き改め、ボラ語の形を加えると、つぎのようになる（「目」はあとで取り上げる）。

	マル語	ラシ語	アツィ語	ボラ語
見る	mjɔ̃³¹	mjaŋ³¹	mjaŋ⁵¹	mjɔ̃⁵⁵
馬	mjɔ̃³⁵	mjaŋ³³	mjaŋ²¹	mjɔ̃³¹
高い	mjɔ̃³¹	mjaŋ³³	mjaŋ⁵¹	mjɔ̃⁵⁵

この三つの単語は、言語間の対立関係を代表していると考えうるが、声調の対応関係については、別の並行例から修正する必要がある。

	マル語	ラシ語	アツィ語	ポラ語	ビルマ文語
腸	a̠u^{31}	u̠^{33}	u^{51}	u^{55}	*u*
頭	au^{35} lam^{35}	wo^{55} lo̠m^{53}	u^{21} lum^{21}	u̠^{35} lam^{31}	*u²-*
卵	a̠u^{55}	u̠^{53}	a^{21} u^{55}	u̠^{35}	*u³*

もう一セットを補っておく。

	マル語	ラシ語	アツィ語	ポラ語	ビルマ文語
私	ŋɔ^{31}	ŋo^{31}	ŋo^{51}	ŋa^{55}	*nga*
五	ŋɔ^{55}	ŋ^{33}	ŋo^{21}	ŋa^{31}	*nga²*
借りる（物）	ŋo̠^{35}	ŋo̠^{55}	ŋo̠^{21}	ŋa^{35}	*hnga²*

c. ビルマ語群における3声調体系の発展

　これらの単語の声調対応を総合し、祖形における声調類、平声上声去声の発展としてとらえるとつぎのようになる。

	マル語		ラシ語		アツィ語		ポラ語		ビルマ文語	
	陰	陽	陰	陽	陰	陽	陰	陽	陰	陽
平声	31		33	31	51		55		1声（低平）	
上声	55	35	55	33	21		35	31	2声（高平）	
去声	55	31	53	33	55	51	35	55	3声（高降）	

　ラシ語では平声に陰平と陽平の分裂があったことは、「病気」と「鼻」に反映する。「泣く」などはマル語では、末尾音 –k を発生させるが、その声調はもとの平声調に属する。[29]

	マル語	ラシ語	アツィ語	ポラ語	ビルマ文語
鼻	no̠^{31}	no̠^{33}	no^{51}	na^{55}	*hna-khɔng²*
病気	no^{31}	nɔ:^{31}	no^{51}	na^{55}	*na*
泣く	ŋuk^{31}	ŋou^{31}	ŋau^{51}	ŋau^{55}	*ngou-*
頭髪	tshẽ^{31}	tsham^{33}	u^{21} tsham^{51}	tshẽ^{55}	*cham*
橋	tsẽ^{31}	tsam^{31}	tsam^{51}	tsẽ^{55}	（*zam-pa* チベット文語）

　「鼻」「頭髪」は陰平調、「病気」「橋」「泣く」は陽平調である。
　上声調の対応は一見すると至極複雑である印象を与えるけれども、マル語形を

除いて考えると、ほぼ例外なくつぎのような関係を示している。

	ラシ語	アツィ語	ポラ語
陰上	55	21	35
陽上	33	21	31

		ラシ語	アツィ語	ポラ語	ビルマ文語
陰上	磨く	sɿ⁵⁵	sui²¹	sui³⁵	swei²−＜sui²
	血	sui⁵⁵	sui²¹	sui³⁵	swei²＜sui²
	洗う	tʃhe:i⁵⁵	tʃhi²¹	tʃhɿ³⁵	chei²−＜chiy²−
	肉	ʃo⁵⁵	ʃo²¹	ʃa³⁵	sa²
陽上	火	mji³³	mji²¹	mi³¹	mi²
	尻尾	ʃŏ⁵⁵ mji³³	ʃŏ²¹ mji²¹	ʃă³⁵ mi³¹	a−mri²
	渡る	ku:³³	ku²¹	ku³¹	ku²−
	九	kou³³	kau²¹	kau³¹	kou²

マル語では、現在では把握し難い条件の下に、陰上と陽上がそれぞれ分裂し、双方に共通した形35型を生み出したと解釈しておきたい。

マル語	陰上声	55	35	
	陽上声		35	31

上掲8例には、マル語でつぎの音形と声調型が対応する。

陰上	磨く	sui⁵⁵		血	sa³⁵
	洗う	tʃhik⁵⁵		肉	ʃɔ³⁵
陽上			火	mji³⁵	尻尾 ʃɔ̌³⁵ mji³¹
			渡る	kau³⁵	九 kuk³¹

去声調は、ビルマ語のほか各言語で陰去と陽去に分裂する。

	マル語	ラシ語	アツィ語	ポラ語
陰去	55	55	55	35
陽去	31	33	51	55

（陰去声）	マル語	ラシ語	アツィ語	ポラ語	ビルマ文語
落ちる	kjɔ⁵⁵	kjɔ:⁵⁵	kjo⁵⁵	−kja³⁵	kya³−
敢えてする	vɛ⁵⁵	wu:m⁵⁵	wam⁵⁵	vɛ̃³⁵	−wam³
月	lɔ⁵⁵	la̯⁵⁵ ma⁵⁵	lɔ⁵⁵ mo⁵⁵	lɛ̃³⁵ ma³¹	la³

この3例はいずれも陰去声である。マル語の「満ちる」pjaŋ^{55}「待つ」lɔ^{55}「開ける」phuŋ^{55}「乳房」nuk^{55}「前方」xak^{55}など陰去声は陽去声よりはるかに多い。

(陽去声)	マル語	ラシ語	アツィ語	ポラ語	ビルマ文語
路	khjɔ^{31}	khjo^{33}	khjo^{51}	khja^{55}	(khari^2)
金	xaŋ^{31}	ʃɘŋ^{33}	xiŋ^{51}	xaŋ^{55}	(hrwei^3＜hrui^3)
きのこ	muk^{31}	mou^{31} lu^{31}	mau^{51}	mau^{55}	hmou^3

ついで入声調をみると、上掲の「眼」は、「猿」「石」「手」などと一致した対応を示している。

	マル語	ラシ語	アツィ語	ポラ語	ビルマ文語
眼	mjɔʔ^{31} tʃik^{55}	mjɔʔ^{31}	mjoʔ^{21} tʃi^{55}	mjaʔ^{31} tʃi^{35}	myak−ci^3
猿	mjauk^{31}	mjuk^{31}	mju^{21}	mjauʔ^{31}	myɔk
石	lauk^{31}−	luk^{31}−	lu^{21}	lauʔ^{31}	kyɔk＜klɔk
手	lɔʔ^{31}	lɔʔ^{31}	lo^{21}	laʔ^{31}	lak

これらは陽入声にあたり、そのほかつぎの陰入声の対応関係がある。これはかなりの規則性を保っている。

	マル語	ラシ語	アツィ語	ポラ語	ビルマ文語
お碗	khuk^{55}	khuʔ^{55}	khoʔ^{55}	khoʔ^{55}	khwak
心	nak^{55}−	nɘk^{55}−	nik^{55}−	nak^{55}	hnac−
針	ŋɛʔ^{55}	ŋap^{55}	ap^{55}	ŋɛʔ^{55}	˙ap
肺	tsat^{55}	tsɔt^{55}	tsut^{55}	tsɔt^{55}	a−chut

以上考察した声調の基本的対応関係は、つぎのように表示できる。

声調類 / 言語	平 陰 陽	上 陰 陽	去 陰 陽	入 陰 陽
マル語	31	55/35/31	55　31	55　31
ラシ語	33　31	55　33	55　33	55　31
アツィ語	51	21	55　51	55　21
ポラ語	55	35　31	35　31	55　21
ビルマ語	1	2	3	高　型　短母音 下降型　二重母音*

*(現代ビルマ語は、短母音か二重母音かの相違で二つの調型を造っている)[30]

この表からみると、ビルマ語にもっとも近い形態をもっているのはアツィ語であり、それにつぐのがボラ語であることがわかる。また、各言語の入声は舒声調の型と合一し、マル語では陰入は陰上・陰去と、陽入は平声と、ラシ語では陰入は陰上・陰去と、陽入は陽平と、アツィ語では陰入は陰去と、陽入は上声と、ボラ語では陰入は平声と、陽入は陽上・陽去と、それぞれ合一していることが判明する。そしておそらくその合一はさほど古い時代に起こったのではないことも推測できるのである。もちろん声調対応には種々の例外的対応も発生しているが、詳細な点は別のところで検討したい。

d. ビルマ語群諸言語間の音韻対応の概要

　さて、いま例示した簡単な語彙比較から、5種の言語間の音形式対応の大枠は容易に把握できる。たとえばビルマ文語の *-a*、*-i*、*-u* が原初ビルマ語形（**PB**）を伝承していると設定すると、各言語は原則的につぎのように対応する。

PB*-a #	マル語	ラシ語	アツィ語	ボラ語	ビルマ文語
	-ɔ	-o、-ɔ	-o	-a	*-a*
探す	xɔ³¹	ʃɔ³³	xo⁵¹	xa⁵⁵	*hra-*

（我、五、借りる、病気、鼻など）

PB*-i #					
	-i	-i	-i	-i	*-i*
果物	ʃi³⁵	ʃi⁵⁵	ʃi²¹	ʃi³⁵	*a-si²*

（火、尻尾など）

PB*-u #					
	-u、-au	-u	-u	-u	*-u*
白い	phju³¹	phju:³³	phju⁵¹	phju⁵⁵	*phru-*

（渡る、腸、頭、卵など）

（マル語において、-u と -au に分裂する条件は不詳）

そして -aC の韻母は -C の性格に応じて種々な変化を起こしている。

	マル語 -ɔʔ	ラシ語 -ɔʔ	アツィ語 -oʔ	ボラ語 -aʔ	ビルマ文語 *ak*
PB*-ak					
黒い *nak	nɔʔ³¹	nɔ:ʔ³¹	noʔ²¹	naʔ³¹	*nak-*
PB*-ang	-ɔ̃	-aŋ	-aŋ	-ɔ̃	*-ang*
蚊 *khrang	kjɔ̃³¹	kjaŋ³³	kjaŋ⁵¹	kjɔ̃⁵⁵	*khrang*
PB*-ap	-ɛʔ	-ap	-ap	-ɛʔ	*-ap*
針 *ap	ŋɛʔ⁵⁵	ŋap⁵⁵	ap⁵⁵	ŋɛʔ⁵⁵	*·ap*

PB*-am	-ɛ̃、-ẽ	-am	-am	-ɛ̃	-am
腫れる	ɣɛ̃⁵⁵	ja:m³³	ɣam²¹	ɣɛ̃³⁵	ram²–
PB*-at	-ɛʔ	-at	-at	-ɛʔ	-at
殺す *sat	sɛ̣ʔ⁵⁵	saṭ⁵⁵	sat⁵⁵	-sɛʔ⁵⁵	sat–
PB*-an	-əŋ	-an	-an	-ɛ̃	-an
花 *pan	pəŋ³⁵	pan³³	pan²¹	pɛ̃³¹	pan²

軟口蓋音 -k と -ŋ の前で -a 母音を保持する言語（（-ŋ の前で）ラシ語、アツィ語）、-ɔ 母音に移動させる言語（マル語、ボラ語）、両唇音、歯茎音の前で -a 母音を保持する言語（ラシ語、アツィ語）、-ɛ に変化する言語（マル語、ボラ語）、いずれもその方向は中古ビルマ語から現代ビルマ語に至る変化とは全く同じではない。

PB	マル語	ボラ語	ラシ語	アツィ語	現代ビルマ語
*-ak	-ɔʔ	-aʔ	-ɔʔ	-oʔ	-eʔ
*-ang	-ɔ̃		-aŋ		-in
*-ap *-at	-ɛʔ		-ap -at		-aʔ
*-am *-an	-ɛ̃		-am -an		-an

変化の方向はマル語とボラ語が同じで、アツィ語とラシ語は中古ビルマ語に近い形式をなお保持していることがわかる。

もう一つ PB*-ac と *-aň の伝承形を加えておきたい。各言語でつぎのように対応する。

	マル語	ラシ語	アツィ語	ボラ語	ビルマ文語
PB*-ač :	-aḳ	-ək	-ik	-ak	-ac
*-aň :	-aŋ	-əŋ	-iŋ	-aŋ	-aň
樹	saḳ⁵⁵	səḳ⁵⁵	sik⁵⁵	sak⁵⁵	sac
新しい	saḳ⁵⁵	səḳ⁵⁵	a²¹ sik⁵⁵	sak⁵⁵	sac–
爪	lɔʔ³¹–saŋ³⁵	lɔʔ³¹–səŋ⁵⁵	loʔ²¹–siŋ²¹	laʔ³¹–saŋ³⁵	lak–saň²
肝臓	saŋ³⁵	səŋ⁵⁵	siŋ²¹	saŋ³⁵	a–saň²

ラシ語の -ək と -əŋ が古形式にあたる可能性がある。マル語とボラ語では、もとの *-ak と *-aŋ が -ɔʔ と -ɔ̃ に変わったあと、-ək と -əŋ が -ak と -aŋ になった。一方ラシ語は -aŋ を保持しているから、-əŋ が残り -ək も残ったと考えら

れる。ボラ語では、PB*–ak と *–ac を –ak に、PB*–ang と *–aň を –aŋ にそれぞれ合一した。

　ビルマ語群の言語間で起こったこれらの一連の変化の中でもっとも興味深いのは、(1) 原初ビルマ語 *–ɯ と *–iy 母音のあとに、マル語で閉鎖音 –k を発生させた現象と、(2) アツィ語、ラシ語、ボラ語で PB*–ɯ 母音を分裂させて伝承している事実である。

　(1) の現象は発生の原因は詳らかではないが、著者は緊喉母音の緊喉性の代償形と考えている。つぎの例に認められる。

甘い	tʃhuk³¹	<PB*khyɯ²–		九	kuk³¹	<PB*kɯ²
骨	ʃŏ³⁵ ɣuk⁵⁵	<PB*a–rɯ²				
尿	i̠k⁵⁵	<PB*siy²		与える	pjik⁵⁵	<PB*piy²–
洗う	tʃhik⁵⁵	<PB*chiy²–				

　これはマル語特有の現象で、そのほかの言語には起こっていない。この –k 閉鎖音が後出のものであることは、声調の対応関係から証明できる。そして PB*–iy に対して –ik とならない形態素もある。

	マル語	PB
四	pjīk³¹	*pliy²

に対して、

	マル語	PB
弓	la³⁵	*liy²
風	la³¹	*liy
重い	la³⁵	*liy²
舟	la̠³¹	*hliy

は、いずれもマル語で –a 母音があらわれて、lik とはならない。

　他方、(2) 原初ビルマ語 *–ɯ にはマル語 –uk が対応するが、アツィ語ではあまり形式が似ていない –au と –ui に対応形が分裂する。r– または y– のあとで –ui が出現し、それ以外はすべて –au になる。ラシ語では y– のあとで –o̠ または –au となり、それ以外は –ou があたる。

　ボラ語にも分裂があり、r– と y– のあとで –u、ň– のあとで –uŋ、それ以外は –au となった。

代表的な対応例のみあげておく。

	アツィ語	マル語	ラシ語	ポラ語	ビルマ文語
煙				—	
虫	-au		-ou	-au	
乳房		-uk			-ou
骨				-u	
指	-ui		-o	-uŋ	
緑			-au		
漏れる				-u	

	アツィ語	マル語	ラシ語	ポラ語	ビルマ文語
煙	mji^{21} khau^{21}	mji^{35} khuk^{55}	mji^{33} khou^{55}	—	mi^2 khou^2
虫	pau^{21}	puk^{55}	pou^{33}	pau^{31}	pou^2
乳房	nau^{55}	nuk^{55}	nou^{55}	nau^{35}	nou^3
骨	ʃŏ^{21} vui^{21}	ʃŏ^{35} ɣuk^{55}	ʃŏ^{55} jou^{33}	ʃă^{35} u^{31}	a-rou^2
指	lo^{21} ŋjui^{21}	lɔʔ^{31} ŋjuk^{55}	lɔʔ^{31} ŋjɔ^{55}	laʔ^{31} ŋjuŋ^{35}	lak-ňou
緑	ŋjui^{51}	ŋjuk^{31}	ŋjau^{31}	ŋjuŋ^{53}	ňou-
漏れる	jui^{51}	juk^{31}	jau^{31}	ju^{55}	you-

それぞれ少し異なった条件のもとで分裂している。ラシ語で動詞・形容詞は否定形式以外は長母音の形をとる。-a:u 動詞形に対して -ou は、名詞の対応形と見てよい。[31]

このような変化の過程における分裂現象の探究は、言葉の変遷の研究にとって極めて重要な課題であると著者は考えている。

もう一つつけ加えたいのは、ポラ語で PB*c- に t- が対応する現象である。

	マル語	ラシ語	アツィ語	ポラ語	ビルマ文語
食べる	tsɔ^{35}	tsɔ:^{33}	tso^{21}	ta^{31}	ca^2-
歯	tsɔi^{31}	tsɿ^{31}	tsui^{51}	tui^{55}	a-cway 牙
年	tsəŋ^{31}	tsan^{31}	tsan^{51}	tɛ̃^{55}	—

この対応は漢語の閩方言で中古漢語知母に t- があたる現象を連想させて興味深い（58頁以降参照）。あるいはポラ語が古代ビルマ語の段階を越えて、原初ビルマ語形式を保持しているのか、それともポラ語独自の改変なのか、いまは判断しにくいところである。

e. ビルマ語群諸言語における使役動詞の構成法

　　マル系言語では自動詞と他動詞・使役動詞の対立は、主に 3 種類の方法で構成される。それらの手順はいずれもビルマ文語の形態とよく対応していて、ともに原初ビルマ語の形態から受け継いでいるものと考えて差し支えがない。[32]

　　まず第一に、初頭の無気音（たとえば p-）は自動詞の機能を、出気音（たとえば ph-）は他動詞の機能を担うという対立が認められる。アツィ語の、

$$\text{khum}^{11}\ \text{pɔŋ}^{15}\ \text{pe}^{51}\quad「戸が開いた」$$
$$\text{khum}^{11}\ \text{phɔŋ}^{55}\ \text{pe}^{51}\quad「戸を開けた」$$

に見られる自動詞と他動詞の対立は、ビルマ文語の、

$$\textit{tamkha}^2\ \textit{pwang}^3\quad\textit{pri}\quad「戸が開いた」$$
$$\textit{tamkha}^2\ \textit{phwang}^3\quad\textit{pri}\quad「戸を開けた」$$

に対応する。「解ける」と「解く」も同じ関係を示す例である。

　　　アツィ語　pji^{51}　「解ける」：ビルマ文語　$\textit{prei}-$　「解ける」（縄など）
　　　　　　　phji^{21}　「解く」　：　　　　　　　　$\textit{phrei}-$　「解く」

　　第二の手順は接頭辞によるものであるが、特定の初頭音をもつ単語でむしろ偶然に古い接頭辞 s- による他動・使役動詞構成が保存されている。この関係もアツィ語とビルマ語でよく対応する。これらの例のアツィ語の x- は、sv- から、ʃ- は sj- から、それぞれ変化した形であることもこの対応関係から証明できる。

アツィ語	vut^{21} 「着る」	vang^{51} 「入る」	jɯp^{55} 「眠る」
	xut^{55} 「着せる」	xang^{51} 「入れる」	ʃɯp^{55} 「眠らせる」
ビルマ文語	$\textit{wat}-$ 「着る」	$\textit{wang}-$ 「入る」	$\cdot\textit{ip}-$ 「眠る」
	$\textit{swat}-$ 「着せる」	$\textit{swang}^2-$ 「入れる」	$\textit{sip}-$ 「眠らせる」

　　他動・使役動詞がこのように接頭辞 s- によって構成される単語はいまではごく数が限られているが、以前はもっと普通的に使われた手順であった。あるいは第一の手順のより遡った形態を伝えているのかも知れない。

　　第三の手順は母音の性格の対立で、アツィ語では、他動・使役動詞が緊喉母音をもち、普通母音の自動詞と対立する単語がある。

| kju^{ʔ21} 「恐れる」 | tsɔ^{21} 「食べる」 |
| kjɯ^{ʔ55} 「恐れさせる」 | tsɔ^{21} 「食べさせる」 |

この対立関係ができたのは、緊喉母音自体の成立と関連する。対応するビルマ語の形態から推定すると、この他動・使役形は、本来は統語的に構成された使役形であって、使役の助動詞 –ciy が主要語幹と融合して緊喉母音を形成し、この新しい対立関係を作り出したものと考えたい。たとえば、次のように発展した。

	第一段階 (語彙的)	第二段階 (統語的)	ビルマ文語	アツィ語
⎰ 居る	*niy	niy	*nei–*	ŋji⁵¹
⎱ 居させる	*sniy	niy–ciy	*nei–cei–*	ŋji̠⁵¹
⎰ 座る	*thong	thong	*thong–*	tsung⁵¹
⎱ 座らせる	*sthong	thong–ciy	*thong–cei–*	tsu̠ng⁵¹

f. アツィ語とビルマ文語の形態構造

他動詞・使役動詞を構成するこのような形態手順は、共通祖語から受け継いだもので、ロロ・ビルマ系言語の親縁関係を証明するのに重要な役割を果たしている。s– 接頭辞を前置する使役形構成を排除して、助動詞を後につけ加える統語的な表現が優位を占めていく方向は、チベット・ビルマ系言語全般を通してあらわれた大きな構造変化であった。能願動詞と呼ばれる助動詞にも前置から後置への同じ変化があらわれている。[33]

	アツィ語（前置）	ビルマ語（後置）
食べうる（能吃）	ke̠⁵¹ tso²¹	*ca² ra̠³*–/sâ yà/
作りうる（会做）	tat²¹ ku̠t⁵⁵	*lup tat̠–*/louʔ taʔ/
敢えて与える（敢給）	wa̠m⁵⁵ pji²¹	*pei² wam̠³*–/pêi wùn/

アツィ語の構造は、全般的にビルマ語とほぼ一致している。まず語順は、主語 ― 目的語 ― 述語動詞と並べられ、必要に応じて格は格助詞によって表現される。

		（主語）（目的語）（動詞）（助動詞）
動詞文	アツィ語	ŋo⁵¹ tsaŋ²¹ tso²¹–pe⁵¹
	ビルマ文語	*nga thamang² ca²–pri*
	ビルマ口語	cəno thəmîn sâ pîbi
		「私（は）ごはん（を）食べました」
名詞文	アツィ語	ŋo⁵¹ ki²¹ tʃuŋ⁵⁵ ko²¹ pju⁵¹ ŋu̠t⁵⁵ le⁵¹
	ビルマ文語	*nga ta rup phrac–sañ*

　　　　ビルマ口語　　　cəno təyouʔ phyitte
　　　　　　　　　　　　「私（は）中国人です」

　ビルマ文語の -phrac「……である」はむしろロロ・ビルマ系言語では特別な形
で、ハニ語 ŋɯ⁵⁵、チノ語 ŋɯ³³、彝語（散尼）ŋæ³³ にあたるアツィ語の ŋut⁵⁵ が共
通態からの継承形である。ビルマ語で否定形にのみ出てくる mahut/məhouʔ/
「そうではない」の hut がアツィ語の ŋut と同源であるかも知れない。[34] マル語
ŋat³¹、ポラ語 ŋɔt⁵⁵、ラシ語 ŋut⁵⁵ がそれに対応する。つぎの le⁵¹ は陳述の助詞で
ある。
　　　　アツィ語　　　pe²¹ kjin⁵⁵ ma⁵⁵ ŋji⁵¹ le⁵¹
　　　　ビルマ口語　　pi kîn hma nei–de
　　　　　　　　　　　「北京にいます」

　アツィ語の ma⁵⁵ とビルマ口語 hma はともに場所を表わす格助詞で、両言語の
形式はよく一致するけれども、その使い方は全く同じとはいえない。
　　　　アツィ語　　　kha⁵¹ ma⁵⁵ lo⁵⁵ pe⁵¹
　　　　ビルマ口語　　be（gou）ṭwâ bji lê
　　　　　　　　　　　「どこに行ったのか」

　ビルマ口語ではこの場合、kou（有声音のあとで gou となる）を使いうる。
　しかし、ビルマ文語 hma〈於格助詞〉と hmà〈従格助詞〉は基本的には、ア
ツィ語 ma⁵⁵ と mai²¹ によく対応する。

	アツィ語	ビルマ文語	ビルマ口語
ここに	xji⁵¹ ma⁵⁵	saň–hma	dihma
そこに	xje⁵¹ ma⁵⁵	hou–hma	houhma
ここから	xji⁵¹ mai²¹	saň–hmà	digà
そこから	xje⁵¹ mai²¹	hou–hmà	hougà

そのほかの助詞についてはつぎの例がある。

　　　アツィ語　　　jaŋ²¹ thɔʔ⁵⁵ mjaŋ²¹ za⁵⁵　　　ŋɔ⁵¹ le²¹ e̱⁵¹ za⁵¹
　　　ビルマ文語　　su thak mrang³–saň　　　　　nga laň² swa²–saň
　　　ビルマ口語　　ṭu theʔ myìn–de　　　　　　cəno lî ṭwâ–de
　　　　　　　　　　「あの人よりも背が高い」　　　「私も行きます」

286　　第3章　ロロ・ビルマ語支の言語とその発展

ビルマ文語 *thak*「……より」と *laṅ²*「……もまた」は、明らかにアツィ語形 thɔʔ⁵⁵ と le²¹ と同源形式である。

ビルマ語では名詞の修飾語は、被修飾語の前にも後ろにもつきうるが、前に来るときには助詞 –tè または –dè（ビルマ文語 sɔ²）をともなう。アツィ語も同じ構造をもっている。

アツィ語	pan²¹ ne⁵¹ 花 ← 赤い	ne⁵¹ e⁵¹ pan²¹ 赤い花
ビルマ文語	*pan² ni* 花 ← 赤い	*ni-sɔ² pan²* 赤い花
ビルマ口語	pân ni 花 ← 赤い	ni dè pân 赤い花

ビルマ語では類別詞が使われるのは、名詞が特定の数詞によって限定される場合に限られるが、アツィ語では数詞のほかに、指示代名詞によって限定されるときも、類別詞が出てくる。しかし両言語ともに、数詞 — 名詞 — 類別詞の順序で配列される。

アツィ語			ビルマ文語 / ビルマ口語 /
pju⁵¹	lă²¹	juʔ²¹	*lu ta–yɔk*/təyauʔ/
人	一	人 (類)	人 一 人
nɔ²¹	sum²¹	tu²¹	*nwa² sum² kɔŋg*/nwâ țoun gaung/
牛	三	頭 (類)	牛 三 頭
pju⁵¹	xjè⁵¹	juʔ²¹	*hou lu*/hou lu/
人 ←	あの	人 (類)	あの → 人
nɔ²¹	xji⁵¹	tu²¹	*saṅ nwa²*/di nwâ/
牛 ←	この	頭 (類)	この → 牛

アツィ語の人称代名詞は声調を変えることによって、主格に対して目的格や所有格を成立させる。たとえば、一人称と二人称の代名詞はつぎのようになる。[35]

一人称	主格	ŋo⁵¹	対格	ŋo²¹	所有格	ŋa⁵⁵
二人称	主格	naŋ⁵¹	対格	naŋ²¹	所有格	naŋ⁵⁵
三人称	主格	jaŋ²¹	対格	jaŋ²¹	所有格	jaŋ⁵¹

ビルマ語にも同じように第三声調 [31] に発音することによって、人称代名詞は所有格を示す用法があり、–i³〈所有格助詞〉をともなう場合と同一の機能を果たしている。たとえば *nga* 主格：*nga³* 所有格 ＝ *nga'i³*〈一人称代名詞〉。この現象もロロ・ビルマ系言語一般に認められて、やはり共通態から受け継いだ形態手

順なのであろう。[36)]

アツィ語	jaŋ⁵¹ nu²¹	ビルマ文語	su^3 a-mei
	彼の 母親	ビルマ口語	ṭù a-mei
	naŋ⁵⁵ pu²¹	ビルマ文語	nang³ a-wat
	あなたの 服	ビルマ口語	khinmyà ə-wuʔ

そのほかアツィ語の否定助詞 a–²¹（たとえば、a²¹–tʃɔi²¹「奇麗でない」）は、ビルマ文語の否定形 ma³– とは異なるが（（口語）mà chɔ̀–、（文語）ma³–khyɔ²–）、碑文に残る古い否定形式 a– や彝語の喜徳方言の否定形と一致する（324 頁、参照）。

マル語もラシ語もアツィ語の形態と基本的にはほぼ一致している。したがって、原初ビルマ語の再構成は、やや煩雑な形態をとるにしても、さほど厄介な問題ではないように思えるのである。

しかし、詳細点については、なかなか難しいところが少なくない。たとえば 4 種のアスペクトの中、3 種の体（一般体、将行体、已行体）および祈求態の一人称単数形は、諸言語間でつぎのように対応すると考えられるが、もう一つのアスペクト（即行体または進行体（ボラ語））の形式については、うまく対応しない。各言語内部で発展させた形式なのであろう。

一人称単数	一般体	将行体	已行体	祈求態
マ ル 語	–ʒa⁵⁵	–nɛ⁵⁵	–va⁵⁵	–vɛ³¹
ラ シ 語	–vɛ⁵⁵	–nɛ̃⁵⁵	–vɛ⁵⁵	–va³¹
アツィ語	–le⁵¹	–ʒa⁵¹	–pe⁵¹	–pa⁵⁵
ビルマ語	–ʔeɦ (–saň)	–maň	–pri	–pa

5. アチャン語と仙島語と怒語の出現

著者がビルマ語群に所属させたいもう一つの言語群に、アチャン語と仙島語と怒語がある。

アチャン語は今世紀のはじめに刊行されたデイヴィスの『雲南』で、すでにその存在が知られていたが、詳細な情報は最近に至るまでわからなかった。[37)] ヌス語も少し以前から言語名は知られていたもののその実態は報告されなかった。仙島語にいたってはごく最近紹介されたばかりである。[38)] まずアチャン語の概

略を述べてみたい。

a. アチャン（阿昌）語と仙島語の概要

　Ngachang［ŋǎ³¹ tʂhaŋ³¹］と自称する部族は、現在中国雲南省からビルマのカチン州、シャン州に居住する。中国史料では、古くは峨昌、莪昌と書かれたがいまでは阿昌に統一され、その言語はアチャン（阿昌 Achang）語と呼ばれている。雲南省には約3万人の話手がいて、徳宏傣族景頗族自治州の<ruby>隴 川<rt>ロンチュアン</rt></ruby>、<ruby>梁 河<rt>リャンホー</rt></ruby>、<ruby>潞西<rt>ルーシ</rt></ruby>諸県と保山専区の3地区を主要分布地とし、それぞれの地域で独自の方言を話している。アチャン族の故地がどこにあったかは不明であるが、一部の部族が古くは<ruby>尋伝<rt>じんでん</rt></ruby>と呼んだ怒江の西岸に移り、のちに南遷し、13世紀になっていまの隴川、梁河一帯に定住したと考えられている。隴川、潞西、梁河の三つの集団は互いに交流は少なく、むしろ近接する傣族、景頗（カチン）族や漢族などと交流したために、それぞれ別の影響を受けて発展し、いまではかなり違った形態の方言を形成している。そのうち潞西方言がアツィ語に近く、梁河方言がもっとも古い形態を保持する。

　仙島語の話手は100人ほどで、同じく雲南省の徳宏傣族景頗族自治州の<ruby>盈江県<rt>えいこう</rt></ruby>姐冒区蛮緬郷にある仙島寨と蛮綾郷にある勐俄寨に住むという。チンタオ chin³¹ tau³¹と自称するが、漢族は仙島と呼ぶ。漢族と雑居し相互通婚しているため漢語からの影響は大きい。いまはこの言語についての資料は多くないが、アチャン語の一つの方言と見ておそらく誤りはない。戴慶廈は、仙島語はアチャン語隴川方言にもっとも近いから、隴川方言の中の一つの土語であろうと述べている。

　アチャン語の一形態素はCVC/Tを基本形式とし、子音は単純子音と子音結合を合わせて37種ある。

［隴川方言の体系］

p	ph	m	m̥	f	v	（fは漢語からの借用語のみにあらわれる）
t	th	n	n̥	l	l̥	
k	kh	ŋ	ŋ̊	x		
ts	tsh	s		tɕ	tɕh	ȵ	ȵ̊	ç	ʑ
tʂ	tʂh	ʂ	ʐ			
pʐ	phʐ	mʐ	m̥ʐ	kʐ	khʐ	xʐ	

仙頭語の子音はこの体系に tz̞– thz̞– ŋz̞– の三つが加わって合計 40 種になる。

　この体系は、(1) 閉鎖音・破擦音に有声音の系列はなく、(2) 破擦音には ts 系・tʂ 系・tɕ 系の三つの系列があり、(3) 鼻音と流音には有声音と無声音の対立があるところに特徴がある。

　アチャン語の基本母音は i ɪ e a ə u o ɔ の 8 種、二重母音は 8、三重母音は 2 種ある。仙島語は基本母音が 9 種、ɪ i ɛ a ɔ o u ɯ ɯ、重母音は 5 種ある。末尾子音は両言語ともに –p –t –k –ʔ と –m –n –ŋ の 7 種であり、–VC の種類はアチャン語には 80、仙島語には 65 ある。しかし両者ともに母音に緊喉母音の系列がないのが大きい特徴である。

　声調は両言語とも同じく 4 声ある。

高平型 55　　低降型 31　　高昇型 35　　高降型 51

　最後の高降型は変調としてあらわれ、または借用語のみにあらわれるから、基本声調は 3 種としてよい。

b.　アチャン語方言と仙島語

　上述のアチャン語は隴川方言の体系をあげた。梁河方言はそれに近い体系をもち子音は 34 種、pz̞– phz̞– mz̞– m̥z̞– のかわりに pj– phj– mj– m̥j– があるが、kz̞– khz̞– xz̞– はない。

　潞西方言は子音は 28 種でアツィ語に似て、それとほぼ同じ体系をもっている。(1) Cr–（＝Cz̞–）型結合はなく Cj– 型結合のみがある。(2) 鼻音・流音に無声音がない。(3) tʂ– 系破擦音・摩擦音がなく、s– に対する z– がある点に特徴が認められる。梁河方言の末尾音には –p と –m が欠け 5 種類となる。梁河方言は 7 母音 –i –ɛ –a –ɯ –u –o –ɑ、潞西方言も 7 母音体系 –i –ɛ –a –ɯ –u –ə –ɔ をもつ。

　3 方言間の音形式の比較はアチャン語の変化の階程をよく示していて意味深い。

　まず子音結合 Cr– 型の変化をあげよう。

	隴川	潞西	梁河	仙島	ビルマ文語	
櫛	phz̞a³¹	pjɛ⁵⁵	phjɛ³¹	phɛ³¹	(*bi²*) cf. *phri²*–	梳く
聞く	kz̞ua³¹	kja⁵¹	tɕa³¹	kz̞ɔ³¹	*kra²*–	
鶏	kz̞uaʔ⁵⁵	kjaʔ³¹	tɕa³¹	kz̞ɔʔ⁵⁵	*krak*	

原則として、つぎの対応関係が成立する。

　　隴川　pr-　　潞西　pj-　　梁河　pj-　　仙島　pr-
　　　　　kr-　　　　　kj-　　　　　tɕ-　　　　　kr-

（cf.「白い」仙島 phʐu⁵⁵：隴川 phʐo⁵⁵）

つぎの「木の葉」の隴川と仙島の語形は、祖形 Cr-、*phrwak の伝承形であるが、潞西と梁河の方言ではすでに –r– または –j– の痕跡を残していない。PB*py– は潞西方言で保存される。また梁河方言では「蜂」は pj– を保持しているが、そのほかの多くの形態素では –r– あるいは –j– を消失させるか、もしくはすでに破擦音への変化を完了している。仙島語も同様である。

	隴川	潞西	梁河	仙島	ビルマ文語
木の葉	a³¹ xʐoʔ⁵⁵	a³¹–waʔ⁵⁵	a³¹–fa³¹	a³¹–xʐoʔ⁵⁵	*rwak*
蜂	tʂua³¹–	pja⁵¹–	pja³¹–	tʂɔ³¹–	*pya²*
与える	tsi³¹	pji⁵¹	tɕi³¹	tsi³¹	*pei²–<piy²–*
飛ぶ	tʂam⁵⁵	pjam³¹	tsaŋ⁵⁵	tʂam⁵⁵	*pyam–*

破擦音 ts-、tɕ-、tʂ- の選択は、連続する母音の性格によって条件づけられているように見える。

アチャン語の方言間の語彙比較は、この言語が祖形より発展した過程を研究する場合に極めて重要な意味をもっている。ここではその全貌を取り上げるわけにはいかないが、各方言がもつ大きい特徴をそれと関連して指摘することはできる。

i)　アチャン語は、祖形の無声鼻音・流音と有声鼻音・流音の対立を伝承したが、潞西方言だけはその対立を解消し、両者を合一する方向に進んだ。若干の例のみあげる。

	隴川	梁河	潞西	仙島	ビルマ文語
鳥	m̥ɔʔ⁵⁵	ŋ̊aʔ⁵⁵	ŋaʔ⁵⁵	ŋ̊ɔʔ⁵⁵	*hngak*
鼻水	n̥ap⁵⁵	n̥ak⁵⁵	nap⁵⁵	n̥ap⁵⁵	*hnap*
口	n̥ot⁵⁵	n̥ut⁵⁵	nut⁵⁵	n̥ut⁵⁵	*hnut*
晒す	l̥ap⁵⁵	l̥ak⁵⁵	lap⁵⁵	l̥ap⁵⁵	*hlan²*

ii)　上掲例から判定できるように、梁河方言では、ある時期に末尾音の再編が行なわれ、PB*–ak が –a になるにしたがって、PB*–ap と *–am はそれぞれ

-ak と -aŋ に移動した。

	隴川	潞西	梁河	仙島	梁河
織る	ʐua²⁵⁵	ʑa²³¹	ʑa³¹	ʐɔ²⁵⁵	*ak＞-a
針	ap⁵⁵	ap⁵⁵	ak⁵⁵	ap⁵⁵	*ap＞-ak
鉄	ʂam⁵⁵	sam³⁵	ʂaŋ⁵⁵	ʂam⁵⁵	*am＞-aŋ

iii) やがて母音を鼻母音化させる方向に進む前段階を示しているのか、PB*-ac と *-aň も、3方言と仙島語では ə/ɯŋ と ə/ɯk にそれぞれ変化している。

	隴川	潞西	梁河	仙島	ビルマ文語
満ちる	pzəŋ³⁵	pəŋ⁵¹	pɯŋ³¹	pɯŋ³⁵	*praň*
新しい	sək⁵⁵	sək⁵⁵	a³¹ ʂɯk⁵⁵	ʂɯk⁵⁹	*sac-*

iv) 潞西方言は、そして梁河方言も、ときに祖形から伝承した合口韻 -ua- をよく保存している。

	隴川	潞西	梁河	仙島	ビルマ文語
坑	a³¹ tɔŋ³¹	tuaŋ⁵¹	a³¹ tuŋ³⁵	tzɔŋ³¹	*a- twang*²
開く	phɔŋ³⁵	phuaŋ⁵¹	phɯŋ³¹	phoŋ³⁵	*phwang*³
ねずみ	kʐɔ²⁵⁵	kua²³¹	kua³¹	kʐɔ²⁵⁵	*krwat*
蒜	kǎ³¹ sun³⁵	la²³¹ suan³⁵	la³¹ suan⁵⁵	la²³¹ sɔn³⁵	*-swan*
歩く	so³¹	sua⁵⁵	so³¹	so³¹	*swa*²-

v) 一方、隴川方言では、a 母音自体は ɔ に変化したが部分的に新しい合口韻 ua を発生させた。しかしその発生の条件は明らかにできない（新しい合口韻の例のみあげる）。

アチャン語祖形	*a		*aŋ		*ak	
隴川方言	ɔ	ua	ɔŋ	uaŋ	ɔ²	ua²

	隴川	潞西	梁河	仙島	ビルマ文語
肉	ʂua³¹	sa⁵⁵	ʂa³¹	ʂɔ³¹	*sa*²
聞く	kʐua³¹	kja⁵¹	tɕa³¹	kʐɔ³¹	*kra*²-
（火に）あぶる	kuaŋ⁵⁵	kaŋ³¹	kaŋ⁵⁵	×	*kang-*
踏む	nuaŋ³¹	naŋ⁵¹	naŋ³¹	×	*nang*²-

	隴川	潞西	梁河	仙島	ビルマ文語
織る	ẓua?⁵⁵	ẓa?³¹	ẓa³¹	ẓɔ?⁵⁵	*rak-*
煮えた（肉）	tʂua?⁵⁵	tɕa?³¹	a³¹ tʂa³¹	tʂɔ?⁵⁵	*kyak-*

vi) ビルマ文語の第三声調（緊喉母音）をとる -a³ に、潞西方言では -a? が反映する。

	隴川	潞西	梁河	仙島	ビルマ文語
得る	ẓua³⁵	ẓa?³¹ a³⁵	ẓa³¹ ma⁵⁵	ẓɔ³⁵	*ra³-*

vii) 祖形 *-ay と *-uy はアチャン語で任意に組み替えられ、母音が上昇あるいは下降する。また *-uy は、梁河方言では祖形 *-u からの伝承形とも合一する。

	隴川	潞西	梁河	仙島	ビルマ文語
*-ay	-oi	-ui	-u	-u̥ -ui	*-ay*
*-uy	-oi -ui	-ɔi -ui	-u -ui	-ui	*-uy > -wei*
買う	oi⁵⁵	ui³¹	u⁵⁵	ui⁵⁵	*way*
糠	-phoi³¹	-phui³⁵	-phu⁵⁵	phu³¹-	*phway²*
歯	tɕoi⁵⁵	tsui³¹	tsui⁵⁵	cui⁵⁵	*cway*
磨く（刀を）	soi³¹	sui⁵⁵	su³¹	sui³¹	*suy² > swei²*
血	sui³¹	sui⁵⁵	sui³¹	sui³¹	*suy² > swei²*
毛	mui³¹	a³¹ mui³¹	a³¹ mu³⁵	mui³¹	*a-muy²* *> a-mwei²*

「（刀を）磨く」と「血」は同じ対応形をとるであろうという期待からはずれて、少しずつ対応形がずれている。しかし、このようなずれが祖形の相違を反映しているとは考えにくい。祖形 *-uy は、したがって梁河方言では、祖形 *-u の伝承形と合一することになる。

祖形		隴川	潞西	梁河	ビルマ文語
*-uy	使う	tɕoi³¹	tsui⁵¹	tɕu³¹	—
*-u	とげ	tɕo³¹	tsu⁵¹	tɕu³¹	*chu²*

ここで体系的な比較研究の結果を示す意図はないけれども、つづけて祖形 *-u 母音の対応関係なども関連上あげておきたい。

祖形		隴川	潞西	梁河	仙島	ビルマ文語
*-uy	吐く	tɕho^{31}	—	tɕhu^{31}	(tsɛ^{35})	thuy²>*thwei²*
*-u	人	tʂo^{55}	pju^{31}	tsu^{55}	tʂu^{55}	*lu*
	持つ	ȵu^{55}	ʑu^{31}	ʑu^{55}	ȵuʔ^{55}	*yu–*
	沸く（湯が）	su^{55}	tsu^{35}	—	su^{55}	*chu–*

　梁河と潞西の方言、および仙島語では –u 母音で対応するのに対して、隴川方言では一部を低下して o 母音にしている。ところが祖形 *-um、*-up に対しては、3方言とも –ɔ または –o 母音で対応する場合が多い。

祖形		隴川	潞西	梁河	仙島	ビルマ文語
*-um	臼	tɕhom^{55}	tshɔm^{35}	tɕhuŋ^{55}	chom^{55}	*chum*
*-up	縫う	xzop^{55}	tshɔp^{55}	ʂok^{31}	chup^{55}	*khyup*

　祖形 *-un および *-ut には、隴川方言でときに –o 母音があらわれるほか、他の2方言と仙島語は、–u– 母音で対応することが多い。

祖形		隴川	潞西	梁河	仙島	ビルマ文語
*-ut	擦る	sut^{55}	sut^{55}	sut^{31}	sut^{55}	*sut–*
*-un	揺れる	ȵon^{35}	nun^{51}	ȵun^{31}	nun^{35}	*hnan³–*

　祖形 *-i には基本的に –i 母音をもって伝承していると考えたいが、隴川方言で –ə とくに –a 母音になる例がある。

祖形		隴川	潞西	梁河	仙島	ビルマ文語
*-i	（馬に）乗る	tsi^{31}	tɕi^{51}	tɕi^{31}	tsi^{31}	*ci²–*
	果物	ʂə^{31}	çi^{55}–	ʂl̩^{31}	ʂl̩^{31}	*a-si²*
	赤い	na^{55}	nɛ^{31}	a^{31} ȵɛ^{55}	na^{55}	*ni²–*
	知る	sa^{35}	çɛ^{51}	çɛ^{31}	sa^{35}	*si³–*

　なぜ隴川方言で一部が –a 母音と合流するのか、その条件は明らかではないが、仙島語でも上掲2例のように –a 母音で対応する。つぎの「櫛」の例ではもともと –a 母音で対応したが、介音 –j– の影響で –a>–ɛ の変化を起こしたものと思える。

	隴川	潞西	梁河	仙島	ビルマ文語
櫛	phza^{31}	pjɛ^{55}	phjɛ^{31}	phɛ^{31}	*a-phri²*

　祖形 *-iC の対応形にもやはり母音が低下して、「眠る」の例のように e が対応する場合がある。とくに「低い」は隴川で ȵon^{55} となる。

祖形		隴川	潞西	梁河	仙島	ビルマ文語
*-ip	眠る	e^{31}	ʐit^{55}	ʑik^{31}	it^{55}	*ip-*
*-im	低い	n̥on^{55}	n̩in^{31}	ɱjiŋ^{55}	ɲim^{51}	*nim^{3}-*

祖形 *-iy には、隴川 -i：潞西 -i/-ɯ：梁河 -i/-ɯ：仙島 -i の対応を原則とするが、今度は梁河方言で -ai と -ɯ に分裂し、仙島語も -ai の形で対応する。しかしその分裂の条件は明らかではない。-ai となる形態素は、載瓦語形と一致する。

隴川	潞西	梁河	仙島	
-i ：	-i ：	-i ：	-i	洗う、向かう、与える、死ぬ、水 など
-i ：	-ɯ ：	-ɯ ：	-i	皮膚、足、糞 など
-i ：	-ɯ ：	-ɯ ：	-ai	酒、蚤、居る、重い、風 など

	隴川	潞西	梁河	仙島	ビルマ文語
死ぬ	ʂɿ^{55}	çi^{35}	ʂɿ^{55}	ʂɿ^{55}	*sei* < *siy-*
皮	a^{31} zɿ^{55}	a^{31} ɯ^{31}	a^{31} ɯ^{55}	a^{31} zɿ^{55}	*a-rei* < *a-riy*
糞	tɕhi^{31}	khɯ^{55}	khɯ^{31}	khɯ^{31}	*khyei^{2}* < *khiy^{2}*
洗う（手を）	tshi^{31}	tɕhi^{55}	tɕhi^{31}	tshi^{31}	*chei^{2}* < *chiy^{2}*
酒	tsi^{55}	ʑi^{35}	tsai^{55}	tsai^{55}	*sei* < *siy*
風	lɿ^{55}	lɯ^{31}	lai^{55}	lai^{55}	*lei* < *liy*

梁河方言の -ai の対応形は、仙島語の -ai と一致するから、あるいは祖形における *-iy とは違った何かの特徴を反映しているのかも知れない。

	梁河	仙島	隴川	ビルマ文語
重い	lai^{31} ：	lai^{31}	(lɿ^{31})	*lei^{2}-*
蚤	-lai^{31} ：	-lai^{31}	(lɿ^{31})	*hlei^{2}*
居る	nai^{55} ：	nai^{55}	(ni^{55})	*nei-*

祖形 *-ɯ には、仙島語を含むすべての方言で -au で対応し、アツィ語、ラシ語、ボラ語のように初頭音の性格による分裂はあらわれない。

	隴川	潞西	梁河	仙島	ビルマ文語
天	mau^{31}	mau^{51}	mau^{31}	mau^{31}	*mou^{2}* < *mɯ^{2}*
角	khʐau^{55}	khjau^{35}	u^{55} tɕhau^{55}	a^{31} khʐau^{55}	*khrou* < *khrɯ*

祖形 *-ɯk には、「さし込む」のほかに、例は少ない。

	隴川	潞西	梁河	仙島	ビルマ文語
さし込む	tɕhoʔ⁵⁵	tsɔŋ	tshɯk⁵⁵	chop⁵⁵	*cok-*

祖形 *-ɔ には、-o または -ɔ が対応し、-ɔng には -uŋ、-ɔŋ が、*-ɔk には -oʔ、-uʔ がそれぞれ対応するが、はっきりしない例も少なくない。

祖形		隴川	潞西	梁河	仙島	ビルマ文語
*-ɔ	錠前	so⁵⁵	sɔ⁵¹	so⁵⁵	sɔ⁵⁵	*sɔ³*
*-ɔng	ゆるい	ʂɔŋ⁵⁵	sɔŋ⁵⁵	suŋ³¹	ʂoŋ⁵⁵	*khyɔng-*
*-ɔk	失う	tʂoʔ⁵⁵	phju⁵¹	-tshu⁵⁵	tʂuʔ⁵⁵	*phyɔk-*

たとえば「水蛭」[隴川 nuʔ⁵⁵：潞西 nɔ³¹：梁河 nu⁵⁵：仙島 nu⁵⁵] は、ビルマ文語 *hmrɔ³* と同源なのか。「叫ぶ」[隴川 kzə⁵⁵：潞西 kɯ³¹：梁河 kɯ⁵⁵：仙島 xɤ⁵⁵] がビルマ文語 *khɔ²*-「呼ぶ」と同源語なのか。また、「浮く」[潞西 phjau⁵⁵：梁河 phjau³¹] は果たしてビルマ文語形 *myɔ²* とは別語幹なのか、など検討すべき語形が多い。「手斧」[隴川 u³¹-tɕɔŋ³¹：潞西 wa²⁵⁵ tsuŋ⁵¹：梁河 u³¹ tɕuŋ³¹：仙島 la³¹ cuŋ³¹] もその例で、ビルマ文語 *puchin/pauʔ shein/* と同源なのかが問題になる。第一音節 u³¹-、wa⁵⁵ は、おそらくビルマ文語 *pu-* にあたり、アチャン語全体の共通形式 *tsong がビルマ文語 *chin* とどのように関わるのか。ビルマ語の方が祖形から特別な変化をたどったのか。実はこの語形は、上述のアツィ語などのほか彝語群の一連の言語にも分布している。

アツィ語 va²¹ tsuŋ²¹：マル語 vɤ⁵⁵ tsauŋ³¹：ラシ語 wo³³ tsuŋ³³：ポラ語 vɤ³¹ tsauŋ³¹（西番語群のルズ語 bu³³ tsha⁵³ も関係する）。

c. 単語構成の対応関係

以上大まかに対応関係を提示し、各方言形式の成立を考察する問題点を指摘したが、最後にふれた単語形式の成立について、もう少し手短に書き加えておきたい。たとえば、「舌」は [隴川 çɔ⁵⁵：潞西 lia³⁵：梁河 ŋut⁵⁵ tshaʔ⁵⁵：仙島 çɔ⁵⁵] が対応する。この中、çɔ⁵⁵ と çɔ⁵⁵ そして lia³⁵ がビルマ文語 *hlya/sha/* と同源形式で、ŋut⁵⁵ tshaʔ⁵⁵ は別の語幹であるかに思える。しかし、方言間で初頭子音結合の発展に大きい差異があったため、tshaʔ はおそらく hlya が変化した形式であろう（cf. tsha²⁵⁵：ビルマ文語 *khyak*/cheʔ/臍）。問題は ŋut「口」がそこにあらわれている点である。ビルマ語群の言語ではこのような2音節複合の形式が多く使われ

るが、必要な手続きは、その単語を構成している各形態素の確認である。さきにあげた「蚤」は隴川方言では li³¹ であるが、仙島語では fu³¹ lai³¹ の2音節からなる。この fu³¹ は、潞西 khui⁵⁵ lɯ⁵⁵、梁河 khua³¹ lai³¹ の第一音節にあたり、khui⁵⁵「犬」が変化した形式である。たとえば、ビルマ文語 khwei² hlei²「蚤」。アツィ語などでも「蚤」の単語は「犬」を第一音節として構成される。

アツィ語	khě⁵⁵ lai̯²¹	ラシ語	khuk⁵⁵ lei̯³⁵
マル語	khɔ̌³¹ la̯³⁵	ボラ語	khɔ̌³¹ lui̯³⁵

それゆえ khui⁵⁵ などと並存する複合形における異形式も知らねばならない。

「樹の枝」も第一音節に「樹」をもつ複合形式であるのが一般である。文字通り樹の枝と表現される。アツィ語なども近似の形式をもつために、つぎに対照してあげる。

アチャン語（隴川）	ʂək⁵⁵	kzaŋ⁵⁵	} ：ビルマ文語　sac kong²
アツィ語	sik⁵⁵	kjaŋ⁵¹	
アチャン語（潞西）	sək⁵⁵	kaʔ⁵⁵	
マル語	sak⁵⁵	kɔ̰ʔ⁵⁵	
ボラ語	sak⁵⁵	ka̰ʔ⁵⁵	} ：ビルマ文語　sac khak
ラシ語	sək⁵⁵	kɔʔ⁵⁵	
仙島語	ʂɯk⁵⁵	xɔʔ⁵⁵	
アチャン語（梁河）	ʂɯk⁵⁵	tʂha⁵⁵	

「樹」　隴川 saŋ³¹ tseŋ⁵⁵：潞西 sək⁵⁵：梁河 ʂɯk⁵⁵：仙島 ʂɯk⁵⁵

「樹」を先行させる複合形の造り方は共通するが、第二の音節にどの形態素を選ぶかが言語によって異なるのである。

隴川方言はアツィ語と近く、潞西方言と梁河方言はマル語・ラシ語・ボラ語に近かった。そして仙島語はビルマ文語形にあたる古い出気音の痕跡を保持していることも確かになる。また、隴川方言に ʂək の異形式 saŋ³¹ があることも注意すべきである。チベット文語形 *shing* との関連も推測できる。

アチャン語の形態素の中に、チベット文語と近似する形式が若干含まれていることを指摘しておきたい。

	隴川	チベット文語	ビルマ文語
魚網	khzạ³⁵	*dra~rgya*	*pok kwan*

水獺 (かわうそ)	sam^{55}	*sram*	*phyam*
思う	sam^{55}	*sems-pa* pf. *bsams*	*cañ^2 ca^2-sañ*
薄い	çam^{35}	*srab-pa*	*pa^2*
草	sa^{55}	*rtswa*	*mrak-*

アチャン語には、ほかにも多くの方言があるが、[39] 全般にわたる実態は現在でもまだよく調査研究されていない。いずれにしても、チベット・ビルマ語派の中で、ことにビルマ語群の祖語形式の設定にあたって、アチャン語形を軽視するわけにはいかない。

d. 怒 (ヌー) 語の登場

アチャン語の分布地域からずっと北方に向かって雲南省の西北端、ミャンマーのカチン州と西蔵自治区に接する地域には、いちばん北に位置する貢山県に独龍語が話され、ついで福貢県から碧江県、蘭坪県と瀘水県にかけて怒語が分布する。独龍語については、別に述べたいが、怒語は孫宏開らの調査によると、実際には3種類の言語に分割される。[40]

（1）福貢県で、アヌン（a^{31} nung^{55}）と自称する怒族が話すアヌン語（6000人）

（2）碧江県で、ヌス（nu^{35} su^{35}）と自称する怒族が話すヌス語（9000人）

（3）蘭坪県と瀘水県で、ザウゾウ（zau^{55} zou^{33}）と自称する怒族が話すザウゾウ語（2500人）

福貢県、碧江県、蘭坪県、瀘水県には、北からアヌン語、ヌス語、ザウゾウ語が並んで分布する。ヌス語はさらに中部普洛方言（3000人）、北部老登方言（4000人）、南部空通方言（2000人）の3方言に細分されるが、方言間で語彙と文法上の差異は大きくなく、主に単語の音形式の上に相違が見られる。

言語の構造上の特徴から総括すると、北方の独龍語とアヌン語は一群をなし、南方のヌス語とザウゾウ語が近似し、別の一群を形成する。この両言語群はあとで述べるように、かなり異なった性格をもち、怒語と呼ぶのは、実質的には後者のヌス語とザウゾウ語を指している。

怒語はもともと独龍語を指した俅語と並べて俅・怒語と称されて、その存在は知られていたものの、言語の実態は1980年代後半に至るまでほとんどわからなかった。1985年に『民族語文』に「怒族柔若語概況」（孫宏開）が発表され、その翌年に『怒族語言簡志（怒蘇語）』（孫宏開、劉璐、1986）が刊行されるに及んで、怒

語の正確な形態と分布状況がかなり詳しく把握できるようになった。

　最近まで、怒語は、独龍語と親近性の高い言語であり、独龍語の変化した形、あるいは怒語のすぐ遡った段階を独龍語が代表するものと想定していた。この考えは、アヌン語に関する限りは当たっていると思われる。孫宏開はアヌン語は独龍語と近い言語であり、両者ともに、カチン語群に属すると考えている。

　著者は、1984 年に昆明で独龍語とともに怒語（ヌス語）を数日調査する機会を得て、怒語がビルマ語に極めて近い言語であることに驚いたが、『怒族語言簡志』を見て、さらにその確信が深まった。怒語は彝語（ロロ語）、リス語、ハニ語、ラフ語などよりもはるかにアツィ語、マル語、アチャン語に近い形式をもち、彝語群よりも、ビルマ語群に所属する言語と考えるべきであろうと著者は主張している。[41]

6. 怒語に見られる言語構造の変遷

　著者は、独龍語を基本的には、ロロ・ビルマ語支に所属する語群の一つとして位置づけている。一つの仮説である。もちろん独龍語がチベット語群の言語やカチン語と深くかかわっていることは否定できないが、言語系譜から見れば、それを越えて、ビルマ語群との関連の方がより密接であろうと考える。そして北方の独龍語と南方のビルマ語群を関連づけるのが、この怒語であるに違いないと想定している。その意味で怒語は一つの媒介言語であるといえる。

　広義の怒語は、北の独龍語についで、アヌン語、ヌス語、ザウゾウ語と並ぶが、その順序そのものが、各言語の年代的な古さの順序を代表している。つまりこの地域の現存言語の分布状態が、その言語発展の年代的な段階を反映している、と想定するのである。したがって、その比較言語学的研究は、ロロ・ビルマ語支言語の一部の発展過程を解明する役割を果たすことになって、一層、興味深い。

　つぎに、若干の実例にそって、怒語の分布と形態のもつ意義を概略、説明してみたい。

a. 単語形式の変遷

　まず、「着る」を例に取り上げてみよう。これはロロ・ビルマ語支における単語形式の発展変化を顕示する好例の一つといえる。

	独龍語	古代チベット語	
動詞形	gwa⁵⁵	*ḥgo-ba	着る
名詞形	gwa⁵⁵ sa⁵⁵	*gos*	着るもの

この対応から推測すると、独龍語 gwa⁵⁵ が TB*go-ba から来源した可能性は極めて大きい（*go-ba＞gowa＞gwa）。*ḥgo-ba の形は、実証されていないが、文語形 *gos*（*ḥgo-ba の完了形）から無理なく設定できる。それに対応するビルマ文語形は末尾に –t がついて動詞形 *wat-saň*「着る」：名詞形 *a-wat*「着るもの」の形態をとる。ヌス語の「着る」uɔʳ⁵³ ɔʳ³¹（中部方言）、uạ⁵³（南部方言）、uɛ⁵⁵（北部方言）は明らかにビルマ文語形 *wat* に対応する。その名詞形は、ヌス語では a– を接頭する手順をとらず、別の助詞が使われている。uɔʳ⁵³ khue³⁵（中部方言）、uạ⁵³ tṣhue³¹（南部方言）、uɛ⁵⁵ khue³¹（北部方言）。

このヌス語形には、TB*–s の痕跡はもはや残っていない。ヌス語「衣服」ga³³（中部方言）、gɔ⁵³（南部方言）、ga³⁵（北部方言）の方が、チベット文語 *gos* にあたるのかも知れない。

他方、ザウゾウ語では「着る」va⁵³：「着るもの」va⁵³ ɕi⁵⁵ の対立があり、TB*–s の伝承形 –ɕi が保持される（ザウゾウ語の「衣服」mi³³ は、アヌン語 ga³¹ mɯ³¹ および西番語群の却域語 kɯ⁵⁵ rmə⁵⁵、扎埧語 ke³³ mə⁵⁵、ルズ語 gæ³³ me⁵⁵ の第二形態素と通じる）。

これらに対してアヌン語は、「着る」gua⁵⁵：「着るもの」gua⁵⁵ dɛm⁵⁵ の形をとり、語幹形式は独龍語と一致するものの、特異な名詞構成詞 –dɛm⁵⁵ が出現する。

上記の諸形式の対立関係を表示すると、つぎのようになる。

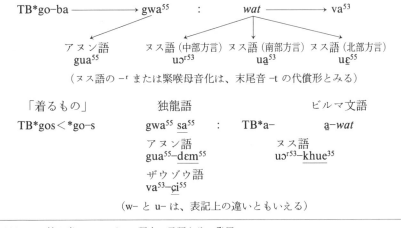

「着る」	独龍語	ビルマ文語	ザウゾウ語
TB*go-ba ⟶	gwa⁵⁵	：　*wat* ⟶	va⁵³

アヌン語	ヌス語（中部方言）	ヌス語（南部方言）	ヌス語（北部方言）
gua⁵⁵	uɔʳ⁵³	uạ⁵³	uɛ⁵⁵

（ヌス語の –ʳ または緊喉母音化は、末尾音 –t の代償形とみる）

「着るもの」	独龍語		ビルマ文語
TB*gos＜*go-s	gwa⁵⁵ sa⁵⁵	： TB*a–	a-wat

アヌン語	ヌス語
gua⁵⁵–dɛm⁵⁵	uɔʳ⁵³–khue³⁵

ザウゾウ語
va⁵³–ɕi⁵⁵

（w– と u– は、表記上の違いともいえる）

b. 同形形態素セットの変動

　さて、ロロ・ビルマ語支言語の中で、代表的な同じ形式をもつ形態素の対応関係を見ておく必要がある。まず第一のセット、「私」「魚」「五」は各言語でつぎのような対応形を示している。

	私	魚	五
TB 祖形	*nga	*ngya	*Cnga
チベット文語	*nga*	*nya*	*lnga*
独龍語	ŋa^{53}	ŋa^{55} plă^{255}	pɯ^{31} ŋa^{53}
アヌン語	ŋa^{55}	ŋua^{55}	phɔŋ^{31}
ビルマ文語	*nga*	*nga*^{2}	*nga*^{2}
ヌス語（中部方言）	ŋa^{35}	ŋa^{55}	ŋa^{55}
ザウゾウ語	ŋo^{55}	ŋo^{33}	ŋo^{31}

　アヌン語形 phɔŋ^{31}「五」は一見特異で、このセットをくずしていることになるが、実は phɔŋa から来源しており、ティブラ語 ba、ミキル語 pho とつながる。アヌン語の「私」と「魚」は異形式をとるが、これは TB 祖形 *nga と *ngya の違いを反映しているのかも知れない。ちなみに、リス語は新しい合口韻を作り、対応形はすべて ŋua となる（ŋua^{33}「私」、ŋua^{55}「魚」、ŋua^{31}「五」）。なおザウゾウ語ではリス語と同じように、高型声調は2種に分裂する。

　したがってこのセットの完全に並行する対応関係は、独龍語・アヌン語以降、ビルマ文語の段階に至り、はっきり形成されたものと想定できる。

　同じように第二の「腸」「卵」「頭」のセットも、ザウゾウ語では「頭」が離脱し、声調の対応関係に問題はあるが、ビルマ文語以降、並行した対応関係があらわれている。

	腸	卵	頭
独龍語	pɯ^{31} ɟɯ^{55}	aŋ^{31} lɯm^{33}	aŋ^{55} u^{55}
アヌン語	phɯ^{31} iɯ^{35}	lim^{55}	a^{31} phuŋ^{55}
ビルマ文語	*u*	*u*^{3}	*u*^{2}
ヌス語（中部方言）	u^{35} a^{55}	ra^{231} u^{31}	u^{31} phu^{55}
ザウゾウ語	vu^{33}	vu^{35}	ʔbu^{55} tu^{31} le^{31}

　第三の「見る」「馬」「高い」のセットは、ザウゾウ語の形がはっきりしないが、独龍語、アヌン語とヌス語はつぎのように対応する。

	見る	馬	高い
独龍語	ɟaŋ⁵³	mɯ³¹ gɯ⁵³	mraŋ⁵³
アヌン語	zaŋ³¹ dʑaŋ⁵³	men³¹	maŋ³¹
ビルマ文語	*mrang-*	*mrang²*	*mrang³-*
ヌス語（中部方言）	ru³¹	mrɯ³¹ la⁵⁵	m̥rɯ³¹

　ヌス語中部方言 ru³¹ は別語幹 LB*hru-「見る」（ビルマ文語 hru-）を伝承する形で、南部方言形 rã⁵⁵ および北部方言形 ru⁵⁵ vrə̃³¹ の後ろの形態素がおそらく LB*mrang- に対応するのであろう。

　また、つぎのような関係を示す語彙もある。

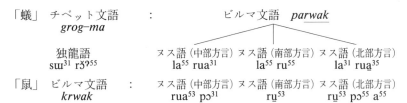

「蟻」	チベット文語	:	ビルマ文語 *parwak*
	grog-ma		

	独龍語	ヌス語（中部方言）	ヌス語（南部方言）	ヌス語（北部方言）
	sɯ³¹ rə̃ʔ⁵⁵	la⁵⁵ rua³¹	la⁵⁵ ru⁵⁵	la³¹ rua̱³⁵

「鼠」	ビルマ文語	:	ヌス語（中部方言）	ヌス語（南部方言）	ヌス語（北部方言）
	krwak		rua⁵³ pɔ³¹	ru̱⁵³	ru̱⁵³ pɔ⁵⁵ a⁵⁵

　ザウゾウ語 vu⁵³「鼠」は、おそらく *krwak* に対応する形ではなく、中古チベット語 byu「鼠」：ビルマ文語 *pwe²<puy²*「野鼠」と同源であろう（258頁参照）。ちなみに、アチャン語形は、ビルマ文語形に大へん近い（隴川 kzo³¹、潞西 kua̱ʔ³¹、梁河 kua³¹）。

「村」	チベット文語	:	ビルマ文語 *rwa<*ro-ba*
	grong		
	独龍語 krɔŋ⁵⁵	ヌス語（中部方言） zu³¹ a³¹	ヌス語（南部方言） zu³¹
		ヌス語（北部方言） zu³¹ a⁵⁵	

　ヌス語の中部と北部の方言形は、この対応関係から見ると、zua とすべきであるかも知れない。

　いずれも独龍語形はチベット語に近く、ヌス語形はビルマ語に接近しているように思える。つぎにあげる例、「病気」はその傾向をもっと明瞭に示している。

「病気」	チベット文語	:	ビルマ文語 *a-na* （*na-*「発病する」）
	na-tsha		
	独龍語 dza⁵³	ヌス語（中部方言） na³⁵	ヌス語（南部方言） nɔ⁵⁵
	アヌン語 dza³¹	ヌス語（北部方言） na⁵¹	サウゾウ語 nou³³<na

（チベット文語 tsha は「熱、刺痛」を意味し、ビルマ文語 *pucha*「熱い、胃腸の具合が悪い」に対応する）

しかし、ヌス語がビルマ文語形と対応せず、チベット語形と共通する形式を含む例も少なくはない。

「橋」 独龍語　dzam^{55}　　ヌス語（中部方言）　gu^{55} dza^{35}　（南部方言）　dzɛ

（北部方言）　gu^{55} dzɔ^{31} a^{55}

gu^{55} は「渡る」を意味し（ビルマ文語 ku^2–「渡る」、チベット文語 gru「舟」）、この語形は「渡り橋」と表現されている。あとの形態素 dza〜dzɔ は独龍語 dzam^{55} に対応し、チベット語 zam–pa に遡る。ビルマ文語にはその対応形はない。あとで述べるように –am の末尾子音を脱落させ –a とし、CV# 型音節に変えるのがヌス語の特徴であり、それはほかのビルマ語群の言語、アツィ語、アチャン語、マル語などから離れて、むしろ彝語に似た性格に移動している（アツィ語 tsam^{31}、アチャン語 tɕam^{55}「橋」）。その性格は、ヌス語が CV# 型構造に感染して、すでに独龍語、アチャン語とは相当にかけ離れた発展段階に到達していることを意味している。

c. 人称接辞の保存と消失

極度に明確に独龍語・アヌン語の段階とヌス語・ビルマ語の段階の断層を示すのは、動詞語幹に添接される人称接辞の保存と消失という現象であろう。そこには複雑型言語から単純型言語への移行というチベット・ビルマ語派の諸言語間に出現した大きな構造変化の一つの図柄が提出されている。

独龍語とアヌン語には、同じ系統と考えてほぼ間違いのない人称接辞の組織がある。他方ヌス語とザウゾウ語では、それがまったく消失してしまっている。もちろん 12 世紀のビルマ語にも現代ビルマ語にも、そのほかビルマ語群のどの言語にももはやその現象はない。

全体の組織は、人称と数（単数、双数、複数）の範疇がからまって、やや煩雑な形態をとるが、便宜上簡単な単数形式のみで説明したい。

独龍語の枠組（例：di^{53}「行く」）

一人称　#–V–ŋ　　：　diŋ^{55}　「（私が）行く」

二人称　nɯ–V–#　：　<u>nɯ</u>^{31} di^{53}　「（君が）行く」

三人称　#–V–#　　：　di^{53}　「（彼が）行く」

アヌン語の枠組（例：khi⁵⁵「かむ」）

一人称　#-V-ŋ　：　khiŋ⁵⁵　「（私が）かむ」
二人称　ŋ-V-#　：　ŋ³¹ khi⁵⁵　「（君が）かむ」
三人称　#-V-#　：　khi⁵⁵　「（彼が）かむ」

（下線の部分が人称接辞である）

　独龍語 di⁵³「行く」にはアヌン語 dzi⁵⁵ が対応すると考えられるが、ここでは資料の中で与えられた例をあげた。

　独龍語の上述の語幹 gwa⁵⁵「着る」は、人称と数によって、つぎのように変形する。

gwaŋ⁵⁵　　　　「私は着る」
gwai⁵³　　　　「私たちは着る」
nɯ³¹-gwa　　　「君は着る」
nɯ³¹-gwaṇ　　「君たちは着る」

　これに対してヌス語、ザウゾウ語、ビルマ文語では、主語の人称・数の違いにかかわりなく、それぞれ一形式に統一されてしまうのである。ヌス語では uɔ^r⁵³ ɔ^r³¹、ザウゾウ語では va⁵³、ビルマ文語では *wat-saṅ* の一つになる。人称の違いは先行する人称代名詞が担うのである。ヌス語とビルマ文語では、主語が複数の場合特定の助詞が動詞語幹の後ろに付加されることがある。ヌス語では uɔ^r⁵³-tɕi³¹、ビルマ文語では *wat-kra*³ が使われる。

　実は独龍語の人称接辞はもう少し複雑であって、上述のように付加形式は主語の人称と数に照応するだけではなく、ある条件のもとで、全く同じ形式が目的語（そして間接目的語）の人称と数にも照応するのである。たとえば、

a³¹ mǎi⁵³　　na⁵³-le³¹　　　　jɔ⁵⁵ sǎr⁵⁵　　　　nɯ³¹ krɯp⁵⁵ wǎʔ⁵⁵
母親は　　　君に　　　新しい着物（を）　　　縫うだろう

a³¹ mǎi⁵³　　nɯ⁵⁵-niŋ⁵⁵-le³¹　　　jɔ⁵⁵ sǎr⁵⁵　　　　nɯ³¹ krɯp⁵⁵ wǎṇʔ⁵⁵
母親は　　　君たちに　　　新しい着物（を）　　　縫うだろう

のように、動詞語幹に先行する nɯ³¹- と動詞につく助詞（将行体）に後置する -ʔ または -ṇʔ は、間接目的語の人称と数に照応しているのである。

　ヌス語はそのような目的語照応も忘れて、khrɔ⁵³ gua³⁵「縫う（将行体）」一形式となる。

ビルマ文語もヌス語と同じ状態に到達している（ビルマ文語 *khyup-*：ヌス語 khrɔ⁵³：独龍語 krɯp⁵⁵ は、チベット文語 *ḥdrub-*「縫う」と同源語である）。（332頁、註51）参照）

d. 相互態の表現法

ヌス語の -tɕi³¹ とビルマ文語の *-kra³* が動詞の複数形を構成することはさきに述べたが、同じ形式がともに相互態も表現する。この事実は、両言語の親近性を示していて重要である。

   ヌス語   bə̃ʳ³¹「（棍棒で）たたく」：bə̃ʳ³¹ tɕi³¹「たたき合う」
   ビルマ文語 *put-*「（肩を）たたく」 ：*put-kra³*「たたき合う」

ヌス語の bə̃ʳ- とビルマ文語の *put-* は、同源語と考えて間違いがない。

e. 文法形態の考察

ついで若干の文法形態について、言語間の共通点と相違点を考察しておきたい。

（1）数詞

独龍語をはじめ4種の言語およびビルマ文語の数詞が、互いに近似した形式をもつ同源語であることは以下に示すように明らかである。

（基本数詞）	独龍語	アヌン語	ヌス語	ザウゾウ語	ビルマ文語
「一」	tĩʔ⁵⁵	thi⁵⁵	thi⁵³	tɯ³¹	*tac*
「二」	a³¹ ni⁵⁵	a³¹ ɲ̃⁵⁵	m̥⁵⁵	nɛ⁵³	*hnac*
「三」	a³¹ sŭm⁵³	a³¹ sɔm⁵³	sɔ³⁵	sẽ³¹	*sum²*
「四」	a³¹ bli⁵³	bri³¹	vri³⁵	yi³¹	*lei²<liy²*
「五」	pɯ³¹ ŋa⁵³	phoŋ³¹	ŋa⁵⁵	ŋo³¹	*nga²*
「六」	krŭʔ⁵⁵	kuŋ⁵⁵	khrṳ⁵³	kha⁵³	*khrɔk*
「七」	sɯ³¹ ɲĭt⁵⁵	si³¹ ɲ̃⁵⁵	ɲ̥ə̃r⁵⁵	nɛ³³	*khuhnac*
「八」	çăt⁵⁵	çɛn⁵⁵	ʂar⁵³	ia³³	*hrac*
「九」	dɯ³¹ gɯ⁵³	dɯ³¹ gɯ³¹	gɯ³⁵	kɯ³¹	*kou²<kɯ²*
「十」	tsăl⁵⁵	thi³¹ tsha⁵⁵	tshe⁵⁵	tshe³³	*chay*
「百」	ça⁵⁵	thi³¹ ça⁵⁵	çha³⁵	iou⁵⁵	*ra<rya*
「千」	tu⁵⁵	thi³¹ tu⁵⁵	tu³⁵	(tɕhyẽ⁵⁵)	*toŋ*

表の中で、ヌス語の m̥⁵⁵「二」は、特異な形式であるが、独龍語の a³¹ bli⁵³

「四」、sɯ³¹ ɲi̋t⁵⁵「七」などは、古形式をよく伝承している。

(2) 格標識

チベット・ビルマ語派の言語では一般に、名詞および代名詞は文中で格助詞をともないうる。しかしその格助詞の形式が言語間で一致することはさほど多くはない。独龍語と怒語とビルマ文語の間でもその事情はさして変わらない。

まず独龍語とアヌン語の間の、そしてヌス語とザウゾウ語とビルマ文語の間の対応関係について考察する。

行為者格と道具格　　独龍語では、行為者格と道具格は一致して、–mi⁵⁵ または –i⁵⁵ で表現される。

独龍語　　　　kǔr⁵⁵ cǎŋ⁵³ ra³¹ mi⁵⁵（あるいは i⁵⁵）……「若者は（よく地を耕す）」

ŋa⁵³ tsɯ³¹–te⁵⁵ mi⁵⁵……「私は鋏で（布を裁つ）」

また、アヌン語も同じく –mi⁵⁵ が使われる。

アヌン語　　　……a³¹ tshaŋ³¹ mi⁵⁵「（彼は悪い）人間に（殺された）」

va⁵⁵ mi⁵⁵「斧で」

アヌン語には –i は記録されていないが、その –i の方がおそらく TB*–kyis にあたる古い形式であって、ヌス語形とつながるのである。

ヌス語　　　　la⁵⁵–i⁵⁵……「虎が（犬をかみ殺した）」

ŋa³⁵ tshe⁵⁵–te³⁵–i³⁵「私は鋏で（服を裁つ）」

ビルマ文語にはこれに対応する形式はない。ザウゾウ語にも –mi または –i に該当する形式はなく、また行為者格は使われない。道具格は –çi で表現され、それはおそらく –i と同源で、TB*–kyis にあたるのであろう。

$$\text{TB*–kyis} \rightarrow \text{–is} \rightarrow \text{–ii} \rightarrow \text{–i}$$
$$\searrow \text{–s} \rightarrow \text{–si [çi]}$$

ʔa³³–mɛ⁵⁵ ʔa⁵⁵–a³¹–çi³¹……「母は針で（衣服をつくろう）」

受動者格　　独龍語の受動者格 –le³¹ は直接目的語、間接目的語のほかに、行為の目標なども表現する。

……ǎŋ⁵³–tçǎl⁵³ le³¹……「（老人が）子供を（罵る）」（cf. チベット文語 –la）

怒江方言ではこの le³¹ にかわって、–a²¹ が使われる。この –a にはザウゾウ語

とビルマ文語に対応形があって、たとえばつぎのように使われる。

ザウゾウ語 ……ŋo⁵⁵-a²¹ tɕha³¹ pa⁵⁵ uɛ⁵³ pa⁵⁵ pi³¹-li³¹-o³¹
「（兄が）私に　2元くれた」

ビルマ文語 ……*nga a² hnac kyap pei²-pri*
「（兄が）私に　2元くれた」

アヌン語の受動者格は -kha³¹、ヌス語では -na³⁵ の形をとる。

アヌン語 ʈha³¹ ŋaŋ⁵⁵-kha³¹……「弟に……」
ヌス語 ŋa³⁵-na³⁵……「私に……」（cf. チベット文語 *-na*）

属　格　独龍語では、格標識を使わないらしい。

アヌン語 -ni⁵⁵ : pha⁵⁵-dza⁵⁵-ma³¹ ni⁵⁵ tɕhɛn²¹
「兄　　　の　子供」

ヌス語 -e³¹ : ʔno³¹ dɯ³¹-e³¹ lia³⁵
「彼ら　　の　畑」

ザウゾウ語 -ze⁵⁵ : ŋo⁵⁵-ze⁵⁵ tɕha³¹ pa⁵⁵
「私　の　　お金」

ビルマ文語 *-i³* : *nga-i³ krei²-ngwei*
「私の　　お金」

アヌン語 -ni の来源は不詳であるが、他の3言語の形はいずれも TB*-i に遡る同源形である。

　場所格　独龍語 -dɔ³¹、ヌス語 -do³⁵ はビルマ文語 *-twang*（於格助詞）と同源である可能性が大きいが、その形式から見て、むしろチベット文語 *-du*（於格助詞）にあたる同源形であるかも知れない。ただ独龍語の -dɔ³¹ はやや広い場所を指すのに対して、ヌス語の -do³⁵ はかなり狭い場所をいうとある（西夏語 ndɔfi「…に於いて」も同源）。ヌス語には別に比較的広い場所を指す -ba³¹ があるからである（cf. ビルマロ語 -hma 於格助詞）。

独龍語 ……gɔŋ⁵⁵ dɔ³¹……「山の斜面で（牛が草を食べている）」
ヌス語 ……lã³⁵ ba³¹「山の斜面で（牛が草を食べている）」
……phrar⁵⁵ na³⁵ do³⁵……「（この子供は）顔に（痣がある）」
ia³¹ i³¹ tha³⁵ do³⁵……「ガラス瓶に（油を入れる）」

ザウゾウ語形 -kɯ⁵⁵、-kã⁵⁵ とアヌン語 -kha³¹ は、彝語 -ko³³ やリス語 -kua³³

とつながる形である（西夏語 –khɑfi「〜の中」も同源）。

ザウゾウ語　　　iɛ³³ kɯ⁵⁵……「家の中に（何人いるか）」

khõ³¹ khõ³¹ kã⁵⁵……「川の中に（魚がいる）」

またザウゾウ語のもう一つの形 –nɛ⁵⁵ は、たぶんチベット文語 –nang「〜の中」にあたる。

pi⁵⁵–ȵɛ³⁵ nɛ⁵⁵……「平原に（牛と羊がいる）」

従　格　　独龍語 –paŋ⁵⁵ は、行為動作の出発点を示し、場所にも時間にも適用される。

kǎn⁵⁵–mra⁵⁵ paŋ⁵⁵……「菜園から（鶏が逃げた）」

tǎn⁵⁵–ni⁵³ paŋ⁵⁵……「今日から（肥料を積みはじめる）」

怒江方言形として、–phe³¹ がある。

独龍河方言　–paŋ⁵⁵ : pe⁵⁵ cin⁵⁵ paŋ⁵⁵……「北京から（来た）」

怒江方言　　–phe³¹ : pe⁵⁵ tɕin⁵⁵ phe³¹……「北京から（来た）」

アヌン語　　–ne⁵⁵　: khɛn⁵⁵–dʑa³¹–ham³⁵ doŋ³¹–ne⁵⁵……

「菜園から（鶏が逃げた）」

ヌス語の –do³⁵–le³¹（場所に関して）と –ba³⁵–le³¹（時間に関して）は、場所格に従格がついた形式である。

pɛ³¹ tɕĩ⁵⁵–do³⁵–le³¹……「北京から（来た）」

khru⁵³ ru⁵³–ba³⁵–le³¹……「6歳から（書を読んだ）」

ザウゾウ語の –ɕi⁵³ は従格の機能をもつ。

nɛ̃³¹ phĩ³³–ɕi⁵³……「蘭坪から（来た）」

各言語の形式に対応する形はつぎのように想定できる。

独龍語　　　–paŋ⁵⁵〜phe³¹ :　？

ヌス語　　　–le³¹　　　　 :チベット文語 –las「……から」

アヌン語　　–ne⁵⁵　　　　:チベット文語 –nas「……から」

ザウゾウ語　–ɕi⁵³　　　　 :ビルマ文語 –chi–ka³「……の許から」

比較格　　独龍語 –mɯ³¹–dǎm⁵³ はつぎのように使われる。

　　　　　　nuŋ⁵⁵ ŋwa⁵³ ça⁵⁵ mɯ³¹–dǎm⁵³……「牛肉より（魚肉がおいしい）」

また、否定の意味を含む特別な比較格 –wa³¹–mɯ³¹ がある。

　　　　　　ŋa⁵³ na⁵³–wa³¹–mɯ³¹ bǔr⁵⁵　「私（は）君より太っていない」

ともに、他言語に対応する形式を見出せない、何か別の来源をもっているように思える。

　　アヌン語　　　–thaŋ⁵⁵–a³¹　:……dɯ³¹ ẓaŋ³¹ khu⁵⁵ kho⁵⁵ nɯ³¹ thaŋ⁵⁵–a³¹……
　　　　　　　　　　　　　　　　　　　　　　　　「この棒はあの棒より（細い）」

ヌス語には優勢比較 –dɯ³⁵–na³⁵ と劣勢比較 kɯ³⁵–na³⁵ があって、使い分けられる。

　　　　　優勢比較：「私は彼より（dɯ³⁵–na³⁵）大きい」
　　　　　劣勢比較：「この棒はあの棒より（kɯ³⁵–na³⁵）細い」

ほかに、優勢、劣勢と関係しない tha⁵³–a³⁵ がある。

　　ザウゾウ語　　　tɯ³⁵ tho⁵³：「私は君より（–tɯ³⁵–tho⁵³）5歳大きい」

アヌン語 –thaŋ⁵⁵–a³¹、ヌス語 –tha⁵³–a³⁵、ザウゾウ語 –tɯ³⁵–tho⁵³ は、いずれもビルマ文語形 –thak と同源形であり、ヌス語の後の形態素 –na³⁵ は、チベット文語形 –nas「～より」に対応する。

（3）使役態構成

　動詞については、TB祖形における重要な形態手順であった使役態構成のみにふれておこう。これらの言語においても、祖形の形態はよく伝承されている。

　独龍語では、接頭辞 sɯ³¹– の添接をもっとも主要な手順とし、語幹が s– または ç– にはじまる場合には、tɯ³¹– が sɯ³¹– にかわって使われる（cf. TB *s–)。

　　　　　ŋɯ⁵³「泣く」: sɯ³¹ ŋɯ⁵⁵「泣かせる」
　　　　　ip⁵⁵ 「眠る」: sɯ³¹ ip⁵⁵ 「眠らせる」
　　　　　çi⁵³ 「死ぬ」: tɯ³¹ çi⁵⁵ 「死なせる」

そのほか、接頭辞 a³¹– をもつ語形で、a³¹– を消去する手順や、接頭辞 sɯ³¹–、tɯ–³¹、dɯ³¹– をもつ自動詞に対して、語幹の短母音を長母音に替える手順なども生産的であるが、統語的な使役態構成は、まだ発達していないらしい。

　　　　　a³¹ mĩt⁵⁵ 「消滅する」: mĩt⁵⁵ 　　　「消滅させる」
　　　　　dɯ³¹ gɔr⁵⁵「曲がる」　: dɯ³¹ gɔr⁵⁵「曲げる」

アヌン語においても同様に、接頭辞 si³¹– または sɛ³¹–（両形式は語幹母音の性質に相応して分配される）と dɯ³¹– を添接する手順が使われる。

ŋɯ⁵⁵ 「泣く」 ：si³¹ ŋɯ⁵⁵ 「泣かせる」（ビルマ文語 ngou–「泣く」）
ɛm⁵⁵ 「食べる」：sɛ³¹ ɛm⁵⁵ 「食べさせる」（ビルマ文語 ngum–「含む」）
bɯm⁵⁵「腐る」 ：dɯ³¹ bɯm⁵⁵「腐らせる」（ビルマ文語 pup–「腐る」）

アヌン語にも統語的手順は未発達であるが、語幹初頭の有声鼻音や側面音を無声音化して使役態を構成する古い手順が生きている。

lim⁵⁵「埋める」：ɬim⁵⁵「埋めさせる」＜*hlim＜*s–lim (cf. ビルマ文語 hmrup–)
ŋɯ⁵⁵「泣く」 ：ŋ̊ɯ⁵⁵「泣かせる」 ＜*hŋɯ＜*s–ŋɯ

（si³¹– を添接する手順と並存する）

ヌス語では、sɯ–、dɯ– など生産的な接頭辞を使う手順はすでにないが、動詞語幹初頭の音素の対立による手順が保持されるとともに、他方、助詞 –tɕi³⁵ を語幹の後に添加する統語的な手順を発達させている。この事実は前置した sɯ– を動詞の後に移動させたことになる。なかには、古い *s– の痕跡を保存させており、まさにビルマ文語の形態とよく合致する。

	ヌス語（中部方言）		ビルマ文語	
i)	gra³¹	: khra³¹	kya³–	: khya³–
	「落ちる」	「落とす」		
	bia⁵³	: phia⁵³	pyak–	: phyak–
	「こわれる」	「こわす」		
ii)	dzā⁽ʳ⁾³¹	: tsā⁽ʳ⁾³¹	kywam²–	
	「燃える」	「燃やす」		
iii)	iɔ⁵³	: ɕɔ⁵³＜s–iɔ	ip	: sip＜s–ip
	「眠る」	「眠らせる」		
	ua⁽ʳ⁾⁵³	: xua⁽ʳ⁾⁵³＜s–uaʳ	wat	: *s–wat
	「着る」	「着せる」		
iv)	ŋɯ³⁵	: ŋɯ³⁵–tɕi³⁵	ngou–	: ngou–cei
	「泣く」	「泣かせる」		
	iɔ⁵³	: iɔ⁵³–tɕi³⁵	ip–	: ip–cei
	「眠る」	「眠らせる」		

ザウゾウ語においても、若干の接頭辞による使役態構成があるが、そこに使われる接頭辞の形式は語幹によって相違し、たとえば mu³¹– は本来「する」を意味するなど他動詞が弱化した形態にあたる。mu³¹– の添接はチノ語の使役態構成の形式と一致する。

チノ語　a⁵⁵　「破れる（服が）」：xa³¹–a⁵⁵　「破る」（ビルマ文語 *ak*–「裂ける」）
　　　　çi⁵⁵　「死ぬ」　　　：mu³¹ çi⁵⁵　「死なせる」（ビルマ文語 *sei*＜siy–)
　　　　piou⁵³「こわれる」　：na³¹ piou⁵³「こわす」（ビルマ文語 *pyak*–)

もしザウゾウ語に、ビルマ文語 *–cei* に対応する統語的使役形が発達していないとすると、この言語は、ヌス語やビルマ語とはやや別の方向に走っていると考えざるをえない。

（4）自動態（再帰態）構成
独龍語には別に自動態を構成する古い助詞 –çɯ³¹ がなお生きている。この手順はミキル語やビス語の形態と通じる祖形の伝承であろうと考える。

　　　　　la⁵⁵　「探す」　：la⁵⁵ çɯ³¹　「自分で探す」
　　　　　kai⁵⁵「食べる」：kăi⁵⁵ çɯ³¹「自分で食べる」

（5）相互態構成
相互態構成の手順も、この言語群では重要である。独龍語とアヌン語では接頭辞 *a– により、ヌス語とザウゾウ語はビルマ文語の接尾助辞 *–kra³* に相当する助辞によって構成される。
独龍語の a³¹– は接頭辞 sɯ³¹– があるときには融合して sa⁵⁵– に変わる。

　　　　　mǒi⁵⁵　　　「愛する」：a³¹ mǒi⁵⁵　「愛し合う」
　　　　　sɯ³¹ lap⁵⁵「教える」：sa⁵⁵ lăp⁵⁵「教え合う」
　　　　　　　　　　　　　　（cf. チベット文語 *slab–pa*「教える、学ぶ」）

アヌン語は、接頭辞 a³¹– を使う。

　　　　　vam⁵⁵「射る」：a³¹ vam⁵⁵「射ち合う」
　　　　　zin⁵³　「問う」：a³¹ zin⁵³　「問い合う」

ヌス語は、接尾助詞 –tçi̱³¹ による（ビルマ文語 *–kra³*)。

sa_r^{53}　　「殺す」　　：sa_r^{53} $tçi^{31}$「殺し合う」

（ビルマ文語 sat-「殺す」）

$ṃ^{35}$ gu^{35}「助ける」：gu^{35} $tçi^{31}$「助け合う」

（ビルマ文語 ku-「助ける」）

ザウゾウ語は、接尾助詞 –$tçã^{55}$ による（ビルマ文語 –kra^3）。

mu^{31} ku^{31}「助ける」　：mu^{31} ku^{31} $tçã^{55}$「助け合う」

tau^{53}　　「引っ張る」：tau^{53} $tçã^{55}$　　「引っ張り合う」

（6）命令法構成

チベット文語では命令法の構成には、つぎの二つの手順がとられる。

（a）動詞の命令法語幹（本来 *o* 母音と接尾辞 –*s* をもつ形）の使用。

（b）命令法語幹に、命令形助詞 –*cig*（–*shig*、–*zhig* の異形がある）を加えた形態の使用。

前者は形態法的命令形、後者は統語法的命令形と呼べる。具体的に例示すると、たとえば *za–ba*「食べる」は、（a）*zo*（古くは *zos であった）または、（b）*zo shig* で命令形になる。

ビルマ文語では、形態法的命令形は消失し、統語法的命令形、動詞語幹 + $sɔ^3$ のみが使われる。たとえば ca^2–*sañ*「食べる」に対して、ca^2–$sɔ^3$「食べよ」がある。この –$sɔ^3$ は、–*o*– 母音が語幹外に後退し、接尾辞 –*s* と合体した形であろうと著者は解釈している。

独龍語にはそれに該当する形はなく、もっぱら $pɯ^{31}$– を動詞語幹に添接して命令法は構成される。$pɯ^{31}$– はハニ語 bi^{33}– に対応する形式で、本来使役の機能を担っていた。

kai^{55}　　「食べる」：$pɯ^{31}$ kai^{55}「食べよ」

a^{31} $glăi^{55}$「跳ぶ」　：pa^{55} $glai^{55}$「跳べ」

（pa– は $pɯ^{31}$– と a^{31}– の融合縮約形式）

アヌン語にも、独龍語 $pɯ^{31}$– と同源の $phɯ^{31}$– があるほか、上述の o 母音による命令形が使われる。そこには人称と数による変形も保存されている。

「食べよ」　　　$phɯ^{31}$ $ɛm^{55}$ o^{31}　→　$phɛ^{55}$ mo^{31}（二人称単数）

　　　　　　　　$phɯ^{31}$ $ɛm^{55}$ so^{31}　→　$phɛm^{55}$ so^{31}（二人称双数）

　　　　　　　　$phɯ^{31}$ $ɛm^{55}$ $ŋo^{31}$　→　$phɛm^{55}$ $ŋo^{31}$（二人称複数）

双数形 –so³¹ は –sɛ⁵⁵–o³¹ の、複数形 –ŋo³¹ は –ŋɯ³¹–o³¹ のそれぞれ融合縮約形式である。なおこの –s– は双数表示の機能をもつものであって、命令形式ではない。

アヌン語の例をもう一つあげる。ŋɛm³⁵「嗅ぐ」の命令形式は、つぎのように変形する。

ŋɛm³⁵ o³¹（単数）　　　ŋɛm³⁵ so³¹（双数）　　　ŋɛm³⁵ ŋo³¹（複数）

初頭音が無声音化するのは、チベット文語 *snom-pa*「嗅ぐ」、命令形 *snoms*「嗅げ」にあたる形を反映している。『蔵漢詞典』（甘粛）には、*nom-pa* '嗅、聞'、未来形 *mnam*、過去形 *mnams*、命令形 *noms* の形も登録される。

ヌス語では命令形助詞 –o⁵⁵ と –e³¹ の二形式が使われ、前者は後者に比べて、より強い語気の急ぎの要求を表現する、と説明される。この –o⁵⁵ がチベット文語形、ビルマ文語形と関連する形式であり、–e³¹ の方は、それに比べて新出の形式であると推測したい。その –e³¹ がザウゾウ語の命令形と合致するのである。

ヌス語　　　……ie³⁵ o⁵⁵ bo⁵⁵「（この道を急いで）行け！」
　　　　　　……rɯ³¹–e³¹「（学校でよく）学べ」
ザウゾウ語　　pi³¹「与える」→ pie³¹「与えよ」（単・複）
　　　　　　ȵi⁵⁵「座る」　→ ȵe⁵⁵＜ȵie「座れ」（単・複）

各言語の命令形式を関連づけると、つぎのようになる。

チベット文語	命令語幹 [–o –s]	×	×	命令語幹 + *cig*
ビルマ文語	動詞語幹 –sɔ³	×	×	×
独龍語	×	×	pɯ³¹–	×
アヌン語	動詞語幹 –□–o³¹	×	phɯ³¹–	×
ヌス語	動詞語幹　　–o⁵⁵	–e³¹	×	×
ザウゾウ語	動詞語幹	–e³¹	×	×

独龍語は、この現象に関しては、チベット語ともビルマ語とも離れた位置にあり、アヌン語が両者の仲介の役を果たしているといえる。

以上の考察から、ヌス語は全体的に見て、ビルマ語とほぼ同じ発展段階にあると認定できるが、その中にチベット文語に相応する形態も少なからず含んでいることが理解できる。それらは TB 祖形の痕跡でもある。

第2節

ロロ系諸言語の系統

　ビルマ語やマル語・ラシ語・アツィ語などのビルマ語群ともっとも近い性格をもつ言語群は、ロロ系諸言語である。両者の親縁関係を図示すると、272頁の言語系統樹の形になる。この図式を見ると、原初ビルマ語をさらに遡った段階は、それとロロ系言語を比較して設定できる祖形、つまり原初ロロ・ビルマ語に到達することになる。[42]　ロロ系言語は数が極めて多いが、大きく三つに分けると、中国の雲南省から四川省、貴州省にかけて居住する約660万人の彝族が話す言語

図 3-4　ロロ系諸言語の分布概念図

と、雲南省とビルマのシャン州、それにタイ国北部にかけて点々と分布するラフ語、ハニ（アカ）語、リス語などからなる言語群、そして、タイ国で話されるビス語、ムピ語、ラオスのプノイ語を中心とする言語群に区分できる。第一を北方ロロ語群、第二を南方ロロ語群、第三を分散南下ロロ語群と呼んでおくのが便利であるが、狭い意味でロロ語と言うときには、彝族の言語に限定した方がよい。[43]

言葉全体の性格から見ると、北方ロロ語群の言語よりも南方ロロ語群の言語の方が、ビルマ語群にずっと近いのである。

1. 北方ロロ語群の言語 —— 彝語とその方言群

a. 彝語の方言分類

現在の彝語の単語形式は、ビルマ語やマル語、アツィ語それにアチャン語、ヌス語と比べて、音節の基本構造がやや相違するけれども、それらの言語と多くの同源語を共有していて、両者が共通の祖形から来源していることは、疑いなく確実に論証できる。まず現代ロロ語（彝語）の概略について述べてみよう。[44]

彝族は、雲南省では九十数県にわたって居住し、約330万人がいる。ついで四川省に約150万人いるが、その中の130万人ほどが南部の涼山彝族自治州西昌専区に住む。[45] その中心地である喜徳の彝語が標準語とされている。同じく四川省の甘孜自治州雅安専区、宜賓専区にも彝族がいるほか、貴州省には約50万人が、主として畢節、安順両専区に、また広西壮族自治区では百色専区の隆林各族自治県に、1万人ほどの彝族が生活していると報告される。民族の自称はさまざまであって、もっとも代表的なのは、nɔ³³ su³³（漢字では諾蘇と書く）と nɪ¹¹（漢字では尼と書く）であるが、そのほかに、lo³³ lo³³ pho²¹ や la²¹ lo³³ pa²¹ と称する彝族もいる。このように分布地域が広いため、方言と土語の数も多いけれども、中国の言語学者は、1950年から62年にかけて調査した材料から、六つの大きい方言に彝語を分類している（図3-5参照）。

（1）北部方言。四川省涼山彝族自治州西昌専区などと雲南省麗江専区の小涼山地域で話される彝語。二つの下位方言があって、全体で160万人の話手がいる。喜徳方言を代表とする。

（2）東部方言。貴州省畢節専区、安順専区、雲南省の昭通専区、曲靖専区、楚
　　雄彝族自治州で話される彝語。三つの下位方言があり、約80万人の話手が
　　いる。威寧方言（貴州）と禄勧方言（雲南）を代表とする。
（3）南部方言。雲南省紅河哈尼族彝族自治州、西双版納傣族自治州と玉渓専区

図3-5　彝族の分布と彝語方言概略図

　方言区画は大雑把に推測したものである。西田龍雄『倮儸譯語の研究——ロロ語の構造と
系統』（松香堂、1979）より。

で話され、約 80 万人の話手がおり、峨山方言（がざん）、石屏方言（せきへい）、墨江方言（ぼくこう）を代表
とする。

(4) 西部方言。雲南省大理白族自治州、徳宏傣族景頗族自治州（チンポー）で話され、約
30 万人の話手がいる。巍山方言（ぎざん）を代表とする。

(5) 東南部方言。雲南省曲靖専区、文山壮族苗族自治州と紅河哈尼族彝族自治
州で話され、約 24 万人の話手がいる。宜良方言（ぎりょう）、彌勒方言（みろく）を代表とする。

(6) 中部方言。雲南省楚雄彝族自治州、大理白族自治州で話され、約 46 万人
の話手がいる。姚安方言（ちょうあん）を代表とする。

　各方言の調査報告は、まだ公表されていないために、残念ながら詳細点はわか
らないところが多いが、それらの方言の中で、北部方言の北部次方言（涼山地区）
には聖乍、義諾、所地、田垻の四つの土語があり、それらはほぼよく似た形をも
っていて、相互によく通達できる。全体の話手 120 万人の中、聖乍土語は 50%、
義諾と所地土語は 20%強、田垻は 5 %弱の話手をもっている。そして義諾と所
地の人々は、聖乍土語を聞いて 80%理解できるという。しかし、雲南省と貴州
省に分布するそのほかの 5 方言の場合は、下位方言の間に単語の形や音素体系に
かなり大きい相違が見られるために、相互の通達は困難であるらしい。彝語とし
てまとめられている言語群は、かなり包括的なものであって、やや異質の土語も
含まれている可能性が考えられる。

[彝語諸方言における同源語の対応例]

	（北部方言）	（東部方言）	（南部方言）	（西部方言）	（東南部方言）	（中部方言）
	喜徳	威寧	石屏	巍山	宜良	姚安
鼻	$na^{21} bi^{55}$	$no^{21} bI^{21}$	$no^{55} by^{21}$	$na^{55} bI^{33}$	$na^{33} bI^{33}$	$no^{55} bi^{33}$
名前	mi^{33}	$m\varepsilon^{13}$	ma^{55}	mi^{55}	$mæ^{33}$	mi^{44}
打つ	ndu^{21}	ndu^{13}	da^{33}	de^{21}	$dæ^{11}$	da^{21}

それぞれ、つぎのチベット文語およびビルマ文語形と同源である。

	鼻	名前	打つ
チベット文語形	*sna*	*ming*	*rdung-ba*
ビルマ文語形	*hna-*	*a-maň*	*ti²-*

b. 喜徳方言（北方方言）の体系

　さて、彝語の標準語である喜徳方言では、子音の数は全体で44種あって、多種類の対立した単位をもっている。閉鎖音（破裂音）では、たとえば両唇音では、p-、ph-、b-、mb の四つの単位が基本になり、鼻音と摩擦音と側面音では、m-：m̥-、f-：v-、l-：ɬ のような有声と無声の対立がある。さらに破擦音には ts-、tʂ-、tɕ の三つの調音点の対立が見られる。母音には、普通母音 5 種類と緊喉母音 5 種類がある。したがって、彝語喜徳方言には全体の音節の種類は、声調の弁別を除いて、350 以上もあることになる。

[彝語喜徳方言の 10 母音]

	普通母音	i o u ɯ ɿ		緊喉母音	e a ʮ ɔ ʅ

[彝語喜徳方言の母音の対立]		[アツィ語の母音の対立]	
（普通）so^{33}「灰（色）」	mu^{33}「する」	lo^{21}「豹」	ʒa^{55}「平らな」
（緊喉）sɔ^{33}「三」	ma^{33}「竹」	lɔ^{21}「ズボン」	ʒa^{55}「平らにする」

　喜徳方言に見られる母音の 2 系列の対立関係は、上述のアツィ語のように、たとえば a 母音や o 母音にそれぞれ普通の発音と喉を緊めた発音が対立するような形態をとっておらず、i 対 e のように母音の性質自体で相違している場合が多い。

　彝語の緊喉母音がどのような祖形から来源しているのかを、比較言語学的に個々の単語形式について推定することは難しくはない。たとえばビルマ語形と比較すると、緊喉母音は多くの場合、母音と末尾閉鎖子音の結合形に遡ることがわかるのである。

[彝語喜徳方言　CV̠# ＜ *CVC]

	喜徳方言		ビルマ文語		喜徳方言		ビルマ文語
普通母音	ʐɿ^{33}	水	rei＜riy	緊喉母音	m̥u^{33}	吹く	hmut-
	sɿ^{33}	死ぬ	sei＜siy		lu^{33}	石	kyɔk＜klɔk
	lɯ^{33}	牛	nwa^2		he^{33}	心	hnac
	ŋɯ^{33}	五	nga^2				

　普通母音に対して緊喉母音が上のような対応を示すから、歴史的に見ると、緊喉母音の主な来源は、末尾子音の代償であったと考えることができる。[46] ところが、ビルマ語形の末尾閉鎖子音をもった形に、彝語がつねに緊喉母音で対応す

るとは限らないところに問題がある。たとえば、ビルマ文語形 *sat-*「殺す」に対して、彝語喜徳方言は si⁵⁵ があたって緊喉母音ではない。

ところで、この緊喉母音が音声学上、一体どのような特質をもつものなのかは、ほとんど研究されていなかった。幸いに著者は 1981 年 1 月に、四川省成都の西南民族学院において、喜徳方言を録音できたため、その周波数分析などが可能になった。普通母音と緊喉母音の音声上の対立について、壇辻正剛氏はその結果を発表している。[47]

彝語の単語はすべて母音終わりの開音節で、ほとんど高低関係だけで弁別される声調をもつ。喜徳方言では 4 声が区別される。ただ義諾土語では第二声調がなく全体で 3 声、また祿勸、石屛、峨山などの諸方言も 3 声であるが、姚安、彌勒などの方言ではもう一つ声調が加って、五つの声調が意味の違いを弁別する。

[喜徳方言聖乍土語の声調]（xi の実際の発音は［ɕi］である）

	声調型	例		声調型	例
1 声	［高平型］	xi 55 「咬む」	3 声	［中平型］	xi 33「到達する」
2 声	［高昇型］	xi 44 「何」	4 声	［低平型］	xi 2̂1「このような」

c. 彝語とビルマ語

(1) 基本語形の発展

彝語の基本意味単位がもつこのような母音終わりの形は、もともと末尾に子音があった形式から縮約してできたものであることは、いま述べたビルマ語にある同源語の形式と比べることによって、明瞭になる。そしてさほど面倒なことを考えなくとも、もとの形に復元できるのである。今度は雲南省のニー・ロロ方言、アヒ・ロロ方言と、昆明付近で話されるノス方言の例をあげてみよう。[48]

	ニー方言	アヒ方言	ノス方言	ビルマ文語
木の葉	phe⁵2̂	phie⁴4̂	pha⁴⁴	*phak*
開く	phy³³	phu²²	phu²¹³	*phwang³-*
上る	de⁴⁴	die⁴⁴	da⁴⁴	*tak-*
出る	du⁴⁴	du⁴⁴	du³²	*twak-*

これと同じ対応関係を示す同源語がほかにもあるから、その対応はある規則にしたがったものと考えられ、「木の葉」と「上る」の彝語の形はもともと −ak を

もち、「開く」は -wang、「出る」は -wak であったと仮定できる。

　実はいまあげた対応例は、もう一つ別の重要な事柄を示唆しているのである。最後の二つの単語を見ると、彝語では初頭音は有声音であるのに対して、ビルマ語では、それを無声音化している。現代ビルマ語中央部方言には有声の閉鎖音と破擦音をもつ形があるけれども、それは古代ビルマ語以降のある時期に再び有声音化したものであって、たとえばタウン・ヨー方言では中央部方言の有声音にすべて無声音があたっている（タウン・ヨー方言は藪氏の資料によっている）。

	中央部方言	タウン・ヨー方言		中央部方言	タウン・ヨー方言
頭	gâun	ʔəkhôn	垢	jî	cê
膝	dû	tû	つば	zədwêi	shanthwî

　これらの対応関係から見ると、彝語はロロ・ビルマ語祖形にあった初頭の無声音と有声音の対立を保存したかわりに、母音と末尾音の連続を大幅に縮約する方向に変化していったことがわかる。これに対して、ビルマ語の方は、それと逆の方向をたどって初頭有声音を無声音に変えていったと推定できるのである。したがって、その双方の形を組み合わせると、共通の祖形を設定できることになる。たとえば、

	祖　形	古代ビルマ語		現代ラングーン方言		ニー方言
木の葉	*phak	phak	→	pheʔ	： →	phe²²
上　る	*dak–	tak	→	teʔ	： →	de⁴⁴

そして彝語はこの例では、ビルマ語中央部方言がたどった -ak＞-eʔ の変化と極めてよく似た過程を経て、いまの形になったと推測できるのである。

　喜徳の彝語には、いろいろと興味のある現象が報告されている。その若干の例について述べておきたい。

　「大きい」と「小さい」のような両極を意味する単語で、語幹は同じ形が使われるが、a– がつけられるか i– がつけられるかによって、その意味の両極が決定される語形がある。これは彝語のいろいろの方言の中でも特別な形態である。

a³³ mu³³	高い、深い		i⁴⁴ mu³³	低い、浅い	
a³³ n̦i³³	多い		i⁴⁴ n̦i³³	少ない	
a³³ fi³³	寛い		i⁴⁴ fi³³	狭い	

比較言語学的に見ると、m̥u は本来「高い」の意味であり、n̥i は「少ない」、fi はおそらくビルマ文語の *wei²*－「遠い」と同源語であると考えられるから、a－積極性と i－消極性を同じ語幹で対立させる方法は、彝語喜徳方言でのちに作り出された構成法に違いがない。この構成法の成立を祖形からの発展過程の中でわかりやすく示すと、つぎのようになる。

祖　形			ビルマ文語		彝語喜徳方言
*mrang³－	高い	→	*mrang³*－	:	a–m̥u³³
					↓
*nim³－	低い	→	*nim³*－	×	i–m̥u³³
*mya²－	多い	→	*mya²*－	×	a–n̥i³³
					↑
*naň²－	少ない	→	*ne²*	:	i–n̥i³³

　ビルマ文語には i－接頭辞はなく、a－接頭辞は、動詞・形容詞から名詞・副詞を構成する役割を果たしている（*lup-*/lou?「働く」→ *a-lup*/a-lou?/「仕事」、*mran-*/mjan/「速い」→ *a-mran*/a-mjan/「速く」）。

　彝語の a－と i－の対立は、おそらく語幹の形式自体の対立とともに使われたつぎの形態が、本来の姿であったろう。

a³³ tu³³	厚い		i⁴⁴ bo³³	薄い
a³³ n̥u⁵⁵	（樹の穴が）深い		i⁴⁴ di³³	（樹の穴が）浅い

　tu³³ はビルマ文語 *thu*－「厚い」に、bo³³ はビルマ文語 *pa²*－「薄い」に、n̥u⁵⁵ はビルマ文語 *nak*－「深い」に、di³³ はビルマ文語 *tim*－「浅い」にそれぞれ対応していて、いずれもロロ・ビルマ系言語に広く分布する語幹形式である。

（2）代名詞の基本形と所有形

　さきにアツィ語の代名詞について述べたが、彝語においても、代名詞や一部の名詞には基本形と所有形の対立が声調の相違によって示されることがある。

基本形	ŋa³³	私	ni³³	君	su³³	他人
所有形	ŋa⁵⁵	私の	ni⁵⁵	君の	su⁵⁵	他人の

　この形態手順はビルマ文語にも残っていて、そこでは高降型声調は、所有格助詞 *-i³* をともなう形と同じ機能を果たしている。

　　　nga［中平型］　私　　　*nga³*［高降型］　私の ＝ *nga-i³*

nang	君	*nang³*	君の = *nang–i³*
su	彼	*su³*	彼の = *su–i³*

　しかし、ビルマ文語のこの高降型声調が所有格助詞 *–i³* の代償形であったのかどうかは決め難く、ロロ系言語に広く見られる声調の交替による所有格表示はやはり、声調体系をすでに成立させていたロロ・ビルマ語共通態から伝承した一つの形態手順であったと考えた方が適当であると思われる。類似した現象はまた現代チベット語にもある（次巻で述べる）。

　(3) 自動詞と他動・使役動詞の構成法

　さきに、ビルマ語やアツィ語、怒語について考察した自動詞と他動・使役動詞の対立も、彝語にはっきりと対応する形がある。単語形式自体の対立で表わされるいわゆる語彙的対立と、また使役態構成の助詞の添加によって行なわれる統語的な表現も並行して使われている。たとえば、

彝　　語	ビルマ文語	(*kou* は「……を」の意)
no²¹ i̠⁵⁵–o⁴⁴	*nang ip pri*	「君は眠った」
no²¹ a⁴⁴ z̩i³³ s̩l̩⁵⁵–o⁴⁴	*nang kəlei² kou sip–pri*	「君は子供を眠らせた」

に代表される古い接頭辞 s– による使役形構成は、両言語の間でよく保存され対応している。

彝　語 i⁵⁵	:	ビルマ文語 *ip–*	「眠る」
彝　語 s̩l̩⁵⁵	:	ビルマ文語 *sip–*	「眠らせる」

　つぎのような例では、彝語は両方の使役形をもっている。

彝　語 ko³³ tsa³³	:	ビルマ文語	×
（彼に食べさせる）			
彝　語 ko³³ bı⁴⁴ dzɯ³³ s̩u⁴⁴	:	ビルマ文語 *su kou ca²–cei–sǎn*	
（彼に食べさせる）		（彼を食べさせる）	

　ところがビルマ文語では、*ca²–*「食べる」には、統語的な表現 *ca²–cei*「食べさせる」しか使われず、この動詞には語彙的な使役形は残っていない。この点に関しては、彝語の方がより古い形態を保存しているといえる。彝語の bı⁴⁴……s̩u⁴⁴「……をして……させる」にはビルマ文語の ……*cei* のみが対応して、bı にあたる形は実際にはあらわれてこない。bı はおそらくビルマ文語の *pei²–*「与え

る」にあたる形から来ているのであろう。ハニ語には使役態を構成する接頭辞 bi- が使われる。やはりロロ・ビルマ系の言語の一つで、別に述べる西夏語にも、この bi- にあたる使役の助詞 phiñ が動詞語幹のあとに使われているのである。また、ビス語群の言語一般にあらわれる -pi も同じ起源をもっている。

彝語には単語形式の対立による使役形が発達していて、同じように、

彝　語			ビルマ文語	
gɯ³³	「聞く」	：	kra²-saň	
kɯ³³	「聞かせる」	×	kra²-cei-saň	
ȵi³³	「坐る」	：	nei-saň	「居る、住む」
ṅi²¹	「坐らせる」	×	nei-cei-saň	「居させる」

などの対応関係が成立する。はじめの例「聞く」は初頭音の有声と無声の対立によって、あとの例「坐る」は語幹に接頭辞 s- を添接して使役形を構成している。彝語の形態の方がおそらくより古い段階を代表していて、あとの例は祖形からの発展をつぎのように表示できる。

祖形			彝語		ビルマ文語
*niy	「坐る、居る」	→	ȵi³³	：	nei-
					↓
*sniy	「坐らせる」	→	ṅi²¹	×	nei-cei-

(4) 疑問文の構成法

彝語の大きな特徴の一つは、その疑問文の構成にある。たとえば、ビルマ文語では、疑問形は肯定と否定を並べて作る (swa² ma swa²「行く－行かぬ」→「行くか」) ほかに、疑問詞を含まない形 (Yes-No 疑問) と疑問詞を含む形 (Wh 疑問) が区別され、両者は、文末に違った疑問助詞がつけられる。

Yes-No 疑問	thamang² ca pri² pri la²	「ご飯をたべたか」
Wh 疑問	bay (kou) swa² ma le²	「どこに行くのか」

のように、-la²/-lâ/ と -le²/lê/ が使い分けられる。ところが喜徳の彝語では、疑問文にそのような疑問助詞を使わずに、動詞または形容詞を繰り返すことによって構成する。

語幹形式			疑問形	
la³³	「来る」	→	la⁴⁴ la³³	「来るか」

mbo²¹	「良い」	→	mbo²¹ mbo²¹	「良いか」
a³³ vu⁵⁵	「青い」	→	avu⁵⁵ vu⁵⁵	「青いか」

　はじめの例では、その際、動詞語幹形式の声調に変調現象が起こり、疑問文は中平調をもった形で終わることになる。

　したがって、動詞や形容詞の機能の認定はこのような重複形が可能か否かを基準にすることができるのである。ニー・ロロ方言の例をあげると（ただし、この方言では声調の変化は起こらない）、つぎのようになる。

　　　陳述文　　　　　　　　　　　疑問文
　　　dzɑ¹¹ xɑ³³　「食べた」　→　dzɑ¹¹ xɑ³³ xɑ³³　「食べたか」

この xɑ は重複されているので「完了する」を意味する動詞であるが、

　　　陳述文　　　　　　　　　　　疑問文
　　　qʁ³³ xɑ³³　「終わった」　→　qʁ³³ qʁ³³ xɑ³³　「終わったか」

の例では、qʁ³³ が重複されているから、それにつづく xɑ は完了の助詞として扱わねばならない。雲南省の彝語ノス方言では、繰り返しによる疑問文構成に、さらに疑問詞 (lo³³) がつけられる例がある。

　　　du³̂²　du³̂²　lo³³　「出たか」　　　bu³̂²　bu³̂²　lo³³　「夜が明けたか」

　このような語形重複による疑問文構成法が、ロロ・ビルマ語共通態にすでにあったのかどうかは、いまの材料では判定しにくい。というのは、彝語以外にこれと相応じる形が報告されているのは、いまのところ祿勸のリス語と納西語のみで、ビルマ語にもそのほかのロロ系言語にもないからである。祿勸のリス語は、雲南省楚雄彝族自治州祿勸県に分布して、約5000人の話手をもつが、おそらく周辺の彝語の影響を受けて作り上げた疑問表現であると考えられる。祿勸リス語 ni⁴⁴ dzo³³ dzo³¹ dzo³¹「君はご飯をたべたか」── これにあたる雲南省のリス語の主流である怒江方言では、nu⁴⁴ dzɑ³³ dzɑ³¹ ŋɛ のように、疑問助詞 ŋɛ がつけられる。[49] ロロ・ビルマ系言語の疑問助詞には、-lɛ、-la のほかに -ŋɛ、-ŋa がある。

　(5)　否定と禁止の表現法

　　彝語の否定形式は、動詞・形容詞に否定の助詞を先行させるが、その否定詞には、a- 系と ma- 系がある。喜徳の方言では、たとえば a²¹ la³³「来ない」、a²¹ tɕhu³³「白くない」のように a- が使われるのに対して、ノス方言では ma²¹ dzu³³

「食べない」、ma^{21} le^{34}「来ない」のように ma- が出てくる。ビルマ語では、古くは a- 否定詞も使われ、また ma^3- 否定詞をつける表現も一般的に見られるが、のちに ma^3- 動詞語幹 $-bu^2$ の形を発展させた。代表的なロロ系言語の形を「知らぬ」を例として表示しよう。[50]

古代ビルマ語	ビルマ文語	アツィ語	喜徳彝語	ノス方言	ニー・ロロ方言	アヒ・ロロ方言
a^3-si^3	×	a^{21}-se^{55}	a^{21}-dʑi^{33}	×	×	a^{21}-sa^{55}
ma^3-si^3	ma^3-si^3	×	×		ma^{21} sɚ^{55}	mɑ^{11} sa^{55}
	↓					
	ma^3-si^3-bu^2					

ビルマ文語には ma^3- 動詞語幹 $-bu^2$ と同じように、動詞を挟んで前後に助詞を置く形があり、そのほかに ma^3- 動詞語幹 $-sei^2-bu^2$「まだ……していない」とか、ma^3- 動詞語幹 $-ne^3$「……するな」が常用される。

ma^3- 動詞 $-sei^2-bu^2$ には、ニー・ロロ方言の ma^{11}- 動詞 $-sI^{11}$、アヒ・ロロ方言の a^{21}- 動詞 $-sɛ^{21}$ が対応する。そのほかに、ハニ語の ma^{21}- 動詞 $-si^{21}$ もそれらと祖形を同じくしている。たとえば、つぎのように対照される。

ビルマ文語

ニー方言	mɑ^{11} dza^{11} sI^{11}	: ma^3-ca^2-sei^2-bu^2	「まだ食べない」
アヒ方言	a^{21} bu^{44} sɛ^{21}	: ma^3-hri^3-sei^2-bu^2	「まだもたない」
ハニ語	ma^{21} la^{55} si^{21}	: ma^3-la-sei^2-bu^2	「まだ来ない」

一方、禁止表現 ma^3- 動詞 $-ne^3$ の方は、ビルマ語特有の形であって、ロロ系言語には動詞に tha を先行させた形が使われる。著者はこの tha- 動詞による禁止表現が、ロロ系言語であることをもっともよく特徴づける形態の一つであると考えている。

ビルマ文語

ニー方言	tha^{11} be^{44}	: ma^3-prɔ^2-ne^2	「言うな」
アヒ方言	tha^{21} bie^{44}	: ma^3-prɔ^2-ne^2	「言うな」
ノス方言	tha^{21} ji^{55}	: ma^3-ip-ne^2	「眠るな」

上述のアチャン語やヌス語にも動詞語幹に前置する tha- による禁止表現がある（アチャン語 ta^{31}-、ヌス語 tha^{55}-）。

ところが、アツィ語では、また別の形 khĕ^{55}- が使われている。

khĕ⁵⁵ tai²¹ 「言うな」　　　khĕ⁵⁵ pat²¹ 「打つな」

この khĕ- が、tha- とつながりをもつのかどうかは、いまのところ不明である。[51]

このように代表的な形態の分布をさぐることは、それぞれの言語群の特徴を明らかにする上で、有効な、また必須の手続きなのであるが、材料が必ずしも豊富に揃っていないため、いまのところ徹底してその調査を進めることは無理なのである。ここでも各々の言語事実はやはり点の形でしかとらえられず、それらを確実な線で結ぶにはなお多くの時間が必要である。

(6) 類別詞の配置

ビルマ・ロロ系言語のすべては、数詞をもって名詞を限定する場合、必ず類別詞(いわゆる助数詞)をともなう。その種類は豊富であるが、統語的に見ると、いずれも名詞 — 数詞 — 類別詞の配列を示している。

ビルマ文語

アヒ方言	mo²¹ thi¹¹ lɤ⁵⁵	「一頭の馬」	*mrang² ta kɔng*
アヒ方言	tɕhi¹¹ thi¹¹ lɤ⁵⁵	「一匹の犬」	*khwei² ta kɔng*
ニー方言	tsho³³ thɪ¹¹ mɑ⁴⁴	「一人の人」	*lu ta yɔk*
ニー方言	tsho³³ sɤ⁵⁵ zu⁴⁴	「三人の人」	*lu sum² yɔk*

ニー方言の類別詞の使い方は少し変わっていて、人と物が「二」以下の数詞で限定されるときには mɑ⁴⁴ を、「三」以上の数では別の形が出てくるのである。しかし、類別詞の原初の形態は、たとえばビルマ文語で、*lu ta lu*「人・一・人」、*nwa² ta nwa²*「牛・一・牛」であるように同じ名詞を繰り返す形であったに相違ない。

指示形容詞が名詞を限定する場合、ビルマ文語では類別詞は使われることはないが、ロロ系言語では、(1)指示詞 — 名詞 — 類別詞、または、(2)名詞 — 指示詞 — 類別詞の形をとる。ニー方言は(1)の形で、アヒ方言とノス方言は(2)の形である。

ビルマ文語

ニー方言	I⁴⁴ tsho³³ la⁴⁴	「この人」	*di lu*/di lu/
ニー方言	I⁴⁴ hæ³³ ma⁴⁴	「この家」	*di im*/di ein/
ノス方言	ni³³ a⁵⁵ dɤ⁴⁴	「この牛」	*di nwa²*/di nwâ/
ノス方言	tɕhi³³ u³³ dɤ⁴⁴	「あの犬」	*hou khwei²*/hou khwêi/

ロロ系言語ではビルマ語と同じように、名詞を修飾する形容詞は名詞のあとに置かれる。

アヒ方言　$lu^{44} \gamma a^{21}$（石 ← 大きい）　　ニー方言　$tsho^{33} mo^{11}$（人 ← 老いた）

アヒ方言　$lu^{44} za^{21}$（石 ← 小さい）　　ニー方言　$\eta a^{55} za^{11}$　（魚 ← 小さい）

ノス方言も同じように、$\eta u^{33} n\varepsilon^{34}$（魚 ← 紅い）のようになるが、そのほかに、

　　$pho^{21} bu^{33} n\gamma^{33}$（布 ← 短い）　　　$pho^{21} bu^{33} s\sigma^{55}$（布 ← 長い）

の例が報告されている。この bu^{33} を伴う形は、この系統の言語の中では特別な用法のように思える。それに該当するニー方言形は、

　　$pha^{33} \d{n}^{55} ma^{33}$　（布 ← 短い）　　　$pha^{33} \c{c}\ae^{44} ma^{33}$　（布 ← 長い）

のように、名詞 ― 形容詞 ― 類別詞の順で一つの名詞句を構成している。

（未完）

第3章　註

1)　陳士林「彞楚歴史関係述略」「《楚辞》女嬃与彞語　$mo^{21}\d{n}i^{35}$」「《楚辞》"兮"字説」『万里彞郷即故郷 ―― 陳士林先生著述及紀念文選集』西北工業大学出版社、西安、1993。

　　また一方で、苗文化と楚文化の親縁関係も問題にされ、他方、巴人との関係も議論されている。これは楚族や楚の言語の正体がまだ十分につかめていないからである。

　　李建国、蔣南華『苗楚文化研究』貴州人民出版社、貴陽、1996。

　　彭万廷、屈定高編『巴楚文化研究』中国三峡出版社、北京、1997。

2)　西田龍雄「チベット語とビルマ語語彙比較における問題」『東方学』15輯、1957。

　　西田龍雄『緬甸館譯語の研究 ―― ビルマ言語学序説』松香堂、京都、1972、参照。

3)　ルシャイ語形は、Bright, W., 'An English-Lushai word list', mimeo, に、タード語形は、Hodson, T. C., '*Thādo Grammar*', Shillong, 1905, にそれぞれよっている。

4)　Thomas, F. W. and L. Giles, 'A Tibeto-Chinese word and phrase book', *BSOAS* 12, 1948, によって紹介されたが、誤読が多い。そののち、黄布凡による二篇の論文「敦煌〈蔵漢対照詞語〉残巻辨訂誤」『民族語文』1984/ 5 期と「敦煌〈蔵漢対照詞語〉残巻辨綜録及遺留問題」『民族語文論集』第一集、および鄭張尚芳「補《敦煌〈蔵漢対照詞語〉残巻考辨訂誤》」『民族語文』1992/ 4 期が出ている。

5)　西田龍雄「十六世紀における西康省チベット語天全方言について ── 漢語・チベット語単語集いわゆる丙種本『西番館譯語』の研究」『京都大学文学部研究紀要』第 7、1963。

6)　Read, A. F. Ch., *Balti Grammar*, London, 1934。

7)　ティディム・チン語形は、Henderson, E. J. A., ‘*Tiddim Chin: A descriptive analysis of two texts*’, London, Oxford U. Press, 1965, による。

8)　現代ビルマ語およびその研究史については、藪司郎「ビルマ語」三省堂『言語学大辞典』第 3 巻 (1992) に詳しい。

9)　藪司郎「ビルマ語タウンヨウ方言の資料」『アジア・アフリカ言語文化研究』21、アジア・アフリカ言語文化研究所、東京、1981。

　　　なお、大野徹「ビルマ語方言の研究」(1) (2) がある (『大阪外国語大学学報』1969、1970)。

　　　1995 年に発表されたビルマ語の専門家 John Okell 教授の ‘Three Burmese dialects’ はアラカン、インター、タボイ各方言の詳しい記述で有用である (Bradley, D., eds., *Papers in Southeast Asian Linguistics No. 13*, Studies in Burmese, Australian National University)。

10)　この –lɛ は、碧江県リス語の lɛ:[55] ‘穏やかに肯定する語気を示す’、あるいは西夏語の –liñ 動詞付加助詞と関係するように思える。そしてアツィ語の陳述の助詞 –le[51] とは確実に同源である。

11)　藪司郎「ビルマ語ョー方言の資料」『アジア・アフリカ言語文化研究』19、1980。

12)　軟口蓋音の前で a 母音は保持され、歯茎音の前での a 母音は二重母音化する。この変化は、チベット語中央部方言にあらわれた方向と似ている。

13)　Taylor, L. F., ‘The dialects of Burmese’ *JBRS* 11 (『ビルマ研究協会誌』1921 (1922 に発行))。

14)　Grierson, Sir George Abraham, ed., ‘*Linguistic Survey of India*’, Calcutta, 1903–28 vol. 3 pt 3, *Kuki–Chin and Burma groups*. なお記述は簡単ながら (Census of India, 1931) Appendix A with Burma Linguistic Map もビルマ政府から刊行されている。

15)　テイラーより以前、1900 年に刊行されたスコット (J. G. Scott) の *Gazetteer of Upper Burma and the Shan States*, Rangoon, でも、ポン族の記述があり、彼らは急速に自己の言葉を忘れて、シャン語を話すようになっていると述べられている。

16)　末尾子音 –p、–m をそれぞれ –k、–ŋ に変えるのは、あとで述べるアチャン語梁河方言の形態と一致する。

17)　Henderson, E. J. A., ‘Some hitherto unpublished material on Northern (Megyaw) Hpun’ In. John McCoy & Timothy Light (eds.) *Contributions to Sino–Tibetan Studies*, Leiden E.J. Brill, 1986.

18)　西田龍雄「関于棒 (hpun) 語在緬語支中的地位」国際彝緬語学術会議 (西昌) 1992。のち、〈国際彝緬語学術会議〉論文編集委員会編『彝緬語研究』四川民族出版社、成都、1997、所収。ただし、588 頁所載の系統図には誤りがある。

19)　西田龍雄「Myazedi 碑文における中古ビルマ語の研究」(一) (二)『古代学』4 巻

1号、5巻1号、古代学協会、大阪、1955、56。

20) 西田龍雄『緬甸館譯語の研究 —— ビルマ言語学序説』松香堂、京都、1972。

21) たとえば、羅常培、傅懋勣『国内少数民族語言文字概況』中華書局、北京、1954。なお部族名の漢字表記には、研究者間で多少の異同がある。

22) ミャンマー北部から雲南省西南部にかけて分布するカチン語は、この地域の共通語として、また TB 言語の研究にとって極めて重要な言語である。次巻で述べたい。西田龍雄「カチン語」三省堂『言語学大辞典』第1巻（1992）を参照されたい。

23) 西田龍雄『多續譯語の研究 —— 新言語トス語の構造と系統』京都、松香堂、1973、参照。

24) この声調表記はつぎの方法をとっている。

	マル語	ラシ語	アツィ語
a	低平型 22	低平型 11	低平型 11
á	高平型 44	高平型 44	全昇型 15
â	下降型 41	下降型 31	全降型 41

ほかに CVC［stop］に上昇型 35 がある。マル語・ラシ語については著者の資料により、アツィ語は程頤「載瓦語簡介」『中国語文』1956、にしたがったが、その後近年になってアツィ語（載瓦語）については信頼できる資料が刊行された。

徐悉艱、徐桂珍編著『景頗語言簡志（載瓦語）』民族出版社、北京、1984。

朶示拥湯、徐悉艱、穆途端『漢載詞典』四川民族出版社、成都、1992。

藪司郎『アツィ語基礎語彙集』アジア・アフリカ言語文化研究所、東京、1982。

マル語とラシ語については、文法情報を含んだまとまった資料はまだ出ていない。

25) 雲南省のマル語、ラシ語、アツィ語には、有声の閉鎖音、摩擦音の存在は認められていない。

26) もとの LB* pyam- を伝承した形式は、アツィ語などでは「跳びはねる」の意味に変わっている。アツィ語 pjam⁵¹、マル語 pjɛ̃³¹、ボラ語 pjɛ̃⁵⁵、ラシ語 pjap³¹。

27) 上掲註 24) の資料では、アツィ語 pju⁵¹、マル語 pju³¹、ラシ語 pju³¹、ボラ語 pju⁵⁵ となっている（陽平調）。

28) 戴慶厦、傅愛蘭、劉菊黄「景頗族波拉話概況」『民族語文』1985/ 6 期で紹介された。以下の波拉語の記述は、戴慶厦等著『蔵緬語十五種』燕山出版社、北京、1991、にしたがい、その単語形式は、マル語、ラシ語形とともに黄布凡主編『蔵緬語族語言詞彙』中央民族学院出版社、北京、1992、によっている。

29) マル語の –ik と –uk にあらわれる末尾音 –k が、のちにマル語で発生したものであるという意見と、古い形式を保存するのではないかという意見がある。前者は Burling, R., The addition of final stops in the history of Maru, *Language* 42, 1966, および *Proto Lolo–Burmese* (IJAL 33.1.2) Bloomington, 1967, で代表され、後者は Proto Lolo–Burmese の書評の中で、R. A. Miller が (IIJ vol XII. No. 2, 1970) で述べている。著者は、この –k は緊喉母音の緊喉性の代償形と考えたい。なお著者の資料では –uk にあたる形は –qu となっている。「泣く」ŋɒu-、

「九」gôu、「盗む」khôu など。西田龍雄『多續譯語の研究』松香堂、京都、1973、参照。

30） すなわち短母音の場合は55型になり、二重母音では51型をとる。たとえば *khak* [kheʔ 55]「難しい」、*khrɔk* [tçhauʔ 51]「六」。西田龍雄『緬甸館譯語の研究』松香堂、京都、1972、を参照。

31） ラシ語の長母音とその機能については、戴慶厦「勒期語的長短元音 —— 蔵緬語形態発展中的一種語音補償手段」(『蔵緬語族語言研究』雲南民族出版社、昆明、1990、所収) に詳しい。ラシ語における長短母音の対立は、動詞・形容詞にのみあらわれ、長母音は主に述語としての文法意義を担っている。それは、動詞・形容詞につく付加要素が大量に消失したのち、それに替わって音形式にあらわれた代償手段であったと戴氏は見ている。

32） 戴慶厦「載瓦語使動範疇的形態変化」『蔵緬語族語言研究』雲南民族出版社、昆明、1990、所収。以下、文法形態については資料の関係上、主にアツィ語を対象に述べる。

33） 漢蔵語における使役態構成法の種類と発展および能願動詞の発展については、西田龍雄「漢蔵語族管見」『民博通信』No. 65、1994、を見られたい。

34） ただし hut-「その通り」や、返事の hut-te³ [hôuttê]「はい」には使われる。

35） 三人称代名詞の形は、一人称・二人称代名詞に対して規則的ではない。主格 jaŋ²¹、対格 jaŋ²¹、所有格 jaŋ⁵¹。

36） これと類似する主格と斜格が声調の対立によって弁別される現象が西夏語にもあった。

　　　　主格 ＝ 平声、斜格 ＝ 上声
　　　あれ　　　thɑɦi（平）主格　　thɑɦi（上）斜格　　「あれの」「あれを」
　　　誰　　　sʷi（平）　主格　　sʷi（上）　斜格　　「誰の」「誰を」

　　西田龍雄「西夏文字新考」『東方学会創立五十周年記念、東方学綸集』東方学会、1997、および「西夏文字の特性 —— その文字組織の新研究」『日中合同文字文化研討会』講演資料、京都、1997、を参照。

37） 以下アチャン語の形式は、戴慶厦、崔志超編著『阿昌語簡志』(民族出版社、北京、1985) による。なお、西田龍雄「アチャン語」三省堂『言語学大辞典』第1巻 (1988) も参照されたい。

38） 仙島語は、戴慶厦等著『蔵緬語十五種』燕山出版社、北京、1991、による。

39） 周文煜『両種阿昌語』雲南大学、1980 (油印) があって、盈江県蛮弄寨と梁河県の阿昌語の形を伝えている。たとえば「馬」「高い」「年」などは、つぎの語形をとっている。

	盈江県	梁河県
馬	mxan³³	nphiaŋ³¹
高い	mxan⁴⁴ lɛ³³	nphaŋ³¹
年	ŋxak⁴⁴	si³³ ȵiɛ⁴⁴
彼	nxaŋ⁴⁴	ʂaŋ³¹
霜	ŋxan³³	（漢語を借用）

40） 以下ヌス語などの形はつぎの文献によっている。

あ と が き

　私は昭和23年 (1948) に、一般言語学と東アジアの言語、とくにシナ・チベット語族 (Sino-Tibetan 漢蔵語族) の研究を目指して京都大学文学部 (言語学専攻) に入学した。その頃、日本にはこの語族の専門家は一人もいなかった。中国では1940年代から聞宥先生が西南地域で調査を始められ、つづいて羅常培、傅懋勣、邢公畹、馬学良など著名な言語学者のフィールド調査が進んで、その報告論文が公表されはじめた頃であったが、日本にはまだ届いていなかった。私はともかく個別言語の学習から取り組んだが、漢語 (中国語) を別にすると、チベット語はともかくとして、ビルマ語にもタイ語にも有用な文法書や辞書に乏しく、とくに口語に関してはほとんど資料がなかった。昭和26年 (1951) の卒業論文には「古代西蔵語・上古中国語・古代ビルマ語・カチン語における造語法並びに音韻法構造の比較に就いて」と、その註1冊を主論文とし、副論文「クキ・チン諸語の構造」とあわせて3冊を提出した。

　その頃の漢蔵語族の比較研究は、ドイツの A. Conrady が書いた前世紀末の名著『印度支那語の使役態・出名動詞構成と声調との関連』(*Eine indochinesische causativ-denominativ-Bildung und ihr Zusammenhang mit den Tonaccenten*, Leipzig, Otto Harrasowitz, 1896) と、その流れをくむ S. N. Wolfenden の『蔵緬語形態論概説』(*Outlines of Tibeto-Burman linguistic morphology*, London, 1929) があり、一方で、W. Simon の「蔵漢語語彙比較試論」(Tibetisch-Chinesische Wortgleichungen. Ein Versuch, *MSOS* 32, 1929) の批判に端を発した、Karlgren の提唱する単語族による比較研究法をめぐる議論があった (Tibetan and Chinese, *TP* 28, 1931, Word Families in Chinese, *BMFEA* 5, 1934)。単語族による比較法は、この語族の比較研究の核心をついたもので、Wolfenden も賛同して試みたが (1936, 37, 39)、結局は大きい成果は生れてこなかった。

　他方、アメリカにおいては、一定数の同源語の存在を想定して音韻対応の原則を設定する研究が、R. Shafer の論文「漢蔵語の母音組織」(The Vocalism of Sino-Tibetan, *JAOS* 60 – 61, 1940 – 41) から進められていた。しかしながら Wolfenden や

Karlgren の論著は別として、この語族の研究者に確かな指針を与える著作はまだ出ていなかった。そのような情況を背景として、私の卒業論文は未熟なものではあったが、単語族の理論をふまえた上で形態論構造を考慮して、言語間に音韻対応規則の設定を追求したものであった、と記憶している。

R. Shafer の一連の論文はのちに『漢蔵語導論』(*Introduction to Sino-Tibetan* 5 parts, 1966–74 のちに合本。Wiesbaden, Otto Harrasowitz) となり、P.K. Benedict の旧稿も J.A. Matisoff の補筆を得て『漢蔵語概観』(*Sino-Tibetan, a conspectus*, Cambridge UP) として 1972 年に刊行された。この 2 冊の大著は概観を与え有用ではあるが、この語族の比較研究全般を大幅に進展させるものではなかった。

しかし、漢蔵語族の研究は、まもなく蔵緬語派 (Tibeto-Burman) とくに彝緬語支 (Lolo-Burmese ～ Yi-Burmese) の研究分野で一つの突破口が開かれることになる。

上述したように、戦時中に西南地域で行なわれた中国学者の調査報告は 1950 年代から、馬学良の『撒尼彝語研究』(商務印書館、上海、1951) と、袁家驊『阿細民歌及其語言』(中国科学院出版、北京、1955) が刊行され、その後大規模に行なわれた中国国内の蔵緬語の調査にもとづく研究論文も漸次公表されはじめた。他方、日本、アメリカなどの研究者によってタイ国北部に移住した部族を対象に彝緬語のフィールド調査が積極的に行なわれ、その研究報告が陸続と発表されていた。J.A. Matisoff のラフ語の文法・辞書をはじめ、D. Bradley の『ロロ祖語』(*Proto-Loloish*, London, Curzon, 1979. 漢訳『彝語支源流』四川民族出版社、1992) は、それらの研究の総括といえる。『東南アジア研究』などに発表した私の一連の報告論文も、Bradley (1979) の中で取り上げられ紹介されている。

彝緬語支に所属する言語や方言の数は多いが、印欧語族におけるロマンス諸語に似て、比較的まとまりの明瞭な言語群である。

私は幸い 1958 年秋から 59 年春にかけてビルマ国に赴き、ついで 1964 年秋から 65 年春にかけてタイ国北部で彝緬語支に属する諸言語のフィールド調査を行なうことができた。それらの調査を通じてこの彝緬語支言語の実態の一部を知りえたのは、大きな幸運であった。

その後、中国国内の漢蔵語族研究には、繰り返して広範囲に遂行された組織的な調査によって、多くの新しい成果がもたらされた。1980 年から、『中国少数民族語言簡志叢書』が簡便な形で続々と刊行されたのはありがたかった。近年は、

それにつづく新シリーズ『中国新発現語言研究叢書』（1997年に5冊、98年は5冊既刊）と、『中国少数民族語言方言研究叢書』（1998年1冊、99年1冊既刊）の刊行が始まっている（ともに孫宏開主編）。

1991年に出版された馬学良主編『漢蔵語概論』（上・下、北京大学出版社）は中国国内の言語に対象が限定されているけれども、上記のShaferやBenedictの著作とは異なり、各言語支の特質を詳細に記述していて、現在もっとも優れた内容をもつ概説書といえる。

最近の漢蔵語族の研究の進展にとって、ネパール、インド、バングラデシュの、国内および辺境に分布する言語の調査報告は重要な資料であって、その研究に貢献されたSIL（Summer Institute of Linguistics）、およびインドMysoreのCIIL（Central Institute of Indian Languages）の刊行物も見逃しえない価値をもっている。

私は若年の頃、漢語の歴史と方言研究を志したことがあった。しかし、いまはその専門家ではない。本書第1章で述べた内容の多くは、先学たちが開拓された業績を私の漢蔵語族構想の枠組みの中に納めたにすぎない。私の構想は一つの試案であって、その枠組み自体、検討する必要があり、細部の現象が明らかになるにしたがって種々の角度から修正していかねばならないと考えている。

漢語の諸方言、ことに南方地域の方言はもともと非漢語を基層として、秦漢以降（あるいはより遡った時代から）、その上に華夏族の言語が被い重なり融合して形成されたことは、ほぼ確かである。それゆえにそれらの方言は、漢蔵語族全般から見ると極めて興味深い、そして大切な研究対象である。

粤方言の基層がタイ系言語であろうとする見方はほとんどの研究者が一致するところであるが、それ以外の方言の基層についてはまだ定説はない。ここでは呉方言と閩方言の基層として彝語系言語を示唆したが、本書で取り上げなかった苗瑶語群（系統未証明）の言語とかかわる可能性も大きい。今後の課題として残しておきたい。また、各方言の歴史がどこまで遡りうるかを、まず問題にすべきかも知れない。

私はごく初期の段階（旧制大学院生の時代）、1950年代の前半にはタイ語の比較研究に力を入れていた。ちょうど李方桂がマーク・スイ語群（当時はマック・スイと呼んでいた）の存在を発表した頃で、タイ系言語に対する従来の感覚が変わりつつあった。その言語集団に大きい興味を覚えた。マーク・スイ言語とタイ語に

ついて数篇の論文を発表したが、「暹羅館譯語の研究」や「タイ諸語比較言語学研究」の草稿は発表せずに手許に置いた。李方桂の集大成、*A Handbook of Comparative Tai* (The Univ. of Hawaii Press) が 1977 年に刊行されてのち、新言語が続々と発見され、この言語集団の様相は再び変貌した。そして当初の意味のカダイ語が、姿を変えて仡央語群として浮上したのも注目すべき新事実である。このような言語集団が奥地に隠れ潜んでいたとは、驚かざるをえない。新発見言語の経緯の大要は、第 2 章付記で紹介した。

　私は本書で一貫して、タイ語系の言語は漢語と同じ系統であるという従来の説に立って述べている。しかし、1940 年代から提唱された、いま一つの説がある。タイ諸語は実は漢蔵語族の成員ではなく、南島語族すなわちマライ語と同系であるという説である。これは決して新しい提案ではなく、1942 年に刊行されたヴルフの『マライ・ポリネシア語族とインドシナ語族』(*Uber das Verhältnis des Malayo-Polynesischen zum Indo-chinesischen*, Copenhagen) と、P. Benedict の「タイ語・カダイ語とインドネシア語」(*AmAn* 44, 1942) に代表される考え方と変わりはないが、回輝語の出現とその系統の解明を経験したいまでは、その頃と情況がやや異なっている。

　海南島の西南部で話される回族の言語、回輝語が 1983 年以降よく調査され、数年を経て、その言語がインドネシア語とラデ語と同系統であることが証明された（本書 229 頁以下）。これは大きな寄与であり、複音節無声調言語から単音節有声調言語へと顕著な構造転移が起こりうることが判明したのである。確かにこのことは、南島語とタイ諸語の同系論の証明に大きな壁であった基本音節構造の転移と、声調がのちに発生しうることがないという障害を取り除いたといえる。しかし、回輝語はタイ語系言語の一つではない。

　漢語とタイ諸語の間に、代名詞をはじめいわゆる基礎語彙の同源語の数は多くはない。数詞はあまりに似ているために、借用語とする見方もうなずける。しかしそれ以上に、言葉の構造が両言語間で酷似するのである。広範囲に分布するタイ語系に属する多種類の言語がどの言語も、その歴史の流れの中で一律に漢語の強い影響を受けて、言葉の基本構造を改変したと具体的に証明できるだろうか。そして、以前はもっていた南島語的複音節無声調の色彩をすべて消失したと認定できるだろうか。特定地域に見られる初頭の無気音対出気音の対立がないという現象だけでは納得しにくい。私はその見方を全く否定するのではない。その提案

が十分納得できるほど進展していないと思えるから、賛同しにくいのである。両言語の同源語の比較も、著しく発展したとは考えられない。

　私はともかくタイ語系言語間の相互関係、とくに単語形式の分布の解明が重要であり、急務であろうと考えている。そして黎語の来源の追究も問題の焦点になるであろう。本書では、祖形をいくつか設定して、階層を区分して考察してみた。これは断代であるとともに、分布地域を配慮した分域でもある。

　また、1990年以来フランスの学者Sagartの提唱する、漢語と南島語同系説も疑問が多く、南から北への視点は注目すべきではあるが、容易に賛同しにくいと思っている。

　これらの諸説を取り上げると、東アジアの言語の系統論は、漢蔵語族、南島語族それに南亜語族（Austroasiatic）が加わって三つ巴になり、渾沌としはじめている感が強い。三つの語族、あるいはその中の二つの語族間に認められる同源語らしい層を、どのように取り扱うかに問題がある。それらを取り出して統計的に処理するだけでは、やはり問題の解決にはならない。

　一方、漢語と蔵緬語派の言語は両者の間で基本語順が大きく異なっている。その上、蔵緬語派の言語の中には、動詞の屈折や方向指示辞の添接、あるいはいわゆる代名詞化現象が進み、動詞句構造を複雑化している言語もある。それにもかかわらず、いまのところ同系説は公認され、その前提の上に立って、なぜ両者の間にそのような差異が発生したのかを解明する方向で努力が重ねられている。

　つづく『東アジア諸言語の研究』第Ⅱ巻では、その大言語群蔵緬語派（あるいは羌蔵語派）の発展を取り上げたい。

　本書は種々の事情から、第3章「ロロ・ビルマ語支の言語とその発展」の途中で筆をおかざるをえなかったことを深くお詫びしたい。

　本書が一応まとまった体裁をとったのは、いまから十数年以上も前のことである。当時はかなり貧弱な資料のもとに執筆したが、その後、できるだけ新しい情報をもって加筆訂正していった。しかし、いま改めて書くとしたならば、もっと異なった内容になってくるであろう。

　ここ10年ほどの間に、日本でも漢蔵語研究の各分野で多くの専門家があらわれ、種々の業績をあげている。残念ながら本書ではその多くを参照することができなかった。

　このような書物の刊行にはいつの時代でも多大の困難をともなう。本書は、刊

行まで予想をはるかに超えた年月を必要とした。幸い京都大学学術出版会に刊行を引き受けていただいたものの、初校が出てからすでに8年以上も経過してしまった。ある門下生から、本当に原稿があるのかと言われたこともある。しかしこのような体裁で刊行の運びとなったことは一層ありがたく、京大学術出版会に感謝している。

　入学したときから数えると、私は50年もこの語族と付き合ってきたことになる。その間、京都大学文学部の諸先生方をはじめ、国内外のいろいろの方々のお世話になったことをここに改めてお礼申し上げる。最後に、面倒な印刷を最後までやりとげていただいた中西印刷株式会社と、厄介な内容を詳しく読み理解して細心の編集に尽力していただいた京都大学学術出版会の安井睦子さんとその前任者広橋徹氏に厚くお礼申したい。

　本書の出版は、日本学術振興会の平成11年度科学研究費補助金（研究成果公開促進費）を受けた。ここに明記して関係当局に衷心より感謝を述べたい。

　　1999年9月

　　　　　　　　　　　　　　　　　　　　　　　　　　西田　龍雄

著者略歴

西田龍雄（にしだ　たつお）
　京都大学名誉教授・文部省学術情報センター名誉教授、文学博士、日本学士院会員

1928 年　大阪市生まれ
1951 年　京都大学文学部卒業、56 年　同大学院（旧制）終了
1958 年　京都大学文学部助教授を経て、72 年　同教授
1992 年　退官後、文部省学術情報センター教授・副所長を務める
主　著
『西夏語の研究』上・下（座右宝刊行会、1964-1966）
『西番館譯語の研究 ── チベット言語學序説』（松香堂、1970）
『緬甸館譯語の研究 ── ビルマ言語學序説』（松香堂、1972）
『多續譯語の研究 ── 新言語トス語の構造と系統』（松香堂、1973）
『西夏王国の言語と文化』（岩波書店、1997）　など

東アジア諸言語の研究 I
巨大言語群 ── シナ・チベット語族の展望

2000 年 3 月 25 日初版第 1 刷発行

著　者　西　田　龍　雄
発行者　佐　藤　文　隆
発行所　京都大学学術出版会
606-8501 京都市左京区吉田本町　京都大学構内
電話　075-761-6182
FAX　075-761-6190
振替　01000-8-64677
印刷製本　中西印刷株式会社

©Tatsuo Nishida 2000, Printed in Japan
ISBN4-87698-092-6

定価はカバーに表示してあります